Mehrfachansässigkeit im Ertragsteuerrecht

FINANZ- UND STEUERRECHT IN DEUTSCHLAND UND EUROPA

Herausgegeben von Klaus-Dieter Drüen, Hanno Kube und Rainer Wernsmann

Band 30

Zur Qualitätssicherung und Peer Review der vorliegenden Publikation

Die Qualität der in dieser Reihe erscheinenden Arbeiten wird vor der Publikation durch Herausgeber der Reihe geprüft.

Notes on the quality assurance and peer review of this publication

Prior to publication, the quality of the work published in this series is reviewed by editors of the series.

Michael Brandl

Mehrfachansässigkeit im Ertragsteuerrecht

PL ACADEMIC RESEARCH

Bibliografische Information der Deutschen Nationalbibliothek
Die Deutsche Nationalbibliothek verzeichnet diese Publikation in der Deutschen Nationalbibliografie; detaillierte bibliografische Daten sind im Internet über http://dnb.d-nb.de abrufbar.

Zugl.: Passau, Univ., Diss., 2015

D 739
ISSN 1863-141X
ISBN 978-3-631-67301-0 (Print)
E-ISBN 978-3-653-06510-7 (E-Book)
DOI 10.3726/978-3-653-06510-7

PL Academic Research ist ein Imprint der Peter Lang GmbH.

Peter Lang – Frankfurt am Main · Bern · Bruxelles · New York · Oxford · Warszawa · Wien

Diese Publikation wurde begutachtet.

www.peterlang.com

Meinen Eltern

Vorwort

Ich möchte mich an dieser Stelle für die Unterstützung, die ich in den letzten Jahren erfahren und wahrgenommen habe, bedanken.

Mein größter Dank gilt meinem Betreuer Herrn Prof. Dr. Rainer Wernsmann, der mich in der Entstehungsphase durch gemeinsame Diskussionen und wertvolle Impulse exzellent unterstützt hat, gerade auch in Phasen, in denen manchmal Motivation nötig war.

Ein herzlicher Dank ebenso an den Zweitgutachter Herrn Prof. Dr. Hans-Georg Dederer, an dessen Lehrstuhl ich während der Entstehungsphase als wissenschaftlicher Mitarbeiter tätig war. Ich bedanke mich dafür, dass er mich ebenso hervorragend unterstützt hat und das Zweitgutachten sehr rasch erstellt hat.

Des Weiteren möchte ich noch Herrn Prof. Dr. Michael Hendricks danken, da ich nur durch ihn auf dieses Thema aufmerksam wurde. Auch für seine Unterstützung während des Erstellens der Arbeit herzlichen Dank.

Vor allem möchte ich mich auch noch bei sämtlichen Kolleginnen und Kollegen des Lehrstuhls Prof. Dr. Hans-Georg Dederer bedanken, die ich stets in schöner Erinnerung behalten werde. Ich bedanke mich insbesondere für die sehr gute Zusammenarbeit und Diskussionen, die mitunter zum Gelingen der Arbeit beigetragen haben.

München, im Januar 2016

Michael Brandl

Inhaltsverzeichnis

A. Einleitung

I. Problemaufriss

Die Ansässigkeit von natürlichen Personen in zwei oder mehreren Staaten ist heutzutage kein absoluter Ausnahmefall mehr. Ähnliche Erscheinungen gibt es auch bei juristischen Personen.[1] Grund hierfür ist nicht nur die fortschreitende Globalisierung, sondern mitunter die Schaffung des Europäischen Binnenmarkts. In dem gemeinsamen Markt haben große Unternehmen meist Niederlassungen in verschiedenen Mitgliedstaaten. Infolge der EU-Grundfreiheiten haben sie die Möglichkeit ihre Geschäftsleitung mehr oder weniger problemlos in einen anderen Mitgliedstaat zu verlegen.[2] Oft müssen leitende Angestellte deshalb an verschiedenen Orten tätig sein und können somit in zwei oder auch mehreren verschiedenen Ländern Ansässigkeitskriterien, wie etwa den Wohnort (§ 8 AO) oder den gewöhnlichen Aufenthalt (§ 9 AO) erfüllen. Dies kann sich ferner aus rein privaten Gründen ergeben.

Das steuerliche Problem der doppelten (und mehrfachen) Ansässigkeit besteht darin, dass alle jeweiligen Ansässigkeitsstaaten grundsätzlich aufgrund einer daraus folgenden unbeschränkten Steuerpflicht nach dem Welteinkommensprinzip oder Universalitätsprinzip alle Einkünfte des Ansässigen besteuern wollen.[3] Das ergibt sich aus § 1 I des deutschen EStG sowie ähnlicher Vorschriften in anderen Staaten. Somit würde es zu einer doppelten (oder mehrfachen) Besteuerung der gleichen Erträge kommen. Zu unterscheiden ist zwischen der juristischen und der wirtschaftlichen Doppelbesteuerung. Eine juristische Doppelbesteuerung ist anzunehmen, wenn ein Steuerzahler (Steuersubjekt) für dieselbe Einkünftequelle (Steuerobjekt) und den identischen Zeitraum (Steuerperiode) in zwei oder mehreren Staaten vergleichbare Steuern entrichten muss.[4] Von einer wirtschaftlichen Doppelbesteuerung wird ausgegangen, wenn zwar derselbe Wirtschaftsvorgang und Vermögenswert

---

1 Die doppelte Ansässigkeit ergibt sich hier meist dadurch, dass sich nach der Gründung (Sitz) der Mittelpunkt der geschäftlichen Oberleitung in ein anderes Land verschiebt; vgl. *Staringer*, Besteuerung doppelt ansässiger Kapitalgesellschaften, 1999, S. 33 ff.

2 Vgl. EuGH Urteil v. 04.11.2002 – C-208/00, in Slg. I-9919 – Überseering, NJW 2002, 3614 ff.; EuGH Urteil v. 29.11.2011 – C-371/10 „National Grid Indus“, in ABl. EU 2012/C 32/9 v. 04.02.2012, DStR 2011, 2334.

3 *Lehner*, in: Vogel/Lehner, DBA, 6. Auflage 2015, Grundlagen des Abkommensrechts, A.III, Rn. 7.

4 Vgl. OECD-Musterabkommen 2014, Einleitung Nr. 1; *Schönfeld/Häck*, in: Schönfeld/Ditz, DBA, 1. Auflage 2013, Systematik Rn. 2; umfangreich erläutert in *Spitaler*, Das Doppelbesteuerungsproblem bei den direkten Steuern, 2. Auflage 1967 (Nachdruck der 1. Auflage von 1936), S. 52 ff.

(Steuerobjekt) in zwei oder mehreren Staaten im identischen Zeitraum (Steuerperiode) belastet wird, jedoch bei unterschiedlichen Steuersubjekten.[5]

Die schädlichen Auswirkungen der Doppelbesteuerung für die globale Wirtschaft und auch die betroffenen Personen sind allgemein anerkannt.[6] Um Doppelbesteuerungen zu verhindern, werden deshalb Doppelbesteuerungsabkommen zwischen den jeweiligen Staaten abgeschlossen. Hierbei handelt es sich um völkerrechtliche Verträge zwischen einzelnen Staaten im Sinne des Art. 59 II GG. Das älteste moderne Doppelbesteuerungsabkommen wurde bereits am 16.04.1869 zwischen Sachsen und Preußen unterzeichnet.[7] Diese Abkommen regeln die Verteilung der Besteuerungsrechte zwischen den betroffenen Staaten, damit es zu keiner doppelten oder mehrfachen Besteuerung des Pflichtigen kommt.[8] Im Grundsatz geschieht das durch die Anrechnungs- oder die Freistellungsmethode.[9]

Bei der Freistellungsmethode, auch Befreiungsmethode genannt, verzichtet ein Staat (zum Beispiel Staat A: in der Regel der Ansässigkeitsstaat im Sinne des Abkommens) zugunsten des anderen Staates (Staat B) auf sein Besteuerungsrecht.[10] Der verzichtende Staat A stellt die Einkünfte frei. Sein Besteuerungsrecht wird durch das Abkommen beschränkt. Bei der Anrechnungsmethode rechnet der Staat A die im Staat B für die dort gelegenen Vermögensteile gezahlten Steuern auf die in Staat A nach dem Welteinkommensprinzip zu zahlende Gesamtertragssteuer an.[11] Das bedeutet, der Steuerpflichtige zahlt im Ergebnis insgesamt mindestens die Steuer, die im Staat A beansprucht wird. Zusammengefasst zahlt er immer für die betreffenden Einkünfte die Steuer des höher besteuernden Staates. Möglich ist auch, dass dem Staat B laut Abkommen nur ein gewisser Quellensteuersatz (z.B. 10 %) zugestanden wird und er im Übrigen die Einkünfte freistellen muss.[12]

Die Anrechnung kann auch durch unilaterale Maßnahmen, in Deutschland durch § 34c I EStG, erfolgen. Daneben gibt es noch zwei weitere unilaterale Methoden mit geringerer Bedeutung, die Pauschalierung der Steuer auf ausländische Einkünfte

---

5 Vgl. näher hierzu *Lehner*, in: Vogel/Lehner, DBA, 6. Auflage 2015, Grundlagen des Abkommensrechts, A.III, Rn. 9.

6 Vgl. OECD-Musterabkommen 2014, Einleitung Nr. 1 ff.

7 Abkommen abgedruckt auf Umschlagseite III, IStR Heft 24/2006.

8 Näheres hierzu bei *Spitaler*, Das Doppelbesteuerungsproblem bei den direkten Steuern, 2. Auflage 1967 (Nachdruck der 1. Auflage von 1936), S. 417 ff.

9 Detaillierte Erläuterungen hierzu bei *Mössner*, Die Methoden der Vermeidung der Doppelbesteuerung, in: Vogel, Grundfragen des Internationalen Steuerrechts, 1985, S. 135 ff.

10 Vgl. Art. 23 A OECD-MA 2014; Schönfeld/Häck, in: Schönfeld/Ditz, DBA, 1. Auflage 2013, Systematik Rn. 50 ff.

11 Vgl. Art. 23B OECD-MA 2014; *Schönfeld/Häck*, in: Schönfeld/Ditz, DBA, 1. Auflage 2013, Systematik Rn. 50 ff.

12 Siehe. Zinseinkünfte nach Art. 11 OECD-MA 2014.

(siehe § 34c V EStG) und den Abzug von der Bemessungsgrundlage (siehe § 34c II, III EStG).[13]

Es bildete sich im Laufe der Zeit durch die Globalisierung unter den Staaten ein regelrechtes „Netz“ von Doppelbesteuerungsabkommen. Deutschland hat beispielsweise für den Bereich der Steuern vom Einkommen und vom Vermögen mit über 90 Staaten Doppelbesteuerungsabkommen vereinbart.[14] Bei der mehrfachen Ansässigkeit (d.h. Erfüllung eines Ansässigkeitsmerkmales wie Wohnsitz, gewöhnlicher Aufenthalt oder Ort der Geschäftsleitung in mehr als zwei Staaten) gibt es aber derzeit, bis auf wenige Ausnahmen[15] keine multilateralen Abkommen, welche im speziellen die mehrfache Besteuerung verhindern. Stattdessen ist diese Erscheinung mit den zur Verfügung stehenden Mitteln, den im Moment geltenden Doppelbesteuerungsabkommen, zu bewältigen.

Hilfreich ist, dass sich der überwiegende Teil der abgeschlossenen Abkommen am Muster der OECD orientiert. Die OECD (= The Organisation for Economic Co-operation and Development) ist eine Organisation für wirtschaftliche Zusammenarbeit von Staaten, die im Jahr 1961 durch das Inkrafttreten der 1960 unterzeichneten OECD-Konvention gegründet wurde.[16] Mittlerweile hat die OECD 34 Mitgliedstaaten.[17]

Im Jahr 1963 hat die OECD ein Musterabkommen zur Vermeidung der Doppelbesteuerung von Einkommen und Vermögen mit dazu gehörendem Kommentar entworfen und veröffentlicht.[18] Seitdem wird den Mitgliedstaaten empfohlen, neu vereinbarte bilaterale Abkommen, diesem Muster entsprechend zu schließen.[19] Die Vereinheitlichung der Abkommen dient der Vereinfachung des internationalen Steuerrechts. Die einzelnen Staaten verwenden auch bei Abschluss eines Doppelbesteuerungsabkommens im Regelfall dieses Musterabkommen. Üblicherweise werden gewisse Änderungen an einzelnen Artikeln vereinbart. Im

---

13 Vgl. näher hierzu *Frotscher*, Internationales Steuerrecht, 4. Auflage 2015, Rn. 290 ff.

14 Vgl. BMF-Schreiben „Stand der Doppelbesteuerungsabkommen und anderer Abkommen im Steuerbereich sowie der Abkommensverhandlungen am 1. Januar 2013“; abzurufen unter www.bundesfinanzministerium.de.

15 Multilaterales Abkommen der UNO zur Vermeidung der Doppelbesteuerung bei Urheberrechten vom 13.12.1979; weitere Abkommen genannt bei *Lehner*, in: Vogel/Lehner, DBA, 6. Auflage 2015, Grundlagen des Abkommensrechts, A.III, Rn. 40a; hilfreich in der Praxis hier das EU-Schiedsübereinkommen zwischen den Mitgliedstaaten der EU (90/436/EWG), im Falle von Gewinnberichtigungen zwischen verbundenen Unternehmen.

16 Näheres siehe: http://www.oecd.org/about/history/, Abrufdatum: 20.08.2014.

17 Siehe http://www.oecd.org/general/listofoecdmembercountries-ratificationoftheconventionontheoecd.htm, Abrufdatum: 24.06.2015.

18 Vgl. OECD-Musterabkommen 2014, Einleitung Nr. 4 ff.; Originaltitel: „OECD Draft Double Taxation Convention on Income and Capital“; näheres zur geschichtlichen Entwicklung nach dem zweiten Weltkrieg: *Wassermeyer*, in: Debatin/Wassermeyer, DBA, Vor Art. 1 MA Rn. 79.

19 Vgl. OECD-Musterabkommen 2014, Einleitung Nr. 6.

konkreten Fall ist das jeweilige von den betreffenden Staaten abgeschlossene Abkommen heranzuziehen. Da sich dieses aber im Regelfall am OECD-Musterabkommen (im Folgenden: OECD-MA) orientiert, wird in dieser Arbeit eine eingehende Betrachtung der entscheidenden Vorschriften des OECD-MA aus 2014 durchgeführt. Auf spezielle Abkommen sowie deutsche abkommensrechtliche Besonderheiten wird an einigen Stellen eingegangen. Das OECD-MA und der Musterkommentar sind nur in englischer und französischer Sprache abgefasst.[20]

Daneben gibt es noch das US-Musterabkommen und das „UN-Musterabkommen zur Vermeidung der Doppelbesteuerung zwischen einem Industriestaat und einem Entwicklungsland". Letzteres berücksichtigt speziell die Situation der Entwicklungsländer und sieht deshalb ein stärkeres Besteuerungsrecht des Quellenstaates vor (das jeweilige Entwicklungsland stellt bei den relevanten Einkünften meist den Quellenstaat dar).[21] Das Musterabkommen, welches die Vereinigten Staaten verwenden, basiert zum großen Teil auf dem OECD-MA, betont aber stärker die Interessen der USA als typischen Ansässigkeitsstaat zum Beispiel durch vermehrte Verwendung der Steueranrechnungsmethode, und enthält zahlreiche Missbrauchsklauseln.[22]

Das OECD-MA mit entsprechendem Musterkommentar wird von der OECD in regelmäßigen Abständen aktualisiert und den neuen Entwicklungen angepasst. Zugrunde gelegt werden dieser Untersuchung in erster Linie das OECD-MA von 2014 und der Musterkommentar von 2014.[23]

II. Gang der Darstellung

Die Untersuchung beschränkt sich auf Fälle der tatsächlich gegebenen Ansässigkeit. Die Möglichkeiten und Folgen einer „Scheinansässigkeit", bei der das Vorliegen der Ansässigkeitsmerkmale nur „vorgetäuscht" wird und diese nicht tatsächlich erfüllt sind, werden in der Arbeit nicht behandelt. Auf den Einfluss des Unionsrechts wird gleichfalls nicht eingegangen.[24]

Damit sich das Problem der Doppel- oder Mehrfachansässigkeit stellt, müssen die betreffenden Personen in zwei oder mehreren Staaten nach Normen des nationalen

---

20 BMF veröffentlichte am 18.02.2004 eine Übersetzung des OECD-MA 2003, BStBl I 2004, 286 ff.; eine offizielle deutsche Übersetzung des OECD-MA (2014) von der OECD existiert nicht; Auszüge des OECD-MA 2014 und Auszüge des OECD-Musterkommentars 2014 finden sich im Anhang.

21 *Schönfeld/Häck*, in: Schönfeld/Ditz, DBA, 1. Auflage 2013, Systematik Rn. 29.

22 *Haase*, in: Haase, AStG/DBA, 2. Auflage 2012, Kapitel II Einleitung Rn. 4; *Frotscher* Internationales Steuerrecht, 4. Auflage 2015, Rn. 51.

23 Bei nicht näherer Bezeichnung ist immer die Version aus 2014 gemeint.

24 Das Unionsrecht verbietet nach h.M. eine Doppel- und Mehrfachbesteuerung nicht. Dazu *Wernsmann*, Internationale Doppelbesteuerung als unionsrechtliches Problem, in Festschrift für Bengel und Reimann, 2012, S. 371 (377 f.); *ders.* in Schulze/Zuleeg/Kadelbach, Europarecht, § 30 Rn. 89 ff. (95, 112); ausführlich hierzu *Riedl*, Die internationale Besteuerung im EU-Binnenmarkt, 2011, S. 118 ff., 265 ff.

Rechts ansässig sein. Der hier relevante Art. 4 I 1 OECD-MA verweist auf das nationale Recht. Die Person muss nach dem nationalen Recht des entsprechenden Staates aufgrund des Wohnsitzes, des ständigen Aufenthaltes, des Ortes der Geschäftsleitung oder eines ähnlichen Merkmals dort ansässig sein. Die Ansässigkeitsmerkmale werden deshalb nach deutschem Recht erläutert. Hierbei wird auch auf ausgewählte Unterschiede in anderen Staaten eingegangen.

Danach wird auf die Lösung des Problems der Doppelansässigkeit durch das OECD-MA eingegangen. Art. 4 II OECD-MA enthält die so genannte „Tie-Breaker"-Regelung für natürliche Personen. Damit wird festgestellt, in welchem der beiden Staaten die betreffende Person bei einer doppelten Ansässigkeit ansässig im Sinne des Abkommens ist. Der andere Staat ist der Nichtansässigkeitsstaat. Im Wege einer Rangfolge werden in Art. 4 II OECD-MA verschiedene Abgrenzungsmerkmale genannt. Zunächst ist zur Bestimmung des Ansässigkeitsstaates auf den Staat abzustellen, in dem der Betreffende eine ständige Wohnstätte hat. Sofern dies in beiden Staaten der Fall ist, kommt es darauf an, in welchem der beiden Staaten der Mittelpunkt seiner Lebensinteressen liegt (Art. 4 II lit. a OECD-MA). Sofern dadurch noch keine Abgrenzung vorgenommen werden kann, so zählt der Staat, in dem die Person ihren gewöhnlichen Aufenthalt hat (Art. 4 II lit. b OECD-MA). Falls auch dies nicht zielführend ist, ist die Staatsbürgerschaft das entscheidende Kriterium (Art. 4 II lit. c OECD-MA). Wenn die Person Staatsangehöriger beider oder keines der beiden Staaten ist, so wird die Angelegenheit durch die beiden Staaten im gegenseitigen Einvernehmen geregelt (Art. 4 II lit. d OECD-MA).

Die Bestimmung eines Ansässigkeitsstaates im Sinne des Abkommens ist entscheidend dafür, dass die Verteilungsnormen eines Doppelbesteuerungsabkommens ordnungsgemäß funktionieren.

Für andere als natürliche Personen dient Art. 4 III OECD-MA dieser Unterscheidung: „Ist nach Absatz 1 eine andere als eine natürliche Person in beiden Vertragsstaaten ansässig, so gilt sie als nur in dem Staat ansässig, in dem sich der Ort ihrer tatsächlichen Geschäftsleitung befindet."[25]. Die Regelungen werden darauf untersucht, ob sie in allen Fällen zufriedenstellende Lösungen herbeiführen können.

Es stellt sich hier die Frage, welche steuerlichen Gestaltungen durch die Schaffung einer Doppelansässigkeit möglich sind und ob diese dann vorteilhafte oder negative Auswirkungen haben. Zu denken ist etwa an die Beibehaltung eines alten Wohnsitzes, um die Wegzugsbesteuerung nach § 6 AStG zu vermeiden. Umgekehrt ist auch die Beendigung einer doppelten Ansässigkeit abstrakt zu betrachten. Insbesondere die Erscheinung des so genannten „Treaty-Shoppings" muss untersucht werden. Unter diesen Begriff fällt unter anderem die Situation, dass ein Ansässigkeitsmerkmal in einem Land nur deshalb erfüllt wird, um die Anwendbarkeit eines bestimmten Abkommens zu erreichen. Genaueres wird unter **D.II** erläutert. Es gibt hier

---

25 Wortlaut der durch das BMF veröffentlichten Übersetzung des OECD-MA 2003, BStBl. I 2004, 286 ff., englischer Wortlaut des Art. 4 OECD-MA 2014 entspricht dem des Art. 4 OECD-MA 2003; englischer Wortlaut wiedergegeben im Anhang.

unterschiedliche Erscheinungsformen, die mittlerweile teilweise durch Vorschriften zur Verhinderung von Missbrauch unterbunden werden.

Schließlich ist das Problem der Mehrfachansässigkeit zu untersuchen. Es gibt hierzu einen gängigen Lösungsweg der Praxis. Der OECD-Musterkommentar wurde im Jahr 2008 geändert und enthält nun eine „andere Lösung" mit einer von nun an komplett gegenteiligen Auslegung des Art. 4 I 2 OECD-MA.[26] Diese neue Kommentierung wird zunächst kritisch beurteilt. Interessant ist hier vor allem der Rechtscharakter dieser Kommentierung. Es drängt sich die Frage auf, ob sie auch für Abkommen anzuwenden ist, die sich zwar an der Vorschrift des Art. 4 I 2 OECD-MA orientieren, diese meist mit identischem Wortlaut enthalten, aber vor dem Jahr 2008 geschlossen wurden. Hier spielt unter anderem auch das Verfassungsrecht eine Rolle.

Nach dieser Einschätzung wird auf mögliche steuerliche Gestaltungen durch Schaffung einer Mehrfachansässigkeit eingegangen. Es können sich besondere Vor- oder Nachteile ergeben. Abschließend wird ein vorsichtiger Blick in die Zukunft gewagt.

26 Siehe Art. 4 Tz. 8.2 S. 2 OECD-Musterkommentar.

B. Begründung der Ansässigkeitserkmale in Deutschland und anderen Ländern

Ein Doppelbesteuerungsabkommen ist nach Art. 1 OECD-MA anwendbar, wenn eine Person in einem oder beiden Vertragsstaaten ansässig ist.[27] Art. 3 I lit. a OECD-MA definiert den Begriff „Person" im Sinne des Abkommens als natürliche Person, Gesellschaft oder andere Personenvereinigung.[28] Art. 4 OECD-MA regelt dann die Ansässigkeit im Sinne des jeweiligen Abkommens.

Eine Person ist nach dem jeweiligen Doppelbesteuerungsabkommen ansässig, wenn sie nach dem Recht des Vertragsstaates aufgrund des Wohnsitzes, des ständigen Aufenthaltes, des Ortes der Geschäftsleitung oder einem ähnlichen Merkmal steuerpflichtig ist, siehe Art. 4 I 1 OECD-MA. Es wird auf die Ansässigkeit nach nationalem Recht aufgrund ortsbezogener Merkmale, welche die unbeschränkte Steuerpflicht auslösen, Bezug genommen.[29] Art. 4 I OECD-MA ist hier nicht lex specialis gegenüber nationalen Vorschriften.[30] Die unbeschränkte Steuerpflicht kann sich nur bei Erfüllung der Merkmale nach nationalem Recht ergeben. Gemeint ist mit dem Begriff unbeschränkte Steuerpflicht, dass eine Person grundsätzlich mit ihrem gesamten Welteinkommen, also mit in- und ausländischen Einkünften steuerpflichtig ist.[31] Im Gegensatz dazu bedeutet die beschränkte Steuerpflicht, dass derjenige in diesem Land (dem Quellenstaat) nur mit den Einkünften besteuert wird, die nach dem nationalen Steuerrecht für inländische Einkünfte („inländische Quellen") erhoben werden.[32]

---

27 Als Ausnahme gibt es wenige Regelungen im OECD-MA, die auch für Personen, die nicht in einem der Vertragsstaaten ansässig sind, gelten, z.B.: Art. 24 I 2 OECD-MA oder Art. 25 I OECD-MA in den Fällen, in denen es um eine Diskriminierung nach Art. 24 I OECD-MA geht, siehe Art. 25 Tz 18 S. 2 OECD-Musterkommentar.

28 Englischer Originaltext: „the term 'person' includes an individual, a company and any other body of persons"; französischer Originaltext: "le terme <<personne>> comprend les personnes physiques, les sociétés et tous autres groupements de personnes".

29 *Lehner*, in: Vogel/Lehner, DBA, 6. Auflage 2015, Art. 4 OECD-MA Rn. 77; ebenso *Lang*, Introduction to the Law of Double Taxation Conventions, 1. Auflage 2010, S. 65; anders *Staringer*, Die Ansässigkeit aufgrund des Wohnsitzes, des ständigen Aufenthaltes, des Ortes der Geschäftsleitung oder eines anderen ähnlichen Merkmals nach Art. 4 I 1 OECD-MA, in: Lang/Schuch/Staringer, Die Ansässigkeit im Recht der Doppelbesteuerungsabkommen, 2008, S. 74: Eine Ortsbezogenheit sei erforderlich, im Übrigen habe das nationale Recht einen großen Spielraum.

30 *Wassermeyer/Kaeser*, in: Debatin/Wassermeyer, DBA, Art. 4 MA Rn. 16.

31 Vgl. *Ebling*, in: Blümich, EStG, § 1 Rn. 40 ff.

32 Vgl. § 49 I EStG; *Birk/Desens/Tappe*, Steuerrecht, 17. Auflage 2014, Rn. 676 ff.

Entscheidend ist, ob der Betroffene nach nationalem Recht unbeschränkt steuerpflichtig ist und ob dies auf dem Wohnsitz, dem gewöhnlichen Aufenthalt, dem Ort der Geschäftsleitung oder einem anderen ähnlichen Merkmal beruht.[33] Art. 4 I 2 OECD-MA führt aus, dass Personen, die in dem Vertragsstaat nur mit Einkünften aus Quellen oder mit in diesem gelegenem Vermögen steuerpflichtig sind, nicht ansässig im Sinne des Art. 4 OECD-MA sind. Daraus wird deshalb teilweise gefolgert, dass die oben genannten Merkmale eben auch zu einer unbeschränkten Steuerpflicht nach nationalem Recht führen müssen.[34]

Art. 4 I 2 OECD-MA wurde bis zum Jahr 2008 grundsätzlich auf folgende Weise ausgelegt: Er schließt solche Personen aus, die in einem Land nach nationalem Recht ansässig sind, aber nur mit Einkünften aus dort gelegenen Quellen steuerpflichtig sind, also beschränkt steuerpflichtig sind.[35] Im Musterkommentar werden als Beispiel für solche natürliche Personen Diplomaten oder Konsularbeamte genannt.[36] Wie die Vorschrift bis zur Änderung des Musterkommentars im Jahr 2008 auszulegen war und wie sie nun zukünftig auszulegen ist, wird unter **E.II** detailliert erläutert.

I. Wohnsitz

1. Auslegung des Merkmals im deutschen Recht

Untersucht wird zunächst der Begriff des Wohnsitzes nach deutschem Recht, also gemäß § 8 AO, welcher nach § 1 I EStG die unbeschränkte Einkommensteuerpflicht auslöst. Danach hat jemand einen Wohnsitz „dort, wo er eine Wohnung unter Umständen innehat, die darauf schließen lassen, dass er die Wohnung beibehalten und benutzen wird". Anders als beim gewöhnlichen Aufenthalt kann eine Person auch mehrere Wohnsitze im In- oder Ausland haben.[37]

Schon aus der Begrifflichkeit ergibt sich, dass einen Wohnsitz nur natürliche Personen haben können.[38] Ferner ergibt es sich aus der einfachgesetzlichen Anküpfung in § 1 EStG, anders als im KStG. Auf Ebene der Doppelbesteuerungsabkommen richtet sich die Frage, was unter einer natürlichen Person zu verstehen ist, gemäß der Auslegungsregel des Art. 3 II OECD-MA wiederum nach nationalem Steuerrecht.[39] In Deutschland stimmt die steuerliche mit der zivilrechtlichen Rechtsfähigkeit grundsätzlich überein.[40] Die Personeneigenschaft beginnt somit nach

33 *Wassermeyer/Kaeser*, in: Debatin/Wassermeyer, DBA, Art. 4 MA Rn. 8.
34 *Lehner*, in: Vogel/Lehner, DBA, 6. Auflage 2015, Art. 4 OECD-MA Rn. 77 ff.
35 *Pohl*, in: Schönfeld/Ditz, DBA, 1. Auflage 2013, Art. 4 Rn. 57.
36 Art. 4 Tz. 8.1 OECD-Musterkommentar.
37 BFH Urteil v. 19.03.1997 – I R 69/96, BStBl. II 1997, 447 (447).
38 *Gersch*, in: Klein, AO, 12. Auflage 2014, § 8 Rn. 1.
39 *Dürrschmidt*, in: Vogel/Lehner, DBA, 6. Auflage 2015, Art. 3 OECD-MA, Rn. 12.
40 *Gaffron*, in: Haase, AStG/DBA, 2. Auflage 2012, Art. 3 Rn. 9.

§ 1 BGB mit der Vollendung der Geburt und endet mit dem Tod.[41] Art. 7 EGBGB legt außerdem fest, dass die Rechtsfähigkeit einer Person nach dem Recht des Staates festzustellen ist, „dem die Person angehört“. Im Einzelfall muss die Rechtsfähigkeit folglich nach ausländischem Recht bestimmt werden.

Gemeint ist mit Wohnsitz der geographische Ort, an dem sich die Wohnung befindet.[42] Der Wohnsitzbegriff in § 8 AO darf aber nicht gleichgesetzt werden mit dem des § 7 BGB. „Im Gegensatz zum bürgerlichen Recht, das in Bezug auf Begründung, Beibehaltung und Aufgabe des Wohnsitzes auf den rechtsgeschäftlichen Willen abstellt, ist der steuerrechtliche Wohnungsbegriff objektiviert: Er stellt auf die tatsächliche Gestaltung ab und knüpft insgesamt an äußere Merkmale an, ohne subjektiven Momenten oder Absichten Raum zu geben (...).“[43]

Im Zivilrecht kann beispielsweise der Wohnsitz nach § 7 III BGB nur aufgegeben werden, wenn zusätzlich zur tatsächlichen Aufgabe der Wohnung auch noch ein entsprechender Aufgabewille hinzutritt.[44] Im Steuerrecht ist das nicht so.

Von einer Wohnung im Sinne des § 8 AO ist nur auszugehen, wenn es sich um Räume handelt, die zum dauerhaften Wohnen geeignet sind.[45] Der BFH hat, aufbauend auf den RFH, bisher gefordert die Wohnung müsse eine den „persönlichen und wirtschaftlichen Verhältnissen [der Kläger] entsprechende Bleibe“ darstellen.[46] Überzeugender ist aber, dass die Räumlichkeiten eben nicht unbedingt angemessen oder gar standesgemäß sein müssen.[47] Ansonsten könnte sich im Extremfall der Einkommensmillionär durch ein Leben in einer sehr bescheidenen Bleibe der unbeschränkten Steuerpflicht entziehen.[48] Dies würde im Ergebnis eine unangemessene Ungleichbehandlung gegenüber dem „Geringverdiener“ darstellen, da diesem diese Möglichkeit verwehrt ist. Mit nur sehr spärlich ausgestatteten Räumlichkeiten wäre der „Geringverdiener“ unbeschränkt steuerpflichtig. Eine bescheidene Bleibe oder

---

41 BFH, Urteil v. 28.03.1973 – I R 100/71, BStBl. II 1973, 544 (545); *J. Schmitt*, in: Münchner Kommentar zum BGB, 6. Auflage 2012, § 1 Rn. 15 ff., 18, 49 ff.; darüber hinausgehend führt im Zivilrecht z.B. der postmortale Ehrenschutz zu einer nur für diesen Spezialbereich fortbestehenden „Rechtsfähigkeit“ nach dem Tod.

42 BFH Urteil v. 24.07.1996 – I R 74/95, BStBl. II 1997, 132 (134); zitierend *Drüen*, in: Tipke/Kruse, AO/FGO, § 8 AO Rn. 1a.

43 Orientierungssatz BFH Urteil v. 23.11.1988 – II R 139/87, BStBl. II 1989, 182 (183); vgl. schon RFH, Urteil v. 03.12.1935 – III A 272/35, RStBl. 1935, 1461.

44 *J. Schmitt*, in: Münchner Kommentar zum BGB, 6. Auflage 2012, § 7 Rn. 38 f.

45 BFH Urteil v. 15.07.2010 – III R 6/08, BStBl. II 2012, 883 (884 f.); ebenso BFH Urteil v. 23.11.2000 – VI R 107/99, BStBl. II 2001, 294 (296).

46 BFH, Urteil v. 19.03.1997 – I R 69/96, BStBl. II 1997, 447 (448); vgl. RFH Beschluss v. 18.07.1924 – VI B 229 und 241/24, RFHE 14, 125 (126 f.); weitere Rechtsprechung bei *Musil*, in: Hübschmann/Hepp/Spitaler, AO/FGO, § 8 AO Rn. 25 Fn. 1.

47 Vgl. *Drüen*, in: Tipke/Kruse, AO/FGO, § 8 AO Rn. 5; vgl. ebenso *Birkholz*,, DStZ 1979, 247 (247).

48 *Musil*, in: Hübschmann/Hepp/Spitaler, AO/FGO, § 8 AO Rn. 27; wobei der Betreffende dann natürlich darauf achten müsste, keinen gewöhnlichen Aufenthalt nach § 9 AO zu erzeugen.

eine Beteiligung an einer Wohngemeinschaft genügt deshalb den Anforderungen.[49] Ein komplett leerer Raum ist freilich nicht zum dauerhaften Wohnen geeignet.[50] Für den Begriff der „ständigen Wohnstätte“ nach Art. 4 II OECD-MA, also bei Doppelbesteuerungsabkommen, hat der BFH nun auch entschieden, die Wohnung müsse nicht angemessen sein.[51] Die Räumlichkeit kann demzufolge nur mit einfachsten Mitteln (Bett, Tisch, Schrank, Stuhl) ausgestattet sein und es genügt eine gemeinschaftlich benutzte Toilette.[52] Ob die Bleibe mit eigenen oder fremden Möbeln eingerichtet ist, spielt ebenso keine Rolle.[53] Zwingend ist aber, dass in der Bleibe eine Rückzugsmöglichkeit besteht, was zu der für eine Wohnung erforderlichen „privaten Atmosphäre“ führt.[54]

Ein Wohnsitz „setzt neben zum dauerhaften Wohnen geeigneten Räumlichkeiten das Innehaben der Wohnung in dem Sinne voraus, dass der Steuerpflichtige tatsächlich über sie verfügen kann und sie als Bleibe entweder ständig benutzt oder sie doch mit einer gewissen Regelmäßigkeit – wenn auch in größeren Zeitabständen – aufsucht“.[55] Eine gesetzlich festgelegte zeitliche Grenze, ab der man von einer regelmäßigen Benutzung ausgehen kann, gibt es nicht.[56] Wenn der Steuerpflichtige sich jedenfalls nur hin und wieder in unregelmäßig aufeinander folgenden kurzen Zeiträumen zu Erholungszwecken in der Räumlichkeit aufhält, so genügt das nicht.[57]

Nur das tatsächliche „Verfügen können“ über die Wohnung ist entscheidend, nicht die rechtliche Situation, weshalb zum Beispiel im Einzelfall auch ein Hausbesetzer

---

49 *Gersch*, in: Klein, AO, 12. Auflage 2014, § 8 Rn. 2; vgl. *Lehner/Waldhoff*, in: Kirchhof/Söhn/Mellinghoff, EStG, § 1 Rn. B 116 argumentiert mit dem allgemeinen Persönlichkeitsrecht des Steuerpflichtigen; Beispiele für von der Rechtsprechung anerkannte Wohnungen: *Drüen*, in: Tipke/Kruse, AO/FGO, § 8 AO Rn. 5.

50 *Lehner/Waldhoff*, in: Kirchhof/Söhn/Mellinghoff, EStG, § 1 Rn. B 113.

51 BFH Urteil v. 16.12.1998 – I R 40/97, BStBl. II 1999, 207 (208), hier ging es um den Begriff der „ständigen Wohnstätte“ nach Art. 4 II a OECD-MA, weshalb auf Art. 4 Tz. 13 OECD Musterkommentar verwiesen wurde; Abkehr von früherer Rechtsprechung, siehe BFH Urteil v. 23.10.1985 – I R 274/82, BStBl. II 1986, 133 (135).

52 Vgl. FG München Urteil v. 02.04.2003 – 9 K 5494/00, veröffentlicht in juris.

53 BFH, Urteil v. 14.11.1969 – III R 95/68, BStBl. II 1970, 153 (154 f.).

54 *Musil*, in: Hübschmann/Hepp/Spitaler, AO/FGO, § 8 AO Rn. 24; *Buciek*, in: Beermann/Gosch, AO/FGO, § 8 AO Rn. 16.

55 BFH Urteil v. 23.11.2000 – VI R 107/99, BStBl. II 2001, 294 (296); vgl. ebenso BFH, Urteil v. 23.11.1988 – II R 139/87, BStBl. II 1989, 182 (183); vgl. schon RFH Gutachten an den Reichsminister der Finanzen v. 19.10.1940 – Gr. S. D 3/40, in RFHE 49, 186 (189).

56 *Drüen*, in: Tipke/Kruse, AO/FGO, § 8 AO Rn. 6; mit Hinweis auf BFH Urteil v. 23.11.1988 – II R 139/87, BStBl. II 1989, 182 (183).

57 BFH Urteil v. 23.11.2000 – VI R 107/99, BStBl. II 2001, 294 (297); BFH Urteil v. 23.11.1988 – II R 139/87, BStBl. II 1989, 182 (183); BFH Urteil v. 22.04.1994 – III R 22/92, BStBl. II 1994, 887 (889 f.).

die Wohnung steuerlich innehaben kann.[58] Die „Wohnung [muss] ihrem Inhaber jederzeit (wann immer er es wünscht) als Bleibe zur Verfügung [stehen] und von ihm subjektiv zu entsprechender Nutzung auch bestimmt [sein]. In dieser zur objektiven Eignung hinzutretenden subjektiven Bestimmung liegt der Unterschied zwischen dem bloßen Aufenthaltnehmen in einer Wohnung und dem [steuerlichen] Wohnsitz."[59] Die polizeiliche An- oder Abmeldung der Wohnung spielt grundsätzlich keine Rolle.[60]

Nach § 8 AO muss jemand eine Wohnung unter solchen Umständen innehaben, die darauf schließen lassen, dass derjenige die Wohnung beibehalten und benutzen wird.[61] „Für die Beurteilung dieser Frage können alle Umstände des Einzelfalles herangezogen werden. Sie müssen nur nach der Lebenserfahrung den Schlu[ss] erlauben, da[ss] der Steuerpflichtige die Wohnung hält, um sie als solche zu nutzen. [...] Der Wohnsitzbegriff setzt nicht voraus, da[ss] sich dort auch der Mittelpunkt der Lebensinteressen befindet [...]".[62] Als Umstand kommt beispielsweise in Betracht, ob der Steuerpflichtige die Wohnung in einem „ständig nutzbereiten Zustand" erhält.[63]

Ein Minderjähriger kann – abweichend von § 11 BGB – auch gegen den Willen des gesetzlichen Vertreters einen Wohnsitz begründen, denn zur Begründung und Aufhebung des steuerlichen Wohnsitzes bedarf es lediglich eines natürlichen Willens.[64] Der natürliche Wille für das Beibehalten der Wohnung muss sich auf einen längeren Zeitraum beziehen, wobei die „Sechsmonatsfrist" des § 9 S. 2 AO als Anhaltspunkt herangezogen werden kann.[65]

Von Belang ist auch die familiäre Situation. Bei Ehepartnern, die nicht dauerhaft getrennt leben, spricht wohl eine widerlegbare Vermutung dafür, dass sie ihren Wohnsitz am „Wohnsitz der Familie" haben.[66] Dies verstößt nicht gegen Art. 6 I GG.[67]

---

58 *Lehner/Waldhoff*, in: Kirchhof/Söhn/Mellinghoff, EStG, § 1 Rn. B 124; vgl. BFH Urteil v. 14.11.1969 – III R 95/68, BStBl. II 1970, 153 (155); ebenso BFH Urteil v. 10.11.1978 – VI R 127/76, BStBl. II 1979, 335 (336); a.A.: *Birkholz*,, DStZ 1979, 247 (248); RFH Gutachten an den Reichsminister der Finanzen v. 19.10.1940 – Gr. S. D 3/40, in RFHE 49, 186 (189).

59 BFH Urteil v. 22.04.1994 – III R 22/92, BStBl. II 1994, 887 (889).

60 BFH Urteil v. 14.11.1969 – III R 95/68, BStBl. II 1970, 153 (155).

61 *Drüen*, in Tipke/Kruse, AO/FGO, § 8 AO Rn. 9; vgl. BFH Urteil v. 19.03.1997 – I R 69/96, BStBl. II 1997, 447 (448).

62 BFH Urteil v. 19.03.1997 – I R 69/96, BStBl. II 1997, 447 (448).

63 BFH Urteil v. 19.03.1997 – I R 69/96, BStBl. II 1997, 447 (448); vgl. *Musil*, in: Hübschmann/Hepp/ Spitaler, AO/FGO, § 8 AO Rn. 32.

64 BFH Urteil v. 22.04.1994 – III R 22/92, BStBl. II 1994, 887 (889); ebenso *Gersch*, in: Klein, AO, 12. Auflage 2014, § 8 Rn. 5.

65 BFH Urteil 30.08.1989 – I R 215/85, BStBl. II 1989, 956 (956 f.); ebenso *Buciek*, in: Beermann/ Gosch, AO/FGO, § 8 AO Rn. 16; ebenso *Drüen*, in: Tipke/Kruse, AO/FGO, § 8 AO Rn. 6; ebenso *Gersch*, in: Klein, AO, 12. Auflage 2014, § 8 Rn. 4.

66 *Lehner/Waldhoff*, in: Kirchhof/Söhn/Mellinghoff, EStG, § 1 Rn. B 130.

67 BVerfG Beschluss v. 24.09.1965 – 1 BvR 131/65, in: DB 1965, 1886 ff.

Der Wohnsitz kann auch durch Familienangehörige vermittelt werden.[68] Minderjährige Kinder haben grundsätzlich ihren Wohnsitz am Wohnsitz der Eltern.[69] Studenten behalten den elterlichen Wohnsitz regelmäßig auch bei Innehaben einer Wohnung am Studienort bei, weil die Bindung an das Elternhaus gewöhnlich nicht aufgeben wird.[70]

Der BFH hat im Rahmen einer Entscheidung über die Zweitwohnungssteuer den melderechtlichen Wohnungsbegriff für beide Wohnungen angewandt.[71] Erstwohnung war nach dem im Fall einschlägigen § 17 II des Berliner Meldegesetzes diejenige Wohnung, welche vorwiegend benutzt wird und wo der Schwerpunkt der Lebensbeziehungen liegt.[72] Bei einem Studenten dürfte dies meist die Wohnung am Studienort sein. Für den Wohnsitzbegriff nach § 8 AO spielt es keine Rolle, ob es sich um einen Erst- oder Zweitwohnsitz im Sinne des Melderechts handelt.

Beendet wird der Wohnsitz durch die Aufgabe der Wohnung. Eine solche ist anzunehmen, wenn die Wohnung aufgelöst oder nicht nur vorübergehend nicht mehr genutzt wird.[73] Objektiv erkennbare Umstände müssen dafür sprechen, dass die Person ab jetzt die Wohnung nicht mehr für Zwecke des Wohnens beibehalten und nutzen will.[74]

Wenn bei Wegzug ins Ausland die inländische Wohnung aufgegeben wird, führt dies zur Beendigung des Wohnsitzes. Dies kann zum Beispiel durch (Unter-) Vermietung der Wohnung für mehrere Jahre an einen Dritten geschehen.[75] Anders ist es bei einem lediglich zeitlich befristeten Auslandsaufenthalt eines Ehepartners und der gleichzeitigen Beibehaltung des „Wohnsitzes der Familie“.[76] Hier bleibt dann der Wohnsitz im Inland erhalten, es kann aber zu einem weiteren Wohnsitz im Ausland kommen, wenn nach ausländischen Vorschriften im Einzelfall von einem Wohnsitz auszugehen ist. Der „Wohnsitz der Familie“ wird aber vom Steuerpflichtigen aufgegeben, wenn er die bisherige „Familienwohnung“ auflöst und eine neue, lediglich für den Rest der Familie adäquate kleinere Wohnung anmietet, bei gleichzeitigem

---

68 *Lehner/Waldhoff*, in: Kirchhof/Söhn/Mellinghoff, EStG, § 1 Rn. B 130; ebenso *Buciek*, in: Beermann/Gosch, AO/FGO, § 8 AO Rn. 30 ff.

69 BFH Urteil v. 27.08.2010 – III B 30/09, BFH/NV 2010, 2272 f.; *Gersch*, in Klein, AO, 12. Auflage 2014, § 8 Rn. 7; ebenso *Buciek*, in: Beermann/Gosch, AO/FGO, § 8 AO Rn. 33.

70 Vgl. BFH Urteil v. 23.11.2000 – VI R 107/99, BStBl. II 2001, 294 (296, 298); vgl. auch BFH Urteil v. 25.09.2014 – III R 10/14, BFHE 247, 239, wonach lediglich kurzzeitige Aufenthalte während eines mehrjährigen Auslandsstudiums nicht zur Beibehaltung des Wohnsitzes bei den Eltern ausreichen.

71 BFH Urteil v. 01.10.2008 – II B 16/08, BFH/NV 2009, 53 (55 f.).

72 BFH Urteil v. 01.10.2008 – II B 16/08, BFH/NV 2009, 53 (55 f.).

73 *Gersch*, in: Klein, AO, 12. Auflage 2014, § 8 Rn. 6; ebenso *Drüen*, in: Tipke/Kruse, AO/FGO, § 8 AO Rn. 16.

74 BFH Urteil v. 27.08.2008 – I R 81/07, BStBl. II 2009, 632 (633).

75 BFH Urteil v. 17.05.1995 – I R 8/94, BStBl. II 1996, 2 (3).

76 *Drüen*, in: Tipke/Kruse, AO/FGO, § 8 AO Rn. 17.

Bezug einer neuen Wohnung für sich am Arbeitsplatz.[77] Ebenso verhält es sich, wenn sich aus den Umständen ergibt, dass der Steuerpflichtige die „Familienwohnung“ nicht (mehr) „mitbenutzen will und sie auch [nicht (mehr)] als sein eigenes Heim betrachtet“[78].

Im Übrigen reicht für die Wohnsitzaufgabe bei Ausreise aus, dass der betreffende Steuerpflichtige die Wohnung im Inland in absehbarer Zeit nicht mehr benutzen wird.[79] Dass die Wohnung unter Umständen noch in ständig nutzbereitem Zustand zur Verfügung steht, spielt folglich keine Rolle, wenn sich aus den Umständen eindeutig ergibt, dass in absehbarer Zeit mit keiner tatsächlichen regelmäßigen Nutzung mehr zu rechnen ist.[80] Als solch ein eindeutiger Umstand ist von der Rechtsprechung teilweise der Wechsel der Kinder in das ausländische Schulsystem angesehen worden.[81] Jedoch spricht das unveränderte Beibehalten einer Wohnung in ständig nutzbereitem Zustand nach allgemeiner Lebenserfahrung für das Beibehalten einer Wohnung im Inland.[82] Bei im Ausland studierenden Personen sind bei der Entscheidung über den noch bestehenden Wohnsitz bei den Eltern die tatsächlich bestehenden Bindungen zum Elternhaus entscheidend.[83]

2. Auslegung des Merkmals in anderen Ländern

Damit es überhaupt zur Frage der Doppel- oder Mehrfachansässigkeit kommt, muss die entsprechende Person entweder zum Wohnsitz oder gewöhnlichen Aufenthalt in Deutschland noch einen oder mehrere Wohnsitz(e) (§ 8 AO) oder gewöhnliche Aufenthalt(e) (§ 9 AO) im Ausland haben. Wie bei **B.II.1** erläutert wird, kann eine natürliche Person zwar mehrere Wohnsitze haben, aber nur einen gewöhnlichen Aufenthalt. Exemplarisch wird die Auslegung des Wohnsitzbegriffs in einigen Ländern kurz dargestellt:

a) Beispiel Österreich

Das österreichische Recht definiert den Begriff des Wohnsitzes in § 26 I der Bundesabgabeordnung. Dieser entspricht im Wesentlichen dem Wortlaut des § 8 AO. Beide Regelungen beruhen auf den §§ 13 und 14 des reichsdeutschen

---

77 Vgl. RFH Beschluss v. 13.10.1938 – IV B 1/38, RStBl. 1938, 1062.

78 BFH Urteil v. 29.10.1959 – IV 129/58 S, BFHE 70, 162 (164); nimmt Bezug auf RFH Urteil v. 10.03.1937 – VI A 631/36, RStBl. 1937, 498.

79 *Drüen*, in: Tipke/Kruse, AO/FGO, § 8 AO Rn. 18.

80 Vgl. FG Nürnberg Urteil v. 13.04.2011 – 7 K 1600/2009, EFG 2012, 146 (147 f.), hier hatte die Betreffende weiterhin ein ständig im nutzbereiten Zustand befindliches Zimmer bei ihren Eltern, hielt sich aber an etwa 300 Tagen im Ausland beim Familienwohnsitz auf und eine gemeinsame Rückkehr der Familie war nicht abzusehen.

81 FG Nürnberg v. 23.01.2009 – 7 K 1714/2007, DStRE 2010, 535 (535 f.).

82 Vgl. BFH Urteil v. 23.11.2000 – VI R 107/99, BStBl. II 2001, 294 (299).

83 Vgl. *Drüen*, in: Tipke/Kruse, AO/FGO, § 8 AO Rn. 10; ebenso *Lehner/Waldhoff*, in: Kirchhof/Söhn/Mellinghoff, EStG, § 1 Rn. B 132.

Steueranpassungsgesetzes von 1934.[84] Im Gegensatz zur teilweisen deutschen Rechtsprechung wurde in Österreich nie verlangt, dass eine Wohnung auch den wirtschaftlichen Verhältnissen des Betreffenden entsprechen muss.[85] Einen wirklichen Unterschied stellt jedoch die so genannte „Zweitwohnsitz-Verordnung“ dar, welche bei Erfüllung bestimmter Voraussetzungen fingiert, dass in Bezug auf die Einkommensteuer kein inländischer Wohnsitz besteht.[86] Wenn auf diese Weise die unbeschränkte Steuerpflicht verneint wird, so ist derjenige folglich auch nicht nach Art. 4 I 1 OECD-MA in Österreich ansässig.[87] Diese Fiktion kann aber leicht verhindert werden, indem kein in § 1 II der Verordnung gefordertes Verzeichnis geführt wird. Hier ergibt sich Gestaltungspotential.

b) Beispiel Schweiz

In der Schweiz ist die Regelung der Ertragsteuern keine ausschließliche Angelegenheit des Bundes, weshalb es schon innerhalb der Schweiz zu interkantonalen Doppelbesteuerungen kommen kann.[88] Da kein Bundesgesetz den steuerlichen Wohnsitz bindend für alle Kantone regelt, wird hier auf die Rechtsprechung, die Grundsätze des Gesetzes über die Harmonisierung der direkten Steuern der Kantone und Gemeinden[89] und die Grundsätze des Gesetzes über die direkte Bundessteuer[90] zurückgegriffen.[91]

Rein auf Bundesebene wird der steuerliche Wohnsitz in Art. 3 II des Gesetzes über die direkte Bundessteuer definiert. Demnach muss sich jemand mit der Absicht dauernden Verbleibens in der Schweiz aufhalten. Gemäß Art. 3 II Alt. 2 kann das Schweizer Bundesrecht einer Person darüber hinaus auch einen besonderen gesetzlichen Wohnsitz zuweisen. Eine Person, die einen Wohnsitz im Ausland hat und sich in der Schweiz lediglich zum Besuch einer Lehranstalt oder zur Pflege in einer Heilanstalt aufhält, hat nach Art. 3 IV per Definition keinen steuerlichen Wohnsitz oder Aufenthalt in der Schweiz. Diese Grundsätze müssen dann auch für die in den Kantonen erhobenen direkten Ertragsteuern gelten. Solche Personen sind dann logischerweise nicht ansässig im Sinne des Art. 4 I 1 OECD-MA.

---

84 *Tanzer*, in: Lang/Jirousek, Praxis des internationalen Steuerrechts, 2005, S. 521 (524); Steueranpassungsgesetz von 1934 abgedruckt in RGBl. I 1934, 925.

85 *Tanzer*, in: Lang/Jirousek, Praxis des internationalen Steuerrechts, 2005, S. 521 (524 f.); siehe Österreichischer VwGH Urteil v. 28.02.1973 – 1356/72, in VwSlg 4509 F/1973.

86 Verordnung v. 18.11.2003, in Österreichisches Bundesgesetzblatt II 2003/528.

87 Vgl. *Staringer*, in Lang/Schuch/Staringer, Die Ansässigkeit im Recht der Doppelbesteuerungsabkommen, 2008, S. 76 f.

88 *Tanzer*, in: Lang/Jirousek, Praxis des internationalen Steuerrechts, 2005, S. 521 (528).

89 Gesetz v. 14.12.1990 (Stand: 01.01.2013).

90 Gesetz v. 14.12.1990 (Stand: 01.01.2013).

91 *Tanzer*, in: Lang/Jirousek, Praxis des internationalen Steuerrechts 2005, S. 521 (528).

Was nun die Feststellung eines Wohnsitzes betrifft, so wird hier interessanterweise schon interkantonal, also innerstaatlich zur Festlegung eines „Hauptsteuerdomizils“ auf den Mittelpunkt der Lebensinteressen des Betreffenden abgestellt.[92]

c) Beispiel Frankreich

In Frankreich wird in Art. 4A des „Code général des impôts“[93] die unbeschränkte Steuerpflicht für diejenigen Personen angeordnet, die ihr „domicil fiscal“ in Frankreich haben. Wann dies der Fall ist, regelt Art. 4B. Hat eine Person ihr „foyer“ in Frankreich, so ist sie nach Art. 4B Nr. 1 lit. a Alt. 1 steuerpflichtig. Der Begriff „foyer“ ist mit dem Wohnsitz im deutschen Recht annähernd vergleichbar.[94]

d) Beispiel USA

In den USA besteht kein Unterschied mehr zwischen „domicile“ und „residence“.[95] Neben den eigenen Staatsangehörigen sind noch die so genannten „resident aliens“ unbeschränkt steuerpflichtig.[96] Näheres dazu unten bei der Auslegung des Merkmals „gewöhnlicher Aufenthalt“.

e) Beispiel Großbritannien

Im englischen Recht wird grundsätzlich zwischen „resident“ und „non-resident“ differenziert.[97] Eine Legaldefinition existiert nicht, die relevante Rechtsprechung wird aber in der „HMRC6“[98] wiedergegeben. Demnach wird im Detail zwischen „residence“, „ordinary residence“ und „domicile“ unterschieden, wobei „domicile“ hier mit dem „Wohnsitz“ grundsätzlich vergleichbar ist.[99] Es gibt drei Arten, „domicile of origin“, „domicile of choice“ und „domicile of dependence“. Bei Geburt eines Kindes nimmt dieses regelmäßig einen Wohnort in dem Land ein, in dem der Vater lebt („domicile of origin“). Der „domicile of choice“ entsteht dadurch, dass man ab dem 16. Lebensjahr (in Schottland früher) einen eigenen neuen Wohnsitz

---

92 *Tanzer*, in: Lang/Jirousek, Praxis des internationalen Steuerrechts, 2005, S. 521 (528 f.).

93 Code général des impôts, zu finden bei: http://legifrance.gouv.fr

94 *Lehner*, in: Vogel/Lehner, DBA, 6. Auflage 2015, Art. 4 OECD-MA Rn. 94 mit weiteren Nachweisen.

95 *Lehner*, in Vogel/Lehner, DBA, 6. Auflage 2015, Art. 4 Rn. 100.

96 *Lehner*, in Vogel/Lehner, DBA, 6. Auflage 2015, Art. 4 Rn. 100.

97 *Lehner*, in Vogel/Lehner, DBA, 6. Auflage 2015, Art. 4 Rn. 99.

98 HM Revenue & Customs (IR6): “Residence, domicile and the remittance basis”, ersetzte die IR 20, zu finden unter: https://www.gov.uk/government/uploads/system/uploads/attachment_data/file/430830/hmrc6.pdf, Abrufdatum: 24.06.2015.

99 Siehe HM Revenue & Customs (IR6): “Residence, domicile and the remittance basis”, ersetzte die IR 20, zu finden unter: https://www.gov.uk/government/uploads/system/uploads/attachment_data/file/430830/hmrc6.pdf, Abrufdatum: 24.06.2015.

begründet. Der „domicile of dependence" ist ein Spezialfall für Ehefrauen, die vor dem 1. Januar 1974 geheiratet haben und regelmäßig automatisch den Wohnsitz des Ehemanns übernehmen.

3. Einschränkungen nach Doppelbesteuerungsabkommen

Teilweise sehen Doppelbesteuerungsabkommen abweichende Regelungen zu Art. 4 I 1 OECD-MA vor, indem sie zum Beispiel in seltenen Fällen den Begriff des Wohnsitzes im Abkommen autonom definieren.[100]

Grundsätzlich richtet sich aber die Frage der Ansässigkeit (hier aufgrund des Wohnsitzes) nach Art. 4 I 1 OECD-MA ausschließlich nach nationalem Recht. Was jedoch zum Beispiel den Begriff des „Wohnsitzes" betrifft, gibt es gewisse grobe Einschränkungen. Die Vertragsstaaten können den Begriff nicht absolut frei definieren, da er eine angemessene ortsbezogene Beziehung der Person zum Wohnsitzstaat wiedergeben muss.[101] Es darf nicht zu einer nationalen Ausdehnung des Begriffs kommen, welche mit der herkömmlichen Bedeutung des Begriffs nicht im Einklang steht.[102] Beispielsweise führt die Staatsangehörigkeit nach dem Steuerrecht der USA zur unbeschränkten Steuerpflicht, die Staatsangehörigkeit allein kann jedoch nicht dazu führen, dass die USA zum Wohnsitzstaat wird.[103] Die USA haben deshalb in ihrem US-Musterabkommen 2006 spezielle Regelungen in Bezug auf die Staatsbürgerschaft vorgesehen, um die Ansässigkeit im Sinne des Abkommens auch speziell an das Merkmal der Staatsbürgerschaft zu knüpfen.[104]

II. Gewöhnlicher Aufenthalt

1. Auslegung des Merkmals im deutschen Recht

In Art. 4 I 1 OECD-MA wird nach dem Wohnsitz als weiteres Ansässigkeitsmerkmal der Begriff „ständiger Aufenthalt" genannt.[105] Der Begriff ist nach Art. 4 I 1 OECD-MA nach nationalem Recht auszulegen. Vom Begriffsinhalt entspricht er im

---

100 Vgl. Art. 3 II 2 des alten DBA Deutschland Niederlande v. 16.06.1959 (letzte Änderung v. 04.06.2004, in BGBl. II 2004, 1653), seit 01.01.2014 gilt das neue Abkommen vom 12.04.2012, abgedruckt in BGBl. II 2012, 1414.

101 *Wassermeyer/Kaeser*, in: Debatin/Wassermeyer, DBA, Art. 4 MA Rn. 31; vgl. ebenso *Staringer*, in: Lang/Schuch/Staringer, Die Ansässigkeit im Recht der Doppelbesteuerungsabkommen, 2008, S. 74 f.

102 *Wassermeyer/Kaeser*, in: Debatin/Wassermeyer, DBA, Art. 4 MA Rn. 31.

103 *Wassermeyer/Kaeser*, in: Debatin/Wassermeyer, DBA, Art. 4 MA Rn. 31.

104 Siehe Wortlaut des Art. 4 I US-Musterabkommens 2006, der „citizenship" als weiteres Kriterium der Ansässigkeit nennt.

105 Der Begriff wird in der vom BMF veröffentlichten Übersetzung des OECD-MA 2003 verwendet, BStBl I 2004, 286 ff.; im offiziellen englischen Text „residence"; im offiziellen französischen Text „résidence".

deutschen Recht dem gewöhnlichen Aufenthalt nach § 9 AO.[106] Dieser führt ebenso wie der Wohnsitz zur unbeschränkten Steuerpflicht nach § 1 I EStG. Wohnsitz und gewöhnlicher Aufenthalt stehen folglich in einem Alternativverhältnis zueinander, wobei aus praktischen Erwägungen heraus immer als Erstes das Vorhandensein eines inländischen Wohnsitzes geprüft wird.[107] Schon aus dem Vergleich des Wortlauts bei § 9 AO („den gewöhnlichen Aufenthalt") im Gegensatz zu § 8 AO („einen Wohnsitz") ergibt sich, dass eine natürliche Person im gleichen Zeitraum zwar mehrere Wohnsitze, aber immer nur einen gewöhnlichen Aufenthalt haben kann.[108]

Seinen gewöhnlichen Aufenthalt hat jemand gemäß § 9 S. 1 AO dort, „wo er sich unter Umständen aufhält, die erkennen lassen, dass er an diesem Ort oder in diesem Gebiet nicht nur vorübergehend verweilt". „Ob diese Voraussetzungen vorliegen, ist – bei zutreffender Auslegung des Gesetzes – wesentlich eine Frage der tatsächlichen Würdigung."[109] Der Betreffende muss also an einem Ort verbleiben. Das heißt er muss sich tatsächlich dort aufhalten.[110] Unter dem Begriff „Aufhalten" ist wiederum die körperliche Anwesenheit zu verstehen.[111] Für die Schaffung des gewöhnlichen Aufenthaltes ist diese körperliche Anwesenheit unumgänglich, die Entfernung vom Gebiet oder Ort führt aber nicht sofort zwingend zur Auflösung.[112] Der Ausdruck „gewöhnlicher" Aufenthalt verlangt nämlich logischerweise keine ständige, also ununterbrochene Anwesenheit.[113] Ob der Betreffende die Anwesenheit auch will, ist nicht von Bedeutung, weshalb auch ein Strafgefangener seinen gewöhnlichen Aufenthalt in der Justizvollzugsanstalt hat.[114]

Der Aufenthalt muss in einem „Ort" oder „Gebiet" erfolgen. Diese Wortwahl zeigt schon, dass sich hier der Aufenthalt nicht an einer speziellen Örtlichkeit (wie etwa beim Wohnsitz) zutragen muss.[115] Unter dem Begriff Ort versteht man ein eher eng gefasstes Stück der Erdoberfläche (zum Beispiel ein Jagdrevier), wobei mit Gebiet ein

---

106 BFH Urteil v. 18.07.1990 – I R 109/88, BFHE 161, 482 ff.; ebenso *Drüen*, in: Tipke/Kruse, AO/FGO, § 9 AO Rn. 18; ebenso *Wassermeyer/Kaeser*, in: Debatin/Wassermeyer, DBA, Art. 4 MA Rn. 35.

107 *Drüen*, in: Tipke/Kruse, AO/FGO, § 9 AO Rn. 1; ebenso *Musil*, in: Hübschmann/Hepp/Spitaler, AO/FGO, § 9 AO Rn. 10 ff.

108 BGH Urteil v. 09.02.1966 – I 244/63, BStBl. III 1966, 522 (523); vgl. schon RFH Gutachten an den Reichsminister der Finanzen v. 19.10.1940 – Gr. S. D 3/40, RFHE 49, 186 (193).

109 BFH Urteil v. 03.08.1977 – I R 210/75, BStBl. II 1978, 118 (119).

110 Vgl. BFH Urteil v. 27.08.2008 – I R 81/07, BStBl. II 2009, 632 (633).

111 *Drüen*, in: Tipke/Kruse, AO/FGO, § 9 AO Rn. 4.

112 *Musil*, in: Hübschmann/Hepp/Spitaler, AO/FGO, § 9 AO Rn. 18; ebenso *Drüen*, in: Tipke/Kruse, AO/FGO, § 9 AO Rn. 4.

113 BFH Urteil v. 27.07.1962 – VI 156/59 U, BFHE 75, 447 (449).

114 BFH Urteil v. 14.11.1986 – VI B 97/86, BFH/NV 1987, 262 f.; ebenso BFH Urteil v. 23.07.1971 – III R 60/70, BStBl. II 1971, 758 (759); vgl. schon RFH Gutachten an den Reichsminister der Finanzen v. 19.10.1940 – Gr. S. D 3/40, in RFHE 49, 186 (189 f.).

115 *Lehner/Waldhoff*, in: Kirchhof/Söhn/Mellinghoff, EStG, § 1 Rn. B 175; ebenso *Musil*, in: Hübschmann/Hepp/Spitaler, AO/FGO, § 9 AO Rn. 19.

deutlich größeres Stück der Erdoberfläche gemeint ist.[116] Nach wohl herrschender Ansicht ist unter dem „Gebiet" sogar das gesamte Bundesgebiet zu verstehen.[117] Für einen gewöhnlichen Aufenthalt eines Sängers im Inland würde es folglich zum Beispiel ausreichen, wenn er quer durch das Bundesgebiet eine Tournee durchführt und sich entsprechend lange im Staatsgebiet aufhält.

Der Aufenthalt im Inland muss zudem unter Umständen erfolgen, die erkennen lassen, dass derjenige nicht nur vorübergehend dort verweilen will. Ob diese Umstände vorliegen, ist eine Frage der Würdigung von Tatsachen.[118] Diesbezüglich muss eine Prognose erstellt werden.[119] Der Aufenthalt muss sich über einen längeren Zeitraum erstrecken, wobei dieser Zeitraum keineswegs die in § 9 S. 2 AO genannte 6-Monats-Frist immer übersteigen muss.[120] Diese Frist gibt einen Anhaltspunkt, eine kürzere Verweildauer kann im Allgemeinen aber dann zur Annahme eines gewöhnlichen Aufenthaltes im Inland ausreichen, wenn sich aus den Umständen ergibt, dass ein längerer Aufenthalt geplant war oder andere besondere Umstände darauf hindeuten, dass die Beziehungen zum Inland erhalten bleiben sollen.[121] Eine Person, die beispielsweise mehr als sechs Monate im Jahr auf Urlaubsreisen im Ausland unterwegs ist, aber immer wieder ins Inland zurückkehrt, behält ihren gewöhnlichen Aufenthalt in Deutschland.[122]

Wie oben ausgeführt ist ein gewöhnlicher Aufenthalt dem Wortlaut nach immer nur in einem Land möglich. Könnte nach eben Gesagtem der gewöhnliche Aufenthalt in einem Fall dem Grunde nach im In- und Ausland bejaht werden, so muss eine Entscheidung zugunsten des Landes gefällt werden, zu dem die stärkeren persönlichen oder familiären Bindungen bestehen.[123]

Wenn sich die wirtschaftliche Existenzgrundlage im Inland befindet, der Steuerpflichtige aber jeden Tag zu seiner Familie ins Ausland zurückkehrt (so genannte „Grenzpendler"), so hat er keinen gewöhnlichen Aufenthalt im Inland.[124] Anders verhält es sich, wenn der Betreffende während der Woche regelmäßig am Arbeitsort

---

116 *Lehner/Waldhoff*, in: Kirchhof/Söhn/Mellinghoff, EStG, § 1 Rn. B 175 f.

117 *Musil*, in: Hübschmann/Hepp/Spitaler, AO/FGO, § 9 AO Rn. 19; ebenso *Drüen*, in: Tipke/Kruse, AO/FGO, § 9 AO Rn. 5; ebenso mit guter Argumentation *Lehner/Waldhoff*, in: Kirchhof/Söhn/Mellinghoff, EStG, § 1 Rn. B 176; ebenso mit Einschränkungen *Buciek*, in: Beermann/Gosch, AO/FGO, § 9 AO Rn. 27.

118 BFH Urteil v. 03.08.1977 – I R 210/75, BStBl. II 1978, 118 (119 f.).

119 *Musil*, in: Hübschmann/Hepp/Spitaler, AO/FGO, § 9 AO Rn. 20.

120 BFH Urteil v. 30.08.1989 – I R 215/85, BStBl. II 1989, 956 (957).

121 BFH Urteil v. 27.07.1962 – VI 156/59 U, BFHE 75, 447 (450 f.).

122 RFH Urteil v. 17.10.1935 – VI A 396/35, RStBl. 1935, 1427 ff.

123 Vgl. BGH Urteil v. 09.02.1966 – I 244/63, BStBl. III 1966, 522 (523).

124 BFH Urteil v. 10.08.1983 – I R 241/82, BStBl. II 1984, 11 (11 f.); ebenso BFH Urteil v. 27.09.1963 – III 186/61, in HFR 1964, 442 f.; vgl. BFH Urteil v. 20.04.1988 – I R 219/82, BStBl. II 1990, 701 (701 f.).

im Inland übernachtet und nur am Wochenende ins Ausland zurückkehrt.[125] Ein gewöhnlicher Aufenthalt ist ebenso abzulehnen, wenn der Betreffende im Inland von vornherein nur zeitlich begrenzt anwesend ist, wie zum Beispiel zu reinen Erholungszwecken oder bei vielen kürzeren Geschäftsreisen.[126]

Bei einem zeitlich zusammenhängenden Aufenthalt von mehr als sechs Monaten gilt die spezielle Regelung des § 9 S. 2, 3 AO. § 9 S. 1 und S. 2 AO stehen selbstständig nebeneinander, wobei beide zur Begründung eines gewöhnlichen Aufenthaltes im Inland führen können.[127] Nach § 9 S. 2 AO wird bei einem zeitlich zusammenhängenden Aufenthalt von mehr als sechs Monaten im Inland der gewöhnliche Aufenthalt durch Gesetz fiktiv angenommen.[128] Teilweise wird von einer unwiderlegbaren Vermutung des gewöhnlichen Aufenthaltes ausgegangen.[129] Jedenfalls ist bei Vorliegen des Tatbestands von einem gewöhnlichen Aufenthalt auszugehen. Die Prüfung und der Nachweis der Tatbestandsmerkmale des § 9 S. 2 HS 1 AO sind deutlich einfacher, weshalb dieser in der Praxis wohl stets vor § 9 S. 1 AO geprüft wird.[130]

Unter dem Begriff „Aufenthalt“ ist wie bei § 9 S. 1 AO die körperliche Anwesenheit im Inland zu verstehen.[131] Der Betreffende muss demzufolge für mehr als sechs Monate im Inland körperlich anwesend sein. Dabei muss diese Frist nicht voll innerhalb eines Kalenderjahres, also eines Veranlagungszeitraums, erfüllt werden.[132] Die Frist wird nach § 108 AO, §§ 187–193 BGB berechnet.[133] Da es sich bei § 9 S. 2 AO um keine eigentliche Frist (Handlungs- oder Erklärungsfrist) handelt, kann die Frist abweichend von § 108 III AO (oder § 193 BGB) auch an einem Sonntag, einem gesetzlichen Feiertag oder einem Sonnabend enden.[134]

---

125 BFH Urteil v. 25.05.1988 – I R 225/82, BStBl. II 1988, 944 (945); vgl. BFH Urteil v. 06.02.1985 – I R 23/82, BStBl. II 1985, 331 (331 ff.).

126 *Lehner/Waldhoff*, in: Kirchhof/Söhn/Mellinghoff, EStG, § 1 Rn. B 181; vgl. zu Geschäftsreisen BFH Urteil v. 20.04.1988 – I R 219/82, BStBl. II 1990, 701 (702); vgl. befristete Arbeitnehmertätigkeit BFH Urteil v. 30.08.1989 – I R 215/85, BStBl. II 1989, 956 (957).

127 *Buciek*, in: Beermann/Gosch, AO/FGO, § 9 AO Rn. 7; *Musil*, in: Hübschmann/Hepp/Spitaler, AO/FGO, § 9 AO Rn. 13.

128 BFH Urteil v. 22.06.2011 – I R 26/10, BFH/NV 2011, 2001 ff.; ebenso *Drüen*, in: Tipke/Kruse, AO/FGO, § 9 AO Rn. 10; ebenso *Buciek*, in: Beermann/Gosch, AO/FGO, § 9 AO Rn. 53.

129 *Gersch*, in: Klein, AO, 12. Auflage 2014, § 9 Rn. 4; ebenso *Lehner/Waldhoff*, in: Kirchhof/Söhn/Mellinghoff, EStG, § 1 Rn. B 189.

130 *Lehner/Waldhoff*, in: Kirchhof/Söhn/Mellinghoff, EStG, § 1 Rn. B 189 mit guter Begründung; ebenso *Musil*, in: Hübschmann/Hepp/Spitaler, AO/FGO, § 9 AO Rn. 13.

131 *Lehner/Waldhoff*, in: Kirchhof/Söhn/Mellinghoff, EStG, § 1 Rn. B 191.

132 Vgl. FG BaWü Urteil v. 07.09.1990 – IX K 96/88, in EFG 1991, 102 (103).

133 *Buciek*, in: Beermann/Gosch, AO/FGO, § 9 AO Rn. 43; *Musil*, in: Hübschmann/Hepp/Spitaler, AO/FGO, § 9 AO Rn. 37.

134 Vgl hierzu*Koenig*, in: Koenig, AO, 3. Auflage 2014, § 108 Rn. 13, 31; a.A. *Musil*, in: Hübschmann/Hepp/Spitaler, AO/FGO, § 9 AO Rn. 37, wobei auf § 193 BGB abgestellt wird. Begründet wird die Nichtanwendung des § 193 BGB damit, dass

Kurzfristige Unterbrechungen bleiben nach § 9 S. 2 HS 2 AO unberücksichtigt. Das bedeutet, sie werden bei der Fristberechnung mitgezählt.[135] Aufgrund der konkreten Umstände muss ermittelt werden, ob es sich um einen einheitlichen Aufenthalt mit kurzfristigen Unterbrechungen oder um mehrere Aufenthalte, die nicht zusammengerechnet werden dürfen, handelt.[136] Entscheidend ist bei der „Kurzfristigkeit" unter anderem, ob bei der Abreise die Rückkehr auch wieder geplant ist, was für einen zusammenhängenden Aufenthalt im Inland spricht.[137] Von vielen wird auch vertreten, es komme bei der Frage der „kurzfristigen Unterbrechungen" ausschließlich auf die objektive Dauer der Abwesenheit an.[138] Aufgrund des Wortlauts überzeugt, dass es bei § 9 S. 2 AO im Gegensatz zu § 9 S. 1 AO auf subjektive Komponenten und sonstige Umstände nicht ankommt.[139] Von „kurzfristigen Unterbrechungen" ist somit auszugehen, wenn diese maximal ein paar Wochen, aber jedenfalls nicht mehr als zwei Monate dauern.[140] Als Beispiel kommen Urlaubsaufenthalte oder Familienheimfahrten in Betracht.[141]

§ 9 S. 3 AO schränkt wiederum die Fiktion des § 9 S. 2 AO ein. Demnach gilt diese Fiktion nicht, wenn sich jemand ausschließlich zu Besuchs-, Erholungs-, Kur-, oder ähnlichen privaten Zwecken nicht länger als ein Jahr im Inland aufhält. Bei einem Aufenthalt lediglich zu privaten Zwecken wird die Frist also auf eine Jahresfrist erweitert.[142] Die Verfassungsmäßigkeit von § 9 S. 3 AO wird teilweise als problematisch angesehen.[143]

Es „erlischt der gewöhnliche Aufenthalt, wenn der Steuerpflichtige nicht mehr im Inland verweilt und auch nicht mehr den Willen zur Rückkehr hat [...]".[144] Wie oben ausgeführt, muss der Betreffende nicht durchgehend körperlich anwesend sein.

---

die Rechtsfolge des § 9 S. 2 AO nicht an eine Willenserklärung oder Leistung anknüpft.

135 *Buciek*, in: Beermann/Gosch, AO/FGO, § 9 AO Rn. 47; ebenso *Drüen*, in Tipke/Kruse, AO/FGO, § 9 AO Rn. 11.

136 *Buciek*, in: Beermann/Gosch, AO/FGO, § 9 AO Rn. 48.

137 *Buciek*, in: Beermann/Gosch, AO/FGO, § 9 AO Rn. 48; ebenso *Koenig*, in: Koenig, AO, 3. Auflage 2014, § 9 Rn. 16.

138 *Musil*, in: Hübschmann/Hepp/Spitaler, AO/FGO, § 9 AO Rn. 35; ebenso *Lehner/Waldhoff*, in: Kirchhof/Söhn/Mellinghoff, EStG, § 1 Rn. B 192.

139 *Lehner/Waldhoff*, in: Kirchhof/Söhn/Mellinghoff, EStG, § 1 Rn. B 193.

140 *Lehner/Waldhoff*, in: Kirchhof/Söhn/Mellinghoff, EStG, § 1 Rn. B 193, ablehnend zu FG BaWü Urteil v. 23.09.1975 – IV 253/73, EFG 1976, 13 (14); ebenso *Musil*, in: Hübschmann/Hepp/Spitaler, AO/FGO, § 9 AO Rn. 35 Fn. 3.

141 BFH Urteil v. 04.06.1975 I R 250/73, BStBl. II 1975, 708 (708 f.).

142 *Drüen*, in: Tipke/Kruse, AO/FGO, § 9 AO Rn. 13; ebenso *Buciek*, in: Beermann/Gosch, AO/FGO, § 9 AO Rn. 56.

143 *Musil*, in: Hübschmann/Hepp/Spitaler, AO/FGO, § 9 AO Rn. 42; *Lehner/Waldhoff*, in: Kirchhof/Söhn, EStG, § 1 Rn. B 195 sehen die Regelung als systemfremd, aber verfassungsgemäß an.

144 FG Bremen Urteil v. 27.07.1989 – II 246/85 K, EFG 1990, 93 (94) mit Hinweis auf Urteil des RFH v. 03.07.1935 – VI A 308–310/35, RStBl. 1935, 1219 f.

Eine Aufhebung des gewöhnlichen Aufenthalts setzt also neben dem Verlassen des Inlands noch äußere Umstände voraus, die erkennen lassen, dass derjenige seinen Lebensmittelpunkt wegverlagert und jedenfalls in absehbarer Zeit nicht mehr ins Inland zurückkehren will.[145]

„Wenn das Gesetz bei einem inländischen Aufenthalt von mehr als sechs Monaten ohne weiteres die unbeschränkte Steuerpflicht eintreten lä[ss]t, so kann man zwar nicht ohne weiteres umgekehrt sagen, da[ss] eine Abwesenheit vom Inland von mehr als sechs Monaten den gewöhnlichen Aufenthalt im Inland und damit die unbeschränkte Steuerpflicht beende. Man kann aber doch die Frist von mehr als sechs Monaten [...] als einen Anhalt nehmen, von welcher Dauer ab eine Vermutung dafür spricht, da[ss] kein gewöhnlicher Aufenthalt im Inland mehr besteht, es sei denn, da[ss] besondere Umstände darauf schließen lassen, da[ss] die Beziehungen zum Inland erhalten bleiben sollen."[146] Bei Abwesenheit von mehr als einem Jahr kann nur noch ganz ausnahmsweise ein inländischer gewöhnlicher Aufenthalt angenommen werden.[147]

2. Auslegung des Merkmals in anderen Ländern

Wie oben geschildert kann es zu einer Doppelansässigkeit kommen, wenn Wohnsitz und gewöhnlicher Aufenthalt des Steuerpflichtigen auseinanderfallen. Hinsichtlich des gewöhnlichen Aufenthaltes gibt es wenige Unterschiede zu der Ausgestaltung in anderen Ländern.

a) Beispiel Österreich

In Österreich definiert § 26 II der Bundesabgabenordnung den Begriff des gewöhnlichen Aufenthaltes. Die §§ 26 II 1, 2 entsprechen im Wesentlichen § 9 S. 1, 2 AO. Der Satz 3 enthält als Sonderfall eine Regelung, nach der das österreichische Finanzministerium ermächtigt wird, bei Vorliegen bestimmter Voraussetzungen von der Anwendung der Vorschrift abzusehen.

b) Beispiel Schweiz

In der Schweiz wird der „steuerrechtliche Aufenthalt", der dem „ständigen Aufenthalt" im Sinne des Art. 4 I 1 OECD-MA entspricht, auf Bundesebene in Art. 3 III des Gesetzes über die direkte Bundessteuer[148] definiert. Nach Art. 3 III lit. a des Gesetzes reicht es bei Ausübung einer Erwerbstätigkeit aus, wenn eine Person, ungeachtet vorübergehender Unterbrechungen, mindestens 30 Tage in der Schweiz verweilt. Bei Nichtausübung einer Erwerbstätigkeit sind gemäß Art. 3 III lit. b mindestens

145 *Musil*, in: Hübschmann/Hepp/Spitaler, AO/FGO, § 9 AO Rn. 22, 24.
146 BFH Urteil v. 27.07.1962 – VI 156/59 U, BFHE 75, 447 (450).
147 BFH Urteil v. 27.07.1962 – VI 156/59 U, BFHE 75, 447 (450).
148 Gesetz v. 14.12.1990 (Stand: 01.01.2013).

90 Tage notwendig. Wie oben ausgeführt führt jedoch ein Aufenthalt zum Besuch einer Lehranstalt oder zur Pflege in einer Heilanstalt generell nicht zu einem steuerlichen Aufenthalt in der Schweiz. Diese Regelungen müssen sinnvollerweise auch auf die kantonalen Ertragsteuern angewendet werden.

c) *Beispiel Frankreich*

Der Art. 4B Nr. 1 lit. a Alt. 2 des Code général des impôts ordnet in Frankreich die unbeschränkte Steuerpflicht für diejenigen an, welche in Frankreich ihren „lieu de leur séjour principal“ haben. Dieser Begriff entspricht annähernd dem gewöhnlichen Aufenthalt im deutschen Recht.[149] Bei einem Aufenthalt von mehr als sechs Monaten ist von einem gewöhnlichen Aufenthalt in Frankreich auszugehen.[150]

d) *Beispiel USA*

Wie oben ausgeführt, sind in den USA gemäß IRC § 7701 (a) (30) die Staatsangehörigen und die „resident aliens“ unbeschränkt steuerpflichtig. In IRC § 7701 (b)[151] wird unter anderem der Begriff „resident alien“ legal definiert. Es gibt drei Möglichkeiten, die zur Bejahung des Merkmals führen.[152]

Eine Person ist nach IRC § 7701 (b) (1) (A) (i) ein „resident alien“, wenn sie sich gemäß den Einwanderungsgesetzen rechtmäßig dauerhaft in den USA aufhält. Gemäß IRC § 7701 (b) (1) (A) (ii) ist die Person ebenso ein „resident alien“, wenn sie die Bedingungen nach IRC § 7701 (b) (3), den „substantial presence test“ erfüllt. IRC § 7701 (b) (3) verlangt, dass sich die Person mindestens 31 Tage im Kalenderjahr in den USA aufhält und zusätzlich im Kalenderjahr und den beiden vorangehenden Jahren insgesamt mindestens 183 Tage in den USA aufgehalten hat. Bei der Berechnung der Summe von 183 Tagen aus drei Jahren zählen die im laufenden Jahr als ganze Tage, die im vorangehenden Jahr nur zu einem Drittel und die in dem weiter vorangehenden Jahr nur zu einem Sechstel.[153] Nach IRC § 7701 (b) (1) (A) (iii) ist eine Person, die sich im Jahr vor der Ansässigkeit nach IRC § 7701 (b) (1) (A) (ii) bereits mindestens 31 Tage in den USA aufgehalten hat, dann grundsätzlich ebenfalls ein „resident alien“.[154]

---

149 *Lehner*, in: Vogel/Lehner, DBA, 6. Auflage 2015, Art. 4 OECD-MA Rn. 94 mit weiteren Nachweisen.

150 *Frotscher*, in: Haase, AStG/DBA, 2. Auflage 2012, Kapitel II Art. 4 MA Rn. 66.

151 US Code Title 26 – Internal Revenue Code.

152 Vgl. *Lehner*, in: Vogel/Lehner, DBA, 6. Auflage 2015, Art. 4 OECD-MA Rn. 100.

153 Ausnahmen trotz positivem „substantial presence test“ zum Beispiel: IRC § 7701 (b) (1) (B).

154 *Lehner*, in: Vogel/Lehner, DBA, 6. Auflage 2015, Art. 4 OECD-MA Rn. 100; IRC § 7701 (b) (4) „first-year-election“.

e) *Beispiel Großbritannien*

In Großbritannien hat eine Person ihren gewöhnlichen Aufenthalt („residence") unter anderem dann, wenn sie sich dort für mindestens 183 Tage aufhält.[155]

3. Einschränkungen nach Doppelbesteuerungsabkommen

Bei Doppelbesteuerungsabkommen kommt es in einigen Fällen dazu, dass diese abweichend von Art. 4 I 1 OECD-MA bei der Auslegung des Merkmals nicht nur auf nationales Recht verweisen, sondern den Begriff „ständiger Aufenthalt" auch autonom definieren.[156] Im alten Doppelbesteuerungsabkommen zwischen Deutschland und den Niederlanden wurde in Art. 3 II 2 definiert: „Den gewöhnlichen Aufenthalt hat jemand in einem Staate, wenn er sich dort unter Umständen aufhält, die erkennen lassen, da[ss] er in diesem Staate nicht nur vorübergehend verweilt." Der Wortlaut ähnelt zwar fast komplett dem § 9 S. 1 AO, die Auslegung muss aber in diesem Fall grundsätzlich (abkommens-)autonom erfolgen.

III. Ort der Geschäftsleitung

1. Begriff nach deutschem Recht

Art. 4 I 1 OECD-MA nennt als Ansässigkeitsmerkmal für juristische Personen den „Ort ihrer Geschäftsleitung".[157] Das Merkmal ist wiederum nach nationalem Recht auszulegen.[158] In Deutschland wird der Ort der Geschäftsleitung in § 10 AO als Mittelpunkt der geschäftlichen Oberleitung definiert. Die geschäftliche Oberleitung ist an dem Ort zu finden, an dem der maßgebliche Wille für die Geschäftsführung gebildet wird.[159] „Folglich kommt es darauf an, an welchem Ort alle für die Geschäftsführung nötigen Maßnahmen von einiger Wichtigkeit angeordnet werden. [...] Maßgebend sind die tatsächlichen Umstände des Einzelfalls [...]."[160] Maßgeblich ist somit die faktische Geschäftsführung.[161]

---

155 *Frotscher*, in: Haase, AStG/DBA, 2. Auflage 2012, Kapitel II Art. 4 MA Rn. 68.

156 Vgl. Art. 3 I des alten DBA Deutschland – Niederlande v. 16.06.1959 (letzte Änderung v. 04.06.2004, in BGBl. II 2004, 1653), seit 01.01.2014 gilt das Abkommen vom 12.04.2012.

157 Begriff nach der vom BMF veröffentlichten Übersetzung des OECD-MA 2003, BStBl I 2004, 286 ff.; im englischen Text „place of management"; im französischen Text „siège de direction".

158 *Wassermeyer/Kaeser*, in: Debatin/Wassermeyer, DBA, Art. 4 MA Rn. 37.

159 BFH Urteil v. 16.12.1988 – I R 138/97, BStBl. II 1999, 437 (438); ebenso BFH Urteil v. 03.07.1997 – IV R 58/95, BStBl. II 1998, 86 (87); Begriff nach RFH Urteil v. 16.06.1931 – I A 462/30, RFHE 29, 78 (78 f.).

160 Orientierungssatz bei BFH Urteil v. 03.07.1997 – IV R 58/95, BStBl. II 1998, 86 (87).

161 Vgl. BGH Urteil v. 07.12.1994 – I K 1/93, BStBl. II 1995, 175 (178).

Mit der geschäftlichen Oberleitung gemeint „ist die sog. laufende Geschäftsführung. Zu ihr gehören die tatsächlichen und rechtsgeschäftlichen Handlungen, die der gewöhnliche Betrieb der Gesellschaft mit sich bringt, und solche organisatorischen Maßnahmen, die zur gewöhnlichen Verwaltung der Gesellschaft gehören („Tagesgeschäfte")."[162] Eine besondere Geschäftseinrichtung oder Anlage zur Ausführung dieser Handlungen ist nicht unbedingt erforderlich, weshalb auch eine Privatwohnung oder ein Baucontainer ausreichen kann.[163]

Der Ausdruck „Tagesgeschäfte" darf aber nicht im Sinne unbedeutender Entscheidungen verstanden werden. Es müssen an diesem Ort durchgehend die im gewöhnlichen Geschäftsbetrieb notwendigen Entscheidungen von einigem Gewicht, also von gewisser Bedeutung, getroffen werden.[164] Es reicht deshalb nicht aus, wenn Gesellschafter lediglich ihren Einfluss auf den Geschäftsführer ausüben und ihn beobachten, kontrollieren oder fallweise beeinflussen.[165] Die geschäftliche Oberleitung liegt in solch einem Fall beim Geschäftsführer. Anders verhält es sich bei einem beherrschenden Gesellschafter, der sich ständig über einzelne gewöhnliche Geschäfte informiert, dabei mitwirkt und im Ergebnis die Entscheidungen über die Geschäfte von einigem Gewicht selber trifft.[166] Auch bei anderen Fallkonstellationen, wie etwa Basisgesellschaften, Organgesellschaften, Holdinggesellschaften, Personengesellschaften oder gar bei einem Insolvenzverwalter, ist der Mittelpunkt der geschäftlichen Oberleitung immer bei der Person, welche die Entscheidungen in Bezug auf die „Tagesgeschäfte" trifft.[167]

Während eines Wirtschaftsjahres kann sich der Ort der Geschäftsleitung auch an einen anderen Ort verlagern.[168] Dabei muss sich der Mittelpunkt der geschäftlichen Oberleitung auf Dauer verändern.[169] Es muss ein neuer Ort geschaffen werden, an dem sich die geschäftliche Oberleitung mit einer gewissen Regelmäßigkeit aufhält und von wo aus die entsprechenden Entscheidungen regelmäßig getroffen werden.[170]

---

162 BGH Urteil v. 07.12.1994 – I K 1/93, BStBl. II 1995, 175 (175) zu Kapitalgesellschaften.

163 BFH Urteil v. 16.12.1998 – I R 138/97, BStBl. II 1999, 437 (438); *Gersch*, in: Klein, AO, 12. Auflage 2014, § 10 Rn. 3.

164 BFH Urteil v. 17.07.1968 – I 121/64, BStBl. II 1968, 695 (697); ebenso BFH Urteil v. 26.05.1970 – II 29/65, BStBl. II 1970, 759 (759 f.); *Birk*, in: Hübschmann/Hepp/Spitaler, AO/FGO, § 10 AO Rn. 15.

165 BFH Urteil v. 26.05.1970 – II 29/65, BStBl. II 1970, 759 (759 f.); ebenso *Drüen*, in: Tipke/Kruse, AO/FGO, § 10 AO Rn. 2a.

166 *Birk*, in: Hübschmann/Hepp/Spitaler, AO/FGO, § 10 AO Rn. 17.

167 *Birk*, in: Hübschmann/Hepp/Spitaler, AO/FGO, § 10 AO Rn. 18 ff.

168 BFH Urteil v. 16.12.1988 – I R 138/97, BStBl. II 1999, 437 (438).

169 *Buciek*, in: Beermann/Gosch, AO/FGO, § 10 AO Rn. 33.

170 BFH Urteil v. 07.12.1994 – I K 1/93, BStBl. II 1995, 175 (178 f.).

„Jede nichtnatürliche Person muss [zumindest] einen Ort ihrer Geschäftsleitung haben."[171] Wenn es mehrere Orte gibt, von denen aus ein Unternehmen betrieben wird, „so ist der Mittelpunkt der geschäftlichen Oberleitung dort, wo sich die nach dem Gesamtbild der Verhältnisse in organisatorischer und wirtschaftlicher Hinsicht bedeutungsvollste Stelle befindet"[172]. Dies gilt es im Einzelfall herauszufinden. Wenn der Ort der kaufmännischen und der Ort der technischen Leitung eines Unternehmens auseinanderfallen, so ist der Ort der kaufmännischen Leitung als bedeutungsvollste Stelle anzusehen.[173]

Nicht abschließend höchstrichterlich geklärt ist, ob eine nicht natürliche Person nur einen oder auch zwei (oder gar mehrere) Orte der Geschäftsleitung haben kann.[174] Für die Existenz von lediglich einem Ort der Geschäftsleitung spricht der Wortlaut des § 10 AO, der auf den „Mittelpunkt der geschäftlichen Oberleitung" abstellt und Mittelpunkt kann es im gewöhnlichen Sprachgebrauch nur einen geben.[175] Folglich hat die Rechtsprechung bisher nur einen Ort als möglich erachtet.[176] Aus neueren Entscheidungen des Bundesfinanzhofes geht nun aber hervor, dass auch mehrere Orte der Geschäftsleitung nicht ausgeschlossen sind.[177]

Mit den neuen technischen Kommunikationsmitteln (Videokonferenzen, etc.) ist es in der heutigen Zeit grundsätzlich realisierbar, ein Unternehmen von fast jedem Standort der Welt aus zu leiten.[178] Die Führung eines Unternehmens kann von verschiedenen „gleich bedeutungsvollen" Orten aus vollzogen werden, beispielsweise bei Entscheidungen eines Gremiums via Videokonferenz, wenn die Entscheidungsträger sich an verschiedenen Orten (womöglich auch in verschiedenen Ländern) befinden.[179] In diesem Fall gibt es dann nicht nur einen Mittelpunkt der geschäftlichen Oberleitung, sondern eben zwei oder sogar noch mehr.[180]

---

171 BFH Urteil v. 16.12.1988 – I R 138/97, BStBl. II 1999, 437 (438); a.A. wohl *Gersch*, in: Klein, AO, 12. Auflage 2014, § 10 Rn. 2, der das Fehlen einer geschäftlichen Oberleitung für möglich erachtet und in solch einem Fall auf § 11 AO zurückgreifen will; vgl. auch *Buciek*, in: Beermann/Gosch, AO/FGO, § 10 AO Rn. 29.

172 BFH Urteil v. 21.09.1989 – V R 55/84, BFH/NV 1990, 353 ff.

173 BFH Urteil v. 23.01.1991 – I R 22/90, BStBl. II 1991, 554 (555) im Anschluss an BVerwG Urteil v. 28.10.1965 – III C 175/64, BVerwGE 22, 260 ff.

174 Vgl. *Birk*, in: Hübschmann/Hepp/Spitaler, AO/FGO, § 10 AO Rn. 41; *Frotscher*, in: Haase, AStG/DBA, 2. Auflage 2012, Kapitel II Art. 4 MA Rn. 20.

175 FG Kassel, Urteil v. 08.07.1959 – IV 1083/57, EFG 1959, 346 (347).

176 BFH Urteil v. 03.07.1997 – IV R 58/95, BStBl. II 1998, 86 (89 f.); ebenso BFH Urteil v. 16.03.1994 – I B 171/93, BFH/NV 1994, 770 f.

177 BFH Urteil v. 15.10.1997 – I R 76/95, BFH/NV 1998, 434 f.; ebenso BFH Urteil v. 16.12.1998 – I R 138/97, BStBl. II 1999, 437 (438).

178 *Birk*, in: Hübschmann/Hepp/Spitaler, AO/FGO, § 10 AO Rn. 38.

179 *Birk*, in: Hübschmann/Hepp/Spitaler, AO/FGO, § 10 AO Rn. 38, 41.

180 Vgl. *Birk*, in: Hübschmann/Hepp/Spitaler, AO/FGO, § 10 AO Rn. 38; vgl. *Drüen*, in Tipke/Kruse, AO/FGO, § 10 AO Rn. 9.

Insbesondere nach einer Fusion ist es denkbar, dass die jeweiligen Vorstände gleichberechtigt sind und am jeweiligen Ort verbleiben.[181] Falls wichtige Entscheidungen hier im Wege einer Videokonferenz getroffen werden, kann auch der Satellit, auf dem die Kommunikationsströme zusammenlaufen, nicht als Ort der Geschäftsleitung gesehen werden.[182] Es gibt in solch einem Fall dann mehrere (hier zwei) Orte der Geschäftsleitung. Teilweise wird vertreten, eine geschäftliche Oberleitung im Sinn des § 10 AO könne bei völlig gleichberechtigten Vorstandsmitgliedern auch insgesamt fehlen, womit § 11 AO zur Anwendung kommen müsse.[183] Das überzeugt im Ergebnis nicht, da auch bei gleichberechtigten Vorstandsmitgliedern diese wiederum die gewöhnlichen Entscheidungen („Tagesgeschäfte") treffen und somit eine Geschäftsleitung vorhanden ist. Eine Körperschaft ohne einen Ort der Geschäftsleitung könnte folglich nur existieren, wenn die Körperschaft mangels handlungsfähigen Organen überhaupt nicht handlungsfähig ist.[184] „Jede nichtnatürliche Person mu[ss] einen Ort ihrer Geschäftsleitung haben"[185].

2. Sonderproblem der Personengesellschaften

Personengesellschaften werden im deutschen Einkommensteuerrecht als „transparent" behandelt. Das bedeutet, die Personengesellschaft ist kein Steuersubjekt der Einkommen- oder der Körperschaftsteuer.[186] Die Gesellschaft ist lediglich Subjekt der Gewinnerzielung und Gewinnermittlung, die Gewinne werden sodann den einzelnen Gesellschaftern (Mitunternehmern) zugerechnet und diese versteuern die Einkünfte mit ihrer Einkommensteuer.[187] Art. 3 I a OECD-MA definiert den Begriff „Person" im Sinne des Abkommens als natürliche Person, Gesellschaft oder andere Personenvereinigung. Nach Art. 3 I b OECD-MA „bedeutet der Ausdruck „Gesellschaft" juristische Personen oder Rechtsträger, die für die Besteuerung wie juristische Personen behandelt werden"[188]. Da Personengesellschaften im deutschen Recht bei der Einkommensteuer keine Steuersubjekte sind, handelt es sich hierbei

181 *Drüen*, in: Tipke/Kruse, AO/FGO, § 10 AO Rn. 9.

182 *Drüen*, in: Tipke/Kruse, AO/FGO, § 10 AO Rn. 9.

183 *Buciek*, in: Beermann/Gosch, AO/FGO, § 10 AO Rn. 29, der es vorzieht, bei fehlenden Anhaltspunkten für einen vorrangigen Geschäftsführungsort von keinem bestehenden Ort der Geschäftsleitung auszugehen; ebenso *Drüen*, in Tipke/Kruse, AO/FGO, § 10 AO Rn. 9 am Ende.

184 BFH Urteil v. 07.12.1994 – I K 1/93, BStBl. II 1995, 175 (178 f.); *Schwarz*, in: Schwarz Abgabenordnung, § 10 Rn. 8; *Frotscher*, in: Haase, AStG/DBA, 2. Auflage 2012, Kapitel II Art. 4 MA Rn. 20; a.A. *Buciek*, in: Beermann/Gosch, AO/FGO, § 10 AO Rn. 29; FG Düsseldorf Urteil v. 12.08.1964 – I 24/63 K, EFG 1965, 75 (76).

185 BFH Urteil v. 07.12.1994 – I K 1/93, BStBl. II 1995, 175 (175).

186 *Birk/Desens/Tappe*, Steuerrecht, 17. Auflage 2014, Rn. 1102.

187 Vgl. *Birk/Desens/Tappe*, Steuerrecht, 17. Auflage 2014, Rn. 1103.

188 Wortlaut der vom BMF veröffentlichten Übersetzung des OECD-MA 2003, BStBl. I 2004, 286 ff.; im englischen Text „the term "company" means any body corporate or any entity that is treated as a body corporate for tax purposes"; im französischen

um keine Gesellschaften im Sinne des Art. 3 I b OECD-MA, gleichwohl sind es Personenvereinigungen im Sinne des Art. 3 I a OECD-MA.[189]

Aber für die Ansässigkeit einer Person nach Art. 4 I OECD-MA im Inland ist auch die inländische Besteuerung der Person zwingend erforderlich.[190] Das heißt eine Person muss in demjenigen Land auch als Steuersubjekt anerkannt werden, sonst kann sie dort nicht ansässig im Sinne des Art. 4 I OECD-MA sein, da die Abkommen keine neuen Steuersubjektfähigkeiten schaffen.[191] Demzufolge können Personengesellschaften in Deutschland nicht ansässig im Sinne des Art. 4 I OECD-MA sein. Bei der Gewerbesteuer (und Umsatzsteuer) sind die Personengesellschaften aber Steuersubjekte.[192] Deshalb ist nach einer Ansicht in Bezug auf die Gewerbesteuer von einer Ansässigkeit im Sinne des Art. 4 I OECD-MA auszugehen.[193] Dem ist jedoch zu widersprechen. Nach Art. 4 I 2 OECD-MA sind solche Personen nicht ansässig, die einzig und allein mit Einkünften aus Quellen in diesem Staat oder mit in diesem Staat gelegenem Vermögen steuerpflichtig sind.[194] Die Gewerbesteuerpflicht erstreckt sich ausschließlich auf die aus in Deutschland gelegenen Quellen erzielten Einkünfte.[195] Folglich sind Personengesellschaften in Deutschland nicht ansässig im Sinne von Art. 4 I OECD-MA.[196] Auch im OECD-Musterkommentar 2014 ist in Art. 4 Tz. 8.8 (und Art. 1 Tz. 5) vorgesehen, dass es in solch einem Fall nicht auf die Personengesellschaft, sondern die Gesellschafter und deren Ansässigkeit ankommt. Jedoch werden in anderen Ländern, wie etwa in Spanien oder Portugal Personengesellschaften als Steuersubjekt bei der Einkommensteuer angesehen. Ob eine ausländische Gesellschaft in Deutschland als Personengesellschaft oder Kapitalgesellschaft angesehen und behandelt wird, hängt davon ab, ob das Gebilde mit einer deutschen Personengesellschaft typenmäßig vergleichbar ist.[197]

a) Situation mit zwei Staaten

Wenn nun eine Personengesellschaft den Ort der Geschäftsleitung im Staat A hat (Staat A erkennt als Steuersubjekt an), ist sie als ansässige Person nach dem jeweiligen Abkommen zwischen Staat B (zum Beispiel Deutschland) und Staat A

Text „le terme <<societé>> désigne toute entité qui est considérée comme une personne morale aux fins d'impositions".

189 *Manke*, in: Vogel, Grundfragen des internationalen Steuerrechts, 1985, S. 199 ff.

190 *Wassermeyer*, in: Debatin/Wassermeyer, DBA, Art. 1 Rn. 17, (Art. 4 Rn. 30 bei Stand: 120. EL 2012).

191 *Wassermeyer*, in: Debatin/Wassermeyer, DBA, Art. 1 Rn. 17.

192 Siehe § 5 I 2, 3 GewStG, § 2 UStG.

193 *Manke*, in: Vogel, Grundfragen des internationalen Steuerrechts, 1985, S. 200.

194 Näheres zur Auslegung von Art. 4 I 2 OECD-MA seit 2008 unter E.II.

195 *Wassermeyer*, in: Debatin/Wassermeyer, DBA, Art. 1 MA Rn. 17.

196 *Wassermeyer*, in: Debatin/Wassermeyer, DBA, Art. 1 MA Rn. 17.

197 *Wassermeyer*, IStR 1998, 489 (489); ebenso BFH Urteil v. 06.11.1980 – IV R 182/77, BStBl. II 1981, 220 (222 f.).

berechtigt.[198] Auszugehen ist des Weiteren im Allgemeinen davon, dass die Gesellschafter der Personengesellschaft im Staat B ansässig sind.

Es kommt zu der Situation, dass die Personengesellschaft sich im Staat A unstrittig auf das Abkommen berufen kann.[199] In Art. 1 Tz. 5 S. 1 des OECD-Musterkommentars 2014 wird explizit angeordnet, dass Personengesellschaften in diesem Fall den Schutz nach dem Abkommen genießen. Bisher wurde nun vertreten, dass diese Personengesellschaft aber weiterhin im Staat B nicht als Steuersubjekt anerkannt wird und somit mangels Steuerpflichtigkeit im Staat B keinen Abkommensschutz genießt.[200] Auch die Rechtsprechung geht davon aus, dass der Ansässigkeitsstaat eines Gesellschafters nicht an die Subjektqualifikation im anderen Staat gebunden ist.[201] Nun wird teilweise vertreten, dass eben auch der Quellenstaat, hier Staat B, der Personengesellschaft vollen Abkommensschutz gewähren muss.[202] Das bedeutet, auch im Quellenstaat mit geltendem Transparenzprinzip kann sich die Personengesellschaft auf das Abkommen berufen.[203] Dies wird zudem aus streng dogmatischer Auslegung von Art. 1, 3 I lit. a und b, 4 I OECD-MA gefolgert.[204] Es reicht ja aus, dass die Personengesellschaft in einem Vertragsstaat (Staat A) ansässig ist.

Das allein überzeugt im Ergebnis nicht. Der Personengesellschaft werden im Staat B aufgrund des angewendeten Transparenzprinzips keine Einkünfte zugerechnet und sie wird nicht mit der Einkommensteuer belastet, sondern die einzelnen Gesellschafter. Die Berechtigung der Personengesellschaft würde folglich ins Leere gehen und wäre gegenstandslos.[205] Es werden die einzelnen Gesellschafter, soweit ansässig in Staat B, zur Steuer veranlagt. Sie haben ein Interesse daran und müssen sich im Ergebnis auch auf das Abkommen berufen können.[206] Würde man den

---

198 *Wassermeyer/Kaeser*, in: Debatin/Wassermeyer, DBA, Art. 4 MA Rn. 30; ebenso Art. 1 Tz. 5 OECD-Musterkommentar.

199 *Wassermeyer/Kaeser*, in: Debatin/Wassermeyer, DBA, Art. 4 MA Rn. 30.

200 *Wassermeyer*, in: Debatin/Wassermeyer, DBA, Art. 4 MA Rn. 30; vgl. ebenso BMF-Schreiben v. 16.04.2010, Anwendung der Doppelbesteuerungsabkommen (DBA) auf Personengesellschaften, IV B 2-S 1300/09/10003, FMNR28c000010, Rn. 4.1.4.1.

201 BFH Urteil v. 25.05.2011 – I R 95/10, BFHE 234, 63 (63 f., 67 f.).

202 *Wassermeyer/Kaeser*, in: Debatin/Wassermeyer, DBA, Art. 4 MA Rn. 30 mit Verweis auf weitgehend gleiches Vorgehen nach BMF-Schreiben v. 16.04.2010, Anwendung der Doppelbesteuerungsabkommen (DBA) auf Personengesellschaften, IV B 2-S 1300/09/10003, FMNR28c000010, Rn. 2.1.2, wohl zweiter Absatz; a.A. *Lang*, SWI 2000, 60 (64 ff.), der sich in Bezug auf die Bewertung im Quellenstaat, hier Staat B, für die Maßgeblichkeit der Steuerrechtssubjektivität im Quellenstaat ausspricht.

203 *Brähler/Mayer*, IStR 2010, 678 (680 f.); *Wehrße*, Grenzüberschreitende Besteuerung von Personengesellschaften im internationalen Vergleich, 2011, S. 107 ff.

204 *Brähler/Mayer*, IStR 2010, 678 (680 f.); *Wehrße*, Grenzüberschreitende Besteuerung von Personengesellschaften im internationalen Vergleich, 2011, S. 107 ff.

205 *Müller/Wangler*, IStR 2003, 145 (147).

206 Vgl. BMF-Schreiben v. 16.04.2010, Anwendung der Doppelbesteuerungsabkommen (DBA) auf Personengesellschaften, IV B 2-S 1300/09/10003, FMNR28c000010, Rn. 2.1.2, erster Absatz.

Gesellschaftern hier das Recht verweigern, so könnte das Doppelbesteuerungsabkommen seinen Zweck, eine Doppelbesteuerung zu vermeiden, nicht erfüllen.[207] Der Quellenstaat könnte auf diese Weise durch Anwendung des „Transparenzprinzips" das Abkommen „umgehen".[208] Infolgedessen kann diese Interpretation eines Doppelbesteuerungsabkommens im Ergebnis mit Gegenstand und Zweck des Abkommens nicht vereinbart werden.[209]

In der Praxis würden sich ebenso Probleme ergeben. Was die Durchsetzung des Abkommens betrifft, so könnte die besagte Personengesellschaft ihre Abkommensberechtigung nicht vor einem deutschen Finanzgericht geltend machen, da sie aufgrund der fehlenden Steuerpflicht in Deutschland (Staat B) nicht in eigenen Rechten verletzt sein kann.[210] Eine Klage der Personengesellschaft wäre infolgedessen in Deutschland unzulässig.

Die Abkommensberechtigung setzt nicht immer auch die persönliche Steuerpflicht des Betreffenden voraus.[211] Berechtigt zu Steuerbefreiungen und Steuerermäßigungen sind also die Gesellschafter, wenn sie im Quellenstaat ansässig sind.[212] Nach hier im Ergebnis gleicher Ansicht „schlägt" die Abkommensberechtigung auf die Gesellschafter „durch".[213] Die einzelnen Gesellschafter sind demzufolge abkommensberechtigt. Dass im Ergebnis im Staat B (Besteuerung nach dem Transparenzprinzip) die dort ansässigen Gesellschafter und nicht die Personengesellschaft die „Abkommensvorteile" in Anspruch nehmen können, wurde auch von der OECD in dem Bericht über die Anwendung des Musterabkommens auf Personengesellschaften[214] angenommen.

b) Involvierung von drei Staaten

Kompliziert wird es dann bei Involvierung mehrerer Staaten. Wie oben geschildert, sind die Gesellschafter im Staat B ansässig, die Gesellschaft ist weiterhin in A ansässig, aber die Einkünfte stammen nun aus dem Drittstaat C. Bei dieser Konstellation sind nach obiger Ansicht die Gesellschafter auch nach dem Abkommen A-C berechtigt, wenn sie selber gar nicht im Staat A (Ansässigkeitsstaat der Gesellschaft)

---

207 *Müller/Wangler*, IStR 2003, 145 (147 f.).

208 *Prokisch*, in: Vogel/Lehner, DBA, 5. Auflage 2008, Art. 1 OECD-MA Rn. 32 ff.

209 *Prokisch*, in: Vogel/Lehner, DBA, 6. Auflage 2015, Art. 1 OECD-MA Rn. 32 ff.

210 *Wassermeyer*, IStR 2010, 683 (684).

211 *Wassermeyer*, IStR 2010, 683 (683, 685).

212 *Wassermeyer*, IStR 2010, 683 (684); The Application of the OECD Model Tax Convention to Partnerships, Paris, 1999, Beispiele 9 und 10 auf S. 29 ff.

213 *Prokisch*, in: Vogel/Lehner, DBA, 6. Auflage 2015, Art. 1 OECD-MA Rn. 33a.

214 The Application of the OECD Model Tax Convention to Partnerships, Paris, 1999, Beispiele 9 und 10 auf S. 29 ff.

ansässig sind.[215] Dies erscheint insofern konsequent, da sich die Gesellschaft bei transparenter Besteuerung im Drittstaat C auf die Steuervergünstigungen oder Steuerermäßigungen in C nicht berufen könnte. Berechtigt sein müssen folglich die im Staat A und C beschränkt steuerpflichtigen Gesellschafter.

Nun zur anderen Konstellation. Befindet sich der Ort der Geschäftsleitung und Sitz in B, so kann sich die Personengesellschaft weder im Staat A, noch im Staat B auf das Abkommen berufen, da sie mangels Subjektqualität nicht im Staat B ansässig sein kann.[216] Berechtigt sind in diesem Fall die Gesellschafter an ihrem jeweiligen Ansässigkeitsort. Die OECD hat im Musterkommentar auch vorgesehen, dass in solch einem Fall selbst dann die einzelnen Gesellschafter für ihren jeweiligen Anteil nach dem Abkommen berechtigt sind, wenn die Gesellschaft im jeweiligen Ansässigkeitsstaat der Gesellschafter ein eigenständiges Steuersubjekt ist.[217] In diesem Fall darf nämlich im Regelfall nach nationalem Recht des Staates A keine Zurechnung der Gewinne an die dort ansässigen Gesellschafter stattfinden, womit die Abkommensberechtigung in Bezug auf diese Einkünfte fehlt. Gemäß dem Musterkommentar können die Gesellschafter sich aber auch in Staat A diesbezüglich auf das Abkommen berufen.

3. Auslegung des Merkmals in anderen Ländern

Der Ort der Geschäftsleitung und der Sitz einer Gesellschaft können sich in unterschiedlichen Staaten befinden, womit es dann zu einer doppelten Ansässigkeit kommen kann. Wie oben erläutert, ist es auch möglich, dass eine nicht natürliche Person mehrere Orte der Geschäftsleitung aufweist. Befinden sich diese in verschiedenen Ländern, so ist die Personengesellschaft gemäß Art. 4 I OECD-MA in beiden Ländern ansässig.

a) Beispiel Österreich

In Österreich wird der Ort der Geschäftsleitung in § 27 II der Bundesabgabenordnung legal definiert und entspricht im Wesentlichen dem Wortlaut des § 10 AO.

b) Beispiel Schweiz

In der Schweiz wird in Art. 50 des Gesetzes über die direkten Bundessteuern die Steuerpflichtigkeit von juristischen Personen angeordnet, wenn sie ihren „Sitz oder

215 *Prokisch*, in: Vogel/Lehner, DBA, 6. Auflage 2015, Art. 1 OECD-MA Rn. 33a; The Application of the OECD Model Tax Convention to Partnerships, Paris, 1999, Beispiel 9 auf S. 29 f, Tz. 73 ff.

216 *Wassermeyer/Kaeser*, in: Debatin/Wassermeyer, DBA, Art. 4 MA Rn. 30.

217 Art. 4 Tz. 8.8 S. 3 OECD-Musterkommentar.

ihre tatsächliche Verwaltung" in der Schweiz haben.[218] Der formelle Sitz wird nach höchstrichterlicher schweizerischer Rechtsprechung mit dem Ort der tatsächlichen Verwaltung gleichgestellt.[219] Zu beachten ist, dass der zivilrechtliche Sitz nach schweizerischem Steuerrecht im Regelfall anerkannt wird, auch wenn der Ort der tatsächlichen Geschäftsleitung des Unternehmens sich im Ausland befindet.[220] Unter dem Ort der „tatsächlichen Verwaltung" ist der Ort zu verstehen, an dem die tatsächliche Führung der Geschäfte vonstattengeht.[221]

c) Beispiel Frankreich

In Art. 218A Code général des impôts wird geregelt, dass der Besteuerungsort zunächst am Ort der Hauptniederlassung der Gesellschaft[222] ist. Die Verwaltung kann sich aber auch dafür entscheiden, den Ort der tatsächlichen Leitung des Unternehmens[223] als Besteuerungsort zu verwenden.

d) Beispiel USA

Der Ort der Geschäftsleitung dient in den USA nicht als Merkmal, das die unbeschränkte Steuerpflicht auslösen kann.[224]

e) Beispiel Großbritannien

In Großbritannien kann das Gründungsstatut zu einer unbeschränkten Steuerpflicht führen, aber ebenso der Ort, an dem sich die zentrale Unternehmensleitung befindet[225].

In Bezug auf die Auslegung des Merkmals des Ortes der Geschäftsleitung ergeben sich keine speziellen Einschränkungen durch die Auslegung des OECD-Musterabkommens.

---

218 Unabhängig davon besteht noch eine Steuerpflicht bei Erfüllung der Voraussetzungen des Art. 51 des Gesetzes über die direkten Bundessteuern.

219 *Oechslin-Saupper*, Besteuerung ausländisch beherrschter Kapitalgesellschaften mit Ansässigkeit in der Schweiz, 1994, S. 4.

220 *Mäusli*, Die Ansässigkeit von Gesellschaften im internationalen Steuerrecht, 1993, S. 46 ff.

221 *Frotscher*, in: Haase, AStG/DBA, 2. Auflage 2012, Kapitel II Art. 4 MA Rn. 71.

222 Art. 218A Code general des impôts: „ lieu du principal établissement".

223 Art. 218A Code general des impôts: „où est assurée la direction effective de la société".

224 Vgl. *Frotscher*, in: Haase, AStG/DBA, 2. Auflage 2012, Kapitel II Art. 4 MA Rn. 71.

225 „central management and control", vgl. *Burgstaller/Haslinger*, Intertax 2004, 376 (377 f.); *Frotscher*, in: Haase, AStG/DBA, 2. Auflage 2012, Kapitel II Art. 4 MA Rn. 71.

IV. „Anderes ähnliches Merkmal"

Gemäß Art. 4 I 1 OECD-MA führt auch ein „anderes ähnliches Merkmal" zur Ansässigkeit.[226] Aus dem Zusammenhang und der Funktion des Art. 4 I 1 OECD-MA ergibt sich, dass dieses „andere ähnliche Merkmal" einen Ortsbezug aufweisen und im Inland zur unbeschränkten Steuerpflicht führen muss.[227] Zunächst muss deshalb geprüft werden, ob der potentielle Anwenderstaat seine innerstaatliche Steuerpflicht noch an ein weiteres Kriterium knüpft.[228] Wenn dem so ist, muss das weitere Kriterium darauf überprüft werden, ob es einen ausreichenden Ortsbezug aufweist.[229]

1. Fiktive unbeschränkte Steuerpflicht nach § 1 II EStG

Einen Sonderfall stellen hier solche Personen dar, die vom Wiener Übereinkommen über diplomatische Beziehungen[230] oder dem Wiener Übereinkommen über konsularische Beziehungen[231] erfasst werden. Diese Diplomaten oder Konsuln haben aufgrund des allgemeinen Völkerrechts („Extraterritorialität") keinen Wohnsitz oder gewöhnlichen Aufenthalt im Empfangsstaat.[232] Zudem sind sie ohnehin nach Art. 4 I 2 OECD-MA im Sinne des Abkommens im Empfangsstaat nicht ansässig.[233] Jedoch sind sie im Entsendestaat als ansässig anzusehen.[234] Wenn Deutschland Entsendestaat ist, sind diese Personen regelmäßig gemäß § 1 II EStG in Deutschland unbeschränkt steuerpflichtig. Die fiktive Steuerpflicht nach § 1 II EStG kann somit als „anderes ähnliches Merkmal" des Art. 4 I 1 OECD-MA dienen.

2. Fiktive unbeschränkte Steuerpflicht nach § 1 III EStG

Zu beachten ist, dass Steuerpflichtigen, die keinen gewöhnlichen Aufenthalt oder Wohnsitz im Inland haben, die jedoch Einkünfte nach § 49 EStG vorzuweisen haben, unter bestimmten Bedingungen die Möglichkeit eingeräumt ist, zur unbeschränkten Steuerpflicht zu optieren. DieVoraussetzungen hierfür sind in § 1 III EStG geregelt.

---

226 Der Begriff wird in der vom BMF veröffentlichten Übersetzung des OECD-MA 2003 verwendet, BStBl. I 2004, 286; im offiziellen englischen Text „any other criterion of a similar nature"; im offiziellen französischen Text „tout autre critère de nature analogue".

227 *Wassermeyer/Kaeser*, in: Debatin/Wassermeyer, Art. 4 Rn. 25, 29, 31, 39.

228 *Wassermeyer/Kaeser*, in: Debatin/Wassermeyer, DBA, Art. 4 MA Rn. 39.

229 *Wassermeyer/Kaeser*, in: Debatin/Wassermeyer, DBA, Art. 4 MA Rn. 39.

230 Übereinkommen v. 18.04.1961, in BGBl. II 1964, 957 (WÜD).

231 Übereinkommen v. 24.04.1963, in BGBl. II 1969, 1585 (WÜK).

232 BFH Urteil v. 18.12.1968 – III 199/64, BStBl. II 1969, 355 (357 f.); Steuerbefreiung für Diplomaten und Konsuln nach Art. 34 WÜD und Art. 49 WÜK.

233 Art. 4 Tz. 8.1 OECD-Musterkommentar.

234 *Wilke*, in: Gosch/Kroppen/Grotherr, DBA, Art. 4 MA Rn. 22 f.

Nach Ausübung dieser Option sind die Betreffenden dann fiktiv „unbeschränkt“ steuerpflichtig.[235]

Das kann jedoch nicht zu einer Ansässigkeit im Sinne des Art. 4 I 1 OECD-MA führen, weil nach wie vor kein ortsbezogenes Ansässigkeitsmerkmal in Deutschland erfüllt wird.[236] Zudem wird nach der Option des § 1 III EStG nicht das Welteinkommen, sondern nur das inländische Einkommen „unbeschränkt“ besteuert.[237] Die Verwirklichung eines Ansässigkeitskriteriums ist folglich nur möglich, wenn ein konkretes Abkommen abweichend vom Wortlaut des Art. 4 I 1 OECD-MA die Ansässigkeit allein aus der unbeschränkten Steuerpflicht heraus ohne Ortsbezug entstehen lässt, wie etwa das Doppelbesteuerungsabkommen Deutschland-Schweiz[238].[239]

3. Weitere Merkmale

Nun zu den möglichen weiteren ansässigkeitsbegründenden Merkmalen: Die Staatsangehörigkeit ist beispielsweise ein rein rechtliches Kriterium und folglich wegen fehlenden Ortsbezuges nicht als „anderes ähnliches Merkmal“ zu qualifizieren.[240] Auch die Anknüpfung an das Gründungsrecht einer juristischen Person weist keinen ausreichenden Ortsbezug auf.[241]

Nach § 2 AStG kann es beim Wegzug zu einer „erweiterten“ beschränkten Steuerpflicht kommen. Es wird aber eben keine unbeschränkte Steuerpflicht ausgelöst, womit es sich dabei um kein ansässigkeitsbegründendes Merkmal handeln kann.[242] Nach § 2 GewStG ist grundsätzlich jeder im Inland betriebene Gewerbebetrieb steuerpflichtig. Bei der Gewerbesteuer werden aber nur Einkünfte aus inländischen Quellen oder Vermögen, das inländischen Quellen zugeordnet wird, mit

235 *Ebling*, in: Blümich, EStG, § 1 Rn. 235 ff.

236 *Wilke*, in: Gosch/Kroppen/Grotherr, DBA, Art. 4 MA Rn. 20.

237 *Pohl*, in: Schönfeld/Ditz, DBA, 1. Auflage 2013, Art. 4 Rn. 57; ebenso *Frotscher*, in: Haase, AStG/DBA, 2. Auflage 2012, Kapitel II Art. 4 MA Rn. 66; vgl. auch *Ebling*, in: Blümich, EStG, § 1 Rn. 237 f.

238 Abkommen v. 11.08.1971 zwischen der Bundesrepublik Deutschland und der Schweizerischen Eidgenossenschaft zur Vermeidung der Doppelbesteuerung, in BGBl. II 1972, 1021 ff. (letzte Änderung: 27.10.2010).

239 *Wassermeyer/Kaeser*, in: Debatin/Wassermeyer, DBA, Art. 4 MA Rn. 43; a.A.: BMF-Schreiben v. 25.01.2000, Deutsch-schweizerisches DBA vom 11. August 1971 – Ansässigkeit nach Art. 4 DBA Schweiz, IV B 3-S 1301 Schz-1/00, FMNR048000000.

240 *Lehner*, in: Vogel/Lehner, DBA, 6. Auflage 2015, Art. 4 OECD-MA Rn. 111.

241 *Lehner*, in: Vogel/Lehner, DBA, 6. Auflage 2015, Art. 4 OECD-MA Rn. 112.

242 *Pohl*, in: Schönfeld/Ditz, DBA, 1. Auflage 2013, Art. 4 Rn. 48; ebenso *Wilke*, in: Gosch/Kroppen/ Grotherr, DBA, Art. 4 MA Rn. 21.

der Abgabe belastet.[243] Folglich kann dieses Kriterium gemäß Art. 4 I 2 OECD-MA keine Ansässigkeit begründen.[244]

4. Sitz

Anders verhält es sich aber mit dem Sitz einer juristischen Person in Deutschland nach § 11 AO. Im OECD-Musterkommentar wird davon ausgegangen, dass der Sitz ein mögliches ortsbezogenes Merkmal im Sinne des Art. 4 I 1 OECD-MA ist.[245] Teilweise wird vertreten, der Sitz sei in den Fällen kein ortsbezogenes Merkmal, wenn keinerlei ortsbezogene Anforderungen daran gestellt werden.[246] In Deutschland ist in § 4a GmbHG und in § 5 AktG jeweils geregelt, dass der Ort im Inland Sitz der Gesellschaft ist, den der Gesellschaftsvertrag oder die Satzung bestimmt. Eine Aktiengesellschaft kann die Geschäftstätigkeit nur im Rahmen einer Zweigniederlassung im Ausland ausüben, wenn weiterhin eine Geschäftsanschrift im Inland im Register eingetragen und aufrechterhalten wird.[247]

Eine wirtschaftliche Aktivität muss am Ort des Sitzes nicht stattfinden.[248] Ein gewisser kleiner Ortsbezug muss aber jeweils im Inland vorhanden sein, wenn auch ein sehr geringer. Dieser kann auch durch die notwendige Eintragung in ein lokales Register am Sitz oder die Begründung eines Gerichtsstands am Sitz der Gesellschaft gegeben sein.[249] In Deutschland wird wohl die dortige Begründung eines Gerichtsstandes nach § 17 ZPO für die Anerkennung des Ansässigkeitsmerkmals „Sitz“ noch genügen.

Der Sitz einer Körperschaft, Personenvereinigung oder Vermögensmasse befindet sich nach § 11 EStG dort, wo er „durch Gesetz, Gesellschaftsvertrag, Satzung, Stiftungsgeschäft oder dergleichen bestimmt ist“. Bei juristischen Personen entspricht der abgabenrechtliche Sitz dem zivilrechtlichen Sitz, welcher im Regelfall durch Rechtsakt bestimmt wird.[250] Der Sitz des Unternehmens musste zivilrechtlich früher

243 *Wassermeyer/Kaeser*, in: Debatin/Wassermeyer, DBA, Art. 4 MA Rn. 46.

244 *Wassermeyer/Kaeser*, in: Debatin/Wassermeyer, DBA, Art. 4 MA Rn. 46; a.A. teilweise in Indien, Anerkennung aufgrund der deutschen Gewerbesteuerpflicht: Tax Appellate Tribunal, Mumbai Urteil v. 04.07.2008 – ITA No. 4633/Mum/2006 (Rs. Mumbai vs. M/s Chiron Behring GmbH & Co KG), zu finden unter www.lexsite.com (India).

245 Vgl. Ausführungen bei Art. 4 Tz. 21 („registration“) OECD-Musterkommentar.

246 *Staringer*, Besteuerung doppelt ansässiger Kapitalgesellschaften, 1999, S. 146; vgl. ebenso *Wassermeyer/Kaeser*, in: Debatin/Wassermeyer, DBA, Art. 4 MA Rn. 42.

247 *Lange*, in: Henssler/Strohn, Gesellschaftsrecht, 2. Auflage 2014, § 5 AktG Rn. 2 f., 9.

248 *Buciek*, in: Beermann/Gosch, AO/FGO, § 11 AO Rn. 7.

249 Vgl. auch die Ausführungen bei *Wassermeyer/Kaeser*, in: Debatin/Wassermeyer, DBA, Art. 4 Rn. 42.

250 *Drüen*, in: Tipke/Kruse, AO/FGO, § 11 Rn. 1; vgl. BFH Urteil v. 28.02.1990 – I R 120/86, BStBl. II 1990, 553 (553 f.).

dort sein, wo die Gesellschaft einen nicht ganz untergeordneten Betriebsteil hat, oder am Ort der Geschäftsleitung oder Verwaltungsführung.[251]

Wie oben dargestellt können Kapitalgesellschaften, wie etwa auch Stiftungen seit dem MoMiG[252] nun einen (Satzungs-)Sitz wählen, an dem keine wirtschaftliche Aktivität der Gesellschaft ausgeübt wird.[253] Nicht umfassend geklärt ist, ob ein in diesem Sinne „fiktiver Sitz" nach Zivilrecht auch für § 11 AO entscheidend ist. Teilweise wird vertreten, er wäre als Scheinsitz nach § 41 II AO steuerlich unbeachtlich.[254] Man müsste sodann auf den tatsächlichen Sitz, den Verwaltungssitz abstellen,[255] welcher sich im Einzelfall im Ausland befinden kann.

Richtig ist aber, dass die Wahl eines „fiktiven Sitzes" keine Scheinhandlung darstellt, wenn damit ein wirtschaftlich vernünftiger Zweck verfolgt wird.[256] Ein solcher wirtschaftlich vernünftiger Zweck kann auch in einer Steuerersparnis liegen.[257] Scheinhandlungen sind nämlich Handlungen, mit denen nach außen hin eine bestimmte Sachverhaltsgestaltung bewirkt wird, diese Gestaltung aber nicht gewollt ist und im Regelfall zeitnah wieder rückgängig gemacht wird.[258] Bei der Wahl eines solchen „fiktiven Sitzes" können die Rechtsfolgen aber aus wirtschaftlichen Gründen durchaus gewünscht sein und der Sitz bleibt dann auch zumindest längere Zeit dort. Der BFH hat deshalb betreffend die Gründung einer Basisgesellschaft[259] die Annahme eines Scheinsitzes verneint, weil die Gründung der Gesellschaft im Regelfall tatsächlich ernsthaft gewollt ist.[260] Von einem Scheingeschäft ist nicht auszugehen, wenn das tatsächlich Durchgeführte auch gewollt ist.[261] Aber die Wahl des „fiktiven Sitzes" könnte im Einzelfall nach § 42 AO missbräuchlich sein.[262]

---

251 Vgl. § 5 II AktG a.F.; *Heider*, in: Münchner Kommentar zum AktG, 3. Auflage 2008, § 5 Rn. 33 ff.

252 Gesetz zur Modernisierung des GmbH-Rechts und zur Bekämpfung von Missbräuchen (MoMiG) v. 23.10.2008, BStBl. I 2008, 2026 ff.

253 *Buciek*, in: Beermann/Gosch, AO/FGO, § 11 AO Rn. 8.

254 *Gersch*, in: Klein, AO, 12. Auflage 2014, § 11 Rn. 3, 5.

255 *Gersch*, in: Klein, AO, 12. Auflage 2014, § 11 Rn. 3, 5.

256 *Drüen*, in: Tipke/Kruse, AO/FGO, § 11 AO Rn. 1; ebenso *Musil*, in: Hübschmann/Hepp/Spitaler, AO/FGO, § 11 AO Rn. 26.

257 *Drüen*, in: Tipke/Kruse, AO/FGO, § 11 AO Rn. 1; ebenso *Buciek*, in: Beermann/Gosch, AO/FGO, § 11 AO Rn. 8, 21; ebenso *Koenig*, in: Koenig, AO, 3. Auflage 2014, § 11 Rn. 3.

258 *Koenig*, in: Koenig, AO, 3. Auflage 2014, § 41 Rn. 41.

259 Es gibt keine gesetzliche Definition für den Begriff „Basisgesellschaft". Es ist darunter regelmäßig eine Kapitalgesellschaft zu verstehen, die ihren Sitz in einem Niedrigsteuerland hat und die nur Vermögen verwaltet ohne nennenswerte eigene wirtschaftliche Tätigkeit (vgl. *Rödl/Grube*, in: Wabnitz/Janovsky, Handbuch des Wirtschafts- und Steuerstrafrechts, 4. Auflage 2014, 21. Kapitel, Rn. 38 ff.).

260 BFH Urteil v. 07.02.1975 – VIII B 61/74, BStBl. II 1976, 608 (609 f.); vgl. ebenso BFH Urteil v. 17.07.1968 – I 121/64, BStBl. II 1968, 695 (696 f.).

261 BFH Urteil v. 21.10.1988 – III R 194/84, BStBl. II 1989, 216 (218).

262 *Musil*, in: Hübschmann/Hepp/Spitaler, AO/FGO, § 11 AO Rn. 26.

Im Zivilrecht ist die Begründung eines zweiten Sitzes oder mehrerer Sitze nur ausnahmsweise zulässig, wenn zum Beispiel eine Aktiengesellschaft ansonsten erhebliche wirtschaftliche Schäden erleiden müsste.[263] Dies kann bei einer Fusion zweier traditionsreicher Unternehmen der Fall sein.[264] Aufgrund der Teilung Deutschlands nach dem Zweiten Weltkrieg gibt es bestimmte Gesellschaften, die danach in Westdeutschland einen zweiten Sitz anmeldeten und deshalb bis heute einen Doppelsitz haben.[265] Auch im Steuerrecht wird ein Zweit- oder Mehrfachsitz grundsätzlich nicht anerkannt.[266] Wenn aber ein solcher Zweit- oder Mehrfachsitz ausnahmsweise zivilrechtlich wirksam gegeben ist, so muss er auch im Steuerrecht als Sitz im Sinne des § 11 AO akzeptiert werden.[267]

5. Weitere Merkmale in anderen Staaten

a) Beispiel Österreich

In Österreich gibt es als weiteres Ansässigkeitsmerkmal auch den Sitz und dieser wird in § 27 I der Bundesabgabenordnung legal definiert. Vom Inhalt her entspricht § 27 I 1 dem § 11 AO. Abweichend vom deutschen Recht fingiert § 27 I 2 der Bundesabgabenordnung bei Nichtvorhandensein eines Sitzes, dass sich dieser am Ort der Geschäftsleitung befindet. Nach § 5 S. 2 des österreichischen Aktiengesetzes darf der Sitz aus wichtigen Gründen auch an einem anderen Ort, als dem Betrieb, dem Ort der Geschäftsleitung oder der Verwaltungsführung sein. Anders als in Deutschland kann die Aktiengesellschaft in Österreich immer nur einen Sitz haben.[268]

b) Beispiel Schweiz

In Bezug auf die Schweiz wird auf die Ausführungen oben verwiesen.

---

263 LG Essen Beschluss v. 23.03.2001 – 45 T 1/01, AG 2001, 429 f.; OLG Frankfurt Beschluss v. 29.12.2000 – 20 W 460/2000, FGPrax 2001, 86; BayObLG Beschluss v. 19.07.2000 – 3Z BR 162/00, BayObLGZ 2000, 210 (211 f.); *Lange*, in Henssler/Strohn, Gesellschaftsrecht, 2. Auflage 2014, § 5 AktG Rn. 7 f.; a.A. *Pluskat*, WM 2004, 601 (603 ff.), welche sich dafür ausspricht den Doppel- oder Mehrfachsitz bei „entsprechendem berechtigten Interesse" ohne weiteres als zulässig zu erachten.

264 LG Essen Beschluss v. 23.03.2001 – 45 T 1/01, AG 2001, 429 f.

265 Beispiel: Siemens AG, Sitz in Berlin (Berlin Charlottenburg HRB 12300) und München (München HRB 6684).

266 *Gersch*, in Klein, AO, 12. Auflage 2014, § 11 Rn. 3; ebenso *Drüen*, in Tipke/Kruse, AO/FGO, § 11 AO Rn. 1a; ebenso *Koenig*, in Koenig, AO, 3. Auflage 2014, § 11 Rn. 4.

267 *Buciek*, in: Beermann/Gosch, AO/FGO, § 11 AO Rn. 14; vgl. BFH Urteil v. 28.02.1990 – I R 120/86, BStBl. II 1990, 553 (554), bei dem aufgrund eines Zweitsitzes der ausschließliche Sitz in Berlin (West) verneint wurde, die Aussagen deuten auf die steuerliche Anerkennung eines Zweitsitzes hin.

268 *Doralt/Diregger*, in: Münchner Kommentar zum AktG, 3. Auflage 2008, § 5 Rn. 72.

c) *Beispiel Frankreich*

In Frankreich kann die Verwaltung nach Art. 218A des Code général des impôts auch auf den gesellschaftsrechtlichen Sitz der Gesellschaft abstellen.[269]

d) *Beispiel USA und Großbritannien*

In den USA wird in IRC § 7701 (a) (30) jeweils auf inländische Gesellschaften[270] und inländische Personenvereinigungen[271] abgestellt. Hierunter sind grundsätzlich lediglich solche zu verstehen, die in den USA oder nach dem Recht der USA oder dem Recht eines der 50 Bundesstaaten gegründet wurden.[272] Folglich kommt es in den USA für die unbeschränkte Steuerpflicht auf das Gründungsstatut der Gesellschaft an, ebenso in Großbritannien.[273] Wie oben ausgeführt, weist dieses Kriterium allein keinen ausreichenden Ortsbezug für Art. 4 I 1 OECD-MA auf.

---

269 Art. 218A Code général des impôts: „son siège social“.
270 IRC § 7701 (a) (30) (C): „domestic corporation“.
271 IRC § 7701 (a) (30) (B): „domestic partnership“.
272 IRC § 7701 (a) (4) und IRC § 7701 (a) (9).
273 *Frotscher*, in: Haase, AStG/DBA, 2. Auflage 2012, Kapitel II Art. 4 MA Rn. 71.

C. Vorgehensweise bei Doppelansässigkeit nach dem OECD-MA

Wenn nun der Fall eintritt, dass eine natürliche oder eine juristische Person in zwei verschiedenen Ländern ein Ansässigkeitsmerkmal nach Art. 4 I OECD-MA erfüllt, so spricht man von einer „Doppelansässigkeit“. Eine natürliche Person kann beispielsweise in einem Land den Wohnsitz, im anderen den gewöhnlichen Aufenthalt haben, oder in zwei Ländern einen Wohnsitz. Bei einer juristischen Person kommt es vor, dass der Sitz und der Ort der Geschäftsleitung in verschiedenen Staaten zu finden sind. Zudem besteht die Möglichkeit, dass sich der Ort der Geschäftsleitung auf zwei Länder verteilt. Für den Fall der Doppelansässigkeit enthält Art. 4 II und III OECD-MA Regelungen, um im Sinne des Abkommens im Ergebnis zur Ansässigkeit in nur einem Land zu gelangen. Dies ist erforderlich, um die einzelnen Verteilungsnormen des OECD-MA anzuwenden, welche für die Verteilung jeweils nur einen Ansässigkeitsstaat und den anderen Vertragsstaat (Quellenstaat) benötigen.[274]

I. Art. 4 II OECD-MA

Die Regelung des Art. 4 II OECD-MA dient der Lösung des Problems der Doppelansässigkeit nur bei natürlichen Personen.[275] Sie wird weitgehend als „Tie-Breaker-rule“ oder „Tie-Breaker“-Regelung bezeichnet.[276] Durch sie wird festgestellt, welcher Staat der Ansässigkeitsstaat und welcher der Quellenstaat ist. Die durch Art. 4 II OECD-MA vorgenommene Entscheidung gilt immer nur für das zwischen den Vertragsstaaten zu betrachtende Abkommen.[277] Die mögliche Ansässigkeit in einem weiteren Staat („Drittstaat“) hat nach zutreffender Ansicht keine Auswirkungen auf das jeweilige Abkommen zwischen den Vertragsstaaten.[278] Zur abweichenden Ansicht hierzu später unter **E.II.**

Voraussetzung für die Anwendung des Art. 4 II OECD-MA ist zunächst, dass sich eine Doppelansässigkeit einer natürlichen Person nach Art. 4 I OECD-MA ergibt.[279] Ist dies der Fall, so ordnet Art. 4 II OECD-MA eine bestimmte Vorgehensweise an. Es sind besondere Ansässigkeitskriterien nacheinander zu prüfen, wobei hier ein

---

274 *Lang*, in: Lang/Schuch/Staringer, Die Ansässigkeit im Recht der Doppelbesteuerungsabkommen, 1999, S. 225 (227 f.).

275 Vgl. *Lehner*, in: Vogel/Lehner, DBA, 6. Auflage 2015, Art. 4 OECD-MA Rn. 170.

276 *Wassermeyer/Kaeser*, in: Debatin/Wassermeyer, DBA, Art. 4 MA Rn. 51; ebenso *Pohl*, in: Schönfeld/Ditz, DBA, 1. Auflage 2013, Art. 4 Rn. 59 ff.; ebenso *Frotscher*, in: Haase, AStG/DBA, 2. Auflage 2012, Kapitel II Art. 4 MA Rn. 85 ff.

277 *Frotscher*, in: Haase, AStG/DBA, 2. Auflage 2012, Kapitel II Art. 4 MA Rn. 86.

278 *Wassermeyer/Kaeser*, in: Debatin/Wassermeyer, DBA, Art. 4 MA Rn. 51;ebenso *Frotscher*, in: Haase, AStG/DBA, 2. Auflage 2012, Kapitel II Art. 4 MA Rn. 86.

279 *Wassermeyer/Kaeser*, in: Debatin/Wassermeyer, DBA, Art. 4 MA Rn. 51.

Merkmal, wenn es schon zu einer Entscheidung führt, die später genannten Merkmale ausschließt.[280] Diese sind sodann nicht mehr zu prüfen.

Zu beachten ist, dass Art. 4 II OECD-MA im Gegensatz zu Art. 4 I OECD-MA nicht auf nationales Recht verweist. Die „Tie-Breaker"-Regelung hat zudem die Aufgabe, einen Ansässigkeitsstaat im Sinne des Abkommens für beide Vertragsstaaten verbindlich festzulegen.[281] Bei der Auslegung von Art. 4 II OECD-MA darf deshalb auch nicht nach Art. 3 II OECD-MA auf nationales Recht der jeweiligen Vertragsstaaten zurückgegriffen werden, sondern sämtliche Begriffe müssen abkommensrechtlich einheitlich, das heißt „(abkommens-)autonom" ausgelegt werden.[282]

1. Ständige Wohnstätte

Der Begriff der ständigen Wohnstätte[283] im Sinne des Art. 4 II lit. a, b OECD-MA muss folglich „nach allgemeinen völkerrechtlichen Regeln, d.h. anhand des Wortlautes, aus seinem Sinn und Zweck und aus seinem systematischen Zusammenhang heraus"[284] interpretiert werden. Aus der systematischen Stellung, dem Wortlaut und der Funktion des Art. 4 II OECD-MA als „Tie-Breaker"-Regelung ergibt sich, dass der Begriff ständige Wohnstätte nicht mit dem Wohnsitzbegriff nach § 8 AO gleichgesetzt werden darf.[285] Die ständige Wohnstätte stellt nämlich einen „qualifizierte[n] Wohnsitz"[286] dar. Im OECD-Musterkommentar ist vorgesehen, dass dieses Kriterium allein im Regelfall schon die Zuordnung zu einem Staat vornimmt, weil gewöhnlich davon auszugehen ist, dass eine Person nur in einem Land eine ständige Wohnstätte hat und sich im anderen Staat nur begrenzte Zeit aufhält.[287]

Unter einer „Wohnstätte sind alle Räumlichkeiten, die nach Art und Einrichtung zum Wohnen geeignet sind"[288], zu verstehen. Dabei kann es sich um ein Haus,

---

280 *Wassermeyer/Kaeser*, in: Debatin/Wassermeyer, DBA, Art. 4 MA Rn. 52; ebenso *Frotscher*, in: Haase, AStG/DBA, 2. Auflage 2012, Kapitel II Art. 4 MA Rn. 87.

281 Vgl. OECD-Musterabkommen Art. 4 Tz. 10.

282 *Lehner*, in: Vogel/Lehner, DBA, 6. Auflage 2015, Art. 4 OECD-MA Rn. 170 ff.; *Wassermeyer/Kaeser*, in: Debatin/Wassermeyer, DBA, Art. 4 MA Rn. 53.

283 Der Begriff wird in der vom BMF veröffentlichten Übersetzung des OECD-MA 2003 verwendet, BStBl. I 2004, 286 ff.; im offiziellen englischen Text „permanent home"; im offiziellen französischen Text „foyer d'habitation permanent".

284 BFH Urteil v. 16.12.1998 – I R 40/97, BStBl. II 1999, 207 (208); verweist auf Art. 31 I Wiener Übereinkommen über das Recht der Verträge v. 23.05.1969, in BGBl. II 1985, 927 (WVK).

285 Vgl. *Wassermeyer/Kaeser*, in: Debatin/Wassermeyer, DBA, Art. 4 MA Rn. 33; ebenso BFH Urteil v. 23.10.1985 – I R 274/82, BStBl. II 1986, 133 (135); BFH Urteil v. 05.06.2007 – I R 22/06, BStBl. II 2007, 812 (813 f.).

286 BFH Urteil v. 05.06.2007 – I R 22/06, BStBl. II 2007, 812 (813); ebenso BFH Urteil v. 23.10.1985 – I R 274/82, BStBl. II 1986, 133 (135).

287 OECD-Musterkommentar Art. 4 Tz. 11.

288 BFH Urteil v. 26.12.1998 – I R 40/97, BStBl. II 1999, 207 (208).

eine Wohnung oder sogar bloß ein möbliertes Zimmer handeln.[289] Früher wurde vom BFH verlangt, dass die Wohnstätte „dem Steuerpflichtigen nach Größe und Ausstattung ein seinen Lebensverhältnissen entsprechendes Heim“[290] bieten muss. Dieses Erfordernis wurde aber mit Hinweis auf den OECD-Musterkommentar zu Recht aufgegeben.[291] Denn dort wird in Tz. 13 von jeder Form einer Wohnstätte gesprochen und eben keine derartige Voraussetzung für das Bestehen der Wohnstätte genannt.[292] Die in den beiden Originalfassungen des Musterabkommens verwendeten Ausdrücke „home“ und „foyer d'habitation“, die im Sinne von Heim, Zuhause, oder Familienheim zu verstehen sind, zeigen zudem, dass eine persönliche Bindung zu den Räumlichkeiten bestehen muss.[293]

Deshalb wird teilweise vertreten, es müsse sich um das Zentrum des eigenen häuslichen Lebens oder das Zentrum der persönlichen Lebensinteressen handeln, wobei der Begriff Zentrum lediglich eine materielle Wertung darstellen soll, die die ständige Wohnstätte vom bloßen Wohnsitz abhebe.[294] Das überzeugt nicht, da es dem gewöhnlichen Sprachverständnis entsprechend im Regelfall ein Zentrum gibt. Der Art. 4 II lit. a OECD-MA sieht aber vor, dass es auch Fälle mit zwei ständigen Wohnstätten gibt.[295] Dabei müsste es dann aber zwei „Zentren des eigenen häuslichen Lebens“ geben. Zu beachten ist außerdem, dass nach der Systematik des Art. 4 II lit. a OECD-MA eine Wohnstätte eben auch dort liegen kann, wo nicht der Mittelpunkt der Lebensinteressen ist.[296]

Es ist unklar, wodurch sich das Zentrum des eigenen häuslichen Lebens und der Mittelpunkt der Lebensinteressen unterscheiden soll. Regelmäßig wird sich das Zentrum des eigenen häuslichen Lebens einer Person, die in zwei Ländern einen Wohnsitz hat, nur in einem der Beiden befinden.[297] Es kann also Überschneidungen zwischen den Begriffen „ständige Wohnstätte“ und „Mittelpunkt der Lebensinteressen“ geben, die nach einer Ansicht nicht schädlich sind.[298] Nach anderer Ansicht

---

289 OECD-Musterkommentar Art. 4 Tz. 13.

290 BFH Urteil v. 23.10.1985 – I R 274/82, BStBl. II 1986, 133 (133).

291 Vgl. BFH Urteil v. 16.12.1998 – I R 40/97, BStBl. II 1999, 207 (208); vgl. folgende Urteile wie BFH Urteil v. 05.06.2007 – I R 22/06, BStBl. II 2007, 812 (813 f.).

292 OECD-Musterkommentar Art. 4 Tz. 13, „any form of home“ im englischen Text.

293 *Lehner*, in: Vogel/Lehner, DBA, 6. Auflage 2015, Art. 4 OECD-MA Rn. 180a; ebenso *Mamut*, Die ständige Wohnstätte als nach Art. 4 Abs. 2 OECD-MA, in: Lang/Schuch, Die Ansässigkeit im Recht der Doppelbesteuerungsabkommen, 2008, S. 147 f.

294 *Wassermeyer/Kaeser*, in: Debatin/Wassermeyer, DBA, Art. 4 MA Rn. 55.

295 BFH Urteil v. 16.12.1998 – I R 40/97, BStBl. II 1999, 207 (209); ebenso *Frotscher*, in: Haase, AStG/DBA, 2. Auflage 2012, Kapitel II Art. 4 MA Rn. 90.

296 *Wassermeyer/Kaeser*, in: Debatin/Wassermeyer, DBA, Art. 4 MA Rn. 55; ebenso; ebenso BFH Urteil v. 16.12.1998 – I R 40/97, BStBl. II 1999, 207 (209); ebenso BFH Urteil v. 05.06.2007 – I R 22/06, BStBl. II 2007, 812 (813).

297 *Wassermeyer/Kaeser*, in: Debatin/Wassermeyer, DBA, Art. 4 MA Rn. 57.

298 *Lehner*, in: Vogel/Lehner, DBA, 6. Auflage 2015, Art. 4 OECD-MA Rn. 180a, 190; ebenso *Mamutin*: Lang/Schuch/Staringer, Die Ansässigkeit im Recht der Doppelbesteuerungsabkommen, 2008, S. 147 f.

ergibt sich jedoch aus der historischen Auslegung des Art. 4 OECD-MA, dass keine derartigen Anforderungen gestellt werden dürfen.[299] Vor allem wäre ansonsten das getrennt davon später zu prüfende Kriterium des „Mittelpunkts der Lebensinteressen" weitgehend obsolet.[300]

Richtigerweise ist strikt zwischen den beiden Merkmalen „ständige Wohnstätte" und „Mittelpunkt der Lebensinteressen" zu trennen.[301] Es ist nicht sinnvoll, im Rahmen der Prüfung des Merkmals der „ständigen Wohnstätte" bereits Aspekte zu prüfen, die erst bei einem späteren Merkmal relevant sind.[302] Für das Vorhandensein einer ständigen Wohnstätte ist demzufolge nicht erforderlich, dass es sich hierbei um das Zentrum des eigenen häuslichen Lebens oder das Zentrum der persönlichen Lebensinteressen handelt.[303]

Der Begriff ständige Wohnstätte enthält eine zeitliche Komponente. Teilweise wird hierzu vertreten, dass die Räumlichkeit durch den Betreffenden tatsächlich ständig genutzt werden muss.[304] Der Begriff „ständig" knüpft demzufolge an die tatsächliche Nutzung der Wohnung an.[305] Nach anderer Ansicht bezieht sich das Merkmal der Ständigkeit lediglich auf das „zur Verfügung Stehen der Wohnung" und nicht auf die tatsächliche Verwendung dieser Wohnung.[306] Gegen die erstgenannte Ansicht spricht, dass es bei dem Erfordernis einer ständigen tatsächlichen Nutzung im Zweifel immer nur eine ständige Wohnstätte geben kann, da sich der Betreffende nicht dauerhaft an mehreren Orten gleichzeitig aufhalten kann.[307] Aus Art. 4 II lit. a HS 2 OECD-MA folgt jedoch, dass es Fälle mit mehreren ständigen Wohnstätten geben muss.[308] Für das Merkmal der Ständigkeit reicht es folglich aus, dass der Steuerpflichtige dauerhaft über die Wohnstätte verfügen kann, er muss die Räume nicht tatsächlich ununterbrochen verwenden.[309]

Abzustellen ist auf die beabsichtigte Verwendungsdauer.[310] Ab welcher geplanten Aufenthaltsdauer im Detail von einer ständigen Wohnstätte ausgegangen werden kann, ist umstritten. Teilweise wird vertreten, ein auf maximal ein Jahr befristeter Aufenthalt könne keine ständige Wohnstätte begründen.[311] Es wird dabei

---

299 *Pohl*, in: Schönfeld/Ditz, DBA, 1. Auflage 2013, Art. 4 Rn. 66.
300 *Pohl*, in: Schönfeld/Ditz, DBA, 1. Auflage 2013, Art. 4 Rn. 66.
301 *Wassermeyer/Kaeser*, in: Debatin/Wassermeyer, DBA, Art. 4 MA Rn. 56.
302 Vgl. auch *Pohl*, in: Schönfeld/Ditz, DBA, 1. Auflage 2013, Art. 4 Rn. 66.
303 *Pohl*, in: Schönfeld/Ditz, DBA, 1. Auflage 2013, Art. 4 Rn. 66.
304 *Wilke*, in: Gosch/Kroppen/Grotherr, DBA, Art. 4 MA Rn. 44.
305 *Wilke*, in: Gosch/Kroppen/Grotherr, DBA, Art. 4 MA Rn. 44.
306 *Wassermeyer/Kaeser*, in: Debatin/Wassermeyer, DBA, Art. 4 MA Rn. 55; vgl. wohl auch *Frotscher*, in: Haase, AStG/DBA, 2. Auflage 2012, Kapitel II Art. 4 MA Rn. 90.
307 *Frotscher*, in: Haase, AStG/DBA, 2. Auflage 2012, Kapitel II Art. 4 MA Rn. 90.
308 *Frotscher*, in: Haase, AStG/DBA, 2. Auflage 2012, Kapitel II Art. 4 MA Rn. 90; vgl. auch *Pohl*, in: Schönfeld/Ditz, DBA, 1. Auflage 2013, Art. 4 Rn. 70.
309 *Wassermeyer/Kaeser*, in: Debatin/Wassermeyer, DBA, Art. 4 MA Rn. 55.
310 *Wassermeyer/Kaeser*, in: Debatin/Wassermeyer, DBA, Art. 4 MA Rn. 59.
311 Vgl. FG Köln Urteil v. 11.08.1982 – VIII 391/97 E, in EFG 1983, 108 (108 f.).

auf die in Art. 5 III OECD-MA genannte Jahresfrist Bezug genommen. Indes stellt Art. 5 III OECD-MA eine Sonderregelung für Bauausführungen und Montagen dar.[312] Eine Wohnung ist aber im Gegensatz zu einer Bauausführung oder Montage eine Einrichtung, die im Allgemeinen eine intensivere Bindung zu einem Vertragsstaat begründet, weshalb hier eine deutlich kürzere Zeitspanne als bei der Sonderregelung für Montagen angemessen erscheint.[313]

Nach anderer Ansicht ist angelehnt an § 9 AO eine Anwesenheit von mehr als sechs Monaten bereits als erhebliches Merkmal für eine ständige Wohnstätte anzusehen.[314] Die Orientierung an § 9 AO, einer nationalen Regelung für den gewöhnlichen Aufenthalt, zur Auslegung eines abkommensrechtlichen Begriffs, ist aufgrund der autonomen Auslegung der Abkommensbegriffe in Art. 4 II OECD-MA ebenso abzulehnen.[315] Korrekterweise gibt es hier keine feste Frist, sondern es sind jeweils die Umstände des Einzelfalls zu betrachten und anhand dessen muss bewertet werden, ob der Aufenthalt als nur vorübergehend oder dauerhaft einzuordnen ist.[316]

„Verfügen" ist wiederum so zu verstehen, dass jemand die Möglichkeit haben muss, die besagten Räumlichkeiten als Wohnstätte zu nutzen und er sie auch tatsächlich zum Wohnen gebraucht.[317] Der Betreffende muss nicht Eigentümer der Räume sein, es genügt auch, wenn er nur Mieter eines zum Beispiel möblierten Zimmers ist.[318] Es wird vom Bundesfinanzhof eine Räumlichkeit verlangt, die vom Betreffenden „auf Grund einer langfristigen Rechtsposition ständig genutzt werden kann"[319]. Dagegen spricht aber, dass jemand in Räumlichkeiten für lange Zeit wohnen kann, ohne darüber im rechtlichen Sinne verfügen zu können. Beispielsweise könnte jemand im Einzelfall für viele Jahre bei Verwandten ohne Mietvertrag oder sonstige Vereinbarung wohnen. Es wäre nicht sachgerecht, bei solchen Personen die ständige Wohnstätte aufgrund rein rechtlicher Aspekte abzulehnen.

Folglich ist keine rechtliche Verfügungsbefugnis über die Räume vonnöten, es genügt die einfache tatsächliche Verfügungsmacht.[320] Um diese Verfügungsmacht

---

312 *Wassermeyer/Kaeser*, in: Debatin/Wassermeyer, DBA, Art. 4 MA Rn. 59.

313 *Wassermeyer/Kaeser*, in: Debatin/Wassermeyer, DBA, Art. 4 MA Rn. 59.

314 BFH Urteil v. 23.10.1985 – I R 274/82, BStBl. II 1986, 133 (135).

315 Im Ergebnis gleich: *Wassermeyer/Kaeser*, in: Debatin/Wassermeyer, DBA, Art. 4 MA Rn. 59.

316 *Wassermeyer/Kaeser*, in: Debatin/Wassermeyer, DBA, Art. 4 MA Rn. 59; ebenso BFH Urteil v. 05.06.2007 – I R 22/06, BStBl. II 2007, 812 ff.; ebenso *Frotscher*, in: Haase, AStG/DBA, 2. Auflage 2012, Kapitel II Art. 4 MA Rn. 90.

317 BFH Urteil v. 16.12.1998 – I R 40/97, BStBl. II 1999, 207 (208); vgl. ebenso *Frotscher*, in: Haase, AStG/DBA, 2. Auflage 2012, Kapitel II Art. 4 MA Rn. 91; *Pohl*, in: Schönfeld/Ditz, DBA, 1. Auflage 2013, Art. 4 Rn. 73.

318 Siehe Beispiele in OECD-Musterkommentar Art. 4 Tz. 14.

319 BFH Urteil v. 05.06.2007 – I R 22/06, BStBl. II 2007, 812 (813).

320 RFH RStBl. 1934, 341 (342); ebenso *Lehner*, in: Vogel/Lehner, DBA, 6. Auflage 2015, Art. 4 OECD-MA Rn. 182; ebenso *Wassermeyer/Kaeser*, in: Debatin/Wassermeyer, DBA, Art. 4 MA Rn. 60.

über die Wohnung nun tatsächlich auszuüben, ist es nicht erforderlich, dass der Betreffende sich selbst ununterbrochen in den Räumlichkeiten aufhält.[321] Bei dem Sonderfall einer Hausbesetzung ist fraglich, ob hier die tatsächliche Verfügungsmacht allein ausreicht. Wenn diese Besetzung jedenfalls über einen längeren Zeitraum „geduldet" wird, so verfügt auch der „Hausbesetzer" über die Wohnstätte im Sinne des Art. 4 II lit. a HS 1 OECD-MA.[322]

Was nun die tatsächliche Nutzung der Räumlichkeiten betrifft, so müssen diese nach einer Ansicht nicht zumindest in einem gewissen Umfang tatsächlich genutzt werden.[323] Das ständige zur Verfügung Stehen zur Benutzung reicht für den Gesichtspunkt der Ständigkeit aus.[324] Die Rechtsprechung geht jedoch nur von einer „ständigen" Wohnstätte aus, „wenn sie nach Art und Intensität ihrer Nutzung eine nicht nur hin und wieder aufgesuchte, sondern in den allgemeinen Lebensrhythmus des Steuerpflichtigen einbezogene Anlaufstelle darstellt"[325]. Eine entsprechende, ausreichende, tatsächliche Nutzung der Wohnstätte wird somit von der Rechtsprechung für erforderlich gehalten.

Dem ist auch zuzustimmen. Es kann für die Bejahung einer ständigen Wohnstätte nicht ausreichen, wenn eine Wohnung einer Person nur ständig zur Verfügung steht, sie diese aber faktisch niemals benützt. Auch der Musterkommentar führt aus, dass die Räume zur dauerhaften Nutzung[326] bestimmt sein müssen, woraus sich ergibt, dass diese auch tatsächlich „dauerhaft" genutzt werden müssen. Was nun das erforderliche Maß an tatsächlicher Nutzung betrifft, so hängt dies vom Einzelfall ab. Die oben genannte Auslegung der Rechtsprechung ist offen genug formuliert. Letztlich greifen die unterschiedlichen Aspekte für die Ständigkeit ineinander, weshalb für die Bewertung im Einzelfall sämtliche oben ausgeführten Punkte in einer Gesamtschau betrachtet werden müssen.[327]

Zur Veranschaulichung kann folgendes Beispiel genannt werden: Wenn ein Zimmer dauerhaft angemietet wird, aber nur selten für beruflich veranlasste Übernachtungen verwendet wird, so genanntes „Stand-by-Zimmer", so kann dies unproblematisch einen Wohnsitz nach § 8 AO darstellen.[328] Von einer ständigen

---

321 RFH RStBl. 1934, 341 (342).

322 *Wassermeyer/Kaeser*, in: Debatin/Wassermeyer, DBA, Art. 4 MA Rn. 58.

323 *Wassermeyer/Kaeser*, in: Debatin/Wassermeyer, DBA, Art. 4 MA Rn. 58 mit Verweis auf BFH Urteil v. 05.06.2007 – I R 22/06, BStBl. II 2007, 812 (813).

324 *Mamut*, in: Lang/Schuch/Staringer, Die Ansässigkeit im Recht der Doppelbesteuerungsabkommen, 1999, S. 139 (149), wobei dies auf S. 154 widersprüchlich relativiert wird. Zunächst wird ein Mindestmaß an Nutzung abgelehnt, im nächsten Satz wird aber eine gewisse Regelmäßigkeit der Benutzung verlangt.

325 Leitsatz BFH Urteil v. 05.06.2007 – I R 22/06, BStBl. II 2007, 812 (812).

326 „permanent use", siehe Art. 4 Tz. 12 OECD-Musterkommentar.

327 *Mamut*, in: Lang/Schuch/Staringer, Die Ansässigkeit im Recht der Doppelbesteuerungsabkommen, 1999, S. 139 (149).

328 Siehe FG Hamburg, Urteil v. 10.07.2008 – 6 K 56/06, zu finden in juris; siehe ebenso BFH Urteil v. 10.04.2013 – I R 50/12, zu finden in juris.

Wohnstätte kann aber nur ausgegangen werden, wenn diese „seltenen beruflich veranlassten Übernachtungen" auch so regelmäßig stattfinden, dass man von einer Einbindung in den allgemeinen Lebensrhythmus der Person ausgehen kann. Dies wird wohl noch zu bejahen sein, wenn er jede Woche einmal dort übernachtet. Es ist aber zu verneinen, wenn er nur einmal pro Monat darin verweilt.[329]

2. Mittelpunkt der Lebensinteressen

Gelangt man zu dem Ergebnis, dass die steuerpflichtige Person in beiden Ländern jeweils eine ständige Wohnstätte hat, ist das nächste in Art. 4 II lit. a HS 2 OECD-MA genannte Kriterium zur Abgrenzung anzuwenden.[330] Es muss sodann festgestellt werden, zu welchem Staat der Steuerpflichtige die engeren persönlichen und wirtschaftlichen Beziehungen unterhält. Dieser Ort wird vom Musterabkommen als Mittelpunkt der Lebensinteressen[331] des Betreffenden bezeichnet. Zu klären ist demnach, in welchem Staat die Person ihren Mittelpunkt der Lebensinteressen hat. Der Begriff ist ebenso (abkommens-)autonom auszulegen wie die ständige Wohnstätte. Um in Erfahrung zu bringen, wo sich der Mittelpunkt befindet, muss mittels der tatsächlichen Verhältnisse geklärt werden, zu welchem der beiden Staaten die engeren Bindungen bestehen.[332] Die Bewertung hat somit nur an objektiven Kriterien zu erfolgen.[333]

Zunächst ist zu klären, wie der Gesichtspunkt der tatsächlichen wirtschaftlichen Beziehungen zu bewerten ist. „Wirtschaftliche Beziehungen bestehen vor allem zu örtlich gebundenen Tätigkeiten, Einnahmequellen und Vermögensgegenständen".[334] Jegliche Arten von Einkommen sind folglich für die Bewertung relevant, womit sich auch aus der bloßen Verwaltung von Vermögen eine wirtschaftliche Beziehung ergeben kann.[335] Die jeweilige Einnahmequelle muss keine regelmäßige sein und es genügt hier auch schon die Absicht, künftig an einem Ort eine berufliche Tätigkeit auszuüben.[336]

Der Musterkommentar nennt als Beispiele den Ort der Geschäftstätigkeit oder den Ort, von dem aus die Person ihr Vermögen verwaltet.[337] Demzufolge ist nach

329 Beispiel aus *Wassermeyer/Kaeser*, in: Debatin/Wassermeyer, DBA, Art. 4 MA Rn. 63.

330 Siehe Art. 4 Tz. 15 OECD-Musterkommentar.

331 Begriff nach der vom BMF veröffentlichten Übersetzung des OECD-MA 2003, BStBl I 2004, 286 ; im englischen Text „centre of vital interests"; im französischen Text „centre des intérêts vitaux".

332 Siehe Art. 4 Tz. 15 OECD-Musterkommentar.

333 BFH Urteil v. 31.10.1990 – I R 24/89, BStBl. II 1991, 562 (563).

334 BFH Urteil v. 31.10.1990 – I R 24/89, BStBl. II 1991, 562 (563).

335 *Frotscher*, in: Haase, AStG/DBA, 2. Auflage 2012, Kapitel II Art. 4 MA Rn. 98.

336 *Wassermeyer/Kaeser*, in: Debatin/Wassermeyer, DBA, Art. 4 MA Rn. 70 mit Verweis auf BFH Urteil v. 31.10.1990 – I R 24/89, BStBl. II 1991, 562 (563).

337 Siehe Art. 4 Tz. 15 OECD-Musterkommentar.

einer Ansicht bei der Vermögensverwaltung nicht die Belegenheit des Vermögens entscheidend, sondern nur der Ort der Verwaltung des Vermögens.[338] Andere wiederum lassen es vom Einzelfall abhängen, ob beim Vermögen die Belegenheit oder der Ort der Verwaltung entscheidend ist.[339] Es komme im Einzelfall auf die wirtschaftliche Intensität der Vermögensverwaltung an.[340] Diese Ansicht mag vielleicht auf den ersten Blick dem Wortlaut des Musterkommentars widersprechen, sie ist aber überzeugender. Wenn der Verwaltungsort und Belegenheitsort auseinanderfallen und jemand großes Grundvermögen in einem Land hat bei äußerst geringem Verwaltungsaufwand, so muss auch der Ort der Belegenheit bei der Gesamtbetrachtung der wirtschaftlichen Beziehungen Gewicht haben.[341] Im Musterkommentar[342] werden zudem nur beispielhaft Gesichtspunkte genannt. Die Nennung der einzelnen Punkte ist keineswegs abschließend, was sich aus dem Wort „etc." am Ende der Aufzählung ergibt. Der Ort der Belegenheit ist somit ebenfalls zu berücksichtigen und kann auch im Einzelfall wichtiger sein.

Bedeutsam ist jeweils immer die Intensität der beruflichen oder rein vermögensverwaltenden Tätigkeit.[343] Der beruflich bedingte Aufenthalt in dem einen oder anderen Land spielt ebenso eine große Rolle.[344] Es kann grundsätzlich auch von der Höhe der Einnahmen aus einer Tätigkeit auf deren Bedeutung für den Steuerpflichtigen geschlossen werden.[345] Wenn in beiden Staaten Einkünftequellen vorhanden sind und beide die Anwesenheit des Steuerpflichtigen in gleichem Umfang erfordern, so kann für die Entscheidung die Höhe der Einkünfte in den jeweiligen Staaten maßgeblich sein.[346]

338 *Kaminski/Strunk*, IStR 2007, 189 (191), insoweit Kritik an der Entscheidung FG Köln Urteil v. 07.06.2006 – 10 K 6348/02, in EFG 2006, 1490; vgl. ebenso *Stürzlinger*, in: Lang/Schuch/Staringer, Die Ansässigkeit im Recht der Doppelbesteuerungsabkommen, 2008, S. 157 (168 f.).

339 *Wassermeyer/Kaeser*, in: Debatin/Wassermeyer, DBA, Art. 4 MA Rn. 70.

340 *Wassermeyer/Kaeser*, in: Debatin/Wassermeyer, DBA, Art. 4 MA Rn. 70.

341 So im Ergebnis auch: *Pohl*, in: Schönfeld/Ditz, DBA, 1. Auflage 2013, Art. 4 Rn. 78; ebenso *Wassermeyer/Kaeser*, in: Debatin/Wassermeyer, DBA, Art. 4 MA Rn. 70; ebenso *Frotscher*, in: Haase, AStG/DBA, 2. Auflage 2012, Kapitel II Art. 4 MA Rn. 98.

342 Art. 4 Tz. 15 OECD-Musterkommentar.

343 *Frotscher*, in: Haase, AStG/DBA, 2. Auflage 2012, Kapitel II Art. 4 MA Rn. 98.

344 *Stürzlinger*, in: Lang/Schuch/Staringer, Die Ansässigkeit im Recht der Doppelbesteuerungsabkommen, 1999, S. 157 (168); *Lehner*, in: Vogel/Lehner, DBA, 6. Auflage 2015, Art. 4 OECD-MA Rn. 194 stellt auf die Wohnstätte ab, von der aus der Betreffende regelmäßig seiner täglichen Arbeit nachgeht (ebenso Aufenthalt).

345 *Frotscher*, in: Haase, AStG/DBA, 2. Auflage 2012, Kapitel II Art. 4 MA Rn. 98; ebenso *Wassermeyer/Kaeser*, in: Debatin/Wassermeyer, DBA, Art. 4 MA Rn. 70.

346 Österreichischer VwGH Urteil v. 26.07.2000 – 95/14/0145, in VwSlg. 7526 F/2000; zitiert von *Stürzlinger*, in: Lang/Schuch/Staringer, Die Ansässigkeit im Recht der Doppelbesteuerungsabkommen, S. 157 (169).

Was nun die persönlichen Beziehungen betrifft, so zählt hierzu die gesamte private Lebensführung.[347] Darunter fallen familiäre, gesellschaftliche, politische und kulturelle Beziehungen.[348] Die Mitgliedschaft oder Betätigung in Vereinen oder auch in politischen Parteien gehört also beispielsweise zu den persönlichen Beziehungen.[349] Wichtig sind vor allem die familiären Bindungen des Steuerpflichtigen.[350] Deshalb kann die Ausübung von Ehrenämtern für den Betreffenden sehr wichtig sein, die Ansässigkeit der Familie ist aber wesentlich wichtiger.[351] Die Qualität der Wohnunterkunft ist ebenso relevant.[352] Ein Hotel, das regelmäßig nur als vorübergehende Unterkunft dienen soll, muss folglich gegenüber der Familienwohnung zurücktreten.[353]

Wenn zum Beispiel eine Person, die für längere Zeit eine Wohnstätte in einem Land hat, in einem zweiten Land eine weitere begründet, die alte Wohnstätte, an der dessen Familie lebt und auch die Besitztümer zu finden sind, aber beibehält, so kann dies bei Berücksichtigung weiterer Gesichtspunkte darauf hindeuten, dass der Mittelpunkt der Lebensinteressen nach wie vor im ersten Land geblieben ist.[354]

Was nun das grundsätzliche Verhältnis zwischen den wirtschaftlichen und persönlichen Verhältnissen betrifft, so legt der Musterkommentar fest, dass eine Gesamtbetrachtung der Umstände stattzufinden hat, wobei die persönlichen Verhältnisse offensichtlich erhöhte Bedeutung haben.[355] Daraus ergibt sich, dass bei der Gesamtbetrachtung aller Gesichtspunkte die persönlichen Beziehungen von größter Bedeutung sind, aber die persönlichen Verhältnisse stehen nicht generell über den wirtschaftlichen Verhältnissen.[356] Wenn zu einem Staat die engeren persönlichen Beziehungen, zum anderen Staat aber die engeren wirtschaftlichen Beziehungen

347 BFH Urteil v. 31.10.1990 – I R 24/89, BStBl. II 1991, 562 (563).

348 BFH Urteil v. 31.10.1990 – I R 24/89, BStBl. II 1991, 562 (563); Aufzählung ebenso bei Art. 4 Tz. 15 OECD-Musterkommentar, *Lehner*, in: Vogel/Lehner, DBA, 6. Auflage 2015, Art. 4 OECD-MA Rn. 170.

349 *Wilke*, in: Gosch/Kroppen/Grotherr, DBA, Art. 4 MA Rn. 49.

350 *Wassermeyer/Kaeser*, in: Debatin/Wassermeyer, DBA, Art. 4 MA Rn. 69 mit Verweis auf Art. 4 Tz. 15 OECD-Musterkommentar.

351 *Wassermeyer/Kaeser*, in: Debatin/Wassermeyer, DBA, Art. 4 MA Rn. 69.

352 *Wilke*, in: Gosch/Kroppen/Grotherr, DBA, Art. 4 MA Rn. 50.

353 BFH Urteil v. 31.10.1990 – I R 24/89, BStBl. II 1991, 562 (563).

354 Beispiel aus Art. 4 Tz. 15 OECD-Musterkommentar.

355 Art. 4 Tz. 15 OECD-Musterkommentar, im englischen Original „it is nevertheless obvious that considerations based on the personal acts of the individual must receive special attention“.

356 *Wassermeyer/Kaeser*, in: Debatin/Wassermeyer, DBA, Art. 4 MA Rn. 71; ebenso *Pohl*, in: Schönfeld/Ditz, DBA, 1. Auflage 2013, Art. 4 Rn. 79; offen gelassen bei BGH Urteil v. 31.10.1990 – I R 24/89, BStBl. II 1991, 562 (563); a.A. ständige Rechtsprechung Österreichischer VwGH, zuletzt Urteil v. 19.03.2002 – 98/14/0026, zu finden in RIS Bundeskanzleramt; zitiert von *Stürzlinger*, in: Lang/Schuch/Staringer, Die Ansässigkeit im Recht der Doppelbesteuerungsabkommen, S. 157 (162 ff., 169 f.).

bestehen, so muss eruiert werden, welcher der beiden Orte für den Betreffenden der Bedeutungsvollere ist.[357]

Es darf also nicht in solchen Fällen immer pauschal der Ort mit den stärkeren persönlichen Beziehungen gewählt werden. Stattdessen ist anhand einer zusammenfassenden Wertung festzustellen, in welchem der beiden Staaten der Schwerpunkt sowohl der wirtschaftlichen als auch der persönlichen Interessen des Steuerpflichtigen liegt.[358] Hierbei kann auch die Aufenthaltszeit in den jeweiligen ständigen Wohnstätten als ein Bewertungspunkt angesehen werden.[359] Wenn aber von vornherein nur ein vorübergehender Aufenthalt von maximal zwei Jahren in einem anderen Land geplant ist, so verlagert sich der Lebensmittelpunkt im Regelfall nicht in das andere Land.[360] Sofern der Mittelpunkt der Lebensinteressen nicht bestimmt werden kann, weil die Beziehungen zu beiden Staaten gleichwertig sind, so ist das nächste Kriterium, der gewöhnliche Aufenthalt, zur Bestimmung der Ansässigkeit heranzuziehen.

Ein anderer, in der Praxis wohl eher selten auftretender Fall ist, wenn sich der Mittelpunkt der Lebensinteressen in einem Drittstaat befindet. Folgender Fall veranschaulicht die Situation: Der Steuerpflichtige hält sich sowohl in Staat A als auch in Staat B für begrenzte Zeit auf und dies nur aus beruflichen Gründen (im Staat A 4 Tage, im Staat B 8 Tage pro Monat) und hat an beiden Orten einen Wohnsitz. Den Rest der Zeit verbringt er im Haus mit seiner Familie im Staat C, wo er ebenso beruflich tätig ist. Es kann folglich davon ausgegangen werden, dass zu Staat A und B jeweils gewisse wirtschaftliche Beziehungen und keinerlei persönliche Beziehungen bestehen. Es muss im Beispiel davon ausgegangen werden, dass sich in beiden Staaten jeweils eine ständige Wohnstätte befindet. Zu Staat C bestehen sowohl wirtschaftliche als auch gewichtige persönliche Beziehungen. In Land C ist also der für den Betreffenden „bedeutungsvollere Ort“, womit der Mittelpunkt der Lebensinteressen unumstritten dort liegt. Fraglich ist nun aber, wie im Doppelbesteuerungsabkommen zwischen A und B der Mittelpunkt der Lebensinteressen bestimmt werden kann.

---

357 BFH Urteil v. 23.07.1971 – III R 60/70, BStBl. II 1971, 758 (759); BFH Urteil v. 31.10.1990 – I R 24/89, BStBl. II 1991, 562 (563); ebenso *Lehner*, in: Vogel/Lehner, DBA, 6. Auflage 2015, Art. 4 OECD-MA Rn. 195.

358 *Stürzlinger*, in: Lang/Schuch/Staringer, Die Ansässigkeit im Recht der Doppelbesteuerungsabkommen, S. 157 (170); vgl. ebenso *Wassermeyer/Kaeser*, in: Debatin/Wassermeyer, DBA, Art. 4 MA Rn. 71.

359 *Lechner*, in: Gassner/Lang, Besteuerung und Bilanzierung international tätiger Unternehmen, 1. Auflage 1998, S. 251 ff. (262 Fn. 78), er zitiert hier die Rechtsprechung des österreichischen VwGH zu dem Begriff des Mittelpunkts der Lebensinteressen in nationalen Gesetzen, dem § 93 IV ZollG und zu § 2 VIII des Familienlastenausgleichsgesetzes.

360 *Stürzlinger*, in Lang/Schuch/Staringer, Die Ansässigkeit im Recht der Doppelbesteuerungsabkommen, S. 157 (171).

Zu klären ist, ob der Mittelpunkt im bilateralen Verhältnis oder insgesamt bestimmt werden muss. Jedenfalls im Hinblick auf das bilaterale Verhältnis kann immer nur ein Mittelpunkt der Lebensinteressen existieren.[361] Dafür spricht zum einen der Begriff[362], zum anderen der Wortlaut von Art. 4 II lit. b OECD-MA, dem nächsten Tie-Breaker-Kriterium. Darin wird nämlich nur die Möglichkeit genannt, dass der Mittelpunkt der Lebensinteressen nicht bestimmt werden kann, aber nicht die Konstellation, dass der Mittelpunkt sich in zwei Staaten befindet.[363] Der Begriff ist demzufolge eindeutig so auszulegen, dass sich im bilateralen Verhältnis bei zwei ständigen Wohnstätten der Mittelpunkt der Lebensinteressen nur in einem oder in keinem der beiden Länder befinden kann.

Der Wortlaut in den Originaltexten[364] zeigt, dass immer die Frage zu stellen ist, zu welchem der beiden Abkommensstaaten die engeren persönlichen und wirtschaftlichen Beziehungen bestehen, da nur von diesen Staaten im Art. 4 OECD-MA gesprochen wird.[365] Demzufolge muss geklärt werden, zu welchem der beiden jeweiligen Abkommensstaaten ein „relatives" Übergewicht der Beziehungen besteht.[366] Auch der Sinn und Zweck der Norm spricht eher für die „relative Prüfung", da die Norm ja im Verhältnis der beiden Abkommensstaaten untereinander und nicht im Verhältnis zu Drittstaaten die Frage der Ansässigkeit klären soll.[367] Drittstaaten spielen also nach richtiger Ansicht für die Betrachtung keine Rolle.

Für den obigen Fall bedeutet dies, dass für das Abkommen zwischen A und C sowie das Abkommen zwischen B und C der Mittelpunkt der Lebensinteressen in C liegt. Aber in Bezug auf das Abkommen zwischen A und B ist nur die Situation in diesen beiden Ländern („relativ") zu betrachten. Aufgrund des beruflich bedingten deutlich längeren Aufenthaltes im Land B ist, falls im Einzelfall keine anderen gewichtigen Gründe dagegen sprechen, der Mittelpunkt der Lebensinteressen dann im Land B anzunehmen. Wenn sich jedoch der Umfang der wirtschaftlichen Tätigkeit entgegen dem obigen Beispiel in Land A und B entsprechen würde, so könnte infolgedessen kein Mittelpunkt der Lebensinteressen bestimmt werden. Dann wäre das nächste Kriterium in Art. 4 II lit. b OECD-MA für die Ansässigkeitsbestimmung heranzuziehen.

---

361 *Stürzlinger*, in: Lang/Schuch/Staringer, Die Ansässigkeit im Recht der Doppelbesteuerungsabkommen, S. 157 (172).

362 Englischer Originaltext: „centre of vital interests"; französischer Originaltext: "centre des intérêts vitaux".

363 *Stürzlinger*, in: Lang/Schuch/Staringer, Die Ansässigkeit im Recht der Doppelbesteuerungsabkommen, S. 157 (172).

364 Englischer Originaltext: „State with which his personal and economic relations are closer"; französischer Originaltext: „l'État avec lequel ses liens personnels et économiques sont les plus étroits".

365 *Stürzlinger*, in: Lang/Schuch/Staringer, Die Ansässigkeit im Recht der Doppelbesteuerungsabkommen, S. 157 (173 f.).

366 *Beiser*, ÖStZ 1989, 241 (245).

367 *Pohl*, in: Schönfeld/Ditz, DBA, 1. Auflage 2013, Art. 4 Rn. 76.

Aber es darf hier keinesfalls außer Acht gelassen werden, dass sich genau auf diese Problematik auch die unten in **E.II** erläuterte „neue Auslegung" des Art. 4 I 2 OECD-MA auswirken würde. Die oben besprochene Problemlage würde sich nämlich gar nicht erst stellen, da in diesem Fall aufgrund von Art. 4 I 2 OECD-MA der Betreffende nur in C ansässig wäre, A oder B wären Nichtansässigkeitsstaaten.

Interessant ist, dass auch bei dem Mittelpunkt der Lebensinteressen, der nur anhand von objektiven Kriterien zu bestimmen ist, Gestaltungspotential vorhanden ist. Der Steuerpflichtige kann nämlich grundsätzlich seine persönlichen Verhältnisse, sofern es ihm persönlich oder beruflich möglich ist, so gestalten, dass der Mittelpunkt der Lebensinteressen am gewünschten Ort ist.[368] Er könnte prinzipiell mit seiner Familie bewusst auf längere Zeit in ein bestimmtes Land ziehen, um dorthin den Mittelpunkt seiner Lebensinteressen zu verlagern. Solch ein Vorgehen stellt keinen Gestaltungsmissbrauch i.S.d. § 42 AO dar.[369]

3. Gewöhnlicher Aufenthalt

Sofern bei einer Person der Mittelpunkt der Lebensinteressen nicht ermittelt werden kann oder die Person in keinem Staat eine ständige Wohnstätte hat, so richtet sich die Ansässigkeit gemäß Art. 4 II lit. b OECD-MA nach dem nächsten „Tie-Breaker"-Kriterium, dem gewöhnlichen Aufenthalt[370]. Auch dieser Begriff ist autonom aus dem jeweiligen Abkommen heraus auszulegen.[371] Ein Rückgriff auf § 9 AO über die Vorschrift des Art. 3 II OECD-MA wird teilweise bejaht, dann aber wieder deutlich eingeschränkt (§ 9 S. 2 AO gelte nicht, mehrere gewöhnliche Aufenthalte seien möglich).[372] Sinnvoller ist es, den Begriff „gewöhnlicher Aufenthalt" von Beginn an isoliert von § 9 AO autonom zu interpretieren, da es zu viele Unterschiede gibt.[373]

Der Musterkommentar unterscheidet zwischen den zwei verschiedenen Fällen des Art. 4 II lit. b HS 1 und HS 2 OECD-MA.[374] Falls eine Person in zwei Staaten eine ständige Wohnstätte hat, aber der Mittelpunkt der Lebensinteressen nicht bestimmt werden kann, so ist entscheidend, in welchem Land sich diese Person häufiger aufhält.[375] Dabei zählt nicht nur der Aufenthalt am Ort der ständigen

---

368 *Wassermeyer/Kaeser*, in: Debatin/Wassermeyer, DBA, Art. 4 MA Rn. 67.

369 *Wassermeyer/Kaeser*, in: Debatin/Wassermeyer, DBA, Art. 4 MA Rn. 67.

370 Englischer Originaltext: „the State, in which he has an habitual abode"; französischer Originaltext: „l'État où elle séjourne de façon habituelle".

371 *Wassermeyer/Kaeser*, in: Debatin/Wassermeyer, DBA, Art. 4 MA Rn. 74 mit Hinweis auf Art. 31 I WVK; ebenso *Lehner*, in: Vogel/Lehner, DBA, 6. Auflage 2015, Art. 4 OECD-MA Rn. 203.

372 *Wilke*, in: Gosch/Kroppen/Grotherr, DBA, Art. 4 MA Rn. 53.

373 BFH Urteil v. 10.07.1996 – I R 4/96, BStBl. II 1997, 15 (16); ebenso *Pohl*, in: Schönfeld/Ditz, DBA, 1. Auflage 2013, Art. 4 Rn. 83.

374 Art. 4 Tz. 16 OECD-Musterkommentar.

375 Art. 4 Tz. 17 OECD-Musterkommentar.

Wohnstätte, sondern jeglicher Aufenthalt in diesem Staat.[376] Auch bei der zweiten Konstellation, wenn in keinem der Staaten eine ständige Wohnstätte besteht, sind einfach jeweils sämtliche Aufenthalte in einem Staat zu addieren und gegenüberzustellen.[377]

Diesem Ansatz steht aber entgegen, dass mitunter der Fall existieren muss, dass eine Person in beiden oder in keinem der beiden Staaten einen gewöhnlichen Aufenthalt hat. Dies ergibt sich direkt aus Art. 4 II lit. c OECD-MA.[378] Daraus geht hervor, dass wohl generell Konstellationen vorgesehen sind, in denen der gewöhnliche Aufenthalt in beiden oder keinem der beiden Vertragsstaaten liegt. Wenn man davon ausgehen würde, dass die Aufenthaltstage einfach zu addieren und gegenüberzustellen wären, so käme man zu folgendem Ergebnis: Es würde nur äußerst selten der Fall auftreten, dass in beiden Ländern der gewöhnliche Aufenthalt liegt, nämlich nur wenn die Anzahl der Aufenthaltstage in beiden Ländern exakt gleich ist, was in der Praxis fast nie auftreten dürfte.[379] Im nationalen Recht ist grundsätzlich immer der Aufenthalt von mindestens einem Tag (eher deutlich mehr) im Jahr zur Bejahung eines Ansässigkeitsmerkmals erforderlich. Die Konstellation, dass in keinem der beiden Staaten der gewöhnliche Aufenthalt liegt, könnte somit eigentlich nicht vorkommen. Ein Tag würde ja rein hypothetisch schon zur Bejahung des gewöhnlichen Aufenthalts in einem Land ausreichen. Der Wortlaut und die Systematik von Art. 4 II lit. b, c OECD-MA sprechen somit gegen obige Auslegung.

Folglich kann der gewöhnliche Aufenthalt nicht nur durch relative Betrachtung der Anzahl der Aufenthaltstage in den beiden Vertragsstaaten ermittelt werden. Stattdessen muss auch die Qualität des jeweiligen Aufenthaltes, d.h. ob er als „gewöhnlicher" anzusehen ist, näher betrachtet werden.[380] Es ist allgemein zu ermitteln, wo der Steuerpflichtige normalerweise lebt.[381] Dabei ist ein Vergleich der Quantität und Qualität der Aufenthalte in den beiden Vertragsstaaten durchzuführen.[382] Ausschlaggebend sind hier sämtliche Aufenthalte, die der Verwirklichung der persönlichen oder wirtschaftlichen Beziehungen des Steuerpflichtigen dienen.[383] Der gewöhnliche Aufenthalt in einem Staat erfordert zum Beispiel nicht die dortige Übernachtung.[384]

---

376 Art. 4 Tz. 17 OECD-Musterkommentar.

377 Vgl. Art. 4 Tz. 18 OECD-Musterkommentar.

378 *Wassermeyer/Kaeser*, in: Debatin/Wassermeyer, DBA, Art. 4 MA Rn. 75; ebenso *Frotscher*, in: Haase, AStG/DBA, 2. Auflage 2012, Kapitel II Art. 4 MA Rn. 99; ebenso *Lederer*, RIW 1981, 463 (470).

379 Vgl. *Lederer*, RIW 1981, 463 (470); vgl. ebenso *Fölhs*, in: Lang/Schuch/Staringer, Die Ansässigkeit im Recht der Doppelbesteuerungsabkommen, 2008, S. 177 (185).

380 Vgl. *Wassermeyer/Kaeser*, in: Debatin/Wassermeyer, DBA, Art. 4 MA Rn. 75.

381 *Lehner*, in: Vogel/Lehner, DBA, 6. Auflage 2015, Art. 4 OECD-MA Rn. 204.

382 Vgl. *Wassermeyer/Kaeser*, in: Debatin/Wassermeyer, DBA, Art. 4 MA Rn. 75.

383 Vgl. *Lehner*, in: Vogel/Lehner, DBA, 6. Auflage 2015, Art. 4 OECD-MA Rn. 204.

384 BFH Urteil v. 10.07.1996 – I R 4/96, BStBl. II 1997, 15 (16).

Teilweise wird aus Tz. 13 des Musterkommentars herausgelesen, dass ihrem Anlass nach notwendigerweise nur kurzfristige Aufenthalte, wie Vergnügungs-, Geschäfts- oder Studienreisen oder Lehrgänge eher keinen gewöhnlichen Aufenthalt begründen könnten.[385] Der Musterkommentar treffe hier eine typisierende Aussage, welche dann im Einzelfall jeweils zu überprüfen sei.[386] Doch diese Ausführungen sind abzulehnen, da sich die Kommentierung in Tz. 13 auf die ständige Wohnstätte nach Art. 4 II lit. a OECD-MA bezieht und eben nicht auf den gewöhnlichen Aufenthalt im Sinne des Art. 4 II lit. b OECD-MA.[387] Auch bloße Erholungs- und ähnliche Aufenthalte können zur Begründung eines gewöhnlichen Aufenthalts führen.[388] Es ist wohl eine gewisse Mindestdauer des Aufenthalts nötig, damit dieser zu einem „gewöhnlichen“ wird, aber der Musterkommentar enthält hierzu keine konkreten Angaben.[389] Jedenfalls ist bei Unterbrechungen des Aufenthaltes jeweils zu prüfen, ob zwischen den Aufenthalten ein sachlicher Bezug besteht.[390] Das kann bejaht werden, wenn die Rückkehr auch immer wieder beabsichtigt wird.[391] Im Ergebnis existiert keine feste Mindestdauer.

Was nun die zu betrachtende Zeitspanne betrifft, so ordnet der Musterkommentar an, dass der für die Feststellung des gewöhnlichen Aufenthalts durchzuführende Vergleich „einen ausreichend langen Zeitraum erfassen“[392] muss. Genauer wird diese Zeitspanne durch den Musterkommentar nicht definiert. Indes beträgt dieser Zeitraum aus deutscher Sicht im Regelfall genau zwölf Monate (Veranlagungszeitraum nach § 25 I EStG).[393] Es ist aber bei jedem Aufenthalt auch zu überprüfen, ob er mit Aufenthalten vor oder nach dem Veranlagungszeitraum in Zusammenhang steht.[394] Aus diesem Zusammenhang kann sich im Einzelfall erst die „Gewöhnlichkeit“ ergeben.[395] In solchen Fällen beträgt der Betrachtungszeitraum dann mehr als zwölf Monate.

Daneben gibt es im Abkommen auch noch den Begriff des Aufhaltens in Art. 15 II lit. a und Art. 20 OECD-MA. Die englische Originalfassung des Musterabkommens zeigt schon anhand der Verwendung einer völlig unterschiedlichen Terminologie („present“ bei Art. 15, 20 OECD-MA anstelle von „habitual abode“ bei Art. 4 II lit. b OECD-MA), dass unter dem Begriff „Aufhalten“ an

385 *Wassermeyer/Kaeser*, in: Debatin/Wassermeyer, DBA, Art. 4 MA Rn. 76.
386 *Wassermeyer/Kaeser*, in: Debatin/Wassermeyer, DBA, Art. 4 MA Rn. 76.
387 Vgl. Argumentation bei *Fölhs*, in: Lang/Schuch/Staringer, Die Ansässigkeit im Recht der Doppelbesteuerungsabkommen, 2008, S. 177 (186 f.); vgl. auch *Lehner*, in: Vogel/Lehner, DBA, 6. Auflage 2015, Art. 4 OECD-MA Rn. 206.
388 *Lehner*, in: Vogel/Lehner, DBA, 6. Auflage 2015, Art. 4 OECD-MA Rn. 205.
389 Vgl. *Lehner*, in: Vogel/Lehner, DBA, 6. Auflage 2015, Art. 4 OECD-MA Rn. 206.
390 *Wassermeyer/Kaeser*, in: Debatin/Wassermeyer, DBA, Art. 4 MA Rn. 76.
391 *Wassermeyer/Kaeser*, in: Debatin/Wassermeyer, DBA, Art. 4 MA Rn. 76.
392 Art. 4 Tz. 19 OECD-Musterkommentar.
393 *Wilke*, in: Gosch/Kroppen/Grotherr, DBA, Art. 4 MA Rn. 56.
394 *Wassermeyer/Kaeser*, in: Debatin/Wassermeyer, DBA, Art. 4 MA Rn. 76.
395 *Wassermeyer/Kaeser*, in: Debatin/Wassermeyer, DBA, Art. 4 MA Rn. 76.

diesen Stellen etwas anderes zu verstehen ist.[396] Die Ausführungen bei Art. 15, 20 OECD-MA können somit zur Auslegung des „gewöhnlichen Aufenthalts" nicht herangezogen werden. Sie passen nicht.

Im Ergebnis ist eine relative Betrachtung der Aufenthalte in den jeweiligen Vertragsstaaten vorzunehmen. Dabei ist ihre Qualität, nicht nur die Dauer bedeutend. Die Situation in Drittländern (Beispiel: Staat C) ist für die Bewertung im Hinblick auf das Abkommen zwischen Staat A und B schon deshalb irrelevant, weil eine Person in mehreren Ländern einen gewöhnlichen Aufenthalt im Sinne des Art. 4 II lit. b OECD-MA haben kann.[397] Wenn der Betreffende in Staat C einen gewöhnlichen Aufenthalt hat, kann er genauso auch in Staat A oder B einen haben. Dabei darf der gewöhnliche Aufenthalt i.S.d. Art. 4 II lit. b OECD-MA keinesfalls mit dem ständigen Aufenthalt gemäß Art. 4 I 1 OECD-MA verwechselt werden. Unter dem ständigen Aufenthalt ist aufgrund der Bezugnahme auf das jeweilige nationale Recht (siehe **B.II.1**) der gewöhnlichen Aufenthalt i.S.d. § 9 AO zu verstehen. Im Deutschen ist die Terminologie hier unglücklicherweise identisch.

4. Staatsangehörigkeit

Wenn der Steuerpflichtige in beiden Staaten oder in keinem der beiden Vertragsstaaten einen gewöhnlichen Aufenthalt hat, so ist das nächste „Tie-Breaker"-Kriterium heranzuziehen. Es muss in Erfahrung gebracht werden, von welchem Staat die Person die Staatsangehörigkeit[398] besitzt. Das Abkommen definiert den Begriff der Staatsangehörigkeit für natürliche Personen in Art. 3 II lit. g (i). Unter dem Ausdruck „Staatsangehöriger" ist demnach eine Person zu verstehen, die die Staatsangehörigkeit oder die Staatsbürgerschaft des betreffenden Vertragsstaates besitzt.[399] Die beiden Bezeichnungen „Staatsangehörigkeit" und „Staatsbürgerschaft" haben den gleichen Sinngehalt.[400] Der Musterkommentar äußert sich zu dem Begriff nicht näher.[401] Die Staatsangehörigkeit beschreibt ein bestimmtes Rechtsverhältnis, einen Bezug zu einem Staat. Deshalb kann allein das jeweilige nationale Recht bestimmen,

---

396 *Fölhs*, in: Lang/Schuch/Staringer, Die Ansässigkeit im Recht der Doppelbesteuerungsabkommen, 2008, S. 177 (187 ff.)

397 *Wassermeyer/Kaeser*, in: Debatin/Wassermeyer, DBA, Art. 4 MA Rn. 75.

398 Begriff nach der vom BMF veröffentlichten Übersetzung des OECD-MA 2003, BStBl. I 2004, 286 ; im englischen Text „the State of which he is a national"; im französischen Text „l'État dont elle possède la nationalité".

398 Siehe Art. 4 Tz. 15 OECD-Musterkommentar

399 Begriffe nach der vom BMF veröffentlichten Übersetzung des OECD-MA 2003, BStBl. I 2004, 286 ; im englischen Text „any individual possessing the nationality or citizenship of that Contracting State"; im französischen Text „toute personne physique qui possède la nationalité ou la citoyenneté de cet État contractant".

400 *Dürrschmidt*, in: Vogel/Lehner, DBA, 6. Auflage 2015, Art. 3 OECD-MA Rn. 63.

401 Art. 4 Tz. 20 OECD-Musterkommentar.

ob ein derartiges Rechtsverhältnis zu dem Staat besteht oder eben nicht.[402] Das Musterabkommen legt dabei lediglich (autonom) fest, um welches Rechtsverhältnis es in Art. 4 II lit. c OECD-MA geht.[403] Das jeweilige nationale Recht bestimmt, ob es einer Person die Staatsangehörigkeit oder die Staatsbürgerschaft zuordnet oder nicht.

Als Konsequenz daraus können mitunter Konflikte vereinzelt nicht gelöst werden, wenn ein Land auf das ius-soli-Prinzip und das andere auf das ius-sanguinis-Prinzip abstellt.[404] Es ist hier einfach jeweils das nationale Staatsbürger- oder Staatsangehörigkeitsrecht zu prüfen. Wenn die Person von beiden Vertragsstaaten die Staatsangehörigkeit besitzt, führt das „Tie-Breaker"-Kriterium zu keinem Erfolg. Wenn aber der Betreffende in einem Vertragsstaat und daneben noch in einem Drittstaat (oder mehreren Drittstaaten) Staatsangehöriger ist, so schadet die zusätzliche Staatsangehörigkeit in einem Drittland nicht.[405] Die Abgrenzung gelingt gleichfalls nicht, wenn der Betreffende von keinem der Vertragsstaaten die Staatsangehörigkeit innehat.

5. Regelung im gegenseitigen Einvernehmen

Wenn auch das „Tie-Breaker"-Kriterium der Staatsangehörigkeit zu keinem Erfolg führt, so kommt die Regelung des Art. 4 II lit. d OECD-MA zum Tragen. Die zuständigen Behörden der Vertragsstaaten regeln demnach die Frage der Ansässigkeit im gegenseitigen Einvernehmen.[406] Das Verfahren wird nur durchgeführt, wenn nach Ansicht beider Staaten die Kriterien in Art. 4 II lit. a bis c OECD-MA zu keiner Bestimmung des Ansässigkeitsstaates führen.[407] Wenn sich aber die Vertragsstaaten über die Subsumtion unter die Kriterien (a bis c) uneinig sind, so kommt nur ein gewöhnliches Verständigungsverfahren nach Art. 25 OECD-MA in Betracht.[408] Im Rahmen des Verständigungsverfahrens nach Art. 4 II lit. d OECD-MA können für die Feststellung, zu welchem Staat der Betreffende den engeren Bezug hat (Ansässigkeitsstaat), auch andere Kriterien als die des Art. 4 II lit. a bis c OECD-MA verwendet werden.[409]

---

402 *Lehner*, in: Vogel/Lehner, DBA, 6. Auflage 2015, Art. 4 OECD-MA Rn. 208.

403 *Lehner*, in: Vogel/Lehner, DBA, 6. Auflage 2015, Art. 4 OECD-MA Rn. 208.

404 *Lederer*, RIW 1981, 463 (470).

405 *Frotscher*, in: Haase, AStG/DBA, 2. Auflage 2012, Kapitel II Art. 4 MA Rn. 101; vgl. ebenso *Wilke*, in: Gosch/Kroppen/Grotherr, DBA, Art. 4 MA Rn. 58; vgl. *Pohl*, in: Schönfeld/Ditz, DBA, 1. Auflage 2013, Art. 4 Rn. 93.

406 Begriff nach der vom BMF veröffentlichten Übersetzung des OECD-MA 2003, BStBl. I 2004, 286 ; im englischen Text „the competent authorities of the Contracting States shall settle the question by mutual agreement"; im französischen Text „les autorités compétentes des États contractants tranchent la question d'un commun accord".

407 *Lehner*, in: Vogel/Lehner, DBA, 6. Auflage 2015, Art. 4 OECD-MA Rn. 209; ebenso *Wassermeyer/Kaeser*, in: Debatin/Wassermeyer, DBA, Art. 4 MA Rn. 85.

408 *Lehner*, in: Vogel/Lehner, DBA, 6. Auflage 2015, Art. 4 OECD-MA Rn. 209; vgl. ebenso *Wassermeyer/Kaeser*, in: Debatin/Wassermeyer, DBA, Art. 4 MA Rn. 85.

409 *Lehner*, in: Vogel/Lehner, DBA, 6. Auflage 2015, Art. 4 OECD-MA Rn. 211.

Das Verfahren nach Art. 4 II lit. d OECD-MA stellt ebenso ein Verständigungsverfahren im Sinne des Art. 25 OECD-MA dar, aber es gelten gewichtige Unterschiede.[410] Zum einen geht es um die Einleitung des Verfahrens: Ein gewöhnliches Verständigungsverfahren nach Art. 25 OECD-MA kann nach einem Antrag des Steuerpflichtigen bei der nationalen Behörde gemäß Art. 25 I OECD-MA durch die Behörde eingeleitet werden. Die Behörde ist nach dem Abkommen verpflichtet zu prüfen, ob die jeweiligen Einwendungen des Betreffenden berechtigt sind.[411] Ist dies der Fall und eine Abhilfe durch die Behörde nicht möglich, so muss sich die jeweilige Behörde nach Art. 25 II OECD-MA „bemühen“, mit der jeweiligen Stelle des anderen Vertragsstaates eine Verständigung zu erzielen.[412]

Das Wort „bemühen“[413] wird von der Literatur und dem BFH dahingehend verstanden, dass die Behörde in Bezug auf die Entscheidung, ob das Verfahren eingeleitet wird, ein Ermessen hat.[414] Im Gegensatz dazu geht der Musterkommentar mit explizitem Hinweis auf den Wortlaut davon aus, dass in solchen Fällen eine Verpflichtung der Behörde besteht und diese infolgedessen kein Ermessen hat.[415] Der Wortlaut „bemühen“, welcher auch mit der Bedeutung im englischen und französischen Originaltext übereinstimmt, deutet eher auf ein Ermessen und keine generelle Pflicht der Behörde hin. Zur Statuierung einer Verpflichtung hätte es anders formuliert werden müssen. Im Gegensatz dazu sind bei dem Verständigungsverfahren nach Art. 4 II lit. d OECD-MA die Vertragsstaaten unstrittig zur Einleitung der Verständigung mit dem anderen Vertragsstaat verpflichtet.[416] Das Verfahren muss

---

410 *Wilke*, in: Gosch/Kroppen/Grotherr, DBA, Art. 4 MA Rn. 60 f.

411 *Lehner*, in: Vogel/Lehner, DBA, 6. Auflage 2015, Art. 25 OECD-MA Rn. 76.

412 *Lehner*, in: Vogel/Lehner, DBA, 6. Auflage 2015, Art. 25 OECD-MA Rn. 85 ff.

413 Begriff nach der vom BMF veröffentlichten Übersetzung des OECD-MA 2003, BStBl. I 2004, 286 ; im englischen Text „shall endeavour “; im französischen Text „s’efforce (...) de“.

414 *Lehner*, in: Vogel/Lehner, DBA, 6. Auflage 2015, Art. 25 OECD-MA Rn. 90; BFH Urteil v. 26.05.1982 – I R 16/78, BStBl. II 1982, 583 (586).

415 Art. 25 Tz. 33 OECD-Musterkommentar: „If however, it appears to that copetent authority that the taxation complained of is due wholly or in part to a measure taken in the other State, it will be incumbent on it, indeed it will be its duty – as clearly appears by the terms of paragraph 2 – to set in motion the mutual agreement procedure proper (...)“
Inoffizielle Übersetzung: „Ist die zuständige Behörde aber der Auffassung, dass die beanstandete Besteuerung ganz oder teilweise auf eine im anderen Staat getroffene Maßnahme zurückzuführen ist, so ist sie gehalten und – wie aus dem Wortlaut des Absatzes 2 eindeutig hervorgeht – sogar verpflichtet, das vorgesehene Verständigungsverfahren einzuleiten (...)“

416 *Lehner*, in: Vogel/Lehner, DBA, 6. Auflage 2015, Art. 4 OECD-MA Rn. 210; ebenso *Wilke*, in: Gosch/Kroppen/Grotherr, DBA, Art. 4 MA Rn. 61; ebenso *Wassermeyer/Kaeser*, in: Debatin/Wassermeyer, DBA, Art. 4 MA Rn. 84.

hier sogar von den Vertragsstaaten von Amts wegen eingeleitet werden, wenn der Betreffende keinen Antrag stellt.[417]

Zum anderen geht es um den Ausgang des Verfahrens: Bei einem gewöhnlichen Verständigungsverfahren nach Art. 25 OECD-MA besteht grundsätzlich keine Pflicht der Vertragsparteien, sich zu einigen.[418] Anders ist das bei einem Verfahren nach Art. 4 II lit. d OECD-MA. Hier müssen sich die Vertragsstaaten im Rahmen des Verfahrens auf einen Ansässigkeitsstaat einigen.[419] Teilweise wird aber davon ausgegangen, dass dieser Unterschied eher theoretischer Natur ist, da für den Fall der Nichteinigung keine direkten Entscheidungs- oder Sanktionsmechanismen festgelegt sind.[420]

Nicht vergessen werden darf, dass in Art. 25 OECD-MA im Jahr 2008 der neue Absatz 5 eingefügt wurde. Dieser sieht bei Verständigungsverfahren im Sinne des Art. 25 II OECD-MA ein mögliches Schiedsverfahren vor.[421] Wenn sich die Parteien nicht innerhalb von zwei Jahren ab Unterbreitung des Falles an die zuständige Behörde des anderen Vertragsstaats geeinigt haben, so werden die entsprechenden Fragen grundsätzlich im Rahmen eines Schiedsverfahrens geklärt. Die Frist beginnt also dann zu laufen, wenn entweder die Behörde des ersten Staates (bei der der Antrag gestellt wurde) der zuständigen Behörde des anderen Vertragsstaates den Fall unterbreitet oder wenn dies der Antragsteller selbst ebenso im anderen Vertragsstaat durchführt.[422] Dem Betreffenden ist also zu raten, im Sinne einer schnellen Entscheidung den Antrag gleich in beiden Staaten zu stellen. Die Regelung des Absatz 5 gilt natürlich nur für die Doppelbesteuerungsabkommen, die sie beinhalten.

Fraglich ist, ob dieses Verfahren nach Art. 25 V OECD-MA auch für Fälle des Art. 4 II lit. d OECD-MA angewendet werden kann, wenn die Parteien sich entgegen ihrer Pflicht nicht einigen. Der Musterkommentar ordnet an, dass diese Fälle der Nichterreichung einer Einigung unter Art. 25 I OECD-MA fallen und somit das Verfahren nach Art. 25 V OECD-MA ebenso anzuwenden ist.[423] Faktisch gesehen gibt es also in Zukunft keine großen Unterschiede mehr zwischen den Verfahren nach Art. 4 II lit. d OECD-MA und den gewöhnlichen Verständigungsverfahren. Bei beiden wird es in strittigen Fällen zu einem Schiedsverfahren kommen.

---

417 *Wassermeyer/Kaeser*, in: Debatin/Wassermeyer, DBA, Art. 4 MA Rn. 84.

418 Vgl. Art. 25 Tz. 37 OECD-Musterkommentar ; ebenso *Lehner*, in: Vogel/Lehner, DBA, 6. Auflage 2015, Art. 25 OECD-MA Rn. 89.

419 *Wassermeyer/Kaeser*, in: Debatin/Wassermeyer, DBA, Art. 4 MA Rn. 84; ebenso *Wilke*, in: Gosch/Kroppen/Grotherr, DBA, Art. 4 MA Rn. 61; ebenso *Lehner*, in: Vogel/Lehner, DBA, 6. Auflage 2015, Art. 4 OECD-MA Rn. 210; vgl. ebenso Art. 4 Tz. 20 OECD-Musterkommentar.

420 *Lederer*, RIW 1981, 463 (471).

421 Abzugrenzen von dem Schiedsübereinkommen (90/436/EWG), nur für Spezialbereich siehe Fn. 15.

422 Art. 25 Tz. 75 OECD-Musterkommentar.

423 Art. 25 Tz. 73 OECD-Musterkommentar.

Ein Verständigungsverfahren im Rahmen des Art. 25 OECD-MA ist unabhängig vom jeweiligen nationalen Steuerrecht oder Verfahrensrecht.[424] Wenn aber ein deutsches Gericht feststellt, es komme für den Ausgang des Verfahrens auf eine Bestimmung der Ansässigkeit nach Art. 4 II lit. d OECD-MA an und eine Einigung stehe erst noch aus, so muss es das Verfahren nach § 74 FGO aussetzen und die Betreffenden zur Herbeiführung einer Einigung nach Art. 4 II lit. d OECD-MA anweisen.[425]

Da ein Doppelbesteuerungsabkommen grundsätzlich immer nur zwischen zwei Vertragsstaaten geschlossen wird, kann eine Verständigungsvereinbarung, mangels abweichender Regelungen in Art. 25 OECD-MA auch immer nur zwischen den beiden Vertragsstaaten geschlossen werden. Im Falle der Mehrfachansässigkeit kann es in äußerst seltenen Fällen, wenn die Kriterien in Art. 4 II lit. a bis c und die „Staatsangehörigkeit" jeweils zu keiner Lösung führen, zu unterschiedlichen Vereinbarungen zwischen den verschiedenen Staaten kommen. Natürlich haben die Staaten in derartigen Konstellationen auch die Möglichkeit, die Vereinbarungen einander anzupassen.

II. Art. 4 III OECD-MA

Bei den natürlichen Personen gibt es eine Rangfolge von Kriterien, anhand derer man bei der Doppelansässigkeit die Ansässigkeit im Sinne des Abkommens bestimmt. Bei anderen Personen gibt es im Gegensatz dazu nur ein Kriterium. Die nicht natürliche Person ist immer in dem Land ansässig, in dem sich der „Ort ihrer Geschäftsleitung"[426] befindet. Der Musterkommentar enthält nun als weiteren Vorschlag für die Vertragsparteien auch eine andere Formulierungsmöglichkeit.[427] Anhand spezieller Kriterien soll jeweils im Einzelfall durch die zuständigen Behörden der Ansässigkeitsstaat im Sinne des Abkommens bestimmt werden, siehe **C.II.3**.

1. Anwendungsbereich

Zunächst wird auf die gewöhnliche Formulierung des Art. 4 III OECD-MA eingegangen und nicht die oben angesprochene alternative Formulierung. Anzuwenden ist er bei allen außer natürlichen Personen. Gemäß Art. 3 I lit. a, b OECD-MA gilt

---

424 Art. 25 Tz. 8 OECD-Musterkommentar.

425 *Wassermeyer/Kaeser*, in: Debatin/Wassermeyer, DBA, Art. 4 MA Rn. 85; vgl. Argumentation hierzu von *Frotscher*, in: Haase, AStG/DBA, 2. Auflage 2012, Kapitel II Art. 4 MA Rn. 104.

426 Begriff nach der vom BMF veröffentlichten Übersetzung des OECD-MA 2003, BStBl. I 2004, 286 ; im englischen Text „the State in which its place of effective management is situated"; im französischen Text „l'État où son siège de direction effective est situé".

427 Art. 4 Tz. 24.1 OECD-Musterkommentar.

die Vorschrift somit grundsätzlich für Kapitalgesellschaften, andere Gesellschaften und alle anderen Personenvereinigungen.

Auch Personengesellschaften sind somit grunsätzlich davon erfasst. Dies gilt aber nur, soweit eine Personengesellschaft in beiden Staaten im Sinne des Art. 4 I OECD-MA ansässig ist.[428] Ansonsten kommt Art. 4 III OECD-MA für sie nicht in Betracht. Wie bei **B.III.2.** erläutert, fallen Personengesellschaften in Deutschland aufgrund des Transparenzprinzips nicht unter den Begriff der ansässigen Personen nach Art. 4 I OECD-MA. Deshalb ist für sie in Deutschland Art. 4 III OECD-MA nicht anzuwenden.

Eine ausländische „Personengesellschaft" kann in Deutschland als Kapitalgesellschaft angesehen werden. Wenn sie infolgedessen in Deutschland und auch im anderen Vertragsstaat intransparent besteuert wird und in beiden Staaten ansässig ist, so wird Art. 4 III OECD-MA zur Anwendung gebracht.[429] Für Fälle, in denen sich die Ansässigkeit in beiden Staaten nach Art. 4 I OECD-MA daraus ergibt, dass die Gesellschaft fehlerhaft als intransparent besteuert wird, ist grundsätzlich nicht Art. 4 III OECD-MA anzuwenden.[430] Stattdessen muss der Rechtsweg beschritten werden oder ein Verständigungsverfahren nach Art. 25 OECD-MA eingeleitet werden.[431] Nur bei Erfolglosigkeit dieser Anstrengungen kommt eine analoge Anwendung des Art. 4 III OECD-MA in Betracht.[432]

Diese Sichtweise überzeugt. Wenn die Vertragsstaaten fälschlicherweise von der Ansässigkeit solch einer Person nach Art. 4 I OECD-MA ausgehen, so ist bei richtiger Auslegung in einem oder beiden Staaten die Gesellschaft gar nicht ansässig. Deshalb muss versucht werden, diese „fehlerhafte Ansässigkeit" zu beseitigen. Dies kann auch durch ein Verständigungsverfahren geschehen. Nur wenn dies nicht gelingt, muss das Problem dieser „falschen" Doppelansässigkeit anderweitig gelöst werden. Eine analoge Anwendung von Art. 4 III OECD-MA erscheint hier sinnvoll. Wenn in anderen Staaten die Personengesellschaften generell als intransparent besteuert werden, kommt bei einer Doppelansässigkeit in diesen Staaten ohnehin problemlos Art. 4 III OECD-MA zur Anwendung.

2. Unterschiedliche Auslegung des Art. 4 III OECD-MA

Um den Ansässigkeitsstaat im Sinne des Abkommens im Falle der Doppelansässigkeit zu bestimmen, muss als Abgrenzungsmerkmal der „Ort ihrer tatsächlichen Geschäftsleitung" bestimmt werden. Aus dem Sinn und Zweck der „Tie-Breaker"-Regelung ergibt sich auch hier, dass das Merkmal nicht nach den verschiedenen

---

428 *Frotscher*, in: Haase, AStG/DBA, 2. Auflage 2012, Kapitel II Art. 4 MA Rn. 108; ebenso *Wassermeyer/Kaeser*, in: Debatin/Wassermeyer, DBA, Art. 4 MA Rn. 92.

429 *Frotscher*, in: Haase, AStG/DBA, 2. Auflage 2012, Kapitel II Art. 4 MA Rn. 108.

430 *Wassermeyer/Kaeser*, in: Debatin/Wassermeyer, DBA, Art. 4 MA Rn. 92.

431 Zutreffend *Wassermeyer/Kaeser*, in: Debatin/Wassermeyer, DBA, Art. 4 MA Rn. 92.

432 *Wassermeyer/Kaeser*, in: Debatin/Wassermeyer, DBA, Art. 4 MA Rn. 92.

nationalen Deutungen, sondern autonom nach Abkommensrecht auszulegen ist.[433] Bei der Prüfung der Ansässigkeit einer Gesellschaft gibt es im nationalen Recht nämlich unterschiedliche Ansätze.

a) Unterschiedliches nationales Verständnis

Nach britischem Steuerrecht ist eine Gesellschaft in Großbritannien ansässig, wenn sich ihre „zentrale Unternehmensleitung und -kontrolle“[434] dort befindet oder sie dort gegründet wurde.[435] Das Merkmal „central management and control“ hat sich im Wesentlichen aus einer Gerichtsentscheidung entwickelt.[436] Um festzustellen, wo die zentrale Leitung und Kontrolle einer Gesellschaft liegt, ist zu klären, wo die wahren Geschäfte ausgeführt werden.[437] Es kommt auf die tatsächlichen Verhältnisse bei einem Unternehmen an.[438] Es muss demnach der Ort in Erfahrung gebracht werden, von dem aus die höchste Kontrollinstanz des Unternehmens handelt.[439] Das wird im Regelfall der Ort der Vorstandssitzungen sein, kann aber auch abweichen, wenn die Vorstandschaft im Einzelfall tatsächlich nicht die zentralen Unternehmensentscheidungen trifft.[440]

Die britische Steuerverwaltungsbehörde „HM Revenue & Customs“ hat in einem Erlass deutlich gemacht, dass der Ort des „central management and control“ und der des „place of effective management“ (Ort der Geschäftsleitung) im Sinne des Art. 4 III OECD-MA an unterschiedlichen Standorten sein können.[441] Dies sei dann der Fall, wenn ein Unternehmen von Führungskräften in einem anderen Staat geleitet wird („Tagesgeschäfte“), die endgültige Entscheidungs- und Kontrollgewalt aber bei Personen in Großbritannien liegt. In solchen Fällen sei der Ort des „central management and control“ nämlich weiterhin in Großbritannien, der Ort der Geschäftsleitung aber im anderen Land.[442] Teilweise wird von der Literatur

433 *Lehner*, in: Vogel/Lehner, DBA, 6. Auflage 2015, Art. 4 OECD-MA Rn. 263; ebenso *Wassermeyer/Kaeser*, in: Debatin/Wassermeyer, DBA, Art. 4 MA Rn. 92; siehe zur abkommensautonomen Auslegung auch schon die Ausführungen oben bei **C.I.**

434 Im Englischen „central management and control“

435 Vgl. *Owen*, British Tax Review (B.T.R.) 2003, 296 (297).

436 House of Lords Urteil v. 30.07.1906 "De Beers Consolidated Mines, Limited v Howe (Surveyor of Taxes) (1906)", in [1906] A.C. 455.

437 *Burgstaller/Haslinger*, Intertax 2004, 376 (377).

438 House of Lords Urteil v. 30.11.1959 "Bullock (H.M. Inspector of Taxes) v Unit Construction Co. Ltd. (1959)", in [1960] A.C. 351.

439 *Owen*, British Tax Review (B.T.R.) 2003, 296 (297).

440 *Owen*, British Tax Review (B.T.R.) 2003, 296 (297).

441 HM Revenue & Customs, Statement of Practice 1/90, http://www.hmrc.gov.uk/manuals/intmanual/intm120200.htm, Abrufdatum: 24.06.2015.

442 HM Revenue & Customs, Statement of Practice 1/90, http://www.hmrc.gov.uk/manuals/intmanual/intm120200.htm, Abrufdatum: 24.06.2015.

jedoch vertreten, dass der Ort des „central management and control" dem Ort der Geschäftsleitung gleicht.[443]

In den meisten Ländern des europäischen Festlands wird der Ort der Geschäftsleitung als Ansässigkeitsmerkmal für nicht natürliche Personen verwendet.[444] Nach § 10 AO ist die Geschäftsleitung der Mittelpunkt der geschäftlichen Oberleitung. Wie oben ausgeführt, handelt es sich hier um keine rechtliche, sondern um eine tatsächliche Frage. Es ist festzustellen, wo die laufenden Geschäfte wirklich getätigt werden, die die Gesellschaft mit sich bringt. Dabei geht es um solche organisatorischen Maßnahmen, die zur gewöhnlichen Verwaltung der Gesellschaft gehören („Tagesgeschäfte").

b) Autonome Auslegung

Wie oben dargestellt, gibt es keine einheitliche Auslegung des üblichen Ansässigkeitskriteriums für nicht natürliche Personen durch die verschiedenen Länder. Der Begriff „Ort der Geschäftsleitung" im Sinne des Art. 4 III OECD-MA muss autonom ausgelegt werden. Er darf nicht mit dem nationalen, in § 10 AO verwendeten Begriff des Ortes der Geschäftsleitung verwechselt werden. Nach Ansicht einiger Autoren entspricht jedoch der Ort der Geschäftsleitung nach deutschem Recht dem in Art. 4 III OECD-MA genannten „Ort der tatsächlichen Geschäftsleitung"[445]. Andere wiederum sprechen davon, dass beide Begriffe zwar verschieden sind, sich in der praktischen Handhabung aber nicht erheblich unterscheiden.[446]

Der Musterkommentar beschreibt den Ort der tatsächlichen Geschäftsleitung als den Ort, an welchem die grundlegenden Leitungs- und kaufmännischen Entscheidungen, die für die Führung der Geschäfte des Rechtsträgers im Ganzen erforderlich sind, im Wesentlichen getroffen werden.[447] Bei der hier notwendigen Betrachtung sind alle wichtigen Tatsachen und Umstände zu prüfen, um den Ort der tatsächlichen Geschäftsleitung festzustellen.[448] Was bei einem Unternehmen die grundlegenden Leitungs- und kaufmännischen Entscheidungen sind, hängt im Einzelfall von den tatsächlichen Verhältnissen des betreffenden Unternehmens ab.[449] Werden

---

443 *Owen*, British Tax Review (B.T.R.) 2003, 296 (305).

444 *Burgstaller/Haslinger*, Intertax 2004, 376 (378).

445 *Pohl*, in: Schönfeld/Ditz, DBA, 1. Auflage 2013, Art. 4 Rn. 106; ebenso *Wilke*, in: Gosch/Kroppen/Grotherr, DBA, Art. 4 MA Rn. 67.

446 *Frotscher*, in: Haase, AStG/DBA, 2. Auflage 2012, Kapitel II Art. 4 MA Rn. 109; von starker Ähnlichkeit ausgehend: *Lehner*, in: Vogel/Lehner, DBA, 6. Auflage 2015, Art. 4 OECD-MA Rn. 265; *Birk*, in: Hübschmann/Hepp/Spitaler, AO/FGO, § 10 AO Rn. 47.

447 Art. 4 Tz. 24 OECD-Musterkommentar.

448 Art. 4 Tz. 24 OECD-Musterkommentar.

449 *Wassermeyer/Kaeser*, in: Debatin/Wassermeyer, DBA, Art. 4 MA Rn. 97.

kaufmännische und „technische“ Entscheidungen an unterschiedlichen Orten getroffen, so sind die kaufmännischen als bedeutender anzusehen.[450]

Zur Geschäftsleitung zählen nur Aufgaben der so genannten laufenden Geschäftsführung, nicht zwingend die Entscheidungen über die Grundsätze der Unternehmenspolitik.[451] Solche Entscheidungen können auch von den Gesellschaftern oder Anteilsinhabern getroffen werden. Nur wenn ein Gesellschafter alle wichtigen laufenden Maßnahmen ergreift und faktisch als Geschäftsführer tätig ist, dann stellt der Ort seiner Tätigkeit ausnahmsweise den Ort der Geschäftsleitung dar.[452] Ansonsten obliegt die Leitung des Unternehmens bei einer GmbH der Geschäftsführung und bei einer Aktiengesellschaft dem Vorstand.[453] Allein die Überwachung der Geschäftsleitung, wie etwa das Handeln eines Aufsichtsrates, stellt keine leitende Tätigkeit in diesem Sinne dar.[454]

Art. 4 III OECD-MA spricht zudem in der Übersetzung vom „tatsächlichen“ Ort der Geschäftsleitung. Damit wird deutlich, dass rein rechtliche Gegebenheiten, wie etwa der Ort der Geschäftsleitung laut Satzung, bei der Betrachtung nicht maßgeblich sind.[455] Anhand der oben genannten Kriterien ist zu ermitteln, wo sich der Ort der Geschäftsleitung wirklich befindet. Dabei kann es mehrere Orte der Geschäftsleitung geben, aber nach einer Ansicht immer nur einen Ort der tatsächlichen Geschäftsführung.[456]

Nach anderer Ansicht besteht eben bei bestimmten Konstellationen nicht nur ein Ort der tatsächlichen Geschäftsführung.[457] Richtigerweise ergibt sich aber aus der Systematik, dass es das einzige „Tie-Breaker“-Kriterium für nicht natürliche Personen ist und immer zu einer Entscheidung führen sollte, dass es nur einen Ort der tatsächlichen Geschäftsführung gibt.[458]

Die Gegenansicht argumentiert bei mehreren Orten der tatsächlichen Geschäftsleitung könne man nicht den einen Ort der Geschäftsführung im Verfahren nach Art. 25 OECD-MA bestimmen, da es ihn nicht gibt.[459] Aber man könne diese Situation durch eine Festlegung des Ansässigkeitsstaates im gegenseitigen Einvernehmen gemäß Art. 4 II lit. d OECD-MA analog lösen, um die ansonsten drohende

---

450 *Lehner*, in: Vogel/Lehner, DBA, 6. Auflage 2015, Art. 4 OECD-MA Rn. 266 mit Verweis auf RFH Urteil v. 01.07.1936 – VI A 491/36, in RStBl. 1936, 779 (780 f.) und BFH Urteil v. 09.07.2003 – I R 4/02, BFH/NV 2004, 83 (84). ; vgl. ebenso *Pohl*, in: Schönfeld/Ditz, DBA, 1. Auflage 2013, Art. 4 Rn. 107; zweifelnd: *Wassermeyer/Kaeser*, in: Debatin/Wassermeyer, DBA, Art. 4 MA Rn. 93.

451 *Wassermeyer/Kaeser*, in: Debatin/Wassermeyer, DBA, Art. 4 MA Rn. 97 f.

452 BFH Urteil v. 07.12.1994 – I K 1/93, BStBl. II 1995, 175 (178 f.).

453 *Wassermeyer/Kaeser*, in: Debatin/Wassermeyer, DBA, Art. 4 MA Rn. 98.

454 *Lehner*, in: Vogel/Lehner, DBA, 6. Auflage 2015, Art. 4 OECD-MA Rn. 265 f.

455 *Wassermeyer/Kaeser*, in: Debatin/Wassermeyer, DBA, Art. 4 MA Rn. 100.

456 Art. 4 Tz. 24 OECD-Musterkommentar.

457 *Pohl*, in: Schönfeld/Ditz, DBA, 1. Auflage 2013, Art. 4 Rn. 109.

458 *Kessler/Müller*, IStR 2003, 361 (369).

459 *Pohl*, in: Schönfeld/Ditz, DBA, 1. Auflage 2013, Art. 4 Rn. 109.

Nichtanwendbarkeit der Verteilungsnormen des Abkommens zu vermeiden.[460] Das überzeugt im Ergebnis nicht. Art. 4 III OECD-MA enthält im Gegensatz zu Art. 4 II OECD-MA keine Auffangregelung für den Fall, dass keines der Merkmale zu einer Festlegung des Ansässigkeitsstaates führt. Daraus ergibt sich, dass bei Schaffung der Regelung davon ausgegangen wurde, es gebe zwingend immer nur einen Ort der tatsächlichen Geschäftsführung. Ansonsten hätte man die Regelung des Art. 4 II lit. d OECD-MA zu Art. 4 IV OECD-MA verschoben oder für Art. 4 III OECD-MA eine weitere Auffangregelung in den Text eingebaut. Anderenfalls hätte man mit Art. 4 III OECD-MA eine unvollständige „Tie-Breaker"-Regelung.

Diese Auslegung des Ortes der Geschäftsleitung entspricht im Wesentlichen der deutschen Auslegung des § 10 AO.[461] Es gibt jedoch einen gewichtigen Unterschied: Denn nach der überzeugenden neueren Rechtsprechung des BFH sind mehrere Mittelpunkte der geschäftlichen Oberleitung, also mehrere Orte der Geschäftsleitung im Sinne des § 10 AO möglich.[462] Bei modernen Unternehmen kann jederzeit die Vorstandschaft gleichberechtigt und auf zwei Orte aufgeteilt sein. Die Entscheidungen können gemeinsam via Telefon- oder Videokonferenz getroffen werden. Wie oben ausgeführt kann es jedoch bei Art. 4 III OECD-MA keine zwei Orte der tatsächlichen Geschäftsführung geben. In solchen Fällen muss ein Ort der tatsächlichen Geschäftsführung gefunden werden.

Der Ort der tatsächlichen Geschäftsleitung kann in manchen Fällen sehr schwer ermittelbar sein. Verstärkt wird dies vor allem durch die neuen Kommunikationstechnologien. Wenn ein Unternehmen die Geschäftsleitung an mehrere Orte verteilt und die Leitung einen Großteil der Entscheidungen in Telefon-, Video- oder Internetchatkonferenzen an verschiedenen Orten trifft, so ist es schwierig, einen einzigen Ort zu bestimmen.[463] Virtuelle Unternehmen können auch ohne eine zentrale Leitung organisiert sein.[464] Teilweise wird vertreten, dass in diesen Fällen kein eindeutiger Ort der tatsächlichen Geschäftsleitung existiert.[465] Richtigerweise muss jedoch in solchen Fällen auf verschiedene Aspekte abgestellt werden, wie etwa darauf, wo sich die Mehrzahl der Büros oder die Zentralverwaltung befindet.[466] Auf diese Weise ergibt sich durch eine relative Betrachtung ein Ort der tatsächlichen Geschäftsführung.

Falls die Vertragsstaaten bei der Bestimmung des Ortes der Geschäftsleitung zu verschiedenen Ergebnissen kommen, ist zur Lösung des Problems an ein

---

460 *Pohl*, in: Schönfeld/Ditz, DBA, 1. Auflage 2013, Art. 4 Rn. 109.

461 Vgl. *Lehner*, in: Vogel/Lehner, DBA, 6. Auflage 2015, Art. 4 OECD-MA Rn. 265 f.; *Birk*, in: Hübschmann/Hepp/Spitaler, AO/FGO, § 10 AO Rn. 47.

462 BFH Urteil v. 15.10.1997 – I R 76/95, BFH/NV 1998, 434 f.; ebenso BFH Urteil v. 16.12.1998 – I R 138/97, BStBl. II 1999, 437 (438), siehe Ausführungen bei **B.III.1**.

463 *Wassermeyer/Kaeser*, in: Debatin/Wassermeyer, DBA, Art. 4 MA Rn. 102.

464 *Haslinger*, in: Lang/Schuch/Staringer, Die Ansässigkeit im Recht der Doppelbesteuerungsabkommen, 2008, S. 191 (199).

465 *Lehner*, in: Vogel/Lehner, DBA, 6. Auflage 2015, Art. 4 OECD-MA Rn. 267.

466 *Wassermeyer/Kaeser*, in: Debatin/Wassermeyer, Art. 4 MA Rn. 102.

Verständigungsverfahren nach Art. 25 OECD-MA zu denken.[467] Aus dem Ziel des Art. 4 III OECD-MA ergibt sich nach einer Ansicht, dass die betreffenden Mitgliedstaaten entgegen dem gewöhnlichen Verständigungsverfahren hier aber eine Pflicht zur Einigung trifft.[468] Art. 4 III OECD-MA enthält keine dem Art. 4 II lit. d OECD-MA vergleichbare Regelung, welche eine Verständigung für den Fall vorsieht, dass die „Tie-Breaker"-Kriterien zu keiner Zuordnung der Ansässigkeit führen (planwidrige Regelungslücke). Aus dem Regelungsziel ergibt sich aber, dass auch hier für jeden Einzelfall die Ansässigkeit geklärt werden sollte (vergleichbare Interessenlage). Art. 4 II lit. d OECD-MA ist somit für diese Konstellation insoweit analog anzuwenden, dass der tatsächliche Ort der Geschäftsleitung und damit der Ansässigkeitsstaat von den Staaten durch Einigung festzulegen ist.[469]

Die oben angesprochene Gegenansicht, die von der Möglichkeit mehrerer Orte der tatsächlichen Geschäftsleitung ausgeht, will, wie oben angesprochen den Ansässigkeitsstaat ebenso im gegenseitigen Einvernehmen gemäß Art. 4 II lit. d OECD-MA analog festlegen.[470] Beide Ansichten führen somit in der Praxis bei Zweifelsfällen jeweils zu einer Verpflichtung der Staaten zur Festlegung des Ansässigkeitsstaates im Wege eines Verständigungsverfahrens. Der Unterschied ist eher theoretischer Natur und besteht lediglich darin, dass nach der Gegenansicht der Ansässigkeitsstaat direkt vereinbart wird, während er nach der vorzugswürdigen Ansicht dadurch festgelegt wird, dass man sich einigt, wo der Ort der tatsächlichen Geschäftsleitung sich wirklich befindet.

c) Frühere Änderungsvorschläge zu Art. 4 III OECD-MA

Wie oben dargestellt, ergeben sich durch die neuen Informationstechnologien zunehmend Probleme bei der Feststellung des tatsächlichen Ortes der Geschäftsleitung. Die OECD hat deswegen im Mai 2003 ein Diskussionspapier veröffentlicht.[471] Darin wurden verschiedene Lösungsansätze diskutiert. Zwei verschiedene Ansatzpunkte kamen demnach in Betracht: Art. 4 III OECD-MA bleibt unverändert und lediglich der Musterkommentar wird abgeändert. Oder man ändert Art. 4 III OECD-MA dahingehend ab, dass er ähnlich wie Art. 4 II OECD-MA verschiedene „Tie-Breaker"-Kriterien mit Rangfolge zur Bestimmung der Ansässigkeit im Sinne des Abkommens auflistet.

Bei der Rangfolge wurde als erstes Kriterium der tatsächliche Ort der Geschäftsleitung genannt, als zweites gab es dann drei Varianten: Gemäß Option A sollte auf den Staat abgestellt werden, zu dem die wirtschaftlichen Beziehungen stärker

---

467 *Wassermeyer/Kaeser*, in: Debatin/Wassermeyer, DBA, Art. 4 MA Rn. 94.

468 *Wassermeyer/Kaeser*, in: Debatin/Wassermeyer, DBA, Art. 4 MA Rn. 94.

469 *Wassermeyer/Kaeser*, in: Debatin/Wassermeyer, DBA, Art. 4 MA Rn. 94.

470 *Pohl*, in: Schönfeld/Ditz, DBA, 1. Auflage 2013, Art. 4 Rn. 109.

471 "Place of effective management concept: suggestions for changes to the OECD Model Tax Convention", siehe: http://www.oecd.org/tax/treaties/2956428.pdf, Abrufdatum: 24.06.2015.

sind. Die Option B stellte darauf ab, wo die wirtschaftliche Tätigkeit hauptsächlich ausgeübt wird. Nach Option C war der Ort maßgeblich, an dem die hochrangigste Person oder Personengruppe ihre Entscheidungen trifft.

Als drittes Kriterium sollte auf den Staat abgestellt werden, nach dessen Recht die Gesellschaft gegründet wurde. Und als letztes war eine Vorschrift ähnlich der bei Art. 4 II lit. d OECD-MA genannt. In Teilen der Literatur wurde der Vorschlag, Art. 4 III OECD-MA durch eine Rangfolge verschiedener Kriterien zu ersetzen, als vorzugswürdige Option angesehen.[472] Das lag daran, dass auf diese Weise Situationen mit drei involvierten Staaten besser gehandhabt werden können.[473] Ebenso verhält es sich bei Konstellationen, in denen der tatsächliche Ort der Geschäftsleitung nur schwer oder gar nicht ermittelt werden kann.[474] Bei einer Rangfolge von verschiedenen Kriterien kann fast immer ein Ansässigkeitsstaat ermittelt werden und dies führt zu mehr Rechtssicherheit. Nichtdestotrotz hat sich die OECD 2008 dagegen entschieden und die erste Vorgehensweise, also lediglich die Änderung des Musterkommentars, gewählt.[475]

d) Änderung des OECD-Musterkommentars 2008 und deren Folgen

Vor der Änderung des Musterkommentars im Jahr 2008 enthielt dieser noch eine weitere Konkretisierung des Ortes der Geschäftsleitung. Demnach sollte sich der Ort der tatsächlichen Geschäftsleitung im Regelfall dort befinden, wo die Person oder Personengruppe mit dem höchsten Rang im Unternehmen, beispielsweise bei einer Aktiengesellschaft der Vorstand, zusammenkommt und die Entscheidungen für den Rechtsträger im Ganzen fällt.[476] Dieser Satz wurde entfernt. Es ist nun, wie oben ausgeführt, schlicht darauf abzustellen, wo die wesentlichen Entscheidungen für das Unternehmen getroffen werden. Damit hat sich aber meist nicht viel geändert, weil gewöhnlich die Personen mit dem höchsten Rang im Unternehmen die wesentlichen Entscheidungen treffen.[477] Dies kann aber natürlich bei einem Unternehmen auch anders ausgestaltet sein.

Des Weiteren wurde der Musterkommentar um die Tz. 24.1 ergänzt. Darin wird eine alternative Möglichkeit genannt, wie die Vertragsstaaten zukünftig Art. 4 III des jeweiligen konkreten Doppelbesteuerungsabkommens, welches sich am OECD-MA orientiert formulieren können.

---

472 *Burgstaller/Haslinger*, Intertax 2004, 376 (387).
473 *Burgstaller/Haslinger*, Intertax 2004, 376 (382 f., 387).
474 *Burgstaller/Haslinger*, Intertax 2004, 376 (381 ff., 387).
475 „The 2008 Update to the OECD Model Tax Convention 18 July 2008", siehe: http://www.oecd.org/ctp/41032078.pdf, Abrufdatum: 24.06.2015.
476 Art. 4 Tz. 24 S. 3 OECD-Musterkommentar 2005.
477 *Frotscher*, in: Haase, AStG/DBA, 2. Auflage 2012, Kapitel II Art. 4 MA Rn. 110.

3. Alternativformulierung: Art. 4 Tz. 24.1 OECD-Musterkommentar

Demnach können die Staaten als Alternative zu Art. 4 III OECD-MA vertraglich vereinbaren, dass in Fällen der Doppelansässigkeit einer nicht natürlichen Person die zuständigen Behörden der Vertragsstaaten sich jeweils um eine Verständigung „bemühen", um den Ansässigkeitsstaat im Sinne des Abkommens zu bestimmen.[478] Im Einzelfall wird also jeweils von den Behörden festgelegt, wer der Ansässigkeitsstaat ist. Gemäß der Alternativformulierung Art. 4 III 1 sind der Ort der tatsächlichen Geschäftsleitung oder der Ort der Eintragung oder Gründung hierbei zu berücksichtigen. Zusätzlich können die Behörden jedoch auch auf jegliche andere relevante Faktoren abstellen.[479]

Interessant ist nun, wie das Wort „bemühen"[480] zu deuten ist. Es entspricht im Wortlaut genau der Formulierung in Art. 25 II 1 OECD-MA. Dort geht der Musterkommentar mit explizitem Hinweis auf den Wortlaut davon aus, dass in solchen Fällen eine Verpflichtung der Behörde besteht, ein Verständigungsverfahren einzuleiten, und dass diese infolgedessen kein Ermessen hat.[481] Wie oben dargestellt, gehen der BFH und die überwiegende Literatur aber von einem Ermessen der Behörde aus. Jedoch gibt es in der Literatur Stimmen, die eine Verpflichtung der Behörde annehmen.[482] Die Entscheidung des BFH wird aufgrund eines anderen Wortlauts der damaligen Vorschrift abgelehnt.[483] Art. 25 III 1 OECD-MA räumt den zuständigen Behörden die Möglichkeit ein, auch ohne Bezug zu einem konkreten Fall zur Lösung von Unstimmigkeiten bei der Auslegung ein Verständigungsverfahren durchzuführen. Hier wird ebenso die gleiche Formulierung verwendet („bemühen"). Interessanterweise gehen sowohl der Musterkommentar als auch die Literatur bei diesem Absatz von keiner Verpflichtung der Behörde zum Handeln aus.[484]

Der Musterkommentar enthält bei Tz. 24.1 keine direkte Aussage über eine etwaige Verpflichtung. Das Wort „bemühen" wird davon nicht durchweg einheitlich

---

478 Art. 4 Tz. 24.1 OECD-Musterkommentar, alternativer Art. 4 III 1, siehe Anhang.

479 Im englischen Text des Musterkommentars: „any other relevant factors"; im französischen Text: „tout autre facteur pertinent".

480 Im englischen Text: „shall endeavour"; im französischen Text: „s'efforcent de déterminer".

481 Art. 25 Tz. 33 OECD-Musterkommentar: „If however, it appears to that copetent authority that the taxation complained of is due wholly or in part to a measure taken in the other State, it will be incumbent on it, indeed it will be its duty – as clearly appears by the terms of paragraph 2 – to set in motion the mutual agreement procedure proper (...)" .

482 *Flüchter*, in: Schönfeld/Ditz, DBA, 1. Auflage 2013, Art. 25 Rn. 124 ff.

483 *Flüchter*, in: Schönfeld/Ditz, DBA, 1. Auflage 2013, Art. 25 Rn. 125 f.; bezugnehmend auf BFH Urteil v. 26.05.1982 – I R 16/78, BStBl. II 1982, 583 (586).

484 Art. 25 Tz. 50 ff. OECD-Musterkommentar; vgl. *Flüchter*, in: Schönfeld/Ditz, DBA, 1. Auflage 2013, Art. 25 Rn. 198 f.

interpretiert[485], weshalb hieraus nichts geschlossen werden kann. Der Wortlaut „bemühen" deutet auf keinen Einleitungszwang hin. Deswegen besteht bei dem alternativen Art. 4 III OECD-MA im Gegensatz zu Art. 4 II lit. d OECD-MA keine Verpflichtung der Behörde, ein Verständigungsverfahren einzuleiten.[486] Aus dem alternativen Art. 4 III 2 OECD-MA, der die Regelung bei fehlender Einigung wiedergibt, ergibt sich, dass erst recht kein Einigungszwang besteht.[487] Wenn die Verständigung nicht erfolgreich zustande kommt oder (noch) kein Verfahren eingeleitet wurde, so entfallen sämtliche Abkommensvorteile der betreffenden Person. Sie wird insoweit als in beiden Staaten nichtansässig behandelt, sofern nicht die zuständigen Behörden etwas anderes vereinbaren.[488]

In der Tat hängt die Abkommensberechtigung in gewisser Weise vom Gutdünken der zuständigen Behörde (Teil der Exekutive) ab.[489] Die „Exekutive" kann somit ein Doppelbesteuerungsabkommen, also einen Akt der Legislative (vgl. Art. 59 II GG) faktisch aushebeln, was teilweise als verfassungsrechtlich bedenklich angesehen wird.[490] Bei Verwendung einer dem alternativen Art. 4 III OECD-MA entsprechenden Vorschrift in einem deutschen Abkommen gibt der Gesetzgeber der Exekutive damit die Möglichkeit, faktisch durch Verhandlungen mit dem anderen Mitgliedstaat darüber zu entscheiden, ob die betreffende Person in Deutschland ansässig im Sinne des Abkommens ist oder nicht. Dies hat gravierende Auswirkung für die Besteuerung in Deutschland.

Die Verwaltung hat aufgrund der generell-abstrakten Formulierung von Gesetzen einen Spielraum bei Anwendung der Gesetze. Diese Situation hier ist damit vergleichbar, denn die Verwaltung wird durch Gesetz dazu ermächtigt, im Einzelfall mit dem anderen Staat die Ansässigkeit zu vereinbaren. Insoweit bestehen keine verfassungsrechtlichen Bedenken.

Einziges Problem könnte sein, dass eine Regelung entsprechend dem alternativen Art. 4 III OECD-MA gegen den Parlamentsvorbehalt verstößt, da für die Verhandlungen keine genauen Vorgaben gemacht werden (zum Beispiel zulässige Kriterien für die Abgrenzung). Nach dem Parlamentsvorbehalt muss aber das Parlament die grundrechtsrelevanten Entscheidungen selbst treffen und darf diese nicht der Exekutive überlassen.[491] Bei den Verhandlungen über die Ansässigkeit wird über die Ansässigkeit im Sinne des Abkommens entschieden, was zur stärkeren oder geringeren Besteuerung in Deutschland führt. Grundrechtsrelevanz ist gegeben. Dennoch ist es offensichtlich, welche Aspekte bei diesen Verhandlungen für die Bestimmung des

---

485 Vgl. Argumentation bei *Flüchter*, in: Schönfeld/Ditz, DBA, 1. Auflage 2013, Art. 25 Rn. 126.

486 *Wassermeyer/Kaeser*, in: Debatin/Wassermeyer, DBA, Art. 4 MA Rn. 107.

487 *Wassermeyer/Kaeser*, in: Debatin/Wassermeyer, DBA, Art. 4 MA Rn. 107.

488 Art. 4 Tz. 24.1 OECD-Musterkommentar, alternativer Art. 4 III 2.

489 *Wassermeyer/Kaeser*, in: Debatin/Wassermeyer, DBA, Art. 4 MA Rn. 117.

490 Erläuterungen bei *Wassermeyer/Kaeser*, in: Debatin/Wassermeyer, DBA, Art. 4 MA Rn. 117.

491 Grzeszick, in: Maunz/Dürig, GG, Art. 20 Rn. 135.

Ansässigkeitsortes eine Rolle spielen, nämlich alle sachdienlichen. Das Parlament trifft hier die Entscheidung im Grundsatz und überlässt der Exekutive die Umsetzung im Einzelfall. Ein Verstoß gegen den Parlamentsvorbehalt ist abzulehnen. Die Regelung ist somit nicht als verfassungsrechtlich bedenklich einzustufen.

Welche Aspekte die zuständigen Behörden bei der Verständigung in ihre Überlegungen einbeziehen können, wurde oben dargestellt. Faktisch kann die Behörde jeden Punkt berücksichtigen, der als sachdienlich erscheint. Wird ein Einvernehmen erzielt, so kann sich dieses auch nur auf bestimmte Zeitabschnitte beziehen.[492] Abzulehnen ist wohl eine partielle Verständigung dergestalt, dass eine Ansässigkeit nur in Bezug auf bestimmte Einkunftsarten angenommen wird, wobei dies im Ergebnis ja über den alternativen Art. 4 III 2 OECD-MA erreicht werden kann.[493] Auch Deutschland hat in bestimmten Doppelbesteuerungsabkommen eine dem alternativen Art. 4 III OECD-MA teilweise entsprechende Regelung vereinbart.[494]

4. Sonderproblem: Tatsächlicher Ort der Geschäftsleitung in Drittstaat

Eine weitere Situation, die mitunter zu Schwierigkeiten führen könnte, ist gegeben, wenn eine Gesellschaft im Staat A ansässig ist, Einkünfte aus Quellen im Staat B erhält und sich der Ort der tatsächlichen Geschäftsleitung in einem Drittstaat (Staat C) befindet. Sofern die Gesellschaft nur deshalb doppelt ansässig ist, weil sie noch im Staat A ihren Sitz hat, so ist Art. 4 III OECD-MA für das Abkommen zwischen den Vertragsstaaten A und B nicht anzuwenden. Die Gesellschaft ist in B ja nicht ansässig, womit der Ansässigkeitsstaat nach Art. 4 I 1 OECD-MA A ist. Bei dem Abkommen zwischen A und C wird die Gesellschaft nach Art. 4 III OECD-MA als in C ansässig behandelt. Bei dem Abkommen zwischen B und C ist die Gesellschaft ohnehin nur in C ansässig. Falls die Gesellschaft in A und C jeweils aufgrund des Ortes der Geschäftsleitung ansässig ist, kann die Abgrenzung nach Art. 4 III OECD-MA im Einzelfall komplex sein.

Interessanter ist die Situation, dass die Gesellschaft in drei Staaten jeweils ansässig ist, der Ort der tatsächlichen Geschäftsleitung sich in einem Staat befindet und jeweils die Ansässigkeit im Sinne des Art. 4 III OECD-MA bei allen drei Abkommen zwischen A, B und C bestimmt werden muss. Dieser Fall der Mehrfachansässigkeit wird unter **E.I.2** näher erläutert. Bei der Doppelansässigkeit einer Gesellschaft ergeben sich jedenfalls keine besonderen Schwierigkeiten, solange der Ort der tatsächlichen Geschäftsleitung eindeutig bestimmt werden kann.

---

492 *Wassermeyer/Kaeser*, in: Debatin/Wassermeyer, DBA, Art. 4 MA Rn. 110; vgl. auch Art. 4 Tz. 24.1 letzter Satz OECD-Musterkommentar.

493 *Wassermeyer/Kaeser*, in: Debatin/Wassermeyer, DBA, Art. 4 MA Rn. 110.

494 Vgl. die Auflistung bei *Wassermeyer/Kaeser*, in: Debatin/Wassermeyer, DBA, Art. 4 MA Rn. 114.

5. Mehrfache Ansässigkeit einer Gesellschaft

Eine Gesellschaft kann auch mehrfach, nicht nur doppelt ansässig sein kann. Wie bei **B.III/B.IV** erläutert, ist nach Art. 4 I 1 OECD-MA auf das jeweilige nationale Recht abzustellen. Die unbeschränkte nationale Steuerpflicht kann sich demnach aus dem Ort der Geschäftsleitung ergeben. Daneben kommen noch andere Merkmale wie der Sitz oder das Gründungsrecht in Betracht. Da nach vorzugswürdiger Auffassung eine Gesellschaft zwei oder gar mehrere Orte der Geschäftsleitung haben kann, können sich diese und auch der Sitz in verschiedenen Staaten befinden. Sofern die Gesellschaft nach deren nationalem Recht dann als dort ansässig angesehen wird, kommt es zu einer mehrfach ansässigen Gesellschaft.

Art. 4 III OECD-MA geht davon aus, dass es üblicherweise lediglich einen Ort der Geschäftsleitung gibt und nur der Ort der Geschäftsleitung oder der Sitz jeweils zur Ansässigkeit in einem Staat führen können, womit sich keine Mehrfachansässigkeit ergeben kann.[495] Deshalb ist für den Fall der Mehrfachansässigkeit (Sitz und zwei oder mehrere Orte der Geschäftsleitung nach nationalem Recht) in Art. 4 III OECD-MA keine spezielle Regelung enthalten.[496] Art. 4 III OECD-MA bestimmt grundsätzlich immer nur für das jeweilige Abkommen die ausschließliche Ansässigkeit in einem der Vertragsstaaten, wirkt also „relativ".[497] Ob nun Art. 4 I 2 OECD-MA dieser „relativen" Betrachtung und isolierten Festlegung des Ansässigkeitsstaates im Sinne des jeweiligen Abkommens entgegenwirkt, wird unter **E.** erörtert.

6. Keine Situation der Doppelansässigkeit

Daneben gibt es Konstellationen, bei denen im Allgemeinen von „Doppelansässigkeit oder Mehrfachansässigkeit" gesprochen wird, eine solche im Sinne dieser Arbeit, also im Sinne des Art. 4 OECD-MA, jedoch nicht gegeben ist.

Ein Beispiel für solch einen Fall stellt die „berühmte" „Doppelansässigkeit" der Google Ireland Holdings dar. Diese hat den Ort ihrer Geschäftsleitung auf den Bermudas und wurde in Irland gegründet.[498] Deshalb wird sie im Allgemeinen als „doppelt ansässig" bezeichnet. Tatsächlich wäre die Kapitalgesellschaft im Sinne des Art. 4 I 1 OECD-MA aufgrund des Ortes der Geschäftsleitung auf den Bermudas dort ansässig. Aber auf den Bermudas wird keine Körperschaftsteuer erhoben, die Gesellschaften müssen nur eine jährliche Gebühr zahlen.[499] Der Ort der Geschäftsleitung

---

495 *Wassermeyer/Kaeser*, in: Debatin/Wassermeyer, DBA, Art. 4 MA Rn. 94.

496 *Wassermeyer/Kaeser*, in: Debatin/Wassermeyer, DBA, Art. 4 MA Rn. 94.

497 *Staringer*, Besteuerung doppelt ansässiger Kapitalgesellschaften, 1999, S. 149.

498 Vgl. ausführlich zu diesem Fall: *Pinkernell*, StuW 2012, 369 ff.; ebenso *Pinkernell*, Internationale Steuergestaltung im Electronic Commerce (ifst-Schrift Nr. 494), 2014, S. 131 ff.

499 „annual company fee"; PKF Bermuda Tax Guide 2013: http://www.pkf.com/media/1954302/bermuda%20pkf%20tax%20guide%202013.pdf, Abrufdatum: 24.06.2015.

führt hier zu keiner unbeschränkten Steuerpflicht im Sinne des Art. 4 I 1 OECD-MA, womit eine Ansässigkeit insoweit zu verneinen ist.

In Irland ist die Kapitalgesellschaft gegründet worden und hat dort weiterhin einen „Sitz“.[500] In der Literatur wird davon ausgegangen, dass sie scheinbar nicht der unbeschränkten Steuerpflicht unterliegt.[501] Nach irischem Körperschaftsteuerrecht genügt im Prinzip die Gründung im Inland und die Eintragung im Register zur Auslösung der personellen Steuerpflicht (durch Ansässigkeit).[502] Aber es gibt nach sec. 23A einige Ausnahmen. Die Google Ireland Holdings ist eine Tochtergesellschaft der Google Inc. (USA), die Google Ireland Ltd. führt in Irland ein Geschäft[503] und zwischen Irland und den USA existiert ein Doppelbesteuerungsabkommen aus dem Jahr 1997. Deswegen wird hier wohl die Ausnahme nach sec. 23A (1)(a), (3)(b) Chapter 2 Part 2 Taxes Consolidation Act 1997 (konsolidierte Fassung, Stand: Februar 2014) greifen. Im Sinne eines etwaigen Doppelbesteuerungsabkommens nach dem OECD-MA ist die Google Ireland Holdings demzufolge nicht doppelt ansässig. Nach der gemäß US-Steuerrecht geltenden Gründungstheorie gilt die Gesellschaft als nur in Irland ansässig.[504]

Diese Konstellation wird aufgrund von enormen „Steuerersparnissen“ oder besser gesagt „unbegrenzten Steuerstundungen“ von Konzernen gewählt, die aber nicht auf einer doppelten oder mehrfachen Ansässigkeit im Sinne dieser Arbeit, sondern auf anderen Gründen beruhen. Im Wege eines Exkurses soll das Vorgehen nur kurz dargestellt werden[505]: Der Mutterkonzern, hier Google Inc. gründet eine Tochtergesellschaft in Irland, die Google Ireland Holdings, bei der die Gewinne belassen werden sollen. Die Google Ireland Ltd. ist eine mittelbare Enkelgesellschaft von Google Inc. mit etwa 2000 Mitarbeitern und dem Sitz in Irland. Diese führen das operative Geschäft für Europa, den Nahen Osten und Afrika durch.[506] Sie schließen beispielsweise Werbeverträge mit den Kunden ab. Die Gewinne werden aber sodann im Wesentlichen von dieser Gesellschaft durch hohe Lizenzzahlungen an

500 http://www.cro.ie/search/CompanyDetails.aspx?id=369511&type=C, Abrufdatum: 24.06.2015.

501 *Pinkernell*, StuW 2012, 369 (372).

502 Seit Einführung des Finance Act 1999, sec. 82 enthält der Taxes Consolidation Act 1997 die Vorschrift sec. 23A in Chapter 2 Part 2; vorher definierte Richterrecht die Ansässigkeit und diese war nur zu bejahen, wenn sich in Irland die zentrale Unternehmensleitung und Unternehmenskontrolle (entspricht wohl dem Ort der Geschäftsleitung) befand, vgl.: http://www.revenue.ie/en/tax/ct/basis-charge.html, Abrufdatum: 24.06.2015.

503 *Pinkernell*, StuW 2012, 369 (372).

504 Ergibt sich unter anderem aus den Regelungen IRC § 7701 (a) (4) „domestic corporations or partnerships“ und IRC § 7701 (a) (5) zu „foreign corporations or partnerships“.

505 Vgl. Schilderung bei *Pinkernell*, StuW 2012, 369 (371 ff.).

506 http://www.google.com/about/jobs/locations/dublin/, Abrufdatum: 24.06.2015.

die niederländische Google Netherlands Holdings B.V. weiter „transferiert".[507] Aufgrund der EU-Zins- und Lizenzgebührenrichtlinie[508] darf Irland die Lizenzzahlungen nicht besteuern.[509] Von dort aus wird der Gewinn im Wesentlichen wieder durch hohe Lizenzzahlungen aus den Niederlanden weiter zur Google Ireland Holdings „transferiert". Diese zahlt auf den Bermudas keine Körperschaftsteuer. Eine Quellensteuer auf die Lizenzzahlungen fällt in den Niederlanden nicht an, da solch eine nach nationalem Recht nicht existiert.[510]

Warum eben diese Konstellation gewählt wird, hängt mit der unterschiedlichen Bewertung der Konstruktion aus europäischer und US-amerikanischer Sicht zusammen. Nach dem Steuerrecht der USA können sowohl die Google Ireland Ltd., als auch die Google Netherlands Holdings die transparente Besteuerung wählen, womit im Ergebnis dann nur ein Besteuerungssubjekt (Google Ireland Holdings) besteht.[511] Die jeweiligen Lizenzzahlungen und Lizenzeinnahmen der Gesellschaften stellen somit Einnahmen und Ausgaben einer Gesellschaft dar, weshalb die US-amerikanische Hinzurechnungsbesteuerung nicht zur Anwendung kommt.[512] Zur Besteuerung kommt es erst, wenn die Gewinne bei der Google Ireland Holdings später irgendwann ausgeschüttet werden.[513] Dieser enorme „Steuerstundungsvorteil" beruht somit vor allem auf den grundsätzlich unterschiedlichen Steuervorschriften in den USA und den Mitgliedstaaten der EU.[514]

---

507 *Pinkernell*, StuW 2012, 369 (371).

508 Art. 1 I, 2 lit. b, 3 lit. b der Richtlinie 2003/49/EG des Rates vom 3. Juni 2003 über eine gemeinsame Steuerregelung für Zahlungen von Zinsen und Lizenzgebühren zwischen verbundenen Unternehmen verschiedener Mitgliedstaaten, in ABlEU L 157/49 v. 26.06.2003.

509 *Pinkernell*, Internationale Steuergestaltung im Electronic Commerce (ifst-Schrift Nr. 494), 2014, S. 131 (133); ebenso *Richter/Hontheim*, DB 2013, 1260 (1262).

510 *Pinkernell*, Internationale Steuergestaltung im Electronic Commerce (ifst-Schrift Nr. 494), 2014, S. 131 (133).

511 „check-the-box-election" nach Treasury Regulation § 301.7701–1 bis § 301.7701–3, vgl. *Kroniger/Thies*, Anwendung des check-the-box-Systems auf die KGaA als Joint Venture-Vehicle, in IStR 2002, 397 (400 f.).

512 *Richter/Hontheim*, DB 2013, 1260 (1261); ebenso *Pinkernell*, StuW 2012, 369 (372); IRC § 954 (c).

513 *Richter/Hontheim*, DB 2013, 1260 (1263); vgl. ebenso *Pinkernell*, StuW 2012, 369 (372 f.)

514 *Pinkernell*, Internationale Steuergestaltung im Electronic Commerce (ifst-Schrift Nr. 494), 2014, S. 131 (135).

Skizze 1: (Konstruktion aus „europäischer" Sicht).

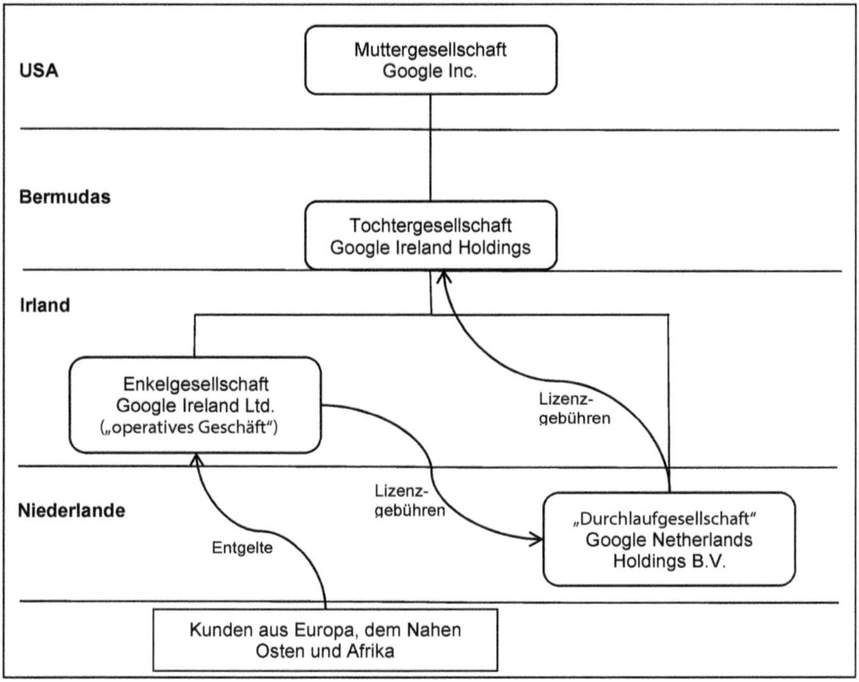

Skizze 2: (Konstruktion aus US-amerikanischer Sicht)[515].

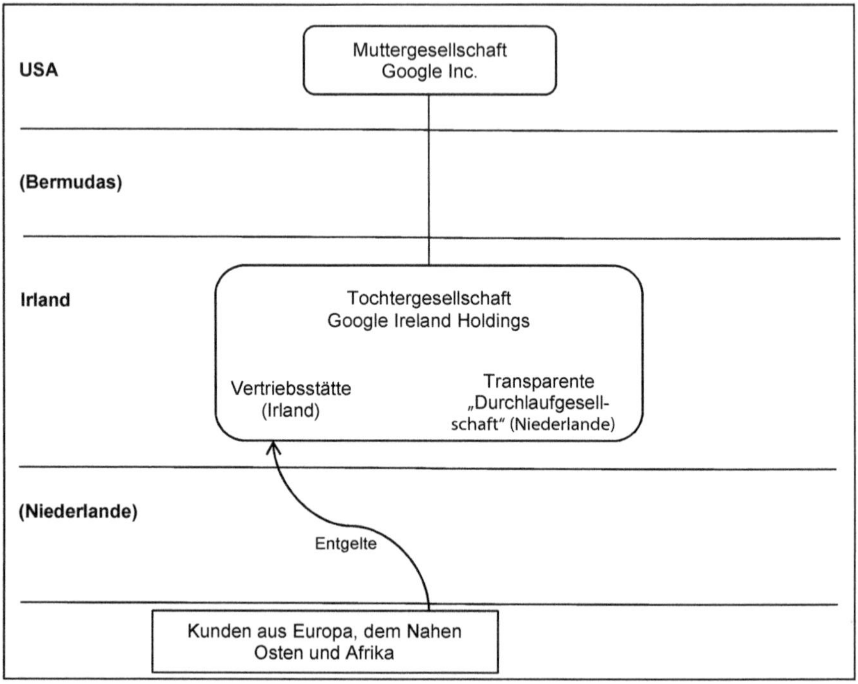

515 Skizze 1 und Skizze 2 ähnlich den Darstellungen bei *Richter/Hontheim*, DB 2013, 1260 (1262 f.); vgl. ebenso *Pinkernell*, StuW 2012, 369 (373); vgl. auch *Pinkernell*, Internationale Steuergestaltung im Electronic Commerce (ifst-Schrift Nr. 494), 2014, S. 131 (135).

D. Steuerliche Wirkungen der Doppelansässigkeit

Im Ansatz muss eine natürliche oder nicht-natürliche Person bei Vorliegen einer Doppelansässigkeit befürchten, doppelt besteuert zu werden. Durch das mittlerweile sehr enge Netz von einzelnen Doppelbesteuerungsabkommen und nationale Anrechnungsvorschriften wird solch eine üblicherweise verhindert werden. Die „Tie-Breaker"-Regelungen legen hier den Ansässigkeitsstaat im Sinne des Abkommens fest und die Verteilungsnormen im jeweiligen Abkommen lösen das Problem durch Anrechnung oder Freistellung in einem Vertragsstaat. Allerdings können die Doppelbesteuerungsabkommen bei Doppelansässigkeit im Einzelfall dazu führen, dass eine Person eben durch die doppelte Ansässigkeit eine geringere Steuerlast trifft, als wenn sie nur in einem der Staaten ansässig wäre.

I. Veränderungen der Steuerlast

Eine Person kann sich in solchen Fällen somit überlegen, eine doppelte Ansässigkeit bewusst herbeizuführen. Dabei muss in beiden Staaten eines der Ansässigkeitsmerkmale tatsächlich erfüllt werden.[516]

1. Natürliche Personen

Wie oben erläutert, sind natürliche Personen in einem Staat ansässig im Sinne des Art. 4 I 1 OECD-MA, wenn sie im jeweiligen Staat nach nationalem Recht ein Ansässigkeitsmerkmal erfüllen, das zur unbeschränkten Steuerpflicht führt. In Betracht kommt hier der Wohnsitz oder der gewöhnliche Aufenthalt. Der gewöhnliche Aufenthalt kann sich aus den Aufenthaltszeiten in einem Staat ergeben. Man darf in einem Staat nicht nur vorübergehend verweilen. In Deutschland schafft § 9 S. 2 AO dadurch Rechtssicherheit, dass jedenfalls bei einem Aufenthalt von mehr als sechs Monaten Dauer von einem gewöhnlichen Aufenthalt in Deutschland ausgegangen wird. Wenn eine Person auf diese Weise die Ansässigkeit herbeiführen will, so sollte sie sich mehr als sechs Monate in Deutschland aufhalten. Das kann aus beruflichen oder familiären Gründen teilweise schwer umsetzbar sein.

Ein weiterer Wohnsitz lässt sich hingegen leichter begründen. Ein Wohnsitz kann dadurch geschaffen werden, dass man eine Wohnung oder ein Haus mietet oder kauft. Jedenfalls muss man, wie oben ausgeführt, über die Räumlichkeiten verfügen können und sie müssen zum dauerhaften Wohnen geeignet sein. Nach § 8 AO reicht es in Deutschland aus, wenn man die Wohnung in größeren Zeitabständen benutzt, aber dies regelmäßig tut. Näheres wurde oben erläutert. Die Person

516 Diese Arbeit behandelt keine Fälle der „Scheinansässigkeit".

kann sich somit eine kleine Wohnung in Deutschland mieten und diese regelmäßig, wenn auch nur in größeren Zeitabständen, benutzen. Auf diese Weise kann auch bei geringen Aufenthaltszeiten in Deutschland ein Wohnsitz geschaffen und somit ein Ansässigkeitsmerkmal erfüllt werden. In anderen Ländern muss natürlich auf das jeweilige nationale Recht abgestellt werden, welches diesbezüglich meist sehr ähnlich ausgestaltet ist.[517] Ohne besondere Schwierigkeiten können auf diese Weise zwei oder mehrere Wohnsitze in verschiedenen Staaten geschaffen werden.[518]

a) Grundsätzliche Betrachtungen

aa) Untersuchung zu den Überschusseinkünften

Fraglich ist nun, wie sich die Steuerlast bei den Ertragsteuern verändert, wenn eine Person eine doppelte Ansässigkeit herbeiführt. Betrachtet wird zunächst eine natürliche Person, die nur Überschusseinkünfte nach § 2 I Nr. 4–7 EStG vorzuweisen hat.[519] Bei doppelter Ansässigkeit muss nach Art. 4 II OECD-MA der Ansässigkeitsstaat im Sinne des Abkommens bestimmt werden. Im Regelfall ist dieser nach Art. 4 II lit. a OECD-MA der Staat, in dem die Person den Mittelpunkt ihrer Lebensinteressen hat.

Wenn sich dieser aufgrund der engeren persönlichen und wirtschaftlichen Beziehungen in Deutschland befindet, so ist die Person für die Verteilungsnormen des Abkommens nur in Deutschland ansässig. In beiden Staaten ist die Person unbeschränkt steuerpflichtig. Wird auf Einkünfte die Anrechnungsmethode angewendet (Art. 23B OECD-MA) so darf der Quellenstaat nur eingeschränkt besteuern, der Ansässigkeitsstaat muss diese gezahlte „fremde Steuer" auf die gewöhnlich berechnete nationale Steuerlast anrechnen.[520] Insgesamt zahlt der Betreffende grundsätzlich immer die Steuer, die sich aus den Steuervorschriften des Ansässigkeitsstaates ergibt.

Bei der Freistellungsmethode (Art. 23A OECD-MA) werden einzelne Einkünfte in einem Land freigestellt und im anderen voll besteuert.[521] Wenn nun Einkünfte im anderen Vertragsstaat besteuert und in Deutschland freigestellt werden, so werden sie in Deutschland grundsätzlich im Wege des Progressionsvorbehalts nach § 32b I 1 Nr. 3 EStG berücksichtigt. § 32b I 2, 3 EStG schließt wiederum bei bestimmten Einkünften den Progressionsvorbehalt trotz Freistellung im Abkommen aus. Gemäß der aktuellen Rechtsprechung des BFH ist zudem der Progressionsvorbehalt jetzt auch anzuwenden, wenn er nur in § 32b EStG steht und nicht ausdrücklich

---

517 Siehe beispielhafte Unterschiede unter **B.I.2** und **B.II.2**.

518 Vgl. BFH Urteil v. 19.03.1997 – I R 69/96, BStBl. II 1997, 447 (448).

519 Untersuchung, wann es zu einer geringeren Steuerlast führt, wenn jemand aus Deutschland wegzieht und seinen Wohnsitz in Deutschland aber beibehält, von: *Nabiałek*, BB 2003, 1194.

520 *Lang*, Introduction to the Law of Double Taxation Conventions, 1. Auflage 2010, S. 128 f.

521 *Lang*, Introduction to the Law of Double Taxation Conventions, 1. Auflage 2010, S. 123 ff.

im Abkommen vorgesehen ist, solange nur das Abkommen ihn nicht explizit verbietet.[522]

Nach dem Grundsatz „lex posterior derogat legi priori" würde aber generell immer das spätere Gesetz gelten, womit der deutsche Gesetzgeber durch Erlass eines Gesetzes nach dem Erlass des betreffenden Vertragsgesetzes für ein Doppelbesteuerungsabkommen auch im Falle eines derartigen Verbotes im Abkommen den Progressionsvorbehalt anwenden könnte. Damit käme es zu einem so genannten „treaty override" durch ein späteres nationales Gesetz. Der BFH zeigt hier, wie auch in aktuellen Vorlagen an das Bundesverfassungsgericht[523], dass er sich mittlerweile gegen die verfassungsrechtliche Zulässigkeit solch einen „treaty override" ausspricht.[524] Er geht nun grundsätzlich von einem Verstoß gegen Völkervertragsrecht und das Rechtsstaatsprinzip aus und hält einen „treaty override" aufgrunddessen für verfassungswidrig.[525] Der BFH begründet die Änderung seiner Sichtweise vor allem mit einem Verweis auf aktuelle Entscheidungen des BVerfG zur innerstaatlichen Wirkung der EMRK.[526] Der BFH wendet deshalb wohl auch hier den § 32b I 1 Nr. 3 EStG bei explizitem Widerspruch zu einem Abkommen nicht an, wenngleich diese Entscheidung bereits vor der Bekanntgabe der geänderten Sichtweise gemäß den oben erwähnten Vorlagen an das BVerfG erging.

In der Literatur wird solch ein „treaty override" aber zum großen Teil nach wie vor für zulässig erachtet.[527] Da die Regelung des § 32b I 1 Nr. 3 EStG zuletzt durch das Jahressteuergesetz 2007 geändert wurde, könnte sie für vorher als Vertragsgesetz beschlossene Abkommen Vorrang im Wege eines „treaty overrides" haben. Auf die Diskussion soll hier nicht näher eingegangen werden.[528] Jedenfalls würde nach Ansicht der wohl herrschenden Literatur dieser explizite Widerspruch im Abkommen konsequenterweise nur bei solchen Abkommen die Anwendung des § 32b I 1 Nr. 3 EStG verhindern, die nach Erlass des Jahressteuergesetzes 2007 als Vertragsgesetz zustande kamen.

---

522 BFH Urteil v. 14.07.2010 – X R 37/08, BStBl. II 2011, 628 (629); ebenso BFH Urteil v. 19.12.2001 – I R 63/00, BStBl. II 2003, 302 (302, 304 f.).

523 BFH Beschluss vom 10.01.2012 – I R 66/09, BFHE 236, 304 zum „treaty override" durch § 50d VIII EStG (anhängig beim BVerfG – 2 BvL 1/12); BFH Beschluss v. 20.08.2014 – I R 86/13, BStBl. II 2015, 18 zum „treaty override" durch § 50d IX 1 Nr. 2 EStG (anhängig beim BVerfG – 2 BvL 21/14).

524 BFH Beschluss vom 10.01.2012 – I R 66/09, BFHE 236, 304 (308 ff.).

525 BFH Beschluss vom 10.01.2012 – I R 66/09, BFHE 236, 304 (308 ff.).

526 BVerfG Beschluss v. 14.10.2004 – 2 BvR 1481/2004, BverfGE 111, 307 (319); BVerfG Beschluss v. 26.10.2004–2 BvR 955/00, 2 BvR 1038/01, BVerfGE 112,1 und BVerfG Urteil v. 04.05.2006 – 2 BvR 2333/08 u.a., BVerfGE 128, 326.

527 Beispielhaft aktuell *Hahn*, BB 2012, 1955 (1960 f.); ebenso *Ismer/Baur*, IStR 2014, 421 (426 f.); differenzierend *Frotscher*, IStR 2009, 593 (598 ff.), der einen Verfassungswidrigkeit des „treaty override" nur für den Fall anerkennt, dass der Betreffende dadurch in Grundrechten eingeschränkt wird, indem er doppelt besteuert wird.

528 Näheres hierzu *Ismer/Baur*, IStR 2014, 421; *Hahn*, BB 2012, 1955.

Der andere Vertragsstaat wiederum kann die in Deutschland besteuerten und von ihm freigestellten Einkünfte ebenso im Wege des Progressionsvorbehalts bei seiner Steuer einbeziehen. Das hängt jeweils von dessem nationalem Recht ab.

Im umgekehrten Fall, wenn der Mittelpunkt der Lebensinteressen im anderen Vertragsstaat liegt, ist die Situation ebenso. Wann nun bei solchen Konstellationen der zweite Wohnsitz (Doppelwohnsitz) in Deutschland gegenüber dem bloßen Wohnsitz im anderen Vertragsstaat zu einer geringeren Steuerlast führt, wurde in einem Aufsatz[529] näher untersucht: Im Ergebnis wurden Formeln erarbeitet, aus denen hervorgeht, dass bei den Überschusseinkünften jeweils der Ort und die Art der Einkünfte entscheidend sind, eine allgemeine Aussage über jegliche Überschusseinkünfte aber nicht möglich ist.[530] Werden in Deutschland inländische Einkünfte erzielt und diese auch nach Schaffung eines zweiten Wohnsitzes im anderen Vertragsstaat nach dem DBA in Deutschland versteuert (Deutschland als Ansässigkeitsstaat nach Art. 4 II OECD-MA) und stehen sämtliche im Ausland versteuerten Einkünfte in Deutschland unter Progressionsvorbehalt, so ändert sich die Steuerlast auf die inländischen (deutschen) Einkünfte logischerweise nicht. Eine weitere Erkenntnis der Untersuchung ist die Folgende: Wenn der andere Vertragsstaat der Ansässigkeitsstaat nach Art. 4 II OECD-MA ist und der Betreffende keine inländischen (deutschen) Einkünfte hat, so ist von einer Ansässigkeit in Deutschland aus steuerlicher Sicht generell abzuraten.[531] Diese Aussage ist jedoch zu allgemein. Vor allem bei Drittstaateneinkünften mit unterschiedlichen Quellensteuersätzen kann sich auch hier die Steuerlast in beide Richtungen verändern.

Einkünfte aus Drittstaaten sind hier solche, die aus keinem der beiden Ansässigkeitsstaaten stammen. Diese können bei einer Doppelansässigkeit prinzipiell nach der jeweiligen nationalen unbeschränkten Steuerpflicht in beiden Staaten besteuert werden. Wenn das Doppelbesteuerungsabkommen zwischen den beiden Ansässigkeitsstaaten eine dem Art. 21 OECD-MA entsprechende Regelung enthält, so gilt dies nicht. Art. 21 I OECD-MA ist eine Auffangregelung und umfasst nicht nur Einkünfte, die aus den Vertragsstaaten stammen und von den Abkommensvorschriften nicht erfasst werden, sondern auch solche, die aus einem Drittstaat stammen.[532] Nach Art. 21 I OECD-MA können diese Einkünfte ohne Rücksicht auf die Herkunft nur im Ansässigkeitsstaat besteuert werden.

Die Dritteinkünfte werden somit nicht doppelt besteuert. Ob und wie hoch der Ansässigkeitsstaat im Sinne des Art. 4 II OECD-MA besteuern darf, hängt auch noch von der Einkunftsart und den Vereinbarungen im konkreten Abkommen ab. Wenn folglich Deutschland der Ansässigkeitsstaat im Sinne des Abkommens ist, kann er besteuern, ansonsten der andere Vertragsstaat. Aufgrund unterschiedlicher Steuersätze nach nationalem Recht kann sich diesbezüglich die Steuerlast ändern.

---

529 *Nabiałek*, BB 2003, 1194.

530 *Nabiałek*, BB 2003, 1194 (1201 f.)

531 *Nabiałek*, BB 2003, 1194 (1202).

532 Art. 21 Tz. 1 OECD-Musterkommentar

bb) Vergleich von beschränkter und unbeschränkter Steuerpflicht

Die beschränkte Steuerpflicht nach § 1 IV EStG tritt nur ein, wenn der Betreffende inländische Einkünfte im Sinne des § 49 EStG vorzuweisen hat. Die Steuer wird beim Arbeitslohn, bei Kapitalerträgen und in den Fällen des § 50a EStG mittels Steuerabzug erhoben und gilt gemäß § 50 II 1 EStG damit als abgegolten. Der Steuerabzug beträgt bei Einkünften nach § 50a I Nr. 1–3 EStG 15 Prozent, bei § 50a I Nr. 4 EStG (zum Beispiel Aufsichtsratsvergütungen) 30 Prozent. Werbungskosten oder Betriebsausgaben können aufgrund des pauschalierten niedrigen Steuersatzes grundsätzlich nicht abgezogen werden, es gilt kein objektives Nettoprinzip.[533] Unter den Voraussetzungen des § 50a III EStG können sie aber berücksichtigt werden, der Steuersatz beträgt bei Ausübung dieses Wahlrechts für natürliche Personen gemäß § 50a III 4 Nr. 1 EStG dann allerdings 30 Prozent. Keine Abgeltungswirkung hat der Steuerabzug in den Fällen des 50 II 2 EStG und es kommt zur Steuerveranlagung. Interessant ist hier das Wahlrecht für Staatsangehörige eines Mitgliedstaat der EU (oder eines Staates des EWR) nach § 46 II Nr. 8, § 50a I Nr. 1, Nr. 2, Nr. 4, § 50 II 7, 2 Nr. 4 lit. b, Nr. 5 EStG. Das Einbeziehen der EU-Bürger stellt sicher, dass durch die Regelung nicht gegen das Recht auf Freizügigkeit nach Art. 45 AEUV in Verbindung mit dem Gleichheitssatz nach Art. 49 AEUV verstoßen wird.[534] Die Regelung ist im Grundsatz auf die Rechtsprechung des EuGH zurückzuführen.[535]

Anders ist es bei der unbeschränkten Steuerpflicht. Im Allgemeinen ist die unbeschränkte Steuerpflicht in Deutschland insoweit vorteilhaft, als die steuerpflichtige Person hier nicht nur Werbungskosten oder Betriebsausgaben, sondern auch Sonderausgaben und persönliche Freibeträge steuermindernd geltend machen kann.[536] Das objektive Nettoprinzip gilt nämlich im Falle der Veranlagung auch bei der beschränkten Steuerpflicht, das subjektive Nettoprinzip allerdings weitgehend nicht.[537] Aus den §§ 50 I 3 und 4, II EStG ergibt sich, dass für die beschränkte Steuerpflicht ein Abzug von Sonderausgaben nur eingeschränkt möglich ist. Bei Arbeitnehmern, die Einkünfte aus nichtselbstständiger Arbeit nach § 49 I Nr. 4 EStG erzielen, ist nach § 50 I 3, 4 EStG lediglich der Abzug von Sonderausgaben nach §§ 10 I Nr. 2 lit. a, Nr. 3, III EStG bis zur Höhe der inländischen Einkünfte im entsprechenden Zeitraum vorzunehmen.[538] Ein Abzug nach § 10d EStG oder von Spenden nach § 10b EStG ist zum Beispiel auch bei beschränkter Steuerpflicht möglich.[539] Diese Ausnahmen

---

533 *Wied*, in: Blümich, EStG, § 50a Rn. 26.

534 Vgl. *Wied*, in: Blümich, EStG, § 50 EStG Rn. 82.

535 Vgl. *Wied*, in: Blümich, EStG, § 50 EStG Rn. 21; vgl. hierzu die Entschidungen zur Bruttobesteuerung: EUGH Urteil v. 03.10.2006 – Rs C-290/04, BStBl. II 2007, 352; EUGH Urteil v. 12.06.2003 – Rs. C-234/01, BStBl. II 2003, 859.

536 *Nabiałek*, BB 2003, 1194 (1195), vgl. §§ 2 III-V, 50 I-IV, 50a IV 1 Nr. 3, 2–4 EStG.

537 *Tiedtke/Langheim*, DStZ 2003, 10 (14).

538 Beachte hierzu Entscheidung des EuGH Urteil v. 31.03.2011 – C-450/09, in Slg. 2011, I-2497–2529 („Schröder"), bei der die Verwehrung des Abzugs nach § 10 I Nr. 1a EStG als Verstoß gegen Art. 63 AEUV angesehen wurde.

539 *Wied*, in: Blümich, EStG, § 50 Rn. 51.

des § 50 I 4, 5 EStG gelten aber nur, wenn die Steuer nicht mit Steuerabzug nach §§ 50a, 50 II 1 EStG als abgegolten gilt.[540] Außergewöhnliche Belastungen nach §§ 33, 33a EStG können generell nicht geltend gemacht werden, § 50 I 3 EStG. Ebenso verhält es sich mit den restlichen Sonderabgaben des § 10 EStG und den Vorschriften der §§ 10a, 10c, 16 IV, § 24b, 32, 32a VI, § 33b und 35a EStG.

Hierbei darf nicht vergessen werden, dass solche „Vorteile", wie etwa die Anwendung des Splittingtarifes bei einem „EU-Bürger" mit Wohnsitz in einem EU-Mitgliedstaat (oder einem Staat des Europäischen Wirtschaftsraums) auch durch die auf Antrag bestehende fiktive unbeschränkte Steuerpflicht nach § 1 III EStG mit § 1a I Nr. 2 EStG erreicht werden können. Die entsprechenden Voraussetzungen des § 1 III EStG müssen gegeben sein. Wenn mindestens 90 Prozent der Einkünfte in Deutschland versteuert werden oder die nicht in Deutschland versteuerten Einkünfte unter dem Grundfreibetrag liegen, ist der Antrag möglich. Ist dies nicht der Fall, so kommt eine solche Vorgehensweise nicht in Betracht.[541]

Falls eine Person die Voraussetzungen für Sonderausgaben oder sonstige personenbezogene Freibeträge wie etwa den Abzug von außergewöhnlichen Belastungen nach § 33a EStG, oder gar den Splittingtarif nach § 32a V EStG (bei gleichzeitiger unbeschränkter Steuerpflicht des Ehepartners bzw. eingetragenen Lebenspartners (§ 2 VIII EStG) im Inland) erfüllen würde, so kann dieser Abzug durch einen zweiten Wohnsitz in Deutschland erreicht werden. Damit die Steuerlast insgesamt aber auch „wirtschaftlich" sinkt, dürfen die Kosten für die Schaffung oder Erhaltung eines zweiten Wohnsitzes nicht außer Acht gelassen werden. Wenn eine Person die Wahl hat zwischen regelmäßigen kurzzeitigen Aufenthalten im Hotel (keine Ansässigkeit) oder einer Wohnung, so sind diese Ausgaben ebenso bei der vergleichenden Betrachtung einzubeziehen.

Ein weiterer Aspekt sind die Regelungen des Gesetzes über die Besteuerung bei Auslandsbeziehungen, des Außensteuergesetzes (AStG). Das AStG wurde durch Art. 1 des „Gesetzes zur Wahrung der steuerlichen Gleichmäßigkeit bei Auslandsbeziehungen und zur Verbesserung der steuerlichen Wettbewerbslage bei Auslandsinvestitionen" eingeführt.[542] Die wichtigsten Regelungen im AStG sind die Hinzurechnungsbesteuerung, die Wegzugsbesteuerung und die erweiterte beschränkte Steuerpflicht.[543] Ein endgültiger Wegzug aus Deutschland nach mindestens zehnjähriger unbeschränkter Steuerpflicht führt nach § 6 AStG grundsätzlich zur Besteuerung der in § 6 AStG genannten Steuergüter. Um die Steuerentstrickung dieser „stillen Reserven" zu verhindern, kann es ratsam sein, seinen Wohnsitz in Deutschland neben dem neuen Wohnsitz beizubehalten, wobei der Betreffende hier

540 Vgl. *Wied*, in: Blümich, EStG, § 50 Rn. 51, 65.

541 Zu beachten: Bei einem „EU-Bürger" mit Wohnsitz in einem Mitgliedstaat der EU, der nach § 50 II 2 Nr. 4, II 7 EStG die Veranlagung beantragt, wird eine Veranlagung durchgeführt. Es gelten jedoch ebenso die nach 50 I 4, 5 EStG genannten Einschränkungen (*Wied*, in: Blümich, EStG, § 50 Rn. 84).

542 Gesetz v. 08.09.1972, in BGBl. I 1972, 1713.

543 *Schmidt*, Außensteuergesetz, 1. Auflage 2012, Einleitung Rn. 2.

natürlich das entsprechende Ansässigkeitsmerkmal weiterhin tatsächlich erfüllen muss.[544] Auch eine zusätzliche Einkommensbesteuerung nach § 2 AStG kann durch Aufrechterhaltung des Wohnsitzes in Deutschland verhindert werden.

Die Ausführungen verdeutlichen, dass keine pauschalen Aussagen getroffen werden können, wann ein doppelter Wohnsitz zu einer geringeren oder höheren Steuerlast führt. Es muss immer der jeweilige Einzelfall detailliert betrachtet werden.

b) Konkrete Einzelfälle

Anhand verschiedener Fallkonstellationen mit Rechtslage aus dem Jahr 2014 soll im Folgenden exemplarisch dargestellt werden, wie sich ein doppelter Wohnsitz bei natürlichen Personen steuerlich auswirken kann.

aa) Situation 1 (Vergleich bei einfachem Fall)

Der Steuerpflichtige P will mit seiner Familie von Deutschland nach Österreich ziehen. P hat Einkünfte aus nichtselbstständiger Arbeit in Österreich in Höhe von € 50.000, in Deutschland besitzt P einige Mietshäuser und bezieht insgesamt Mieteinkünfte (Wohnungsmiete) in Höhe von € 80.000. In Österreich hat P nur Werbungskosten unter € 1.000. In Deutschland entstehen bei den Mietshäusern Werbungskosten in Höhe von € 40.000. Wegen der Verwaltung der Mietshäuser muss sich P auch in Zukunft mit größeren Zeitabständen regelmäßig in Deutschland aufhalten, aber an deutlich weniger als 183 Tagen im Jahr. Der Solidaritätszuschlag, das AStG oder eine etwaige Kirchensteuer bleiben hier außer Betracht.

Wenn P nach Österreich zieht (Wohnsitz nach § 26 I österreichische Bundesabgabenordnung) und seinen Wohnsitz in Deutschland aufgibt, so ist er infolgedessen danach in Deutschland nicht mehr ansässig. Der Wohnsitz nach § 8 AO wurde aufgegeben. Er hält sich zwar regelmäßig in Deutschland auf, aber mit größeren Zeitabständen, weshalb ein gewöhnlicher Aufenthalt nach § 9 AO nicht vorliegt. In diesem Fall ist P nur in Österreich ansässig und in Deutschland nur beschränkt steuerpflichtig. Wenn P aber die Wohnung in Deutschland beibehält, so hat er in Österreich und Deutschland eine Wohnung, ist also jeweils unbeschränkt steuerpflichtig und doppelt ansässig. Im Folgenden wird untersucht, ob und gegebenenfalls wie sich die Steuerlast für P verändert.

Bei Aufgabe des deutschen Wohnsitzes ist P danach in Deutschland nur noch mit seinen inländischen Einkünften beschränkt steuerpflichtig nach §§ 1 IV, 49 I Nr. 6 EStG. Die Steuer wird hier durch Steuerabzug nach § 50a I Nr. 3 EStG in Höhe von 15 Prozent erhoben. Die bei Vermietung der Wohnhäuser entstandenen Werbungskosten in Höhe von € 40.000 kann P nach § 50 II 1 EStG nicht abziehen. Die Steuerbelastung in Deutschland beträgt € 12.000 und gilt nach § 50 II 1 EStG damit als abgegolten. Alternativ kann P die Besteuerung nach § 50 III EStG bei Abzug der Werbungskosten und einem Steuersatz von 30 Prozent wählen. Dabei

544 *Kaminski/Strunk*, IStR 2007, 189 (191).

beträgt die Steuerbelastung in Deutschland hier ebenso € 12.000. In Österreich wird die Einkommensteuer für die Einkünfte aus nichtselbstständiger Tätigkeit nach nationalem Recht erhoben. Die Einkünfte in Deutschland müssen nach Art. 6, 23 II lit. a des Doppelbesteuerungsabkommens mit Österreich[545] in Österreich von der Steuer freigestellt werden. Österreich besteuert nur die Einkünfte aus nichtselbstständiger Tätigkeit und berücksichtigt die „deutschen Einkünfte" lediglich im Wege des Progressionsvorbehalts.[546]

Die Beibehaltung des deutschen Wohnsitzes führt zur zusätzlichen unbeschränkten Steuerpflicht in Deutschland. Aufgrund der Doppelansässigkeit muss nach Art. 4 II OECD-MA der Ansässigkeitsstaat im Sinne des Abkommens bestimmt werden. Hier liegt dieser nach Art. 4 II lit. a des geltenden Abkommens in Österreich. Zu Österreich bestehen aufgrund der Familie die stärkeren persönlichen Bindungen und zudem ist P dort nichtselbstständig tätig, womit auch wirtschaftliche Bindungen bestehen. Die Steuerpflicht und Steuerhöhe in Österreich verändert sich deshalb nicht. Aber in Deutschland wird P nun nach § 1 I EStG, § 8 AO mit seinem Welteinkommen besteuert. P erzielt zwar Einkünfte nach § 21 EStG in Höhe von € 80.000 kann aber € 40.000 als Werbungskosten nach § 9 I 1 EStG abziehen. Die Einkünfte aus nichtselbstständiger Tätigkeit sind nach Art. 15 I des geltenden Abkommens in Deutschland steuerfrei, werden aber im Wege des Progressionsvorbehalts nach § 32b I 1 Nr. 3 EStG berücksichtigt. Folglich ergibt sich die Steuerlast aus § 32b I 1 Nr. 2 lit. a EStG und beträgt ungefährt € 13.097,- (32,7426 % x € 40.000).

Der zweite Wohnsitz in Deutschland führt zu einer höheren deutschen Steuerlast von € 1.097. Des Weiteren dürfen nicht die zusätzlichen Kosten für die Haltung der zweiten Wohnung in Deutschland vergessen werden. Anders kann sich die Situation jedoch dann darstellen, wenn der Betreffende bestimmte Sonderausgaben vorzuweisen hat. Wenn P beispielsweise für Dienstleistungen zur Betreuung von zwei Kindern im Sinne des § 10 I Nr. 5 EStG jeweils € 6.000 ausgibt, kann er bei unbeschränkter Steuerpflicht in Deutschland Sonderausgaben in Höhe von € 8.000 (2/3) geltend machen. Dadurch verringert sich die Steuer auf € 10.185, also € 1.815 weniger als bei beschränkter Steuerpflicht. Im Ergebnis lässt sich also feststellen, dass bei einfach gestrickten Fällen die Doppelansässigkeit gewöhnlich dann zu einer geringeren Steuerlast führt, wenn entsprechende Sonderausgaben vorhanden sind.

---

545 Abkommen v. 24.08.2000 zwischen Deutschland und Österreich zur Vermeidung der Doppelbesteuerung, in BGBl. II 2002, 734 ff.

546 *Herzog*, Handbuch Einkommensteuer, 2012, S. 124 f. mit Verweis auf den Österreichischen VwGH Urteil v. 29.07.2010 – 2010/15/0021, veröffentlicht im RIS: https://www.ris.bka.gv.at/Dokument.wxe?Abfrage=Vwgh&Dokumentnummer=JWT_2010150021_20100729X00, Abrufdatum: 24.06.2015.

bb) Situation 2 (Quelleneinkünfte aus Drittstaaten)

Der Steuerpflichtige P hat im Staat A einen Wohnsitz und in Staat B den gewöhnlichen Aufenthalt, weshalb er in beiden Staaten unbeschränkt steuerpflichtig ist.[547] P erhält Zinseinkünfte aus einer Bank im Staat C. Es ist davon auszugehen, dass zwischen den drei Staaten jeweils ein Abkommen existiert, welches dem OECD-MA entspricht.

Aufgrund des Wohnsitzes und des gewöhnlichen Aufenthaltes ist P sowohl in A als auch in B ansässig, also doppelt ansässig im Sinne des Art. 4 I OECD-MA in Bezug auf das Abkommen zwischen A und B. P verfügt nur in A über eine ständige Wohnstätte, womit er für dieses Abkommen nach Art. 4 II lit. a OECD-MA als nur in A ansässig gilt. Diese Einordnung wirkt nur im bilateralen Verhältnis (A-B) und hat keine Auswirkungen auf die Abkommen der Staaten A und B jeweils mit Staat C.[548] Bei den Zinseinkünften aus C handelt es sich um Drittstaateneinkünfte, die nach Art. 21 I OECD-MA des DBA A-B nur in A besteuert werden dürfen. Aus C stammen die Zinseinkünfte, dort ist P mangels Anknüpfungspunkten jedenfalls nicht ansässig. Bei den Abkommen A-C und B-C ist C immer der Quellenstaat (= Nichtansässigkeitsstaat). Art. 11 OECD-MA regelt die Verteilung der Besteuerungsrechte bei Zinseinkünften. Auszugehen ist davon, dass bei dem Abkommen A-C dem Staat C ein Quellensteuerrecht in Höhe von 15 % zugesprochen wird, während das Abkommen B-C ein Quellensteuerrecht in Höhe von 10 % vorsieht.

Es wird vertreten, dass in diesem Fall eine Günstigerprüfung durchgeführt werden muss, bei der immer das „günstigere“ Abkommen, also hier dasjenige mit dem niedrigeren Quellensteuersatz (10 %) anzuwenden ist.[549] Grund dafür ist, dass der Staat C nur auf diese Weise seine völkerrechtlichen Pflichten aus beiden anwendbaren Abkommen mit A und B erfüllen kann.[550] Ansonsten würde C gegen seine Pflicht aus dem völkerrechtlichen Vertrag mit B verstoßen. Gegen diese Ansicht wird hervorgebracht, dass bei der Besteuerung im Verhältnis zwischen Staat A und C durch die Heranziehung des Abkommens B-C die Besteuerung verkompliziert wird.[551] Doch diese „Schwierigkeiten“ stellen keine Rechtfertigung für einen Verstoß gegen Völkerrecht dar. Jeder Staat hat seine Pflichten, die sich aus völkerrechtlichen Verträgen ergeben, zu erfüllen. Tut er dies nicht, bricht er den Vertrag und geht das Risiko ein, dass der andere Staat sich infolgedessen auch nicht mehr an den entsprechenden Vertrag hält. Zudem würde nach neuerer Ansicht des BFH ein

---

547 Vgl. Fall 6 bei *Haase*, BB 2010, 673 (677 f.).

548 *Frotscher*, in: Haase, AStG/DBA, 2. Auflage 2012, Kapitel II Art. 4 MA Rn. 4.; a.A. nach der bei **E.II.** vorgenommenen „neuen Auslegung“ des Art. 4 I 2 OECD-MA. Für alle drei Abkommen wäre P dann nur in A ansässig und könnte sich deshalb logischerweise auch nur auf das Abkommen A-B und A-C berufen.

549 *Großmann*, Doppelt ansässige Kapitalgesellschaften im internationalen Steuerrecht, 1995, S. 117; ebenso *van Raad*, ET 1993, 298 (301).

550 *Van Raad*, ET 1993, 298 (301).

551 *Haase*, BB 2010, 673 (677 f.)

Verstoß gegen Völkervertragsrecht zur Verfassunswidrigkeit der Maßnahme führen.[552] Deshalb ist grundsätzlich immer das „günstigere" Abkommen anzuwenden.

Vertreten wird auch, dass der Betreffende das Recht hat, das anzuwendende Abkommen frei zu wählen.[553] Ein Argument dagegen ist, dass in Doppelbesteuerungsabkommen systematisch keine Wahlrechte vorgesehen sind.[554] Vor allem muss derjenige Staat dann unter Umständen gegen ein Abkommen, also gegen Völkerrecht verstoßen. Im Ergebnis ist also immer das „günstigere" Abkommen, das mit dem niedrigeren Quellensteuersatz oder gar keiner Quellenbesteuerung heranzuziehen. Da die Abkommen aber unterschiedliche Regelungen bei verschiedenen Einkunftsarten vorweisen, muss in Bezug auf die Drittstaateneinkünfte jeweils separat das „günstigere" Abkommen bestimmt werden.[555] Ansonsten würde der Staat wiederum seine völkerrechtlichen Pflichten nicht vollumfänglich erfüllen.

Durch Schaffung einer Doppelansässigkeit kann somit bei entsprechender Konstellation der Quellensteuersatz verändert werden. Im Regelfall werden aber die Zinseinkünfte im Ansässigkeitsstaat A ebenso besteuert. Es wird die in Staat C gezahlte Quellensteuer nach Art. 11 I OECD-MA angerechnet. Wenn die faktische Steuerlast auf die Zinsen nach dem Recht des Ansässigkeitsstaates (Art. 4 II OECD-MA) 15 % oder mehr beträgt, spielt es für die gesamte Steuerlast keine Rolle, ob die Quellensteuer von C 10 % oder 15 % beträgt. Der Betreffende zahlt zwar bei niedrigerem Steuersatz weniger Quellensteuer in B, schuldet aber eine höhere Steuer in A. Die ihn treffende gesamte Steuerlast verändert sich dann nicht.

Wenn aber die Einkünfte im Land A mit vielen negativen Einkünften „belastet" sind, kann die „faktische" Steuerlast auf Einkünfte im Ansässigkeitsstaat auf unter 15 % sinken. In diesem Fall ist es entscheidend, wie hoch die Quellensteuer im Staat C ist, da die Einkünfte bei Besteuerung im Land A niedriger besteuert werden. Es ist jeweils eineGesamtbetrachtung der konkreten Situation vorzunehmen. Diese Fälle sind bei natürlichen Personen unter Umständen selten. Auszugehen ist von folgender Konstellation: Der Staat A ist Deutschland, der Betreffende hat in Deutschland Einkünfte aus selbstständiger Tätigkeit (Betrieb in Deutschland) in Höhe von € 50.000 (bei Werbungskosten in Höhe von € 30.000). Damit werden Verluste aus dem Vorjahr in Höhe von € 20.000 verrechnet. Er wohnt nicht in B und hat Zinseinkünfte aus C in Höhe von € 20.000. Die etwaige Kirchensteuer und der Solidaritätszuschlag bleiben dabei außer Betracht. Für den Veranlagungszeitraum 2014 beträgt die Steuerlast für die selbstständige Tätigkeit aufgrund der Werbungskosten und der Verlustverrechnung € 0. Auf die Zinseinkünfte von € 20.000 erhebt C 15 Prozent, also € 3.000. In Deutschland wird der „Sparer-Pauschbetrag" nach

---

552 Vgl. BFH Beschluss vom 10.01.2012 – I R 66/09, BFHE 236, 304.

553 *Wassermeyer/Kaeser*, in: Debatin/Wassermeyer, DBA, Art. 4 MA Rn. 4; Art. 21 MA Rn. 54; vgl. auch *Haase*, Steuerliche Wahlrechte bei DBA-Dreieckssachverhalten, in BB 2010, 673 (677).

554 *Haase*, BB 2010, 673 (677).

555 *Heinsen*, in: Grotherr, Handbuch der internationalen Steuerplanung, 3. Auflage 2011, S. 1843 (1846).

§ 20 IX EStG abgezogen. Von den verbleibenden € 19.199 würden für die Zinsen nach § 32d I EStG 25 Prozent, also gerundet € 4.780 anfallen. Aber nach § 32d VI EStG beträgt hier die Einkommensteuer nach Günstigerprüfung € 2.634. Nach § 32d V EStG werden die in C gezahlten € 3.000 bei den € 2.634 angerechnet. Die Steuerlast in Deutschland beträgt € 0 in Staat C € 3.000.

Wenn der Betreffende auch in B einen Wohnsitz hat und dort ebenso ansässig ist, beträgt der Quellensteuersatz lediglich 10 %. Folglich beträgt die Steuerlast in C € 2.000 und in Deutschland € 634. Aber auch hier ist die Steuerlast in beiden Ländern insgesamt gerechnet nur um € 366 niedriger. Jedenfalls kann festgestellt werden, dass der Steuerpflichtige wegen der Doppelbesteuerungsabkommen nach dem OECD-MA durch die zusätzliche Ansässigkeit in B grundsätzlich nicht höhere Steuern zahlen muss.

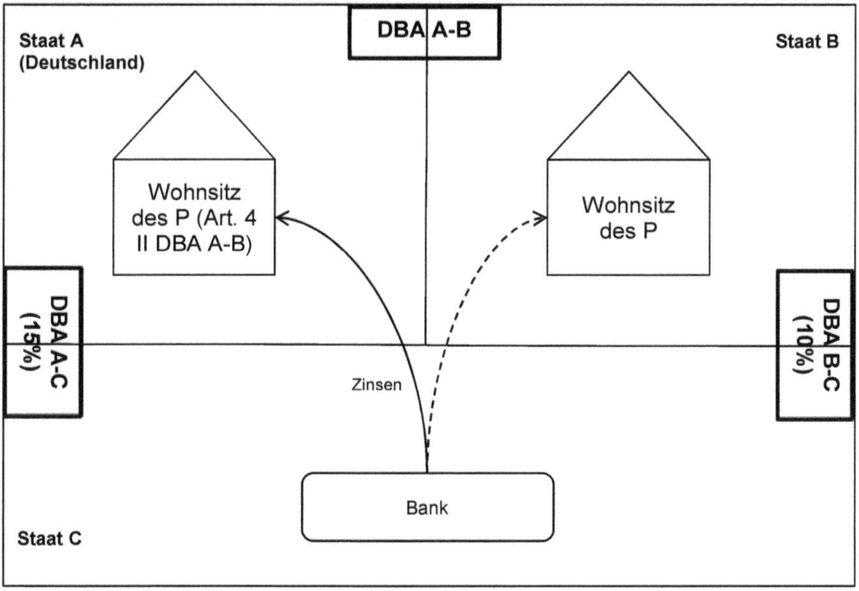

cc) Situation 3 (Fall mit Außensteuergesetz)

Der folgende Fall illustriert eine besondere Konstellation der Doppelansässigkeit in Zusammenhang mit § 2 AStG.[556] Der deutsche P ist in Deutschland aufgrund des Wohnsitzes seit 32 Jahren unbeschränkt steuerpflichtig. Er verzieht nun in den Staat X und den Staat Y. In X ist die ständige Wohnstätte im Sinne des Art. 4 II OECD-MA und in Y ein weiterer Wohnsitz, womit er doppelt ansässig im Sinne des Art. 4 I OECD-MA. Es ist davon auszugehen, dass P weiterhin in Deutschland

556 Beispielsfall von *Haase/Kluger*, BB 2010, 1823 ff.

„wesentliche wirtschaftliche Interessen" im Sinne des § 2 I Nr. 2, III AStG hat. Was nun das Kriterium der „niedrigen Besteuerung" im Sinne des § 2 I Nr. 1, II AStG betrifft, so ist dieses Kriterium nur bei dem Staat X und nicht bei dem Staat Y erfüllt. Zwischen Deutschland, X und Y existieren jeweils Doppelbesteuerungsabkommen, die dem OECD-MA entsprechen. P erhält als Zinszahlung für die Gewährung eines dinglich ungesicherten Darlehens an eine deutsche GmbH € 20.000.[557]

Der § 2 AStG regelt eine erweiterte beschränkte Steuerpflicht in bestimmten Fällen. Ziel dieser Regelung ist es, die Steuervorteile zu begrenzen, die bestimmte Personen durch einen Wegzug ins niedriger besteuerte Ausland erreichen können.[558] Die erweitert beschränkte Steuerpflicht im Sinne des § 2 AStG ist lex specialis zur allgemeinen beschränkten Steuerpflicht nach §§ 1 IV, 49 EStG, diese wird überlagert.[559] Erfasst werden von der erweiterten beschränkten Steuerpflicht neben den inländischen Einkünften im Sinne des § 49 I EStG auch sämtliche Einkünfte, welche bei unbeschränkter Steuerpflicht nichtausländische Einkünfte im Sinne des § 34d EStG sind.[560]

P hat keinen Wohnsitz mehr in Deutschland und ist folglich zunächst mit den inländischen Einkünften beschränkt steuerpflichtig nach den §§ 1 IV, 49 EStG. Das Darlehen an die deutsche GmbH ist nicht dinglich gesichert, womit es nicht unter §§ 20 I Nr. 7, 49 I Nr. 5 lit. c EStG fällt. Wenn P unbeschränkt steuerpflichtig wäre, so würden diese Kapitaleinkünfte nach § 34d Nr. 6 EStG auch keine ausländischen Einkünfte darstellen. Deshalb fallen diese Zinseinkünfte unter die erweiterte beschränkte Steuerpflicht nach § 2 AStG, aber nicht unter die allgemeine beschränkte Steuerpflicht.[561] Ob diese € 20.000 von Deutschland besteuert werden dürfen, hängt zunächst von der Bejahung der Voraussetzungen des § 2 AStG ab.

Die Schwierigkeit besteht hier darin, dass eine „Niedrigbesteuerung" nur bei Staat X, aber nicht bei Staat Y angenommen werden kann. Aus dem Wortlaut des § 2 AStG ergibt sich, dass eben dieser Fall, Wegzug in zwei Staaten, von denen nur einer „niedrig besteuert", nicht bedacht wurde.[562] Genannt wurde nur der Fall, dass eine Person nach dem Wegzug in einem Niedrigsteuerland oder in keinem ausländischen Gebiet mehr ansässig ist. In der Literatur werden verschiedene Ansichten vertreten, ob § 2 AStG hier einschlägig ist oder nicht.[563] Die Ansicht, dass immer

557 Vgl. Beispielsfall von *Weggenmann/Kaiser*, in: Haase, AStG/DBA, 2. Auflage 2012, Kapitel I, § 2 AStG Rn. 138.

558 *Weggenmann/Kaiser*, in: Haase, AStG/DBA, 2. Auflage 2012, Kapitel I, § 2 AStG Rn. 2.

559 *Weggenmann/Kaiser*, in: Haase, AStG/DBA, 2. Auflage 2012, Kapitel I, § 2 AStG Rn. 10.

560 *Weggenmann/Kaiser*, in: Haase, AStG/DBA, 2. Auflage 2012, Kapitel I, § 2 AStG Rn. 130; zum früheren Meinungsstreit hierzu Rn. 124 ff.

561 *Weggenmann/Kaiser*, in: Haase, AStG/DBA, 2. Auflage 2012, Kapitel I, § 2 AStG Rn. 138.

562 *Haase/Kluger*, BB 2010, 1823 (1823).

563 Siehe Darstellung der Meinungen bei *Haase/Kluger*, BB 2010, 1823 (1823).

die für den Steuerpflichtigen belastendere Ansässigkeit entscheidend sei[564], findet im Gesetz keinen Rückhalt.[565] Nach anderer Meinung ist die Doppelansässigkeit bei § 2 I 1 Nr. 1 AStG eben nicht vorgesehen, nicht geregelt und somit ergibt sich hieraus keine Doppelansässigkeit.[566] Wenn man davon ausgeht, dass das Gesetz eine spätere Ansässigkeit in einem „Niedrigsteuerland“ verlangt, und diese ist hier gegeben, spielt es keine Rolle, dass daneben noch eine weitere Ansässigkeit besteht.[567]

Wenn nun Deutschland besteuert, könnte dies aber gegen bestehende Doppelbesteuerungsabkommen verstoßen. Nach einhelliger Ansicht haben die Doppelbesteuerungsabkommen grundsätzlich Vorrang vor § 2 AStG.[568] Das bedeutet, die Zuweisungen der Besteuerungsrechte nach einem Doppelbesteuerungsabkommen gehen dem § 2 AStG vor.

Des Weiteren ist in diesem Fall davon auszugehen, dass das Abkommen zwischen Deutschland und Staat X zusätzlich eine Klausel beinhaltet, die Deutschland die Besteuerung für fünf Jahre nach dem Wegzug erlaubt. Das Abkommen zwischen Deutschland und dem Staat Y enthält keine derartige Klausel. Wie bei Situation 2 ausgeführt, kann hier kein Wahlrecht ausgeübt werden, da ansonsten Deutschland unter Umständen gegen ein Abkommen verstoßen würde. Stattdessen ist hier zugunsten des Steuerpflichtigen immer dasjenige Abkommen anzuwenden, welches keine derartige Klausel vorsieht, also das Abkommen mit Staat Y. So wird die Einhaltung der völkervertraglichen Pflichten sichergestellt. Nach dem Abkommen mit Y kann Deutschland für Zinsen nach Art. 11 I OECD-MA 10 % der Zinsen als Quellensteuer einbehalten, die erweiterte Steuerpflicht nach § 2 AStG wird hier folglich durch das Abkommen begrenzt.[569] Den Rest besteuert der Ansässigkeitsstaat.

Die Bestimmung der Ansässigkeit nach dem Abkommen zwischen X und Y nach Art. 4 II OECD-MA spielt für die Bewertung der Situation keine Rolle.[570]

---

564 *Elicker*, in: Blümich, AStG, § 2 Rn. 17.

565 *Haase/Kluger*, BB 2010, 1823 (1823).

566 Nennung dieser Meinung bei *Haase/Kluger*, BB 2010, 1823 (1823).

567 *Haase/Kluger*, BB 2010, 1823 (1823) mit Hinweis auf *Wassermeyer*, in Flick/Wassermeyer/Baumhoff, AStG, alte Kommentierung (vor 66. EL), § 2 Rn. 60a; a.A. aktuelle Kommentierung von *Baßler*, in: Flick/Wassermeyer/Baumhoff/Schönfeld, AStG, § 2 Rn. 60, der den Tatbestand des § 2 AStG in diesem Fall verneint.

568 *Weggenmann/Kaiser*, in: Haase, AStG/DBA, 2. Auflage 2012, Kapitel I, § 2 AStG, Rn. 14; vgl. ebenso *Elicker*, in: Blümich, AStG, § 2 Rn. 9; vgl. ebenso BMF AEAStG, IV B 4-S 1340–11/04, Stand: 14.05.2004, BStBl. I 2004, Sondernummer 1/2004, Tz. 2.0.2; auch *Haase/Kluger*, BB 2010, 1823 (1824).

569 Vgl. hierzu die Ausführungen bei *Weggenmann/Kaiser*, in: Haase, AStG/DBA, 2. Auflage 2012, Kapitel I, § 2 AStG, Rn. 16.

570 *Haase/Kluger*, BB 2010, 1823 (1824); vgl. auch *Frotscher*, in: Haase, AStG/DBA, 2. Auflage 2012, Kapitel II Art. 4 MA Rn. 4; aber wie oben a.A. nach der bei **E.II.** vorgenommenen „neuen Auslegung“ des Art. 4 I 2 OECD-MA: Für alle drei Abkommen wäre P dann nur in X ansässig und könnte sich deshalb logischerweise auch nur auf das Abkommen Deutschland-X oder X-Y berufen.

Diese Fallkonstellation ist aber wohl in der Praxis unbedeutend. Das liegt daran, dass das Bundesministerium der Finanzen verlangt, dass der Betreffende nach dem Wegzug „nur in niedrig besteuernden ausländischen Gebieten ansässig ist“[571]. Es wird eine teleologische Reduktion der Vorschrift vorgenommen, womit die Einschlägigkeit von § 2 AStG in diesen Fällen verneint wird.[572] Demnach kann durch die Schaffung eines zweiten Wohnsitzes in einem Land, das kein „Niedrigsteuerland“ ist, die erweiterte beschränkte Steuerpflicht verhindert werden.

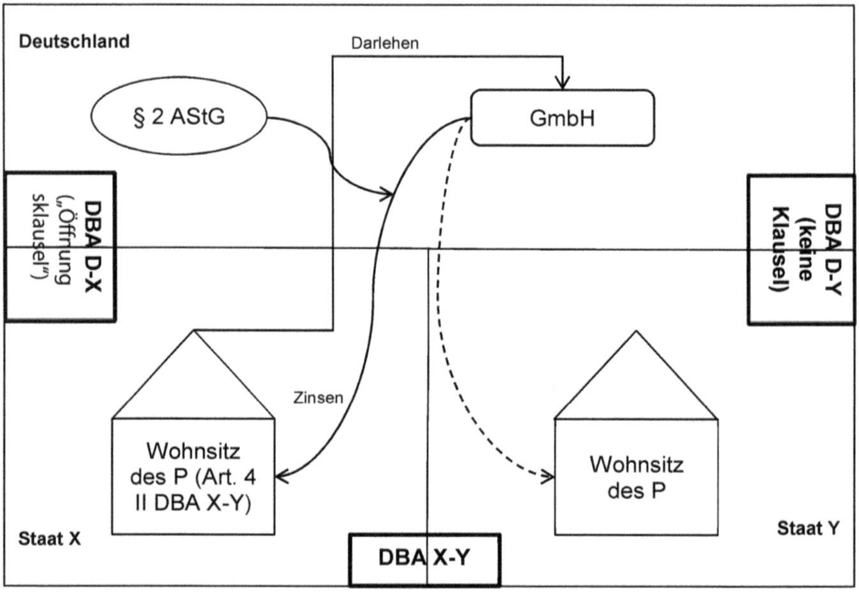

2. Kapitalgesellschaften

Auch nicht natürliche Personen können doppelt ansässig sein. Dazu kommt es, wenn entweder (1) der Sitz in einem Staat und der Ort der Geschäftsleitung in einem anderen Staat liegt oder (2) der Ort der Geschäftsleitung in zwei verschiedenen Ländern verortet ist. Die Doppelansässigkeit kann somit zum Beispiel durch Wegzug, Verschmelzung zweier Unternehmen oder moderne dezentrale

571 BMF AEAStG, IV B 4-S 1340–11/04, Stand: 14.05.2004, BStBl. I 2004, Sondernummer 1/2004, Tz. 2.2.1 Nr. 1.

572 *Baßler*, in: Flick/Wassermeyer/Baumhoff/Schönfeld, AStG, § 2 Rn. 60 mit weiteren Nachweisen.

Unternehmensstrukturen entstehen. Sie kann natürlich auch im Einzelfall bewusst herbeigeführt werden.[573]

a) Keine Betrachtung von Personengesellschaften

Wie bei **B.III.2** näher ausgeführt, sind Personengesellschaften in Deutschland als nicht ansässig im Sinne des Art. 4 I OECD-MA anzusehen. Aufgrund der transparenten Besteuerung in Deutschland ergeben sich bei grenzüberschreitenden Fällen zahlreiche Besonderheiten. Das grundsätzliche Problem und das Vorgehen bei Personengesellschaften wird bei **B.III.2** angesprochen. Diese Besonderheiten können hier nicht behandelt werden. Es ist ein eigenständiger komplexer Themenbereich, der auch von der Literatur bereits umfassend erörtert worden ist.[574] Auch andere nicht natürliche Personen, wie etwa ein Verein oder eine Stiftung, werden nicht näher untersucht. Im Folgenden beschränkt sich diese Arbeit im Bereich der nicht natürlichen Personen auf Kapitalgesellschaften.

b) Konkrete Einzelfälle (z.B. „Dreiecksverhältnisse")

Auch im Körperschaftsteuergesetz gibt es die unbeschränkte und die beschränkte Steuerpflicht. Körperschaften, die weder ihren Ort der Geschäftsleitung noch ihren Sitz in Deutschland haben, oder sonstige nicht unbeschränkt Steuerpflichtige sind nach § 2 Nr. 1, 2 KStG mit den inländischen Einkünften beschränkt steuerpflichtig. Ob eine ausländische Gesellschaft als Körperschaft besteuert wird, hängt damit zusammen, ob sie in Bezug auf den rechtlichen Aufbau und die wirtschaftliche Ausgestaltung einer in § 1 I Nr. 1 bis 4 KStG aufgeführten deutschen Körperschaft entspricht.[575]

Um zu bestimmen, was die inländischen Einkünfte im Sinne des § 2 Nr. 1 KStG sind, wird gemäß § 8 I KStG auf den Katalog in § 49 EStG zurückgegriffen.[576] § 2 Nr. 2 KStG bezieht sich auf inländische Gebilde des öffentlichen Rechts, die nicht unter § 1 I Nr. 6 KStG fallen[577], und ist für die Betrachtung hier irrelevant. Bei der Einkünfteermittlung im Rahmen der beschränkten Steuerpflicht gibt es einige

---

573 Diese Arbeit behandelt keine Fälle der „Scheinansässigkeit", sondern nur Fälle, in denen die Kapitalgesellschaft auch tatsächlich doppelt ansässig ist.

574 Beispielhafte Literatur: *Wassermeyer/Richter/Schnittker*, Personengesellschaften im Internationalen Steuerrecht, 1. Auflage 2010; *Wehrße*, Grenzüberschreitende Besteuerung von Personengesellschaften im internationalen Vergleich, 2011; *Dölker*, Die Besteuerung von Personengesellschaften im internationalen Steuerrecht, 2012; interessant auch *Thießen*, Dreiecksverhältnisse im Internationalen Steuerrecht unter Beteiligung doppelt ansässiger Kapitalgesellschaften, 2010.

575 *Lambrecht*, in: Gosch, KStG, 2. Auflage 2009, § 2 Rn. 17.

576 BFH Urteil v. 13.11.2002 – I R 90/01, BStBl. II 2003, 249 (249);vgl. ebenso *Lambrecht*, in: Gosch, KStG, 2. Auflage 2009, § 2 Rn. 28.

577 *Lambrecht*, in: Gosch, KStG, 2. Auflage 2009, § 2 Rn. 36.

Sonderregelungen. Gemäß § 8 I KStG sind auch hier §§ 50, 50a EStG anzuwenden.[578] Es gilt das oben Gesagte. Daneben ordnet § 32 I Nr. 2 KStG an, dass die Steuer mit dem Steuerabzug als abgegolten gilt, wenn die Einkünfte nicht in einem inländischen gewerblichen oder land- oder forstwirtschaftlichen Betrieb anfallen. Wegen der Verweisung auf § 50 I EStG gilt auch hier, dass bestimmte Sonderausgaben im Gegensatz zur unbeschränkten Steuerpflicht nicht abgesetzt werden können. Die Sonderausgaben des § 10 EStG sind für eine Kapitalgesellschaft aber nicht einschlägig, ebenso wenig § 32a VI oder § 33 EStG. §§ 10b und 10d EStG sind jedoch anwendbar unter Berücksichtigung gesonderter Regelungen im KStG, wie etwa § 9 I Nr. 2 KStG.

Bei doppelter Ansässigkeit bleibt die Person in beiden Staaten unbeschränkt steuerpflichtig und kann entsprechende Steuervergünstigungen grundsätzlich weiterhin in Anspruch nehmen.[579] Bei einigen Staaten können zum Beispiel Wirtschaftsgüter zum Buchwert auf andere Steuersubjekte übertragen werden.[580] In Großbritannien gab es zum Beispiel bis zum Jahr 1986 die Möglichkeit, durch Gestaltung einen Steueraufschub und späteren Steuerausfall zu bewirken.[581]

Außergewöhnlich ist in Deutschland, dass die Befreiungen des § 5 I KStG mit Ausnahme von § 5 I Nr. 9 KStG nur für unbeschränkt Steuerpflichtige gelten, wobei dies wohl teilweise unionsrechtswidrig ist.[582] Die Befreiung für Körperschaften zur Vermögensverwaltung bestimmter nicht rechtsfähiger Berufsverbände nach § 5 I Nr. 6 KStG ist bei beschränkter Steuerpflicht nicht möglich. Nach § 5 I Nr. 9, II Nr. 2 KStG sind gemeinnützige Körperschaften bei unbeschränkter Steuerpflicht und einer Ansässigkeit in einem Land, das nicht zur Europäischen Union gehört, von der Befreiung ebenso ausgeschlossen. Die zusätzliche Ansässigkeit in Deutschland (doppelte Ansässigkeit) hat somit in bestimmten Fällen die Steuerbefreiung in Deutschland zur Folge. Der proportionale Steuersatz beträgt in Deutschland nach § 23 I KStG 15 Prozent.

Auch hier gilt die Hinzurechnungsbesteuerung nach §§ 7 ff. AStG, die durch eine Beibehaltung der unbeschränkten Steuerpflicht teilweise verhindert werden kann.[583] Trotz doppelter Ansässigkeit kann es jedoch bei abkommensrechtlicher Ansässigkeit im anderen Staat nach § 20 II AStG in bestimmten Fällen zur Besteuerung nach §§ 7 ff. AStG kommen.[584] Zudem existiert eine „Wegzugsbesteuerung“

---

578 *Rengers*, in: Blümich, EStG, § 2 KStG Rn. 52 ff.

579 *Thießen*, Dreiecksverhältnisse im internationalen Steuerrecht unter Beteiligung doppelt ansässiger Kapitalgesellschaften, 2010, S. 70.

580 *Thießen*, Dreiecksverhältnisse im internationalen Steuerrecht unter Beteiligung doppelt ansässiger Kapitalgesellschaften, 2010, S. 70.

581 Näheres siehe *van Raad*, in: Hausmann/van Raad/Raupach/Veelken, Steuergestaltung durch doppelt ansässige Gesellschaften, 1988, S. 1 ff. (5).

582 Vgl. Ausführungen bei *Rengers*, in: Blümich, EStG, § 1 KStG Rn. 21.

583 *Lambrecht*, in: Gosch, KStG, 2. Auflage 2009, § 1 Rn. 63.

584 *Kollruss*, IStR 2008, 316 (318 f.); dabei kommt es zu einem „treaty override“, siehe § 20 I AStG.

gemäß § 12 III KStG.[585] Durch die Beibehaltung des Sitzes in Deutschland besteht die unbeschränkte Steuerpflicht fort und sie gilt grundsätzlich nicht nach § 12 III KStG als aufgelöst. Die Auflösung hätte nach § 11 KStG die Folge der Abwicklung und der Besteuerung des so genannten „Totalgewinns".[586] Das heißt sämtliche stillen Reserven, die sich über die Jahre gebildet haben, werden besteuert.[587]

Zu dieser Besteuerung kommt es aber nur, wenn eine Körperschaft nach dem Wegzug in keinem Staat der EU oder des Europäischen Wirtschaftsraums mehr unbeschränkt steuerpflichtig ist.[588] Ein Wegzug und Zuzug innerhalb der Staaten der EU oder des EWR führt zu keiner Besteuerung nach § 12 III KStG. § 12 III 2 KStG ordnet die gleiche Rechtsfolge an, wenn die Körperschaft nach einem Doppelbesteuerungsabkommen als nicht mehr in einem Staat der EU oder EWR ansässig gilt.[589] Damit ist die Regelung der Ansässigkeit nach Art. 4 OECD-MA (insbesondere Art. 4 III OECD-MA) gemeint.[590] Wenn also ein Abkommen im Falle einer Doppelansässigkeit gemäß Art. 4 III OECD-MA nach dem Wegzug die alleinige Ansässigkeit in einem Nicht EU- oder EWR-Staat bestimmt, so kommt § 12 III 1 KStG zur Anwendung. Die Vorschrift bezieht sich auf Doppelbesteuerungsabkommen Deutschlands mit anderen Staaten.

Die spätere beschränkte Steuerpflicht in Deutschland verhindert nach einer Ansicht entgegen dem Wortlaut die Folgen des § 12 KStG insoweit, als das entsprechende Wirtschaftsgut, zum Beispiel durch eine Betriebsstätte im Inland, weiterhin in Deutschland steuerverstrickt bleibt, da es ansonsten zu einer Übermaßbesteuerung kommen würde.[591] Andere wiederum halten am Wortlaut fest und sehen keinen Grund für eine teleologische Reduktion.[592] Überzeugender ist hier wohl, keine teleologische Reduktion vorzunehmen. Der Gesetzgeber hat bewusst den Fall des Verlustes der unbeschränkten Steuerpflicht in einem Staat der EU oder EWR als Ansatzpunkt für die Besteuerung genommen und nichts Abweichendes geregelt.[593] Folglich fehlt es an einer planwidrigen Regelungslücke der gesetzlichen Regelung.

---

585 Näheres zu § 12 III KStG und dessen Rechtsfolgen bei *Rehberg*, Der Zuzug und Wegzug von Kapitalgesellschaften in gesellschafts- und steuerrechtlicher Sicht, 2011, S. 192 ff.

586 *Lambrecht*, in: Gosch, KStG, 2. Auflage 2009, § 11 Rn. 1.

587 *Lambrecht*, in: Gosch, KStG, 2. Auflage 2009, § 11 Rn. 3.

588 *Hofmeister*, in: Blümich, § 12 KStG Rn. 94, ebenso mit dem Hinweis auf die Gesetzesbegründung *Rehberg*, Der Zuzug und Wegzug von Kapitalgesellschaften in gesellschafts- und steuerrechtlicher Sicht, 2011, S. 193 f.

589 *Lambrecht*, in: Gosch, KStG, 2. Auflage 2009, § 12 Rn. 110 f.

590 *Hofmeister*, in: Blümich, EStG, § 12 KStG Rn. 95.

591 *Hofmeister*, in: Blümich, EStG, § 12 KStG Rn. 99 ff.

592 *Lambrecht*, in: Gosch, KStG, 2. Auflage 2009, § 12 Rn. 93.

593 *Lambrecht*, in: Gosch, KStG, 2. Auflage 2009, § 12 Rn. 93.

aa) Situation 1

Die X-GmbH hat zunächst in Deutschland ihren Sitz und ihren Ort der Geschäftsleitung. Sie verzieht nun in einen Nicht-EU/-EWR-Staat. In Deutschland bleibt nur eine kleine unbedeutende Betriebsstätte mit Einkünften in Höhe von € 150.000 (Betriebsausgaben: € 50.000) zurück. Sie könnte nun ihren statuarischen (im Register eingetragenen) Sitz in Deutschland ohne Probleme beibehalten, bräuchte hierfür lediglich eine Anschrift in Deutschland.[594] Wenn der statuarische Sitz in Deutschland fortbesteht, ist die GmbH im neuen Staat und weiterhin in Deutschland ansässig, also doppelt ansässig.

Anders ist es zu sehen, wenn auch der Satzungssitz verlegt werden sollte. Der Satzungssitz einer deutschen GmbH kann nämlich nicht unter Beibehaltung der Rechtsform in ein Nicht-EU-/EWR-Land verlegt werden[595], aber die X-GmbH kann sich als Kapitalgesellschaft nach dem dortigen Recht im Register eintragen lassen (sofern möglich nach dessen nationalem Recht). In diesem Fall wird die Gesellschaft in Deutschland „aufgelöst“, es kommt aber nicht zur Abwicklung, womit § 11 KStG nicht eingreift.[596] § 12 III KStG ordnet die Besteuerung der stillen Reserven an. Mit den Einkünften aus der inländischen Betriebsstätte ist die X-GmbH in Deutschland beschränkt körperschaftsteuerpflichtig nach §§ 2 Nr. 1, 8 I KStG, 49 I Nr. 2 lit. a EStG. Der Solidaritätszuschlag und die Gewerbesteuer bleiben außer Betracht. Die Körperschaftsteuerpflicht beträgt dann € 15.000. Das entsprechende Doppelbesteuerungsabkommen zwischen Deutschland und dem neuen Staat belässt dieses Besteuerungsrecht nach Art. 7 I OECD-MA auch bei Deutschland. Der neue Ansässigkeitsstaat darf diese Einkünfte nach Art. 23A I OECD-MA nicht besteuern.

Wenn der Satzungssitz in Deutschland beibehalten wird, so ist X in Deutschland aufgrund des Sitzes weiterhin unbeschränkt steuerpflichtig und § 12 III 1 KStG greift nicht ein. Nach § 4 III OECD-MA muss jedoch der Ansässigkeitsstaat im Sinne des Abkommens bestimmt werden. Da sich in Deutschland nur der Sitz und eine kleine unbedeutende Betriebsstätte befindet, ist der Ort der tatsächlichen Geschäftsleitung im neuen Staat. Die Gesellschaft ist im Sinne des Abkommens nur im neuen Nicht-EU/EWR-Staat ansässig und § 12 III 2 KStG greift ein. Für die Anwendung des § 12 III KStG spielt es somit keine Rolle, ob die X-GmbH noch ihren Sitz in Deutschland belässt oder nicht. Aufgrund der unbeschränkten Steuerpflicht in Deutschland nach § 1 I Nr. 1 KStG, § 11 AO unterliegen zunächst sämtliche Einkünfte der X-GmbH der deutschen Besteuerung, also auch die der Betriebsstätte. Aber nach dem Abkommen ist der neue Staat der Ansässigkeitsstaat und somit beschränkt das Abkommen nach Art. 7 I OECD-MA wiederum die Besteuerungsrechte Deutschlands auf diejenigen aus der inländischen Betriebsstätte.

---

594 Siehe § 4a KStG; vgl. *Fastrich*, in: Baumbach/Hueck, GmbHG, 20. Auflage 2013, § 4a Rn. 11.

595 *Fastrich*, in: Baumbach/Hueck, GmbHG, 20. Auflage 2013, § 4a Rn. 9.

596 *Lambrecht*, in: Gosch, KStG, 2. Auflage 2009, § 11 Rn. 29 ff.

In dieser Konstellation macht es im Rahmen der Körperschaftsteuer keinen Unterschied, ob die Gesellschaft doppelt ansässig ist oder nicht. Aber dennoch kann die Doppelansässigkeit deshalb gewählt werden, um die Rechtsform der deutschen GmbH beibehalten zu können. Voraussetzung hierfür ist, dass der neue Ansässigkeitsstaat die Rechtsfähigkeit der deutschen GmbH anerkennt oder ihr unabhängig davon die Steuersubjekteigenschaft zugesteht.[597]

bb) Situation 2 (Quelleneinkünfte aus Drittstaaten)

Auszugehen ist von folgender, der Situation 2 bei natürlichen Personen vergleichbarer, Konstellation:[598] Die Kapitalgesellschaft K hat im Staat A ihren Ort der Geschäftsleitung und in Staat B den Sitz, womit sie in beiden Staaten ansässig im Sinne des Art. 4 I 1 OECD-MA ist. Im Staat C führt die Gesellschaft Montagetätigkeiten für einen zusammenhängenden Zeitraum von 7 Monaten aus. Nach dem Abkommen zwischen A und C stellt die Montagetätigkeit für mehr als 6 Monate eine Betriebsstätte im Sinne des Art. 5 OECD-MA dar (Abweichung zum Musterabkommen). Nach dem Abkommen zwischen B und C gilt nach Art. 5 III OECD-MA eine notwendige Mindestzeit von 12 Monaten. Im Übrigen entsprechen alle drei Abkommen zwischen A, B und C dem OECD-MA.

In Bezug auf das Abkommen zwischen A und B ist K aufgrund des tatsächlichen Ortes der Geschäftsleitung in B gemäß Art. 4 III OECD-MA nur in A ansässig. Diese Einordnung wirkt nur im bilateralen Verhältnis (A-B) und hat keine Auswirkungen auf die Abkommen der Staaten A und B jeweils mit Staat C.[599] Die Montageeinkünfte aus C sind Drittstaateneinkünfte, welche nach Art. 21 I OECD-MA des DBA A-B nur vom Ansässigkeitsstaat A besteuert werden dürfen. Bei den Abkommen A-C und B-C ist immer C der Quellenstaat. Nach Art. 7 I OECD-MA wird die Verteilung der Einkünfte bei Betriebsstätten grundsätzlich so geregelt, dass der Staat, in dem sich die Betriebsstätte befindet, die auf sie entfallenden Einkünfte besteuern kann.

Nach dem Abkommen A-C handelt es sich bei den Montagetätigkeiten von 9 Monaten um eine Betriebsstätte, womit C für deren Einkünfte das Besteuerungsrecht zusteht. Der Ansässigkeitsstaat A besteuert die restlichen Einkünfte des Unternehmens und muss die Einkünfte der Betriebsstätte nach Art. 23A I OECD-MA

---

597 *Thießen*, Dreiecksverhältnisse im internationalen Steuerrecht unter Beteiligung doppelt ansässiger Kapitalgesellschaften, 2010, S. 69; vgl. auch *Debatin*, GmbHR 1991, 164 (169 f.).

598 Beispiel bei *Heinsen*, in: Grotherr, Handbuch der internationalen Steuerplanung, 3. Auflage 2011, S. 1843 (1846 f.); vgl. ebenso Fallkonstellation bei *Göschl/Kovar/Wahrlich*, in: Lang/Jirousek, Praxis des internationalen Steuerrechts, 2005, S. 111 (123 f.).

599 *Frotscher*, in: Haase, AStG/DBA, 2. Auflage 2012, Kapitel II Art. 4 MA Rn. 4.; a.A. nach der bei **E.II.** vorgenommenen „neuen Auslegung“ des Art. 4 I 2 OECD-MA. Für alle drei Abkommen wäre K dann nur in A ansässig und könnte sich deshalb logischerweise auch nur auf das Abkommen A-B und A-C berufen.

freistellen. Aber nach dem Abkommen B-C wird in C nach Art. 5 III OECD-MA keine Betriebsstätte begründet (weniger als 1 Jahr) und das Besteuerungsrecht verbleibt bei B. Zu klären ist, ob auf diese Einkünfte das Abkommen A-C oder B-C anzuwenden ist.

Wie bei Situation 2 bei natürlichen Personen ausgeführt, wird hier teilweise von einem Wahlrecht ausgegangen.[600] Vorzugswürdig ist aber die Ansicht, dass zwingend das günstigere Abkommen anzuwenden ist. Um sich völkervertraglich korrekt zu verhalten, darf B nicht besteuern (Grund: Abkommen A-B), C auch nicht (Grund: Abkommen B-C) und A ebenso nicht (Grund: Abkommen A-C). Es kommt hier zur „Keinmalbesteuerung". Dies ist von den beteiligten Staaten nicht gewollt, die Kapitalgesellschaft strebt aber unter Umständen solch eine Gestaltung zur Steuerersparnis an.

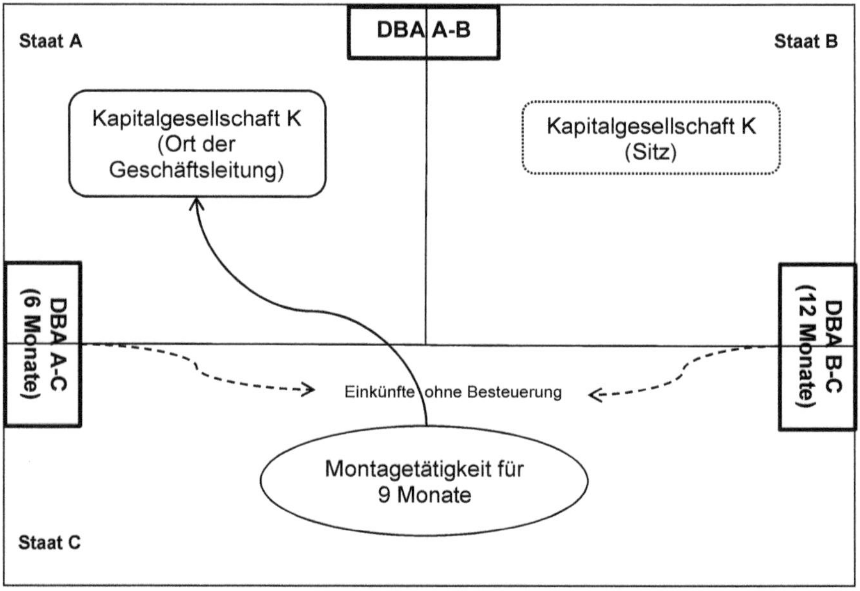

Die Freistellung könnte durch eine „subject-to-tax"-Klausel im Abkommen A-C verhindert werden.[601] Wenn Staat A Deutschland ist, kann Deutschland ohnehin aufgrund des § 50d IX EStG doch besteuern.[602] § 50d IX Nr. 1 EStG ist nicht einschlägig,

600 *Haase*, in BB 2010, 673 (677 f.); vgl. auch *Heinsen*, in: Grotherr, Handbuch der internationalen Steuerplanung, 3. Auflage 2011, S. 1843 (1847).

601 *Heinsen*, in: Grotherr, Handbuch der internationalen Steuerplanung, 3. Auflage 2011, S. 1843 (1847).

602 *Heinsen*, in: Grotherr, Handbuch der internationalen Steuerplanung, 3. Auflage 2011, S. 1843 (1847)

weil die Befreiung nicht wegen der „anderen Anwendung“ des Abkommens A-C durch C (unterschiedliche Abkommensauslegung) eintritt.[603] Aber die Voraussetzungen des § 50d IX Nr. 2 EStG sind erfüllt.[604]

cc) Situation 3 (Dividendenzahlung an Person im Drittstaat)

Wie bei Situation 2 hat die Kapitalgesellschaft K in Staat A ihren Ort der Geschäftsleitung und im Staat B den Sitz, womit sie doppelt ansässig ist. Nun erhält sie aber keine Einkünfte aus einem Drittstaat. Stattdessen zahlt sie eine Dividende an die natürliche Person P aus, die im Staat C ihren einzigen Wohnsitz hat.[605] Zwischen A, B und C bestehen hier jeweils Abkommen. Art. 10 II des Abkommens A-C berechtigt den jeweiligen Nichtansässigkeitsstaat des Dividendenempfängers zu einer Quellensteuer in Höhe von 15 %, während Art. 10 II des Abkommens A-B von maximal 10 % ausgeht. Im Übrigen entsprechen die Abkommen dem OECD-MA. Nach dem jeweiligen nationalen Recht wollen A, B und C besteuern.

K ist in A und B ansässig, weshalb beide eine Quellensteuer nach den Abkommen A-C und B-C erheben wollen. Der Staat C müsste diese Quellensteuer dann anrechnen. Wenn aber Staat C, in dem P einkommensteuerpflichtig ist, aufgrund von Ausgaben oder negativen Einkünften des P im Ergebnis einen „niedrigeren“ Steuersatz als 25 Prozent auf die Einkünfte anwendet, so könnten die 25 Prozent Steuerbelastung von B und C nicht angerechnet werden. Es käme zu einer faktischen Mehrbelastung. Deshalb muss geklärt werden, ob nicht Art. 10 V des Abkommens A-B (entspricht Art. 10 V OECD-MA) dem Staat B die Erhebung einer Quellensteuer untersagt.

Art. 10 V OECD-MA untersagt den Vertragsstaaten die so genannte „extraterritoriale“ Besteuerung.[606] Ein Staat soll im Grundsatz lediglich dann eine Dividende besteuern dürfen, wenn die betreffende Person in seinem Staat ansässig ist und nicht bloß aufgrund der Erwirtschaftung der Gewinne im Staatsgebiet.[607] Hier ist aber K auch in B ansässig. Nichtsdestotrotz hat ein Gericht in den Niederlanden entschieden, dass Art. 10 V OECD-MA hier dem Staat B das Besteuerungsrecht entzieht.[608] Diese Auslegung ist auch korrekt. Art. 10 V OECD-MA stellt nicht auf die Ansässigkeit nach nationalem Recht, sondern auf die Ansässigkeit nach dem Abkommen

---

603 Vgl. *Wagner*, in: Blümich, EStG, § 50d Rn. 118.

604 *Heinsen*, in: Grotherr, Handbuch der internationalen Steuerplanung, 3. Auflage 2011, S. 1843 (1847).

605 Fallkonstellation bei van *Raad*, ET 1993, 298 (301); vgl. auch *Jones/Bobbett*, BIFD 1999, 17 (19 f.).

606 *Tischbirek/Specker*, in: Vogel/Lehner, DBA, 6. Auflage 2015, Art. 10 OECD-MA Rn. 245.

607 *Tischbirek*, in: Vogel/Lehner, DBA, 6. Auflage 2015, Art. 10 OECD-MA Rn. 245.

608 Vgl. van *Raad*, ET 1993, 298 (301); vgl. auch *Jones/Bobbett*, BIFD 1999, 17 (19 f.); mit Hinweis auf den Fall des niederländischen Hoge Raad v. 02.09.1992 – Nr. 27.252, veröffentlicht in BNB 1992/379; auch *van Raad*, ET 1988, 241 (242 f.).

ab und diese regelt Art. 4 III OECD-MA hier dahingehend abschließend, dass K im Staat A ansässig ist.[609] Folglich darf B als Nichtansässigkeitsstaat die Dividende nach Art. 10 V OECD-MA nicht besteuern. Teilweise wird angeregt, den Wortlaut des Art. 10 V OECD-MA klarer zu formulieren nach Art des entsprechenden Artikels des US-Modells.[610] Als andere Lösungsmöglichkeit wird Folgendes genannt: Das nationale Recht ordnet die Nichtansässigkeit an, wenn Art. 4 III eines Doppelbesteuerungsabkommens die Nichtansässigkeit im Sinne des Abkommens bestimmt.[611]

Doch wie eben dargestellt, sind diese Vorgehensweisen bei dem Fall nicht notwendig, weil Art. 10 V in Verbindung mit Art. 4 III OECD-MA die Situation eindeutig klärt. Staat A darf eine Quellensteuer erheben, und zwar in Höhe von 15 %. Der Staat C muss diese Quellensteuer auf die Steuer des P anrechnen. Die doppelte Ansässigkeit führt zu keiner Mehrbelastung der Dividenden durch Quellensteuern.

dd) Situation 4 (keine drei Abkommen)

Auszugehen ist von folgendem Fall:[612] Eine in den Niederlanden ins Register eingetragene Körperschaft, eine B.V., hat ihren Ort der Geschäftsleitung in Belgien, der Sitz verbleibt aber in den Niederlanden. Die B.V. besitzt sämtliche Anteile an einer indonesischen Körperschaft. Nach indonesischem Recht kann bei Ausschüttung einer Dividende eine Quellensteuer in Höhe von 20 % erhoben werden. Indonesien hat nur mit den Niederlanden ein Doppelbesteuerungsabkommen geschlossen, aber nicht mit Belgien. Dieses Abkommen sieht bei Dividenden eine Quellensteuer des Nichtansässigkeitsstaates (des Empfängers) von maximal 5 % vor. Zwischen Belgien und den Niederlanden besteht ebenso ein Abkommen. Es ist vereinfacht davon auszugehen, dass die beiden Abkommen im Übrigen dem OECD-MA entsprechen. Die B.V. ist nach Art. 4 I 1 OECD-MA in den Niederlanden und in Belgien ansässig. Das gilt für das Abkommen zwischen Belgien und den Niederlanden. Nach Art. 4 III OECD-MA gilt die B.V. als nur in Belgien ansässig.

---

609 *Tischbirek*, in: Vogel/Lehner, DBA, 6. Auflage 2015, Art. 10 OECD-MA Rn. 251; vgl. auch van *Raad*, Triangular Cases, ET 1993, 298 (301); vgl. auch *Jones/Bobbett*, BIFD 1999, 17 (20).

610 *Jones/Bobbett*, BIFD 1999, 17 (20).

611 *Jones/Bobbett*, BIFD 1999, 17 (20).

612 Fall dargestellt bei *van Raad*, Dual Residence, ET 1988, 241 (242 f.).

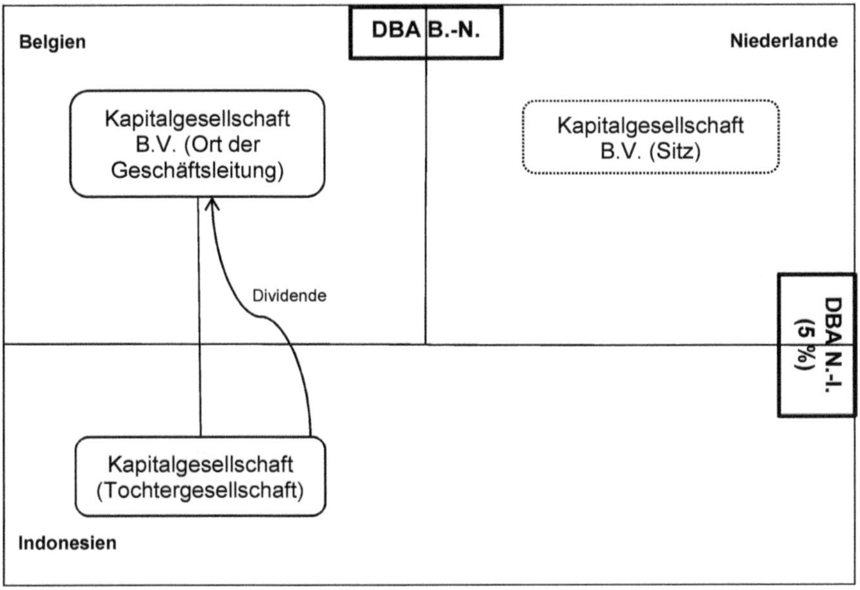

Im Sinne des Abkommens zwischen Indonesien und den Niederlanden ist die B.V. in den Niederlanden aufgrund des Sitzes ansässig und abkommensberechtigt. Es handelt sich bei der Zahlung um eine Dividende nach Art. 10 OECD-MA, womit diese von Indonesien nur mit einer Quellensteuer von 5 % belegt werden darf.[613] Ob diese Quellensteuer in Belgien angerechnet wird, hängt vom deren nationalem Steuerrecht ab. Wäre B.V. nicht auch in den Niederlanden ansässig und doppelt ansässig, so würde Indonesien eine Quellensteuer in Höhe von 20 Prozent erheben.[614]

II. Spezialbegriff „Treaty Shopping"

Als besondere Konstellation wird der Begriff „Treaty Shopping" genannt. Hierzu gibt es bereits ausführliche Literatur.[615] Deshalb soll hier nur kurz dargestellt werden, was darunter zu verstehen ist, welche „Arten" es gibt und wie der deutsche

613 *Van Raad*, ET 1988, 241 (243).

614 Würde man hier die bei **E.II** ausgeführte „neue Auslegung" des Art. 4 I 2 OECD-MA anwenden, ergäbe sich Folgendes: Für die beiden Abkommen wäre B.V. dann nur in Belgien ansässig und könnte sich deshalb logischerweise auch nur auf das Abkommen zwischen Belgien und den Niederlanden berufen. Für das Abkommen zwischen den Niederlanden und Indonesien wäre B.V. nicht mehr abkommensberechtigt nach Art. 1, 4 I 2 OECD-MA.

615 *Rudolf*, Treaty Shopping und Gestaltungsmissbrauch, 2012.

Gesetzgeber dem entgegenwirkt. Dabei werden auch die aktuellen deutschen Maßnahmen angesprochen.

1. Verschiedene Gestaltungsformen

Gewöhnlich wird der Begriff Treaty Shopping im weiten Sinne aufgefasst, womit hierunter nicht nur das eigentliche Treaty Shopping fällt, sondern auch das Directive Shopping und das Rule Shopping.[616] Gemeint sind steuerliche Gestaltungen, bei denen die Vorschriften eines Doppelbesteuerungsabkommens oder eines EU-Rechtsakts „missbräuchlich" verwendet werden oder auf die Qualifikation der Einkünfte bei einem Abkommen missbräuchlich eingewirkt wird.[617] Kennzeichnend für den grenzüberschreitend verwirklichten Missbrauch ist, dass hier zwei oder mehrere Staaten beteiligt sind, diese oft auch unterschiedliche Interessen vertreten und der Steuerpflichtige diese Situation zur Erreichung eines steuerlichen Vorteils benützt.[618] Diese Gestaltungsformen sind nicht von vornherein unzulässig, es muss sich die Gestaltung aber noch in einem ordnungsgemäßen Rahmen halten, das heißt sie kann an Grenzen stoßen, ab denen sie für die Vertragsstaaten nicht mehr tragbar ist.[619] Wann dies der Fall ist, muss im Einzelfall entschieden werden. Jedenfalls liegt bei „echten wirtschaftlichen Tätigkeiten" eines Unternehmens grundsätzlich keine unzulässige Gestaltung vor.[620]

a) Treaty Shopping im engeren Sinne

Das Treaty Shopping im engeren Sinn bezeichnet das „unsachgemäße" Nutzen von Doppelbesteuerungsabkommen durch eine ansässige oder nicht ansässige Person.[621] Unsachgemäß ist die Nutzung deshalb, weil dabei vom Steuerpflichtigen eine juristische Person in einem anderen Staat nur deshalb gegründet und zwischengeschaltet wird, um die Vorteile eines Abkommens zu erlangen, die dem Steuerpflichtigen ohne diese neu gegründete Person direkt nicht zustehen würden.[622] Unter das Treaty Shopping fällt auch die oben angesprochene Konstellation, dass die Kapitalgesellschaft eine doppelte Ansässigkeit bewusst, lediglich zum Erhalt der Vorteile eines Abkommens, herbeiführt.[623]

---

616 *Rudolf*, Treaty Shopping und Gestaltungsmissbrauch, 2012, S. 9.
617 *Hey*, in: Wo steht das deutsche internationale Steuerrecht, 2009, S. 137 (139 f.).
618 *Hey*, in: Wo steht das deutsche internationale Steuerrecht, 2009, S. 137 (139).
619 *Prokisch*, in: Vogel/Lehner, DBA, 6. Auflage 2015, Art. 1 OECD-MA Rn. 101.
620 Vgl. *Prokisch*, in: Vogel/Lehner, DBA, 6. Auflage 2015, Art. 1 OECD-MA Rn. 102.
621 *OECD*, Double Taxation Convention and the Use of Conduit Companies, in: International Tax Avoidance and Evasion – Four Related Studies, 1987, S. 87 (88).
622 Vgl. *OECD*, Double Taxation Convention and the Use of Conduit Companies, in: International Tax Avoidance and Evasion – Four Related Studies, 1987, S. 87 (88).
623 *Hey*, in: Wo steht das deutsche internationale Steuerrecht, 2009, S. 137 (140).

Für die Anwendbarkeit eines Doppelbesteuerungsabkommens ist nach Art. 1 OECD-MA immer die Ansässigkeit in einem der Vertragsstaaten erforderlich. Diese neu gegründete juristische Person muss demnach im neuen Staat ansässig sein, was nach Art. 4 I 1 OECD-MA durch die Gründung (Sitz) oder den später dort befindlichen Ort der Geschäftsleitung erreicht wird. Bei einer Doppelansässigkeit muss diese durch das Auseinanderfallen von Sitz und Ort der Geschäftsleitung oder durch eine Unternehmensstruktur mit zwei Orten der Geschäftsleitung kreiert werden. In bestimmten Abkommen kann deren partielle Anwendbarkeit sogar durch die bloße Schaffung einer Betriebsstätte im jeweiligen Staat erreicht werden[624], siehe Art. 25 II lit. b des Doppelbesteuerungsabkommens zwischen Frankreich und Italien[625].

Interessant ist diese Gestaltung, wenn zwischen bestimmten Staaten eben kein Abkommen besteht, zwischen anderen schon und man mithilfe einer zwischengeschalteten Gesellschaft in den Genuss des wünschenswerten Abkommens kommt.[626] Man „kauft" sich quasi die Vorteile eines Abkommens. Der Steuervorteil durch das gewollte Abkommen besteht nämlich darin, dass die im Rahmen der beschränkten Steuerpflicht anfallenden Quellensteuern (mit abgeltender Wirkung im Quellenstaat) dadurch gemindert oder vollständig verhindert werden können.[627]

Folgender Beispielsfall zur Veranschaulichung[628]: Die deutsche Konzerngesellschaft K hat eine Vertriebsgesellschaft V in Japan. Nach dem Abkommen zwischen Deutschland und Japan steht Japan bei Dividenden eine Quellensteuer in Höhe von 10 % zu. Nach dem Abkommen zwischen Großbritannien und Japan steht Japan gar kein Quellensteuerabzug zu. Deshalb werden die Anteile der V in eine Zwischenholding H in Großbritannien eingelegt. Nun darf Japan nur 0 % einbehalten und bei der Weiterausschüttung von Großbritannien nach Deutschland fällt keine weitere Quellensteuer an.[629] Die Ersparnis an Quellensteuern beträgt hier 10 %. Bei Verwendung einer Zwischenholding in den Niederlanden würde die Ersparnis an Quellensteuern 5 % betragen.[630] Das Treaty Shopping kommt immer dann in Betracht, wenn das

---

624 Vgl. Ausführungen bei *Helde*, Dreiecksverhältnisse im Internationalen Steuerrecht unter Beteiligung einer Betriebstätte, 2000, S. 234 ff.

625 Abkommen v. 05.10.1989 zwischen Frankreich und Italien zur Vermeidung der Doppelbesteuerung: http://www.impots.gouv.fr/portal/deploiement/p1/fichedescriptive_1736/fichedescriptive_1736.pdf, Abrufdatum: 24.06.2015

626 *Jacobs/Endres/Spengel*, in: Jacobs, Internationale Unternehmensbesteuerung, 7. Auflage 2011, S. 1022 f.

627 *Jacobs/Endres/Spengel*, in: Jacobs, Internationale Unternehmensbesteuerung, 7. Auflage 2011, S. 1022.

628 Beispiel 1 bei *Jacobs/Endres/Spengel*, in: Jacobs, Internationale Unternehmensbesteuerung, 7. Auflage 2011, S. 1023.

629 Beispiel 1 bei *Jacobs/Endres/Spengel*, in: Jacobs, Internationale Unternehmensbesteuerung, 7. Auflage 2011, S. 1023.

630 Beispiel 1 bei *Jacobs/Endres/Spengel*, in: Jacobs, Internationale Unternehmensbesteuerung, 7. Auflage 2011, S. 1023.

jeweilige nationale Recht die Vereinnahmung einer Quellensteuer anordnet, also im Regelfall bei Dividendenzahlungen, Zins- und Lizenzzahlungen, jedoch auch im Einzelfall bei sportlicher und künstlerischer Tätigkeit.[631]

b) Directive Shopping

Im Unterschied zum Treaty Shopping im engeren Sinne geht es beim Directive Shopping nicht um die Erlangung der Vorteile eines Doppelbesteuerungsabkommens, sondern darum, dass die Einschlägigkeit einer EU-Richtlinie (EU directive), zum Beispiel der Mutter-Tochter-Richtlinie[632], bewirkt wird.[633] Die Mutter-Tochter-Richtlinie ordnet zum Beispiel an, dass die Mitgliedstaaten grundsätzlich auf die Zahlung von Dividenden zwischen Mutter- und Tochtergesellschaft keine Kapitalertragsteuer erheben dürfen.[634] In Deutschland wurde die Richtlinie durch § 43b EStG umgesetzt. Bei Einhaltung der Voraussetzungen wird auf Antrag nach § 43b I 1 EStG keine Kapitalertragsteuer für Erträge im Sinne des § 20 I Nr. 1 EStG erhoben, also keine Quellensteuer.

Als weitere „lukrative" Richtlinie kommt die bereits an anderer Stelle erwähnte Zins- und Lizenzgebührenrichtlinie[635] in Betracht. Danach darf ein Mitgliedstaat keine Quellensteuern auf die Zahlung von Zinsen und Lizenzgebühren erheben, wenn es sich um Zahlungen zwischen verbundenen Unternehmen (oder mit deren Betriebsstätten) handelt, welche jeweils in einem Mitgliedstaat der EU ansässig sind.[636] In Deutschland wurde die Richtlinie durch § 50g EStG in nationales Recht umgesetzt.

Es wird hier im Prinzip in gleicher Weise wie beim Treaty Shopping im engeren Sinne vorgegangen. Als Beispiel kann ein in den USA ansässiger US-Staatsbürger S genannt werden, der an einer GmbH in Deutschland beteiligt ist.[637] Bei der

---

631 *Jacobs/Endres/Spengel*, in: Jacobs, Internationale Unternehmensbesteuerung, 7. Auflage 2011, S. 1022; vgl. auch *Rudolf*, Treaty Shopping und Gestaltungsmissbrauch, 2012, S. 11 mit weiteren Nachweisen.

632 Richtlinie 2011/96/EU des Rates vom 30. November 2011 über das gemeinsame Steuersystem der Mutter- und Tochtergesellschaften verschiedener Mitgliedstaaten, in ABl. EU L 345/8 v. 29.12.2011; Neufassung der früheren gleichnamige Richtlinie 90/435/EWG des Rates vom 23. Juli 1990, in ABl. EG L 225/6 v. 20.08.1990.

633 *Jacobs/Endres/Spengel*, in: Jacobs, Internationale Unternehmensbesteuerung, 7. Auflage 2011, S. 358; vgl. auch *Rudolf*, Treaty Shopping und Gestaltungsmissbrauch, 2012, S. 13.

634 *Jacobs/Endres/Spengel*, in: Jacobs, Internationale Unternehmensbesteuerung, 7. Auflage 2011, S. 358; siehe Art. 4 ff. der Richtlinie 2011/96/EU.

635 Richtlinie 2003/49/EG des Rates vom 3. Juni 2003 über eine gemeinsame Steuerregelung für Zahlungen von Zinsen und Lizenzgebühren zwischen verbundenen Unternehmen verschiedener Mitgliedstaaten, in ABl. EU L 157/49 v. 26.06.2003.

636 *Wagner*, in: Blümich, EStG, § 50g EStG Rn. 2.

637 Vgl. Beispiel zum directive shopping bei *Jacobs/Endres/Spengel*, in: Jacobs, Internationale Unternehmensbesteuerung, 7. Auflage 2011, S. 358.

Gewinnausschüttung an S erhebt Deutschland auf die Dividenden eine Quellensteuer in Höhe von 15 % im Einklang mit Art. 10 II lit. b des Doppelbesteuerungsabkommens zwischen Deutschland und den USA[638]. Wenn S in Großbritannien eine Ltd. gründet und diese sich statt ihm an der besagten GmbH beteiligt, so darf Deutschland die Auszahlung einer Dividende der GmbH an die Ltd aufgrund der nationalen Umsetzung der Mutter-Tochter-Richtlinie in § 50g EStG im Regelfall nicht mit einer Quellensteuer belasten.[639] Auf diese Weise kann S die nicht mit Quellensteuer belasteten Dividenden der deutschen GmbH bei der Ltd sammeln. Der Gewinn der Ltd muss natürlich später in Großbritannien versteuert werden, wobei hier weitere Gestaltungen möglich sind. Aus der in Großbritannien zwischengeschalteten Ltd. resultiert gleichwohl die Vermeidung der deutschen Quellensteuer.

c) Rule Shopping

Das Rule Shopping wird in bestimmter Form teilweise auch als Treaty Shopping im weiteren Sinne verstanden.[640] Hier geht es nicht darum, die Anwendung eines bestimmten Abkommens zu erreichen, sondern dass bei einem unstrittig anwendbaren Abkommen bestimmte Einkünfte nach einer gewünschten Verteilungsvorschrift des Abkommens statt der eigentlich Einschlägigen behandelt werden.[641] Bei einem Abkommen kann zum Beispiel die Verteilungsnorm für Dividenden (Art. 10 OECD-MA) eine Quellensteuer von 15 % vorsehen, während diejenige für Zinsen (Art. 11 OECD-MA) eine Quellensteuer von nur 10 % oder sogar keine zulässt.[642] Um die Quellensteuer zu minimieren, müssen die Voraussetzungen für die Anwendung von Art. 11 OECD-MA geschaffen werden. Die Einkünfte werden, soweit möglich, „umqualifiziert".[643]

Diskutiert werden soll hier noch kurz die besondere Konstellation, dass durch die Gründung einer Zwischengesellschaft anderenfalls nicht einschlägige Vorschriften eines Abkommens erfüllt werden.[644] Zu denken ist beispielsweise an Art. 10 II OECD-MA.[645] Der in den USA ansässige US-Staatsbürger S ist an einer deutschen GmbH mit zwei Dritteln beteiligt. Die Ausschüttung einer Dividende wird in

---

638 Abkommen zwischen Deutschland und den Vereinigten Staaten von Amerika v. 29.08.1989, geändert durch das Protokoll v. 01.06.2006, Neufassung abgedruckt in BGBl. II 2008, 611.

639 *Jacobs/Endres/Spengel*, in: Jacobs, Internationale Unternehmensbesteuerung, 7. Auflage 2011, S. 358.

640 *Rudolf*, Treaty Shopping und Gestaltungsmissbrauch, 2012, S. 15.

641 *Prokisch*, in: Vogel/Lehner, DBA, 6. Auflage 2015, Art. 1 OECD-MA Rn. 101.

642 *Prokisch*, in: Vogel/Lehner, DBA, 6. Auflage 2015, Art. 1 OECD-MA Rn. 101.

643 *Hey*, Nationale Missbrauchsvorschriften im Spannungsfeld von DBA- und EU-Recht, in: Wo steht das deutsche internationale Steuerrecht, 2009, S. 137 (140).

644 *Rudolf*, Treaty Shopping und Gestaltungsmissbrauch, 2012, S. 15.

645 Vgl. hierzu Ausführungen bei *Rudolf*, Treaty Shopping und Gestaltungsmissbrauch, 2012, S. 15.

Deutschland im Einklang mit Art. 10 II lit. b des Abkommens zwischen Deutschland und den USA in Höhe von 15 % quellenbesteuert. Wenn S jedoch in den USA eine Inc.[646] gründet und diese sich an der deutschen GmbH zu mindestens 10 % beteiligt, so beträgt der Quellensteuersatz nach Art. 10 II lit. a des Abkommens nur 5 %. Bei Schaffung der Voraussetzungen des Art. 10 III des Abkommens würde das Quellensteuerrecht Deutschlands ganz entfallen. Durch die Verwendung einer Zwischengesellschaft kann folglich die deutsche Quellensteuerbelastung verändert werden. Im Unterschied zu den obigen Beispielen wird hier die Zwischengesellschaft nicht in einem Drittstaat, sondern in einem der Vertragsstaaten geschaffen.

2. Abkommensrechtliche Klauseln zur Missbrauchsbekämpfung

Diese aufgeführten Gestaltungen, wie überhaupt jegliche Steuergestaltungen, sind nicht generell unzulässig.[647] Angenommen eine steuerpflichtige Person hat gewichtige Gründe für die Wahl einer Struktur und erstrebt nicht nur die Erlangung von Abkommensvorteilen, so handelt es sich hier um kein vom Staat nicht gewolltes Treaty Shopping.[648] Werden wie meist funktionslose Zwischengesellschaften zur Erreichung eigentlich nicht zustehender „Steuervorteile" zwischengeschaltet, drängt sich der Verdacht des Missbrauchs auf; dann liegt ein Treaty Shopping vor.[649] Dieses soll aus Sicht des Staates verhindert werden.

In Art. 1 Tz. 7 – 27 des OECD-Musterkommentars wird explizit die Möglichkeit des Missbrauchs von Abkommen erwähnt und auf entsprechende Gegenmaßnahmen hingewiesen. Schließlich ist man sich darüber einig, dass ein Staat nicht die Rechte aus einem Abkommen gewähren muss, sofern Vorschriften eines Abkommens durch missbräuchliche Gestaltungen zur Geltung verholfen wird.[650] Ziel der Doppelbesteuerungsabkommen ist nämlich nicht nur die Vermeidung der Doppelbesteuerung, sondern auch die Verhinderung der Steuerumgehung und der Steuerflucht.[651] Zu gewissen Formen der Steuerumgehung enthält das OECD-MA Vorschriften[652], allerdings nicht speziell in Bezug auf das Treaty Shopping.[653] Der OECD-Musterkommentar nennt hingegen in Art. 1 Tz. 13 ff. mögliche Klauseln zur Verhinderung des Missbrauchs durch Treaty Shopping, die von den jeweiligen

646 Corporation, hierbei handelt es sich strukturell um eine Kapitalgesellschaft (*Jacobs/Endres/Spengel*, in: Jacobs, Internationale Unternehmensbesteuerung, 7. Auflage 2011, S. 433).
647 *Prokisch*, in: Vogel/Lehner, DBA, 6. Auflage 2015, Art. 1 OECD-MA Rn. 101.
648 *Kofler*, in: Lang/Jirousek, Praxis des internationalen Steuerrechts, 2005, S. 213 (215).
649 *Rudolf*, Treaty Shopping und Gestaltungsmissbrauch, 2012, S. 17.
650 Vgl. Art. 1 Tz. 9.4 OECD-Musterkommentar.
651 Vgl. Art. 1 Tz. 7 OECD-Musterkommentar.
652 Vgl. Art. 1 Tz. 10 OECD-Musterkommentar, Beispiele: Art. 10 IV, 11 IV, 12 III OECD-MA.
653 *Gassner/Lang*, in: Gassner/Lang/Lechner, Aktuelle Entwicklungen im Internationalen Steuerrecht, 1994, S. 43 (46); vgl. auch Art. 1 Tz. 12 OECD-Musterabkommen.

Vertragsstaaten in einem Doppelbesteuerungsabkommen individuell vereinbart werden können. Im Folgenden werden ausgewählte Regelungen kurz näher erläutert und betrachtet.

a) „subject-to-tax" Klauseln

Als Erstes ist auf die so genannten „subject-to-tax" Regelungen einzugehen. Nach diesen Klauseln soll eine Steuervergünstigung oder -befreiung im Quellenstaat grundsätzlich nur dann wirksam in Anspruch genommen werden können, wenn die jeweiligen Einkünfte im Ansässigkeitsstaat auch tatsächlich zur Besteuerung herangezogen werden.[654] Eine allgemeine „subject-to-tax" Klausel für sämtliche Einkunftsarten ist aber nach dem OECD-Musterabkommen nicht zu empfehlen.[655] Lediglich in typischen „conduit situations" kann dieser Ansatz bedeutend sein.[656] Gesetzt den Fall, dass Personen, die nicht im Ansässigkeitsstaat der Gesellschaft G ansässig sind, ein wesentliches Interesse („substantial interest") an G haben oder direkt oder indirekt die G leiten, muss die ordnungsgemäße Besteuerung der Einkünfte im Ansässigkeitsstaat der G erfolgen („under the ordinary rules of its tax law").[657]

Kritik erntet diese Formulierung im OECD-Musterabkommen vor allem deshalb, weil sie unbestimmte Rechtsbegriffe enthält („substantial interest", „ordinary rules"), deren Auslegung zu Rechtsunsicherheit führt.[658] Zudem kann die Klausel auch in gewissen Fällen, in denen keine missbräuchliche Gestaltung gegeben ist, zur Nichtanwendung der Abkommensregeln führen.[659] Um eben dies zu verhindern, wird im OECD-Musterkommentar die Einfügung so genannter „bona fide" Regelungen vorgeschlagen.[660] Diese schränken die „subject-to-tax" Klausel wiederum ein.

Deutschland hat eine „subject-to-tax" Klausel in ein paar Abkommen vereinbart, beispielsweise Art. 23 I lit. a des Abkommens mit Großbritannien[661].[662] Nach dieser Vorschrift werden die Einkünfte in Deutschland generell nur von der Steuer

---

654 *Gassner/Lang*, in: Gassner/Lang/Lechner, Aktuelle Entwicklungen im Internationalen Steuerrecht, 1994, S. 43 (50); vgl. auch die beispielhafte Formulierung bei Art. 1 Tz. 15 OECD-Musterabkommen.

655 Art. 1 Tz. 15 OECD-Musterabkommen.

656 *Gassner/Lang*, in: Gassner/Lang/Lechner, Aktuelle Entwicklungen im Internationalen Steuerrecht, 1994, S. 43 (50).

657 Art. 1 Tz. 15 OECD-Musterabkommen.

658 *Gassner/Lang*, in: Gassner/Lang/Lechner, Aktuelle Entwicklungen im Internationalen Steuerrecht, 1994, S. 43 (50).

659 *Gassner/Lang*, in: Gassner/Lang/Lechner, Aktuelle Entwicklungen im Internationalen Steuerrecht, 1994, S. 43 (50).

660 Art. 1 Tz. 16 OECD-Musterkommentar; Formulierungen bei Art. 1 Tz. 19 OECD-Musterkommentar.

661 Abkommen v. 30.03.2010 zwischen der Bundesrepublik Deutschland und dem vereinigten Königreich Großbritannien und Nordirland, in BGBl. II 2010, 1333.

662 *Brunsbach/Endres/Lüdicke/Schnitger*, Deutsche Abkommenspolitik (ifst-Schrift Nr. 480), 2012, S. 41 f.; weitere Beispiele in Fn. 80, 81.

freigestellt, wenn sie auch tatsächlich im Vereinigten Königreich besteuert werden. Für Dividenden gelten noch gesonderte Bestimmungen. Art. 23 I lit. b ordnet sodann für bestimmte Einkünfte die Anrechnungsmethode an.

b) *„channel approach"*

Die „subject-to-tax" Regelungen werden oft als nicht zufriedenstellend angesehen, da sie auf das komplexe und sich ständig ändernde nationale Steuerrecht Bezug nehmen und nicht auf die Gestaltungen, die ja den Abkommensmissbrauch verursachen.[663] Vorgeschlagen wird deshalb eine Regelung („channel approach"), nach der es zunächst wie oben Personen geben muss (P), die nicht im Ansässigkeitsstaat der Gesellschaft G ansässig sind, aber ein wesentliches Interesse an G („substantial interest") haben oder, direkt oder indirekt, die G leiten.[664] Nun kommt es nach dem „channel approach" nicht zur Reduktion oder zum Ausschluss der Steuer, wenn mehr als 50 % der betreffenden Einkünfte der G zur Befriedigung von Ansprüchen der Personen P verwendet wird.[665] Wenn nun also eine Zwischengesellschaft zur Erlangung der Anwendbarkeit eines Abkommens verwendet wird, so kann dies daran scheitern, dass diese die Einkünfte zu mehr als 50 Prozent „weiterleitet", zum Beispiel über Zinsen oder Lizenzen. Bei obigem Beispiel zum Treaty Shopping wäre dies bei der Zwischenholding H in Großbritannien wohl der Fall, womit die Quellensteuerbefreiung nach dem Abkommen zwischen Großbritannien und Japan entfallen würde, wenn dieses Abkommen eine derartige Klausel enthalten würde, was nicht der Fall ist.

Der nicht zu verachtende Nachteil dieser Regelung mit Einschlägigkeit bereits ab einer „Weiterleitung" von mehr als 50 Prozent der Einkünfte ist, dass bei den international tätigen Konzernen auch Gestaltungen betroffen sind, die vor allem aus wirtschaftlichen Notwendigkeiten und Zweckmäßigkeiten heraus gewählt werden und bei denen im Einzelfall keine Missbrauchsabsicht besteht.[666] Deswegen schlägt der OECD-Musterkommentar auch hier die Ergänzung durch „bona fide" Klauseln vor, um diese Sachverhalte vom „channel approach" auszunehmen.[667] Zudem bestehen große Gestaltungsmöglichkeiten hinsichtlich der Ausgestaltung des „Weiterleitens" von Einkünften.[668] Die Finanzverwaltung müsste hier jeweils den Beweis erbringen, dass mehr als 50 Prozent der Einkünfte durch Verbindlichkeiten an die „kontrollierende" Gesellschaft „weitergeleitet" werden, womit diese Regelung in der

663 Vgl. Art. 1 Tz. 17 OECD-Musterabkommen.

664 Art. 1 Tz. 17 OECD-Musterabkommen.

665 Art. 1 Tz. 17 OECD-Musterabkommen.

666 *Gassner/Lang*, in: Gassner/Lang/Lechner, Aktuelle Entwicklungen im Internationalen Steuerrecht, 1994, S. 43 (52).

667 Art. 1 Tz. 18 OECD-Musterkommentar; Formulierungen bei Art. 1 Tz. 19 OECD-Musterkommentar.

668 *Gassner/Lang*, in: Gassner/Lang/Lechner, Aktuelle Entwicklungen im Internationalen Steuerrecht, 1994, S. 43 (52)

Praxis wenig erfolgsversprechend ist.[669] Mit den damit zusammenhängenden „bona fide" Vorschriften entsteht zudem wiederum Rechtsunsicherheit.[670]

c) *Aktivitätsklauseln*

Im OECD-Musterkommentar wird die Aktivitätsklausel als „bona fide" Klausel genannt, anhand der die Versagung der Abkommensvorteile bei entsprechender Aktivität dann doch nicht eintritt und das Abkommen also angewendet wird.[671] In der deutschen Abkommenspraxis wird die Klausel aber in anderer Form verwendet.[672] Ein Beispiel hierfür ist Art. 23 I lit. c des Abkommens zwischen Deutschland und Großbritannien.[673] Demzufolge wird bei Betriebsstättengewinnen, Veräußerungsgewinnen und Schachteldividenden anstelle der Freistellungsmethode die Anrechnungsmethode angewendet, wenn die Betriebsstätte nicht nachweisen kann, dass sie ihren Gewinn nur oder annähernd nur durch „aktive Tätigkeiten" (§ 8 I AStG) erwirtschaftet.[674] Ein oben angesprochenes Treaty Shopping durch Betriebsstätten kann auf diese Weise gegebenenfalls verhindert werden.

d) *„switch over" Klauseln*

Daneben gibt es noch so genannte „switch over"-Klauseln. Diese legen fest, dass bei Qualifikations- oder Zurechnungskonflikten und einer demzufolge niedrigeren Besteuerung oder gänzlichen Nichtbesteuerung ein Übergang von der Freistellungs- zur Anrechnungsmethode stattfindet.[675] Art. 23 I lit. e lit. aa des Abkommens mit Großbritannien enthält eine entsprechende Regelung. Gestaltungen des Rule Shopping können mit dieser Vorschrift zum Teil verhindert werden.

e) *„Limitation on Benefits" Klauseln*

Bedeutend sind auch die „Limitation on Benefits" Regelungen, die vor allem bei Abkommen der USA seit 1981 verstärkt verwendet werden.[676] Im Grunde setzen

669 *Gassner/Lang*, in: Gassner/Lang/Lechner, Aktuelle Entwicklungen im Internationalen Steuerrecht, 1994, S. 43 (52)

670 *Gassner/Lang*, in: Gassner/Lang/Lechner, Aktuelle Entwicklungen im Internationalen Steuerrecht, 1994, S. 43 (53 ff.).

671 Art. 1 Tz. 19 lit. b OECD-Musterkommentar.

672 *Brunsbach/Endres/Lüdicke/Schnitger*, Deutsche Abkommenspolitik (ifst-Schrift Nr. 480), 2012, S. 42; weitere Beispiele in Fn. 82.

673 Abkommen v. 30.03.2010 zwischen der Bundesrepublik Deutschland und dem vereinigten Königreich Großbritannien und Nordirland, in BGBl. II 2010, 1333.

674 *Brunsbach/Endres/Lüdicke/Schnitger*, Deutsche Abkommenspolitik (ifst-Schrift Nr. 480), 2012, S. 42.

675 *Prokisch*, in: Vogel/Lehner, DBA, 6. Auflage 2015, Art. 1 OECD-MA Rn. 136a.

676 *Kofler*, in: Lang/Jirousek, Praxis des internationalen Steuerrechts, 2005, S. 213 (215).

sich diese Regelungen aus zwei Teilen zusammen:[677] Zunächst gibt es eine Anzahl von (alternativen) objektiven Tests und wenn diese positiv ausfallen, kann sich eine ansässige Gesellschaft wirksam auf Vorschriften des Abkommens berufen.[678] Als zweites gibt es immer noch eine „subjektive" Komponente, die die Behörde des Quellenstaates auch bei Nichteinhaltung der objektiven Tests dazu ermächtigt, der Gesellschaft die Vorteile durch das Abkommen zuzubilligen.[679] Die in den Abkommen der USA mit EU-Mitgliedstaaten vereinbarten Klauseln variieren aber stark.[680]

Exemplarisch wird auf das Abkommen zwischen Deutschland und den USA[681] und auf die Regelung in Art. 28 hingewiesen. Dieser Artikel ist sehr umfangreich und detailliert. Natürliche Personen sind nach Art. 28 II lit. a ohne weitere Voraussetzungen abkommensberechtigt. Gesellschaften sind jedoch gemäß Art. 28 II lit. c lit. aa berechtigt, wenn ihre Hauptaktiengattung an einer oder mehreren anerkannten Börsen gehandelt wird und zusätzlich entweder die Hauptaktiengattung hauptsächlich an einer im Ansässigkeitsstaat (Vertragsstaat) der Gesellschaft gelegenen Börse gehandelt wird oder der hauptsächliche Ort der Geschäftsführung und Überwachung der Gesellschaft sich im Ansässigkeitsstaat (Vertragsstaat) befindet. Dies wird als „Direct Stock Exchange Test" bezeichnet.[682]

Alternativ kann eine Gesellschaft auch die Voraussetzungen nach Art. 28 II lit. c lit. bb des Abkommens erfüllen. Demnach müssen mindestens 50 Prozent der Aktien unmittelbar oder mittelbar von maximal fünf Gesellschaften gehalten werden, die selbst nach Art. 28 II lit. c lit. aa berechtigt sind. Bei mittelbarer Beteiligung muss zudem jede zwischengeschaltete Beteiligte in einem der Vertragsstaaten ansässig sein.

Falls eine Gesellschaft diese oben genannten Voraussetzungen nicht erfüllt, enthält Art. 28 III des Abkommens spezielle Bedingungen, bei deren Erfüllen die Person dann dennoch einen Anspruch auf sämtliche Vergünstigungen des Abkommens hat. Art. 28 IV des Abkommens erteilt des Weiteren eine Berechtigung für Einkünfte, die aus einer aktiven gewerblichen Tätigkeit im Ansässigkeitsstaat stammen („active trading test").[683] Näheres wird detailliert in Art. 28 IV lit. a – c geregelt. Art. 28 II lit. f des Abkommens bietet anschließend eine weitere Möglichkeit für nicht börsengehandelte nicht natürliche Personen sich für die „Abkommensvorteile" zu

677 *Kofler*, in: Lang/Jirousek, Praxis des internationalen Steuerrechts, 2005, S. 213 (215 f.).
678 *Kofler*, in: Lang/Jirousek, Praxis des internationalen Steuerrechts, 2005, S. 213 (215 f.).
679 *Kofler*, in: Lang/Jirousek, Praxis des internationalen Steuerrechts, 2005, S. 213 (215 f.).
680 *Kofler*, in: Lang/Jirousek, Praxis des internationalen Steuerrechts, 2005, S. 213 (216).
681 Abkommen zwischen Deutschland und den Vereinigten Staaten von Amerika v. 29.08.1989, geändert durch das Protokoll v. 01.06.2006, Neufassung abgedruckt in BGBl. II 2008, 611.
682 *Kofler*, in: Lang/Jirousek, Praxis des internationalen Steuerrechts, 2005, S. 213 (216 ff.).
683 *Jacob*, IStR 2011, 45 (48).

qualifizieren. Nach Art. 28 II lit. f lit. aa müssen hierfür an zumindest der Hälfte der Tage des Steuerjahrs immerhin 50 % der Anteilseigner der nicht natürlichen Person, im gleichen Vertragsstaat ansässig sein und nach obigen Kriterien selbst Berechtigte sein („ownership test“).[684] Als zweite Voraussetzung darf die nicht natürliche Person gemäß Art. 28 II lit. f lit. bb nicht mehr als 50 % ihres Rohgewinns für Zahlungen ausgeben, die im Ansässigkeitsstaat abzugsfähig sind und an Personen „weitergeleitet“ werden, die in keinem der beiden Vertragsstaaten ansässig sind („base erosion test“).[685] Auf die weitere Auslegung des Art. 28 des Abkommens soll hier nicht weiter eingegangen werden.[686]

Gerade die letzte Regelung erschwert das Treaty Shopping deutlich. Es kann nicht so einfach eine nicht börsengehandelte Gesellschaft als Zwischenholding in einem Land zur Erlangung der Vorteile eines Abkommens zwischengeschaltet werden. Grundsätzlich wird diese Zwischenholding nämlich den Test nach Art. 28 II lit. f des Abkommens nicht erfüllen, da die „Weiterleitung“ des Gewinns (nicht unter 50 %) in das andere Land der Holding im Regelfall beabsichtigt ist. Den Test nach Art. 28 IV wird sie ebenso nicht bestehen.

f) Spezielle Anti Treaty Shopping Regelungen

Daneben gibt es in manchen Abkommen noch spezielle Anti Treaty Shopping Regelungen. Das Abkommen zwischen Deutschland und Großbritannien[687] enthält zum Beispiel in den Art. 10 VI, 11 V, 12 V und 21 V derartige Klauseln.[688] Entlastungen gemäß dieser Methodenartikel werden demnach nur gebilligt, wenn nicht eine der beteiligten Personen mit der Begründung oder Übertragung der Rechte den Hauptzweck der Inanspruchnahme dieses Artikels verfolgt hat.[689] Ob jemand mit der Übertragung von zum Beispiel Anteilen als Hauptzweck oder als einen der Hauptzwecke die Anwendung des betreffenden Methodenartikels anstrebt, ist eine subjektive Tatsache, die schwer ermittelt und nachgewiesen werden kann. In der Praxis wird die Bestimmung wohl wenig bewirken.

684 *Jacob*, IStR 2011, 45 (48).

685 *Jacob*, IStR 2011, 45 (48).

686 Näheres zu den Klauseln im Abkommen mit den USA bei *Jacob*, IStR 2011, 98; genaue Analyse der Kollision mit Unionsrecht *Rudolf*, Treaty Shopping und Gestaltungsmissbrauch, 2012, S. 320 ff.

687 Abkommen v. 30.03.2010 zwischen der Bundesrepublik Deutschland und dem vereinigten Königreich Großbritannien und Nordirland, in BGBl. II 2010, 1333.

688 *Brunsbach/Endres/Lüdicke/Schnitger*, Deutsche Abkommenspolitik (ifst-Schrift Nr. 480), 2012, S. 43.

689 *Brunsbach/Endres/Lüdicke/Schnitger*, Deutsche Abkommenspolitik (ifst-Schrift Nr. 480), 2012, S. 43 f.

3. Nationale Maßnahmen zur Missbrauchsbekämpfung

In Deutschland und natürlich ebenso in anderen Staaten gibt es daneben im nationalen Recht spezielle Normen, die die Verhinderung des Missbrauchs durch Treaty Shopping intendieren. Zu denken ist hier zum einen an die bereits lange bestehende Generalklausel, den § 42 AO, zum anderen an Vorschriften, die vom Gesetzgeber explizit zur Bekämpfung von Missbrauch durch Treaty Shopping erst nach Auftreten dieser Gestaltung erlassen wurden, wie etwa die §§ 50d III, VIII–XI, 50g EStG oder § 20 AStG.[690]

Die Relation dieser nationalen Regelungen mit abkommensrechtlichen Missbrauchsklauseln muss geklärt werden. Falls Abkommen einen Passus enthalten, der explizit den Vorrang nationaler Missbrauchsregelungen anordnet, so genießen diese Vorrang.[691] Im Regelfall richtet sich das Konkurrenzverhältnis der Vorschriften nach allgemeinen Grundsätzen wie „lex specialis derogat legi generali" und „lex posterior derogat legi priori".[692] Die Frage, ob ein Rückgriff auf die nationalen Regelungen möglich ist, darf immer nur abhängig von der Formulierung der jeweiligen abkommensrechtlichen Missbrauchsvorschrift geklärt werden.[693] Sofern die Interpretation des Abkommens ein Verbot des Rückgriffs auf nationale Missbrauchsvorschriften ergibt, ist die Abkommensklausel anzuwenden und nationale Regelungen stehen zurück.[694] Im Übrigen ist ein Rückgriff möglich.

Gesetzt den Fall, dass ein Abkommen keine Missbrauchsvorschriften enthält, sind ebenso die nationalen Regelungen heranzuziehen und ein eventuell auftretender „treaty override" ist unbeachtlich.[695] Der Begriff „treaty override" beschreibt die Konstellation, dass der nationale Gesetzgeber von den Vereinbarungen im Doppelbesteuerungsabkommen durch andere Regelungen später abweicht.[696], Wegen des Grundsatzes „lex posterior derogat legi priori" sind die Abweichungen im später erlassenen nationalen Gesetz dann, wie oben erläutert vorrangig.[697] Wie bei D.I.1.a)aa) ausgeführt, sieht der BFH mittlerweile in einem „treaty override" einen Verstoß gegen die verfassungsmäßige Ordnung, die wohl herrschende Literatur hält ihn aber für zulässig.

---

690 *Hey*, in: Wo steht das deutsche internationale Steuerrecht, 2009, S. 137 (142 f.).
691 *Hey*, in: Wo steht das deutsche internationale Steuerrecht, 2009, S. 137 (145).
692 *Hey*, in: Wo steht das deutsche internationale Steuerrecht, 2009, S. 137 (145).
693 *Hey*, in: Wo steht das deutsche internationale Steuerrecht, 2009, S. 137 (146).
694 BFH Urteil v. 19.12.2007 – I R 21/07, BStBl. II 2008, 619 (620); vgl. ebenso *Hey*, in: Wo steht das deutsche internationale Steuerrecht, 2009, S. 137 (145)
695 *Hey*, in: Wo steht das deutsche internationale Steuerrecht, 2009, S.137 (146).
696 *Hey*, in: Wo steht das deutsche internationale Steuerrecht, 2009, S. 137 (148).
697 *Hey*, in: Wo steht das deutsche internationale Steuerrecht, 2009, S. 137 (148); a.A. BFH Beschluss vom 10.01.2012 – I R 66/09, BFHE 236, 304 zum „treaty override" durch § 50d VIII EStG (anhängig beim BVerfG – 2 BvL 1/12); BFH Beschluss v. 20.08.2014 – I R 86/13, BStBl. II 2015, 18 zum „treaty override" durch § 50d IX 1 Nr. 2 EStG (anhängig beim BVerfG – 2 BvL 21/14).

Bestimmte nationale Vorschriften, wie § 20 I AStG ordnen insoweit ausdrücklich einen Vorrang der nationalen Vorschriften an, was gleichermaßen zu einem „treaty override“ führen kann. Auf die Frage der Verfassungsmäßigkeit des „treaty override“ wird in dieser Arbeit jedoch nicht eingegangen.[698] Das wäre zu umfangreich. Beispielhaft werden im weiteren Verlauf lediglich bestimmte deutsche Regelungen kurz erläutert.

a) § 42 AO

Nach § 42 I 1 AO können die Steuergesetze durch den Missbrauch von Gestaltungsmöglichkeiten nicht umgangen werden. Eine Umgehung ist anzunehmen, wenn der Gesetzeszweck der Steuernorm verfehlt wird, weil für den Betroffenen entweder wegen des bewusst verwirklichten Sachverhalts eine gebotene belastende Rechtsfolge nicht eintritt (Tatbestandsvermeidung), oder wenn eine nicht gebotene positive Rechtsfolge durch bewusste Gestaltung herbeigeführt wird (Tatbestandserschleichung).[699] Nach § 42 II 2 AO handelt es sich aber nur um eine Steuerumgehung, wenn die Gestaltung „durch wirtschaftliche oder sonst beachtliche außersteuerliche Gründe nicht zu rechtfertigen ist“[700]. Zu klären ist, ob der für innerdeutschen Missbrauch geltende § 42 AO auch für den Missbrauch im internationalen Bereich, also durch Doppelbesteuerungsabkommen, angewendet werden kann.

Zunächst war wegen des „Monaco-Urteils“ des BFH[701] relativ unklar, ob § 42 AO auch in Fällen der beschränkten Steuerpflicht und des Treaty Shoppings angewendet werden kann, aber später hat der BFH[702] die Anwendbarkeit bei der beschränkten Steuerpflicht klar und deutlich bejaht.[703] Der Bereich der Einkünftezurechnung ist nämlich grundsätzlich nicht Gegenstand der Doppelbesteuerungsabkommen, weshalb hier die nationalen Zurechnungsnormen und natürlich auch § 42 AO anzuwenden sind.[704] Der Wortlaut des § 42 AO gibt zudem keine Anhaltspunkte dafür, dass § 42 AO nur für unbeschränkt Steuerpflichtige gelten soll.[705] Angewendet wird § 42 AO bei grenzüberschreitenden Sachverhalten mit teilweise veränderten Maßgaben, aber die grundsätzlichen Voraussetzungen bleiben dieselben.[706]

---

698 Näheres hierzu bei *Hey*, in: Wo steht das deutsche internationale Steuerrecht, 2009, S. 137 (148 ff.).
699 *Ratschow*, in: Klein, 12. Auflage 2014, § 42 Rn. 35.
700 BFH Urteil v. 19.08.1999 – I R 77/96, BStBl. II 2001, 43 (44).
701 BFH Urteil v. 29.10.1981 – I R 89/80, BStBl. II 1982, 150 (153).
702 BFH Urteil v. 29.10.1997 – I R 35/96, BStBl. II 1998, 235 (235, 237).
703 *Rudolf*, Treaty Shopping und Gestaltungsmissbrauch, 2012, S. 93 ff.
704 BFH Urteil v. 29.10.1997 – I R 35/96, BStBl. II 1998, 235 (237).
705 BFH Urteil v. 29.10.1997 – I R 35/96, BStBl. II 1998, 235 (237).
706 *Rudolf*, Treaty Shopping und Gestaltungsmissbrauch, 2012, S. 96 ff.

In einem späteren Urteil des BFH[707] ging es um einen typischen Fall des Treaty Shoppings. Eine Kapitalgesellschaft niederländischen Rechts (B.V.) hatte ihren Sitz und ihren Ort der Geschäftsleitung in den Niederlanden. Die Anteile der B.V. wurden von einer auf den Bermudas anässigen Gesellschaft (Ltd.) gehalten. Eine deutsche GmbH war Tochtergesellschaft der B.V., schüttete Gewinne aus und diese wurden mit deutscher Kapitalertragssteuer belegt. Die B.V. wollte die Ermäßigung der Steuer auf 5 % nach der damals geltenden Mutter-Tochter-Richtlinie[708]. Die Ermäßigung wurde nicht gewährt, da es sich bei der B.V. nach den festgestellten Tatsachen um eine zwischengeschaltete, ausländische Basisgesellschaft ohne eigene wirtschaftliche Tätigkeit handelte, die zur Steuerumgehung eingesetzt wurde.[709] Der BFH sah neben § 42 AO auch § 52d Ia EStG a.F. (1990/1994) als erfüllt und dem Urteil zugrunde liegende Norm an, wobei deren Verhältnis zueinander mangels Notwendigkeit nicht geklärt wurde.[710]

Die Einkünfte wären somit gemäß § 42 AO der Ltd. auf den Bermudas direkt zuzurechnen. Das Treaty Shopping durch zwischengeschaltete Kapitalgesellschaften ohne eigentliche wirtschaftliche Tätigkeit und ohne wirtschaftliche Gründe wird infolgedessen grundsätzlich schon durch die allgemeine Norm des § 42 AO „unterbunden".

b) § 50d III EStG

Der deutsche Gesetzgeber hat aber auch einige spezielle Vorschriften zur Bekämpfung des Missbrauchs erlassen, insbesondere § 50d III EStG. Ziel dieser Regelung ist die Erscheinungsform des Treaty und Directive Shoppings allgemein ordnungsgemäß bewältigen zu können.[711] § 50d III EStG bestimmt, wann einer ausländischen Gesellschaft die Erstattung oder Freistellung von der Kapitalertragsteuer nach § 50d I, II EStG aufgrund eines vermuteten Missbrauchs doch nicht gewährt wird. Zunächst muss geprüft werden, ob an der ausländischen Gesellschaft Personen beteiligt sind, welchen die Freistellung oder die Erstattung nicht zustehen würde, wenn sie selbst die Einkünfte unmittelbar beziehen würden (grundlegende Voraussetzung). Ist dies der Fall, so müssen zwei weitere Voraussetzungen kumulativ erfüllt sein. Als Erstes dürfen die von der Gesellschaft im betreffenden Wirtschaftsjahr erzielten Bruttoerträge nicht aus eigener Wirtschaftstätigkeit stammen (Voraussetzung 1). Dies stellt eine Aufteilungsklausel dar, nach der „aktive" Bruttoerträge sofort „herausfallen" und diesbezüglich die Erstattung oder Freistellung unabhängig von

---

707 BFH Urteil v. 20.03.2002 – I R 38/00, BStBl. II 2002, 819.

708 Heute Richtlinie 2011/96/EU, damals noch geltend: Richtlinie 90/435/EWG des Rates vom 23. Juli 1990 über das gemeinsame Steuersystem der Mutter- und Tochtergesellschaften verschiedener Mitgliedstaaten, in ABl. EG L 225/6 v. 20.08.1990.

709 BFH Urteil v. 20.03.2002 – I R 38/00, BStBl. II 2002, 819 (822).

710 BFH Urteil v. 20.03.2002 – I R 38/00, BStBl. II 2002, 819 (821).

711 *Kessler/Eicke*, DStR 2007, 781 (781).

anderen Voraussetzungen greift.[712] Bei Vorhandensein „nicht aktiver" Bruttoerträge ist weiter zu prüfen.

Kumulativ zur oben genannten Voraussetzung 1 müssen entweder die Voraussetzungen des § 50d III 1 Nr. 1 EStG oder die des § 50d III 1 Nr. 2 EStG erfüllt sein.[713] Entweder es fehlen wirtschaftliche oder sonstige beachtliche Gründe für die Einschaltung der ausländischen Gesellschaft (Voraussetzung 2a) oder sie nimmt mit keinem für ihren Geschäftszweck angemessen eingerichteten Geschäftsbetrieb am wirtschaftlichen Verkehr teil (Voraussetzung 2b). Nur bei Erfüllung der Voraussetzung 1 und einer der beiden weiteren Bedingungen, Voraussetzung 2a oder 2b, wird der Abzug versagt.[714]

Die Gesellschaft trägt nach § 50d III 4 EStG die Feststellungslast, wenn sie geltend machen will, dass sie eben doch beachtliche wirtschaftliche Gründe für die Zwischenschaltung hat, oder einen entsprechenden Geschäftsbetrieb vorzuweisen hat.[715] Die frühere Regelung des § 50d III EStG[716] enthielt die grundlegende Voraussetzung: Zu prüfen war auch damals, ob an der ausländischen Gesellschaft Personen beteiligt sind, welchen die Freistellung oder die Erstattung nicht zustehen würde, wenn sie selbst die Einkünfte unmittelbar beziehen würden. Zusätzlich gab es drei Alternativen, die alle drei jeweils zur Bejahung der Regelung führten. In Bezug auf die auch damals verlangte eigene wirtschaftliche Tätigkeit einer ausländischen Gesellschaft, durfte diese nicht weniger als 10 Prozent der Bruttoerträge dieser Gesellschaft betragen. Ansonsten wurde die Befreiung oder Erstattung versagt. Im Jahr 2011[717] änderte der Gesetzgeber die Vorschrift ab, da die Kommission diese für unionsrechtswidrig hielt.[718]

Durch die Vorschrift wird das Treaty Shopping insoweit verhindert, dass die „Zwischenschaltung" einer ausländischen Gesellschaft ohne entsprechenden Geschäftsbetrieb die Freistellung oder Erstattung der Kapitalertragsteuer nach §§ 50d I, II EStG nicht ermöglicht, wenn nicht auch ernsthafte wirtschaftliche Gründe für die Schaffung der ausländischen „Zwischenholding" existieren. Dadurch wird der Missbrauch durch Treaty Shopping in dieser Konstellation sicher deutlich erschwert und wohl auch unattraktiver. Durch Schaffung von Holdinggesellschaften mit entsprechender interner Infrastruktur bleibt die Möglichkeit des Treaty Shoppings hier dennoch grundsätzlich weiterhin möglich.[719] Da die Beteiligung am

712 Vgl. *Wagner*, in: Blümich, EStG, § 50d Rn. 81; vgl. auch *Dorfmueller/Fischer*, IStR 2011, 857 (861 f.).

713 *Wagner*, in: Blümich, EStG, § 50d Rn. 81.

714 *Dorfmueller/Fischer*, IStR 2011, 857 (861 f.).

715 Vgl. *Wagner*, in: Blümich, EStG, § 50d Rn. 88.

716 Eingeführt durch Jahressteuergesetz 2007 v. 13.12.2006, in BGBl. I 2006, 2878 (2885).

717 Gesetz v. 07.12.2011, in BGBl. I 2011, 2592.

718 *Wagner*, in: Blümich, EStG, § 50d Rn. 64.

719 Vgl. hierzu die Ausführungen zur „Teilnahme am wirtschaftlichen Verkehr" zum noch strengeren § 50d III EStG a. F. bei *Kessler/Eicke* des § 50d Abs. 3 EStG, DStR 2007, 781 (783 ff.).

„allgemeinen wirtschaftlichen Verkehr" durch Erbringung von Dienstleistungen gegenüber einer Konzerngesellschaft verwirklicht werden vermag, können solche Dienstleistungen mit entsprechend eingerichtetem Geschäftsbetrieb im Einzelfall zur Ablehnung der Voraussetzung 2b führen.[720] Damit wäre § 50d I, II EStG wieder anzuwenden. Eine doppelt ansässige Gesellschaft mit „moderner dezentraler Organisationsstruktur" ist von der Regelung ohnehin nicht betroffen.

c) § 50d IX EStG

§ 50d IX EStG enthält eine Rückfallklausel („switch over" Klausel), die im Jahr 2007 eingeführt wurde.[721] Damit soll die internationale doppelte Nichtbesteuerung und die bloße Belastung mit Quellensteuern verhindert werden.[722] Demnach wird eine Freistellung der Einkünfte in Deutschland nach § 50d IX S. 1 Nr. 1, 2 EStG nicht gewährt, wenn der andere Staat die Einkünfte auch nicht besteuert oder nur mit einer Quellensteuer belastet. Dies kann aufgrund eines Qualifikationskonflikts oder auch eines Besteuerungsverzichts des anderen Staates auftreten.[723] § 50d IX S. 1, 3 EStG sieht einen „treaty override" vor, bei dem im Falle der noch stärkeren Einschränkung der Freistellung der Einkünfte durch ein Abkommen oder § 50d VIII EStG, § 20 II AStG jeweils die Regelung mit der weitestgehenden Einschränkung der Freistellung zum Tragen kommt.[724] Durch die Regelung wird zum Beispiel das Ergebnis der Minder- oder Keinmalbesteuerung bei Verwendung von hybriden Finanzierungs- und Gesellschaftsformen deutlich komplexer.[725] Das Rule Shopping wird ebenso schwierig.

d) § 50g IV EStG

Nach § 50g I EStG wird die Kapitalertragsteuer für Zinsen und Lizenzen nicht erhoben, wenn sie von Unternehmen oder Betriebsstätten in einem EU-Mitgliedstaat an damit verbundene Unternehmen oder Betriebsstätten in einem anderen EU-Mitgliedstaat fließen. Damit wird die Zins- und Lizenzgebühren-Richtlinie der EU[726] umgesetzt. Eben diese Richtlinie wird teilweise durch Directive Shopping missbraucht. § 50g IV EStG versagt die Freistellung, wenn der hauptsächliche

---

720 Vgl. hierzu die Ausführungen zur „Teilnahme am wirtschaftlichen Verkehr" zum noch strengeren § 50d III EStG a. F. bei *Kessler/Eicke* des § 50d Abs. 3 EStG, DStR 2007, 781 (783 ff.).

721 *Schmidt, Chr./Blöchle*, in: Strunk/Kaminski/Köhler, AStG DBA, Art. 23A/B MA Rn. 241.1.

722 *Wagner*, in: Blümich, EStG, § 50d Rn. 108.

723 *Wagner*, in: Blümich, EStG, § 50d Rn. 110.

724 *Wagner*, in: Blümich, EStG, § 50d Rn. 112.

725 *Grotherr*, IStR 2007, 265 (268).

726 Richtlinie 2003/49/EG des Rates vom 3. Juni 2003 über eine gemeinsame Steuerregelung für Zahlungen von Zinsen und Lizenzgebühren zwischen verbundenen Unternehmen verschiedener Mitgliedstaaten, in ABl. EU L 157/49 v. 26.06.2003.

Beweggrund oder einer der hauptsächlichen Beweggründe für die betreffende Gestaltung die Steuervermeidung oder der Missbrauch war.

Die Tatbestandsmerkmale des § 50g IV EStG, Steuervermeidung und Missbrauch, sind anders formuliert als diejenigen des § 42 AO, aber von der inhaltlichen Bedeutung entsprechen sie diesen.[727] Demnach muss es sich um eine Gestaltung handeln, „die zur Erreichung des erstrebten wirtschaftlichen Ziels unangemessen ist, der Steuerminderung dienen soll und durch wirtschaftliche oder sonst beachtliche außersteuerliche Gründe nicht zu rechtfertigen ist“[728]. Die Steuervermeidung und der Missbrauch müssen sich hier speziell auf die Befreiung nach § 50g I EStG beziehen.[729] Wenn ein entsprechender Missbrauch festzustellen ist, dann wird die Befreiung nach § 50g I EStG versagt, weitere Rechtsfolgen ergeben sich daraus direkt nicht.[730] § 42 I AO wird durch § 50g IV EStG nicht verdrängt und ist daneben anwendbar, da er im Ergebnis einen keinen zu § 42 I AO abweichenden spezielleren Tatbestand enthält.[731]

Die Fälle des Missbrauchs durch Directive Shopping werden durch § 50g IV EStG weitgehend erfasst. Bei entsprechenden Gestaltungen im Konzern müssen jeweils wirtschaftliche oder andere beachtliche außersteuerliche Gründe für die Schaffung einer Zwischengesellschaft vorhanden sein, damit es nicht zur Versagung der Befreiung von Quellensteuern kommt.

III. Ergebnis

Die zahlreichen möglichen Klauseln in Abkommen und auch die vom deutschen Gesetzgeber geschaffenen unilateralen Regelungen zur Bekämpfung des Missbrauchs durch Treaty Shopping erschweren den Missbrauch deutlich. Andererseits gibt es und wird es wohl immer Möglichkeiten der Gestaltung geben, die auch weiterhin als „Missbrauch“ und nicht gewollt erachtet werden. Unabhängig von etwaigem tatsächlichen Missbrauch ist das Treaty Shopping nach wie vor ein Mittel der Gestaltung im internationalen Steuerrecht.

727 *Wagner*, in: Blümich, EStG, § 50g Rn. 79.
728 BFH Urteil v. 19.08.1999 – I R 77/96, BStBl. II 2001, 43 (44).
729 *Wagner*, in: Blümich, EStG, § 50g Rn. 79.
730 Vgl. *Wagner*, in: Blümich, EStG, § 50g Rn. 80.
731 *Wagner*, in: Blümich, EStG, § 50g Rn. 77.

E. Mehrfachansässigkeit

Bis jetzt wurde nur die Doppelansässigkeit behandelt, nun ist auf die Ansässigkeit in mehr als zwei Staaten einzugehen. Im Sinne dieser Arbeit handelt es sich dabei um eine Ansässigkeit in drei, vier oder sogar noch mehr Staaten. In der Tat wird es wohl selten zu einer gleichzeitigen Ansässigkeit in drei Staaten und wohl noch seltener zu einer Ansässigkeit in vier oder mehr Staaten kommen. Die Konstellation ist aber möglich. Wie eine Person in einem Staat ansässig wird, wurde unter **B** detailliert behandelt. Die betreffende Person muss hier nur Ansässigkeitsmerkmale im Sinne des Art. 4 I OECD-MA in mehreren Ländern erfüllen. Vorstandsmitglieder großer weltweit tätiger Konzerne haben teilweise regelmäßig an verschiedenen Orten anwesend zu sein. Wenn sie sich an diesen Orten zum Beispiel jeweils eine Wohnung mieten, sind sie im Regelfall mehrfach ansässig.

I. Bisheriges Vorgehen bei der Mehrfachansässigkeit

Es stellt sich die Frage nach den Folgen, wenn Personen in mehr als zwei Ländern ansässig sind. Da es im Regelfall nur Abkommen zwischen jeweils zwei Staaten gibt, ist das Zusammenspiel der verschiedenen Abkommen maßgeblich. Was die Ansässigkeit im Sinne des Abkommens betrifft, so wird diese von Art. 4 I OECD-MA abschließend geregelt. Der OECD-Musterkommentar wurde in Bezug auf die Auslegung von Art. 4 I 2 OECD-MA[732] im Jahr 2008[733] geändert. Betrachtet wird nun zunächst die Vorgehensweise vor dieser Änderung. Im nächsten Schritt wird die Änderung besprochen und es wird auf deren Wirkungen eingegangen.

1. Nicht natürliche Personen

Nicht natürliche Personen müssen im entsprechenden Land gemäß Art. 4 I OECD-MA ansässig sein. Wie oben dargestellt kann die doppelte Ansässigkeit durch einen Sitz und davon abweichenden Ort der Geschäftsleitung entstehen. Eine mehrfache Ansässigkeit könnte sich durch einen Sitz in einem Land und Ort der Geschäftsleitung in zwei anderen Staaten bei dezentraler Unternehmensstruktur ergeben. Die Person ist sodann in drei Staaten ansässig im Sinne des Art. 4 I 1 OECD-MA.

Art. 4 I 2 OECD-MA schließt wiederum die Ansässigkeit in einem Staat aus, wenn eine Person in dem Staat nur mit Einkünften aus Quellen in dem Staat oder mit in dem Staat gelegenem Vermögen steuerpflichtig ist. Art. 4 I 2 OECD-MA wurde 1977

732 Hier relevant: Art. 4 Tz. 8.2 OECD-Musterkommentar 2014.

733 „The 2008 Update to the OECD Model Tax Convention 18 July 2008“, siehe: http://www.oecd.org/ctp/41032078.pdf, Abrufdatum: 24.06.2015; die Änderungen wurden vom Rat der OECD am 17. Juli 2008 verabschiedet.

lediglich zur Klarstellung in das Musterabkommen eingefügt.[734] Welche Personen unter diese Regelungen fallen, wurde vor 2008 vom Musterkommentar selbst nicht ganz eindeutig geklärt. Unter Art. 4 I 2 OECD-MA sollten solche Personen fallen, die in einem Staat nach nationalem Recht als Ansässige behandelt werden, obwohl sie dort nicht wohnhaft sind und deren Besteuerung im betreffenden Land auf Quellensteuern beschränkt ist.[735]

In Deutschland ist dies zum Beispiel bei den Personen der Fall, die nach § 1 III EStG als fiktiv unbeschränkt steuerpflichtig behandelt werden.[736] Es erscheint auch logisch, diese Personen nicht als Ansässige zu bezeichnen, weil sie kein entsprechendes ortsbezogenes Merkmal erfüllen. Als weitere unter Art. 4 I 2 OECD-MA fallende Personen wurde im Musterkommentar die in vielen Staaten übliche Behandlung von ausländischen Diplomaten und Konsulatsbediensteten explizit genannt.[737] Im Empfangsstaat sind diese Personen trotz zeitweiliger Ansässigkeit nach Art. 4 I 2 OECD-MA als nicht ansässig im Sinne des Abkommens zu sehen, da der Empfangsstaat im Regelfall aufgrund Art. 49 des Wiener Übereinkommens über diplomatische Beziehungen [738] oder Art. 34 des Wiener Übereinkommens über konsularische Beziehungen[739] auf Quellensteuern beschränkt ist.[740]

Komplexer ist nun die Frage, ob solche Personen, die ausschließlich aufgrund eines Doppelbesteuerungsabkommens in einem Land lediglich mit ihren „Quellen" besteuert werden, auch von Art. 4 I 2 OECD-MA erfasst sind. Auszugehen ist von folgender Konstellation: Eine Gesellschaft ist sowohl im Staat A als auch im Staat B ansässig. Nach der „Tie-Breaker"-Regelung des Art. 4 III OECD-MA (= des Abkommens zwischen A und B) gilt sie im Sinne des Abkommens als nur in A ansässig. Demzufolge besteuert B sie im Grundsatz nur mit ihren inländischen Quellen. Zu klären ist, ob sie infolgedessen nach Art. 4 I 2 OECD-MA als nicht mehr in B ansässig anzusehen ist. Nach jedem weiteren Abkommen von B mit einem anderen Staat, welches eine dem Art. 4 I 2 OECD-MA vergleichbare Regelung enthält, müsste die Steuerpflichtige dann als nicht in Staat B ansässig behandelt werden.

---

734 Model Tax Convention on Income and on Capital – Full Version (updated on 22 July 2010), OECD 2012, S. M-13 f. (History); Ergänzung v. 11.04.1977; vgl. *Lehner*, in: Vogel/Lehner, DBA, 6. Auflage 2015, Art. 4 OECD-MA Rn. 120.

735 Art. 4 Tz. 8 S. 6 OECD-Musterkommentar 1992 (gleicher Wortlaut nun bei Art. 4 Tz. 8.1 S. 1 OECD-Musterkommentar).

736 *Lehner*, in: Vogel/Lehner, DBA, 6. Auflage 2015, Art. 4 OECD-MA Rn. 120.

737 Art. 4 Tz. 8 S. 7 OECD-Musterkommentar 1992 (gleicher Wortlaut nun bei Art. 4 Tz. 8.1 S. 2 OECD-Musterkommentar).

738 Übereinkommen v. 18.04.1961, in BGBl. II 1964, 957 (WÜD).

739 Übereinkommen v. 24.04.1963, in BGBl. II 1969, 1585 (WÜK).

740 *Lehner*, in: Vogel/Lehner, DBA, 6. Auflage 2015, Art. 4 OECD-MA Rn. 120.

a) *Ansicht des niederländischen Finanzministeriums*

Für eben diese Folge sprach sich 1989 die niederländische Finanzverwaltung aus.[741] Dem lag folgender Fall zugrunde: Eine Kapitalgesellschaft wurde in den Niederlanden gegründet und der tatsächliche Ort der Geschäftsleitung befand sich im Vereinigten Königreich Großbritannien und Nordirland. Nach Art. 4 III des geltenden Abkommens war die Gesellschaft somit im Vereinigten Königreich ansässig. Art. 4 I und III des Abkommens zwischen den Niederlanden und dem Vereinigten Königreich entsprachen Art. 4 I und III OECD-MA.[742] Nun argumentierte die Finanzverwaltung, dass die Gesellschaft infolgedessen als nicht in den Niederlanden ansässig anzusehen sei, auch in Bezug auf Abkommen der Niederlande mit anderen Staaten.[743] Begründet wurde das mit einem Verweis auf § 14 (a) des Berichts der OECD über internationale Steuerumgehung aus dem Jahr 1987.[744] Das Ministerium hat hierbei aber nicht spezifiziert, ob dieser Ausschluss nur für solche Abkommen gilt, die ihrerseits wiederum eine dem Art. 4 I 2 OECD-MA entsprechende Regelung enthalten, oder ob dies generell gilt, womit die Meinung zu Unklarheiten bei der Auslegung führt.[745]

b) *Entscheidung des Hoge Raad vom 28. Februar 2001*

Aufgegriffen wurde diese Meinung unter anderem in einer Entscheidung des niederländischen obersten Gerichts (Hoge Raad) vom 28. Februar 2001.[746] Die in Rede stehende Gesellschaft wurde in den Niederlanden gegründet und der Ort der Geschäftsleitung wurde zu den niederländischen Antillen verlagert. Die Inhaber der Geschäftsanteile verzogen nach Belgien. Nun wurde von der Gesellschaft eine Dividende ausgeschüttet und die Niederlande wollten hierauf eine Quellensteuer von 15 Prozent erheben. Als entscheidender Unterschied ist hier zu nennen, dass das hierfür geltende alte Abkommen zwischen den Niederlanden und Belgien zwar eine Art. 4 I 1 OECD-MA gleichende Vorschrift, aber keine Art. 4 I 2 OECD-MA entsprechende Vorschrift enthielt[747]. Somit konnte hier eigentlich nichts zur Auslegung des Art. 4 I 2 OECD-MA entschieden werden.

---

741 Verweigerung einer Ansässigkeitsbestätigung am 12.06.1989 durch den Under Minister of Finance (MvF), Nr. IFZ89/320, abgedruckt in Info Bulletin 89/448.

742 *Betten*, ET 1989, 371 (372).

743 Verweigerung einer Ansässigkeitsbestätigung am 12.06.1989, MvF, Nr. IFZ89/320, abgedruckt in Info Bulletin 89/448.

744 International Tax Avoidance and Evasion, Four Related Studies, Paris, 1987, S. 92 f.; OECD Report, II. The 1977 OECD Model Tax Convention: General Approach and Specific Provisions, B. Anti-avoidance provision, § 14 (a).

745 *Betten*, ET 1989, 371 (373).

746 Hoge Raad Urteil v. 28.02.2001 – Nr. 35.557, veröffentlicht in BNB 2001/295c.

747 Vgl. Art. 4 des Abkommens zwischen Belgien und den Niederlanden v. 19.10.1970. http://www.dekamer.be/digidoc/DPS/K2010/K20100811/K20100811.pdf,

Der Hoge Raad argumentierte folgendermaßen: Da die Anteilsinhaber in Belgien ansässig seien, stehe nach Art. 10 I des Abkommens zwischen Belgien und den Niederlanden dem Staat Belgien das Besteuerungsrecht für die Dividende zu. Aber nach Art. 10 II OECD-MA dürfe der Quellenstaat Niederlande ebenso einen Quellensatz erheben, wenn die Gesellschaft im Quellenstaat ansässig sei. Gerade diese Bedingung wurde mit Verweis auf Art. 4 I des Abkommens verneint. Der Hoge Raad vertrat nämlich die Ansicht, dass für eine Ansässigkeit nach Art. 4 I (beruhend auf Art. 4 I des OECD-MA von 1963) sowohl ein Ansässigkeitsmerkmal als auch die unbeschränkte Steuerpflicht gegeben sein müsse. Unstrittig durfte die Gesellschaft nach der Steuervereinbarung des Königreichs der Niederlande[748] in den Niederlanden grundsätzlich nur mit den inländischen Quellen zur Steuer herangezogen werden. Der Ort der tatsächlichen Geschäftsleitung befand sich auf den Antillen, womit diesen das Besteuerungsrecht zustand. Deshalb wurde die Gesellschaft für Zwecke des Abkommens zwischen Belgien und den Niederlanden als nicht in den Niederlanden ansässig erachtet.

Die Situation wird teilweise als vergleichbar mit der Doppelansässigkeit und zwei „herkömmlichen" Abkommen zur Vermeidung der Doppelbesteuerung gesehen.[749] Auch in dieser Entscheidung wird wie nach oben erläuterter Ansicht des niederländischen Finanzministeriums davon ausgegangen, dass ein Abkommen (oder hier eine Steuerübereinkunft) zwischen zwei Staaten das Verhältnis und das Abkommen zwischen anderen Staaten beeinflusst. Andererseits war die Situation zwischen den Niederlanden und den niederländischen Antillen schon eine Besonderheit, da die Antillen bis zu ihrer Auflösung steuerlich in bestimmter Weise separat waren.[750]

Teilweise wird die Entscheidung auch so interpretiert, dass niederländische Gesellschaften mit ihrem Sitz in den Niederlanden, die gemäß Art. 4 III OECD-MA im Sinne eines Abkommens als in einem Drittstaat ansässig gelten, auch für Abkommen der Niederlande mit anderen Staaten als nicht mehr länger in den Niederlanden ansässig im Sinne dieser Abkommen angesehen werden.[751] Voraussetzung hierfür ist, dass diese anderen Abkommen dem OECD-MA entsprechen. Das gibt also im Prinzip die obige Ansicht der niederländischen Finanzverwaltung zu Art. 4 I 2 OECD-MA wieder.

Aber die Konstellation ist nicht mit der bei Doppelbesteuerungsabkommen zwischen drei Staaten vergleichbar. Das Abkommen zwischen Belgien und den Niederlanden enthält keine dem Art. 4 I 2 OECD-MA entsprechende Vorschrift. Zudem bildeten die niederländischen Antillen und die Niederlande zusammen

---

Abrufdatum: 24.06.2015; seit 2002 gilt das Abkommen v. 05.06.2001, welches Art. 4 I 1 und 2 OECD-MA enthält.

748 Die Steuervereinbarung für das Königreich der Niederlande v. 28.10.1964, Auszüge hiervon bei *Smit*, ET 2002, 155 (156).

749 *Damen*, BIFD 2001, 290 (292); vgl. auch *Smit*, ET 2002, 155 (157).

750 *Smit*, ET 2002, 155 (156).

751 *Smit*, ET 2002, 155 (158).

das Königreich der Niederlande, also nur einen Staat.[752] Die oben angesprochene „Steuervereinbarung“ zwischen ihnen darf somit nicht mit einem „gewöhnlichen“ Doppelbesteuerungsabkommen zwischen zwei separaten Staaten verglichen werden.[753] Nichtdestotrotz löste diese Entscheidung eine Diskussion über Art. 4 I 2 OECD-MA aus.

c) Bewertung

Die eben dargestellte Deutung von Art. 4 I 2 OECD-MA ist allerdings nicht überzeugend.[754] Gegen diese Auslegung sprechen gewichtige Argumente. Art. 4 I 2 OECD-MA ist nicht nur bei natürlichen Personen, sondern auch bei Gesellschaften anzuwenden.[755] Aber vor 2008 enthielt der OECD-Musterkommentar selbst keine direkte Aussage für die bei **b)** dargestellte Auslegung des Art. 4 I 2 OECD-MA.[756] Die Personen, welche beispielhaft als von dieser Regelung erfasste genannt wurden, waren Diplomaten und Konsularbeamte, deren Privilegien nicht originär von Steuerabkommen herrühren, sondern bloß von diesen bestätigt werden.[757]

Im Übrigen wurde auf § 14 (a) des Berichts der OECD verwiesen. Hier bezog sich die Argumentation auf die Studie zu Doppelbesteuerungsabkommen und die damit zusammenhängende Verwendung von „Conduit Companies“.[758] Die benannte Stelle des OECD-Reports behandelt somit die „conduit-type“-Gesellschaften[759], die in einem Staat nur mit inländischen Quellen besteuert werden, und nicht den Fall der doppelt oder mehrfach ansässigen Gesellschaften.[760] Für diese „Durchlaufgesellschaften“ erklärt der Kommentar schon seit 1992 teilweise die Nichtanwendbarkeit des Abkommens.[761] Auch der Wortlaut des Art. 4 I 2 OECD-MA unterstützt nicht

---

752 *De Kort*, Intertax 2001, 402 (405).

753 *De Kort*, Intertax 2001, 402 (405).

754 Ebenso *van Raad*, ET 1990, 27 (29).

755 *Van Gennep*, ET 1991, 141 (142); vgl. auch Art. 4 Tz. 8.2 S. 1 OECD-Musterkommentar, entspricht fast dem vor 2008 geltenden Art. 4 Tz. 8 S. 6 ff.

756 Avery *Jones*, Tax Law Review 1999, 1 (34 ff.); auch *van Raad*, ET 1990, 27 (28 f.).

757 Avery *Jones*, Tax Law Review 1999, 1 (36); Art. 4 Tz. 8.1 OECD-Musterkommentar, entspricht im Wortlaut dem vor 2008 Art. 4 Tz. 8 S. 5.

758 *Van Raad*, ET 1990, 27 (28); vgl. ebenso International Tax Avoidance and Evasion, Four Related Studies, Paris, 1987, S. 88 ff.

759 Unter "conduit-type"-Gesellschaften sind Zweckgesellschaften oder Durchlaufgesellschaften gemeint, die ausschließlich für ein bestimmtes Vorhaben durch ein Unternehmen gegründet werden. Deren Gründer und Eigentümer sind meist Banken. denen diese Gesellschaften grundsätzlich nur zur Refinanzierung dienen. (vgl. Wirtschaftslexikon: https://www.finanz-lexikon.de/conduit-gesellschaft_1196.html, Abrufdatum: 24.06.2015.

760 *Van Raad*, ET 1990, 27 (28).

761 *Van Raad*, BIFD 2009, 187 (189); Art. 4 Tz. 8.2 S. 1 OECD-Musterkommentar, entspricht fast dem vor 2008 geltenden Art. 4 Tz. 8 S. 8.

die oben vertretene Deutung.[762] Festgelegt wird darin lediglich, dass die betreffende Gesellschaft nicht nur mit Einkünften aus Quellen aus diesem Staat oder dort gelegenem Vermögen steuerpflichtig sein darf.

Der Ausdruck „Einkünfte[n] aus Quellen aus diesem Staat" ist im Abkommen zudem nicht separat definiert, womit man nach Art. 3 II OECD-MA auf das nationale Steuerrecht zurückzugreifen hat.[763] Wenn nun zum Beispiel in Bezug auf das Quellenprinzip das niederländische Steuerrecht zugrunde gelegt wird, so existieren bei doppelt ansässigen Gesellschaften mit Sitz in den Niederlanden Konstellationen, in denen Einkünfte als aus „fremden" Quellen anzusehen sind, aber vom OECD-MA die Besteuerung in den Niederlanden vorgesehen ist.[764] Auszugehen ist von folgendem Fall:[765] Eine Gesellschaft ist in den Niederlanden eingetragen worden (Sitzstaat) und sie hat ihren Ort der tatsächlichen Geschäftsleitung im Staat B. Wenn nun die Gesellschaft in den Niederlanden eine Betriebsstätte unterhält und diese durch Grundbesitz in einem Drittstaat C Einkünfte erzielt, so dürfen die Niederlande nach dem Abkommen zwischen Staat A und B diese Einkünfte aus C besteuern.[766] Die Niederlande können ja die Einkünfte der Betriebsstätte in den Niederlanden nach Art. 7 I des Abkommens besteuern. Die Gesellschaft wird in diesen Fällen also in den Niederlanden nicht nur mit inländischen Quellen oder inländischem Vermögen besteuert. Art. 4 I 2 OECD-MA kann somit nicht einschlägig sein.

Wenn ein Abkommen eine dem Art. 21 OECD-MA entsprechende Regelung nicht enthält, kann der Ansässigkeitsstaat (Sitzstaat) grundsätzlich auch ausländische Quellen besteuern.[767] Dies gilt natürlich nicht nur für die Niederlande als Sitzstaat, sondern ebenso wenn Deutschland Sitzstaat ist und sich in Staat B der tatsächliche Ort der Geschäftsleitung befindet. Es zeigt sich, dass bei einer doppelt ansässigen Gesellschaft der obigen Konstellation der Sitzstaat nicht ausschließlich inländische Quellen besteuern darf, womit Art. 4 I 2 OECD-MA seinem Wortlaut nach doch nicht einschlägig sein kann.

Die Auslegung des Hoge Raad könnte zudem zu einem Zirkelschluss führen.[768] Wenn die Festlegung der Ansässigkeit nach Art. 4 III GG zur Erfüllung von Art. 4 I 2 GG führt, so liegt demnach später aufgrund der Nichtansässigkeit im anderen Staat wieder gar kein Fall der Doppelansässigkeit und des Art. 4 III OECD-MA mehr vor.[769] Notwendig und gewollt ist also eine Geltung für Art. 4 I 2 OECD-MA

---

762 *Van Raad*, ET 1990, 27 (28).

763 *Van Raad*, ET 1990, 27 (28).

764 *Van Raad*, ET 1990, 27 (28).

765 Beispiel (a) bei *van Raad*, ET 1990, 27 (28).

766 *Van Raad*, ET 1990, 27 (28); vgl. hierzu die Ausführungen in Bezug auf Deutschland bei *Helde*, Dreiecksverhältnisse im Internationalen Steuerrecht, 2000, S. 139 ff.

767 *Van Raad*, ET 1990, 27 (29).

768 *Großmann*, Doppelt ansässige Kapitalgesellschaften im internationalen Steuerrecht, 1995, S. 91.

769 *Großmann*, Doppelt ansässige Kapitalgesellschaften im internationalen Steuerrecht, 1995, S. 91.

bei anderen Abkommen, also wohl später zu betrachtende Abkommen des Ansässigkeitsstaates, dem nicht nach Art. 4 III OECD-MA die Ansässigkeit im Sinne des Abkommens zugeordnet wird.[770] Hier stellt sich aber die Frage, auf welches Abkommen es bei der Einordnung nach Art. 4 III OECD-MA ankommt, wenn der Betreffende zum Beispiel in mehr als zwei Ländern ansässig ist. Diese Frage musste der Hoge Raad bei dem oben dargestellten Fall nicht beantworten. Ein reines Abstellen auf das zeitlich zuerst angewendete Abkommen wäre abzulehnen, da es allein von Zufälligkeiten abhängt.[771]

Vor allem aber ergäbe sich bei der obigen Auslegung, dass ein Abkommen ein anderes zum Teil gravierend beeinflusst. Das Abkommen zwischen Sitzstaat (B) und dem Staat mit dem Ort der tatsächlichen Geschäftsleitung (A) würde auf das Abkommen von B mit weiteren Staaten (Beispiel C) einwirken. Nach Art. 4 I 2 des Abkommens B-C gilt B dann aufgrund der Zuordnung nach Art. 4 III des Abkommens A-B als nicht mehr in B ansässig. Dies hätte die Konsequenz, dass das Abkommen B-C logischerweise für die Gesellschaft nicht mehr anwendbar wäre (außer sie würde zusätzlich noch in C ein Ansässigkeitsmerkmal erfüllen). Dementsprechend würde die Zuordnung des tatsächlichen Ortes der Geschäftsleitung nach dem Abkommen A-B dazu führen, dass die Gesellschaft sich nicht mehr auf ein anderes Abkommen von B mit Drittstaaten berufen könnte. Ob dies auch von den Vertragsstaaten so gewollt ist, ist zweifelhaft. Der Drittstaat, dessen Abkommen mit B nicht mehr anwendbar ist, wird mit dieser Vorgehensweise unter Umständen nicht einverstanden sein und die Einhaltung der völkervertraglichen Pflichten durch B verlangen.[772] Das übliche Verständnis von einem Doppelbesteuerungsabkommen als bilateralen völkerrechtlichen Vertrag spricht ebenso dagegen.[773] Solche bilateralen Verträge wollen nämlich im Völkerrecht im Regelfall keinen Einfluss auf das Verhältnis der beiden Vertragsstaaten zu anderen Staaten nehmen.[774]

Der Art. 4 I 2 OECD-MA sollte somit auf andere Weise ausgelegt werden. In Art. 4 Tz. 8 S. 7[775] verweist der OECD-Musterkommentar auch darauf, dass eine von Art. 4 I 2 OECD-MA erfasste Situation „in einigen Staaten" in Bezug auf Personen besteht, wie etwa ausländische Diplomaten und Konsularbeamte.[776] Die Formulierung „in einigen Staaten" zeigt, dass wohl in bestimmten Staaten eine derartige beschränkte Steuerpflicht besteht und sich diese aus dem nationalen Recht ergeben

---

770 *Großmann*, Doppelt ansässige Kapitalgesellschaften im internationalen Steuerrecht, 1995, S. 91.

771 *Großmann*, Doppelt ansässige Kapitalgesellschaften im internationalen Steuerrecht, 1995, S. 91.

772 *Staringer*, Besteuerung doppelt ansässiger Kapitalgesellschaften, 1999, S. 152.

773 Vgl. *Lüdicke*, in: Kleineidam, Festschrift für Lutz Fischer, 1999, S. 741.

774 Vgl. *Lüdicke*, in: Kleineidam, Festschrift für Lutz Fischer, 1999, S. 741.

775 Art. 4 Tz. 8 S. 7 OECD-Musterkommentar 1992 (gleicher Wortlaut nun bei Art. 4 Tz. 8.1 S. 2 OECD-Musterkommentar).

776 *Van Gennep*, ET 1991, 141 (143).

muss.[777] Ansonsten würde solch eine Beschränkung bei allen und nicht nur bei „einigen Staaten“ vorzufinden sein.[778]

Vor dem Jahr 2008 herrschte folglich in der Literatur die überwiegende Ansicht, dass Art. 4 I 2 OECD-MA so auszulegen sei, dass die auf inländische Quellen beschränkte Besteuerung im Sinne der Vorschrift nicht allein durch andere Doppelbesteuerungsabkommen bewirkt werden könne.[779]

d) Beispielhafte Konstellation mit Dreifachansässigkeit

Um das Vorgehen bei Zugrundelegung der eben dargestellten „alten überwiegenden Ansicht“ zu veranschaulichen, wird folgende Ausgangssituation analysiert: Eine Gesellschaft G hat ihren Sitz im Staat B, ihre Geschäftsleitung aber im Staat A. Nun erhält die Gesellschaft eine Dividende einer Tochtergesellschaft aus dem Staat C.[780] Unstrittig ist das Abkommen A-B für G anwendbar, ebenso das Abkommen A-C nach Art. 1, 4 I. Problematisch ist nun, ob das Abkommen B-C anzuwenden ist. Gemäß der eben begründeten Auslegung des Art. 4 I 2 des DBA B-C ist es weiterhin für G anwendbar. Wenn in den Abkommen A-C und B-C zum Beispiel unterschiedliche Quellensteuern für C vorgesehen sind, so kann sich G auf das „günstigere“ Abkommen berufen.[781]

Der Fall wird nun abgeändert: Nach wie vor befindet sich im Land A der tatsächliche Ort der Geschäftsleitung im Sinne des Art. 4 III OECD-MA. Die Gesellschaft ist nun aber sowohl in B als auch noch zusätzlich in C ansässig. G ist aufgrund eines Ansässigkeitsmerkmals nach nationalem Recht (weiterer Ort der Geschäftsleitung) in C unbeschränkt steuerpflichtig. Da bei nicht natürlichen Personen üblicherweise nur der Sitz oder der Ort der Geschäftsleitung als Ansässigkeitsmerkmale verwendet werden, ist ein solcher Fall der dreifachen Ansässigkeit von Art. 4 III OECD-MA nicht vorgesehen. Teilweise wird nun vertreten, in diesem Fall könne für das Doppelbesteuerungsabkommen zwischen B und C kein tatsächlicher Ort der Geschäftsleitung im Sinne des Art. 4 III OECD-MA bestimmt werden, da dieser sich

777 *Van Gennep*, ET 1991, 141 (143).

778 *Van Gennep*, ET 1991, 141 (143); vgl. auch *Großmann*, Doppelt ansässige Kapitalgesellschaften im internationalen Steuerrecht, 1995, S. 90.

779 *Van Gennep*, ET 1991, 141 (142 ff.); ebenso noch *Lehner*, in: Vogel/Lehner, DBA, 6. Auflage 2015, Art. 4 OECD-MA Rn. 121 f.; *Großmann*, Doppelt ansässige Kapitalgesellschaften im internationalen Steuerrecht, 1995, S. 86 ff.; *van Raad*, in ET 1993, 298 (301); *van Raad*, Dual Residence and 1977 OECD Model Treaty Article 4 (1), Second Sentence, ET 1990, 27 (29); Avery *Jones*, Tax Law Review 1999, 1 (35 f.); *Staringer*, Besteuerung doppelt ansässiger Kapitalgesellschaften, 1999, S. 150 ff.; *Lüdicke*, in: Kleineidam, Festschrift für Lutz Fischer, 1999, S. 740 ff.; a.A. niederländisches Finanzministerium und Hoge Raad (s.o.)

780 Beispiel von *van Raad*, in ET 1993, 298 (301).

781 *Van Raad*, in ET 1993, 298 (301).

ja tatsächlich in A befinde.[782] Analog Art. 4 II lit. d OECD-MA könne bei diesen Fällen aber im Rahmen eines Verständigungsverfahrens der Ansässigkeitsstaat im Sinne des Abkommens vereinbart werden.[783] Die Gesellschaft G könnte also nur auf die Lösung der Konstellation durch eine Verständigung zwischen B und C hoffen.

Richtigerweise ist aber konsequent jeweils eine bilaterale Betrachtung vorzunehmen. Das heißt, für das Abkommen B-C muss bilateral festgestellt werden, wo sich der (relative) Ort der tatsächlichen Geschäftsleitung befindet. Für das Abkommen B-C befindet sich dieser unstrittig in C und nicht im Sitzstaat B. Für die Abkommen A-B und A-C ist der Ort der tatsächlichen Geschäftsleitung in A. Staat C könnte zwar nach dem Abkommen B-C mehr als nur die „inländischen Quellen" versteuern, wird aber seinerseits durch das Abkommen A-C mit der Pflicht versehen, nur bestimmte Einkünfte zu besteuern. Wenn die Abkommen dem OECD-MA entsprechen, besteht somit im Grundsatz keine Gefahr für G, doppelt besteuert zu werden. Bei Einkünften aus einem weiteren Drittstaat wie etwa D kann sich die Gesellschaft auf die Abkommen A-D, B-D, C-D berufen. Wenn nun der Staat D auf diese Einkünfte eine Quellensteuer erheben will, so muss er hierbei seine Verpflichtungen aus den Abkommen A-D, B-D und C-D einhalten und G kann sich infolgedessen auf den bei diesen Abkommen „günstigsten" Quellensteuersatz berufen. Das erscheint auch nicht unangemessen.

2. Natürliche Personen

Bei natürlichen Personen ist die Situation ähnlich. Natürliche Personen müssen im jeweiligen Land im Sinne des Art. 4 I OECD-MA ansässig sein. Mehrfache Ansässigkeit kann durch die Schaffung eines gewöhnlichen Aufenthalts in einem Land und zweier Wohnsitze in anderen Ländern entstehen. Ebenso kann eine Person auch drei Wohnsitze in drei Ländern oder noch mehr Wohnsitze in verschiedenen Ländern vorzuweisen haben. Ist dies der Fall, so ist die Person, sofern das nationale Recht hieran die unbeschränkte Steuerpflicht knüpft[784], in jedem dieser Staaten nach Art. 4 I 1 OECD-MA ansässig. Bei den einzelnen Abkommen wird durch Art. 4 II OECD-MA jeweils die Ansässigkeit im Sinne des Abkommens geklärt. Fraglich ist auch hier, wie Art. 4 I 2 OECD-MA zu verstehen ist.

a) Meinung des niederländischen Finanzministeriums

Vor 2008 gab es die oben unter **E.I.1.a)** dargestellte Meinung des niederländischen Finanzministeriums zur Auslegung von Art. 4 I 2 OECD-MA.[785] Demnach könnte die in Art. 4 I 2 OECD-MA verlangte Beschränkung der Besteuerung auf Einkünfte aus

---

782 *Pohl*, in: Schönfeld/Ditz, DBA, 1. Auflage 2013, Art. 4 Rn. 109.

783 *Pohl*, in: Schönfeld/Ditz, DBA, 1. Auflage 2013, Art. 4 Rn. 109; ebenso *Lehner*, in: Vogel/Lehner, DBA, 6. Auflage 2015, Art. 4 OECD-MA Rn. 273.

784 *Lehner*, in: Vogel/Lehner, DBA, 6. Auflage 2015, Art. 4 OECD-MA Rn. 77.

785 Verweigerung einer Ansässigkeitsbestätigung am 12.06.1989 durch den Under Minister of Finance (MvF), Nr. IFZ89/320, abgedruckt in Info Bulletin 89/448.

Quellen in diesem Staat oder mit in diesem Staat gelegenem Vermögen auch durch ein anderes Doppelbesteuerungsabkommen erreicht werden. Diese Auslegung sollte dann wohl auch für natürliche Personen gelten. Es gibt jedenfalls keine Anhaltspunkte dafür, dass bei der Auslegung des Art. 4 I 2 OECD-MA zwischen natürlichen und nicht natürlichen Personen differenziert werden sollte.

b) Bewertung

Hiergegen können grundsätzlich die oben ausgeführten Argumente ins Feld geführt werden. Zudem hat die „Tie-Breaker"-Regelung des Art. 4 II OECD-MA nur bilaterale Wirkung[786], sie gilt also auch nicht über Art. 4 I 2 OECD-MA für andere Abkommen eines Vertragsstaates mit Drittstaaten. Die wohl überwiegende Meinung der Literatur stellte sich deshalb gegen eine solche Auslegung des Art. 4 I 2 OECD-MA.[787] Stattdessen ist Art. 4 I 2 OECD-MA auf die im Musterabkommen angeführten Fälle der ausländischen Diplomaten und Konsularbeamten, die im Hoheitsgebiet des jeweiligen anderen Staates tätig sind[788], reduziert.[789] Die Zuordnung der Ansässigkeit im Sinne eines Abkommens (zum Beispiel A-B, Zuordnung zu A) wirkt jedenfalls immer nur bilateral und bewirkt nicht durch Art. 4 I 2 eines anderen Abkommens (zum Beispiel B-C) die Nichtansässigkeit in dem zweiten Vertragsstaat (zum Beispiel B) nach anderen Abkommen.

c) Vorgehen bei Dreifachansässigkeit

Dies soll wiederum verdeutlicht werden durch folgendes Beispiel: Der Steuerpflichtige S hat sowohl im Staat A als auch in den Staaten B und C eine Wohnung und benutzt jede der drei Wohnungen regelmäßig. In allen drei Staaten erfüllt er somit ein Ansässigkeitsmerkmal nach Art. 4 I 1 OECD-MA. Auszugehen ist davon, dass zwischen den Staaten jeweils Abkommen bestehen, die dem OECD-MA entsprechen. Zudem hat S keine bedeutenden privaten Beziehungen zu den einzelnen Staaten, beruflich ist er am stärksten im Land A und am zweitstärksten im Land B verwurzelt. Nach Art. 4 II des Abkommens A-B ist S im Sinne dieses Abkommens im Land A ansässig. Nach Art. 4 II des Abkommens A-C ist S ebenso in A ansässig. Bei dem Abkommen B-C fällt die Ansässigkeit im Sinne des Abkommens an B. Im Land C darf S folglich nur mit seinen inländischen Quellen besteuert werden. B dürfte S zwar nach dem Abkommen B-C unbeschränkt besteuern, ist aber nach dem

786 Vgl. *Schaumburg*, Internationales Steuerrecht, 3. Auflage 2011, Rn. 16.197.

787 *Lehner*, in: Vogel/Lehner, DBA, 6. Auflage 2015, Art. 4 OECD-MA Rn. 121, 25 (auch schon in der Vorauflage von 2008); *van Raad*, in ET 1993, 298 (301); Avery *Jones*, Tax Law Review 1999, 1 (35 f.); *Lüdicke*, in: Kleineidam, Festschrift für Lutz Fischer, 1999, S. 740 ff.

788 Art. 4 Tz. 8 S. 7 OECD-Musterkommentar 1992 (gleicher Wortlaut nun bei Art. 4 Tz. 8.1 S. 2 OECD-Musterkommentar).

789 *Vogel*, Klaus Vogel on Double Taxation Conventions, 3. Auflage 1997, Art. 4 Rn. 31 f.

Abkommen A-B dazu verpflichtet, S teilweise freizustellen. Diese Freistellung für den Staat B richtet sich aber dann nach den beiden Abkommen A-B und B-C, denn B muss sämtliche seiner völkervertraglichen Verpflichtungen einhalten. Für den Steuerpflichtigen kommt es nach dieser Konstellation zu keiner Doppelbesteuerung.

Komplexer wird es nun, wenn die Abkommen in Bezug auf die „Tie-Breaker"-Regelung nicht dem Art. 4 OECD-MA entsprechen und es deshalb zu einer jeweils anderen Festlegung der Ansässigkeit im Sinne des Abkommens kommt.[790] Das bedeutet, nach dem Abkommen A-B ist S in A ansässig, nach dem Abkommen B-C in B und nach dem Abkommen A-C in C.[791] Diese Sonderkonstellation kann aber auch eintreten, wenn alle drei Abkommen dem OCED-MA entsprechen.[792] Dabei müsste S zum Beispiel zu allen drei Staaten im Wesentlichen ähnlich enge berufliche und private Kontakte pflegen. Zwischen den Staaten A und B würde dann entweder nach einem Verständigungsverfahren oder ohne ein solches die Ansässigkeit im Sinne des Abkommens im Staat A angenommen. Bei dem Abkommen A-C entscheidet man sich dann aber für eine Ansässigkeit in C und bei B-C für eine Ansässigkeit in B. Praktisch wird diese Situation aber in der Tat nicht oft eintreten.

In diesem Fall ist jeder Staat kurioserweise jeweils nach einem Abkommen Ansässigkeitsstaat (im Sinne des Abkommens), nach einem anderen Abkommen aber nicht. Damit jeder Staat seine völkervertraglichen Pflichten aus den jeweiligen Doppelbesteuerungsabkommen einhält, muss jeder Ansässigkeitsstaat S im Sinne der Verteilungsnormen als in dem Staat nicht ansässig behandeln.[793] Doch trotz der Besteuerung als Nichtansässiger im Sinne aller drei Abkommen kann sich S natürlich weiterhin auf alle drei Abkommen berufen.[794] S ist weiterhin Ansässiger in A, B und C nach Art. 4 I OECD-MA und infolgedessen nach Art. 1 OECD-MA abkommensberechtigt.

d) Beispielsfall mit vierfacher Ansässigkeit

Noch seltener wird es zu der Konstellation kommen, dass eine Person im selben Zeitraum in vier Staaten einen Wohnsitz oder ein anderes Ansässigkeitsmerkmal erfüllt und dies auch in den vier Staaten jeweils zur nationalen unbeschränkten Steuerpflicht führt. Sollte dieser Fall eintreten, muss jeweils bilateral die Ansässigkeit im Sinne des Abkommens festgestellt werden. Wenn der Steuerpflichtige S zum Staat A die stärksten beruflichen und privaten Bindungen, zu B die zweitstärksten und zu C die drittstärksten Bindungen hat, so ergibt sich Folgendes: Nach Abkommen A-B ist S nach Art. 4 II OECD-MA in A, nach A-C in A, nach A-D in A, nach B-C in B, nach B-D in B und nach C-D in C ansässig. Im Ergebnis besteuern B, C und D

---

790 Fall dargestellt von *Lehner*, in: Vogel/Lehner, DBA, 6. Auflage 2015, Art. 4 OECD-MA Rn. 25.

791 *Lehner*, in: Vogel/Lehner, DBA, 6. Auflage 2015, Art. 4 OECD-MA Rn. 25.

792 a. A. *Lehner*, in: Vogel/Lehner, DBA, 6. Auflage 2015, Art. 4 OECD-MA Rn. 25.

793 *Lehner*, in: Vogel/Lehner, DBA, 6. Auflage 2015, Art. 4 OECD-MA Rn. 25.

794 *Lehner*, in: Vogel/Lehner, DBA, 6. Auflage 2015, Art. 4 OECD-MA Rn. 25.

folglich den S grundsätzlich wie einen Nichtansässigen, A ist der Ansässigkeitsstaat im Sinne der Verteilungsvorschriften bei den Abkommen A-B, A-C, A-D.

Komplizierter wird dieser Fall in der Abwandlung wie oben, wenn die Zuordnung der Ansässigkeit nach Art. 4 II OECD-MA teilweise unterschiedlich erfolgt. Das könnte zum Beispiel derart geschehen, dass die Zuordnung nach Art. 4 II OECD-MA bei dem Abkommen A-B und A-D auf A fällt, bei B-C und B-D auf B, bei C-D auf C, aber bei A-C auf C und nicht A. Dann hat man einen Normenwiderspruch insoweit, als jeder Staat bei bestimmten Abkommen Ansässigkeitsstaat, aber auch mindestens bei einem Abkommen Nichtansässigkeitsstaat ist. Bei solch einer Konstellation ist S bei allen Abkommen im Sinne der Verteilungsnormen als Nichtansässiger zu behandeln.[795] S kann sich aber natürlich weiterhin auf sämtliche Abkommen berufen.

3. Kritische Punkte zu dieser Auslegung

Die bis zum Jahre 2008 vertretene Auslegung des Art. 4 I 2 OECD-MA könnte dahingehend kritisiert werden, dass sie für den betreffenden Bürger und die entsprechenden Finanzverwaltungen im Ergebnis bei der Durchführung komplex sein kann. B ist zum Beispiel nach einem Abkommen Ansässigkeitsstaat (B-C), nach dem anderen wiederum nicht (A-B), was für die Verteilungsnormen entscheidend ist. Das ist jedoch dem bilateralen Charakter der einzelnen Abkommen geschuldet.

Zudem orientieren sich die beiden jeweiligen Vertragsstaaten zwar regelmäßig am OECD-MA, vereinbaren aber aufgrund individueller Interessen fast immer gewisse Abweichungen. Diese Abweichungen können zu der in der Abwandlung bei **E.I.2.c)** und **E.I.2.d)** dargestellten Konstellation führen. Es könnte meines Erachtens nur durch multilaterale Abkommen wirklich einfacher gestaltet werden und die in der Abwandlung dargestellten Konstellationen könnten verhindert werden. Solche multilateralen Abkommen existieren jedoch meist nicht.

II. Vorgehen nach der Änderung des OECD-Musterkommentars 2008

Nichtdestotrotz entschied sich der Fiskalausschuss der OECD bei seinem Treffen vom 24. – 25. Juni 2008 dazu, eine Änderung des Musterkommentars auch bei der Kommentierung zu Art. 4 I 2 OECD-MA vorzunehmen.[796] Die gesamten dort beschlossenen Änderungen wurden vom Rat der OECD am 17. Juli 2008 verabschiedet[797] und sind infolgedessen in dem „2008 Update to the OECD Model Tax Convention“[798]

---

795 *Lehner*, in: Vogel/Lehner, DBA, 6. Auflage 2015, Art. 4 OECD-MA Rn. 25.

796 Siehe: http://www.oecd.org/ctp/treaties/theoecdapprovesthe2008updatetothemodeltaxconvention.htm, Abrufdatum: 24.06.2015.

797 Siehe http://www.oecd.org/ctp/treaties/theoecdapprovesthe2008updatetothemodeltaxconvention.htm, Abrufdatum: 24.06.2015.

798 Siehe http://www.oecd.org/ctp/41032078.pdf, Abrufdatum: 24.06.2015.

veröffentlicht worden. Bei dieser Aktualisierung des Musterabkommens und des Kommentars wurden zahlreiche Änderungen beschlossen, im Folgenden werden aber nur die für die Auslegung von Art. 4 I 2 OECD-MA ausschlaggebenden Veränderungen des Musterkommentars näher untersucht.

1. Erläuterung der neuen Kommentierung im Musterkommentar

Art. 4 OECD-MA wurde nicht verändert. Aber die Tz. 8 des Musterkommentars[799] wurde deutlich umgestaltet. Tz. 8 wurde auf die Sätze 1 bis 5 der ursprünglichen Fassung gekürzt, die Sätze 6 und 7 wurden zu Tz. 8.2, die Sätze 8, 11 und 12 zur neuen Tz. 8.2 Sätze 1, 3 und 4.[800] Bei Tz. 8.2 wurde der Satz 2 neu eingefügt, wonach Art. 4 I 2 OECD-MA auch solche Gesellschaften oder andere Personen ausschließt, die in einem Vertragsstaat deshalb nicht unbeschränkt steuerpflichtig sind, weil sie trotz Erfüllung eines nationalen Ansässigkeitsmerkmals gemäß einem Abkommen zwischen zwei Staaten als im anderen Staat ansässig gelten.[801]

Die Sätze 9 und 10 der ursprünglichen Tz. 8 wurden grundsätzlich zu Tz. 8.3, wobei hier der Satz 10 dahingehend verändert wurde, dass er nun nicht mehr anordnet, generell sei eine einengende Auslegung von Art. 4 I 2 OECD-MA geboten, sondern nun sollte die Vorschrift nach ihrem Ziel und Zweck ausgelegt werden, welcher darin bestehe, Personen, die in einem Staat nicht unbeschränkt steuerpflichtig sind, auszuschließen.[802] Diese Personen sollten sich demnach nicht mehr auf das entsprechende Abkommen berufen können. Die ursprünglichen Teilziffern 8.1 bis 8.4 wurden lediglich nach hinten verschoben und zu den Teilziffern 8.4 bis 8.7.[803] Sie regeln spezielle Fragestellungen und sind hier nicht von Bedeutung.

Zusätzlich wurde die Kommentierung zu Art. 21 OECD-MA geändert. Art. 21 OECD-MA regelt allgemein den Fall, wer Einkünfte besteuern darf, die in den Art. 5 bis 20 OECD-MA nicht bereits behandelt werden. Geregelt wird hier auch der Fall, wer so genannte Dritteinkünfte besteuern darf, also solche Einkünfte, die aus keinem der beiden Vertragsstaaten stammen. Diese Einkünfte darf nach Art. 21 I OECD-MA nur der Ansässigkeitsstaat im Sinne des Abkommens besteuern. In Art. 21 Tz. 1 des Musterkommentars wurde 2008 ein neuer Satz 4 eingefügt.[804] Dieser besagt Folgendes: Im Falle der doppelten Ansässigkeit einer Person (in A und B) nach Art. 4 I OECD-MA und der Zuordnung der Ansässigkeit zu einem Staat (A) nach Art. 4 II oder III OECD-MA, hält Art. 21 OECD-MA den zugeordneten „Nichtansässigkeitsstaat“ (B) von der Besteuerung der Dritteinkünfte ab.[805] Dies

799 Siehe Art. 4 Tz. 8 bis 8.7 OECD-Musterkommentar.
800 Siehe http://www.oecd.org/ctp/41032078.pdf, Abrufdatum: 24.06.2015.
801 Art. 4 Tz. 8.2 S. 2 OECD-Musterkommentar.
802 Siehe http://www.oecd.org/ctp/41032078.pdf, Abrufdatum: 24.06.2015.
803 Siehe http://www.oecd.org/ctp/41032078.pdf, Abrufdatum: 24.06.2015.
804 Siehe http://www.oecd.org/ctp/41032078.pdf, Abrufdatum: 24.06.2015.
805 Art. 21 Tz. 1 S. 4 OECD-Musterkommentar.

gilt auch, wenn diese Person in dem „Nichtansässigkeitsstaat" (B) im Sinne des Abkommens nach nationalem Recht tatsächlich ansässig ist.[806] Zusätzlich wird in einer in Klammern hinzugefügten Anmerkung auf Art. 4 Tz. 8.2 des Musterkommentars hingewiesen in Bezug auf die Wirkung, die die Zuordnung nach Art. 4 II oder III OECD-MA auch auf Verträge zwischen diesem „Nichtansässigkeitsstaat" (B) und dritten Staaten (C, D, etc.) habe.[807]

Die Kommentierung der Art. 4 Tz. 8.2 S. 2 und Art. 21 Tz. 1 S. 4 besagt also Folgendes: Art. 4 I 2 OECD-MA versagt die Ansässigkeit in einem Vertragsstaat und damit auch nach Art. 1 OECD-MA die Anwendbarkeit des Abkommens, wenn eine Person in diesem Vertragsstaat nur mit Einkünften aus Quellen in diesem Staat oder mit in diesem Staat gelegenem Vermögen steuerpflichtig ist. Nach Tz. 8.2 S. 2 des Musterkommentars fallen darunter nun auch Personen, die zwar nach nationalem Recht in diesem Staat ansässig sind, aber gemäß einem Vertrag mit einem anderen Staat als nur in dem anderen Staat ansässig behandelt werden, mit der Konsequenz, dass sie im erstgenannten Staat aufgrund des Vertrages nur mit inländischen Quellen besteuert werden.

Im Ergebnis bedeutet dies, dass die Zuordnung der Ansässigkeit im Sinne eines Doppelbesteuerungsabkommens nach Art. 4 II, III OECD-MA die Anwendbarkeit von Abkommen des bei der Zuordnung „verlierenden" Staates mit Drittstaaten ausschließt, sofern der Betreffende nicht im jeweiligen Drittstaat ebenso ansässig ist.[808] Dass nach dem Musterkommentar die Zuordnung der Ansässigkeit im Sinne des Abkommens nach einem Vertrag die Anwendbarkeit anderer Abkommen ausschließt, wird durch die Anmerkung in Klammern bei Art. 21 Tz. 1 S. 4 des OECD-Musterkommentars verdeutlicht.

Zur Verdeutlichung der Auswirkungen dieser Auslegung im Vergleich zur bisherigen Herangehensweise erfolgt eine Untersuchung des obigen Beispiels bei **D.I.1.b)bb) Situation 2 (Quelleneinkünfte aus Drittstaaten)**(S. 81 ff.): Der Steuerpflichtige P hat im Staat A einen Wohnsitz und in Staat B den gewöhnlichen Aufenthalt, weshalb er in beiden Staaten unbeschränkt steuerpflichtig ist. P erhält Zinseinkünfte aus einer Bank im Staat C. Es ist davon auszugehen, dass zwischen den drei Staaten jeweils ein Abkommen existiert, welches dem aktuellen OECD-MA entspricht.

P ist sowohl in A als auch in B ansässig, also im Sinne des Art. 4 I OECD-MA nach dem Abkommen A-B doppelt ansässig. P verfügt nur in A über eine ständige Wohnstätte, womit er für dieses Abkommen nach Art. 4 II lit. a OECD-MA als nur in A ansässig gilt. Diese Einordnung wirkt nun nicht mehr nur bilateral.[809] Sie bewirkt, dass P für weitere Abkommen, die der Staat B mit Drittstaaten (hier C) vereinbart,

806 Art. 21 Tz. 1 S. 4 OECD-Musterkommentar.
807 Art. 21 Tz. 1 S. 4 OECD-Musterkommentar.
808 Vgl. zur Auslegung der OECD: *Van Raad*, BIFD 2009, 187 (189).
809 a. A. wohl noch ohne Berücksichtigung der Änderung des OECD-Musterkommentars: *Schaumburg*, Internationales Steuerrecht, 3. Auflage 2011, Rn. 16.197.

jeweils nach Art. 4 I 2 OECD-MA als nicht mehr in B ansässig gilt. Das Abkommen B-C ist somit für P nach Art. 1, 4 I OECD-MA nicht mehr anwendbar.

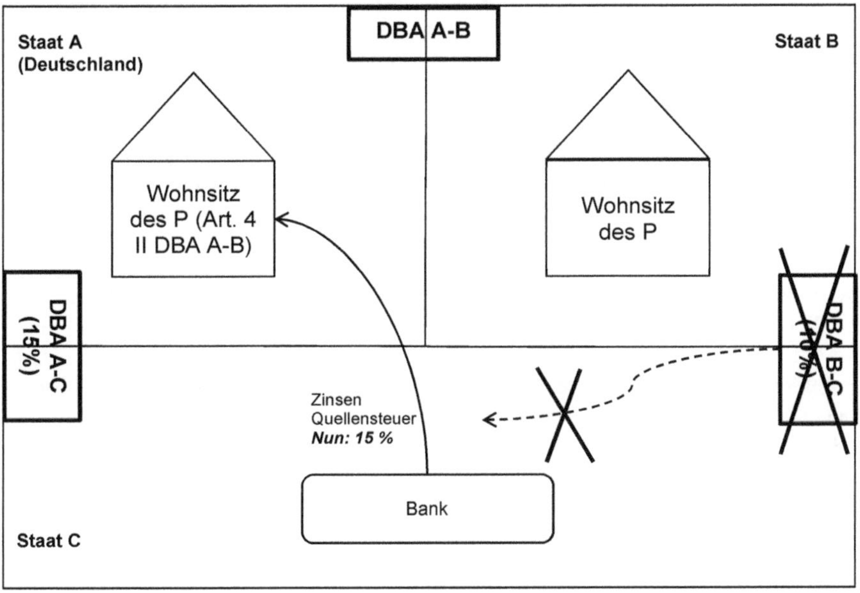

Bei den Zinseinkünften aus C handelt es sich um Drittstaateneinkünfte, die nach Art. 21 I des DBA A-B nur in A besteuert werden dürfen. Aus C stammen die Zinseinkünfte, dort ist P mangels Anknüpfungspunkten jedenfalls nicht ansässig. Bei dem Abkommen A-C ist C der Quellenstaat (= Nichtansässigkeitsstaat). Art. 11 OECD-MA regelt die Verteilung der Besteuerungsrechte bei Zinseinkünften. Auszugehen ist davon, dass bei dem Abkommen A-C dem Staat C ein Quellensteuerrecht in Höhe von 15 % zugesprochen wird, während das Abkommen B-C 10 % vorsieht. Bei obigem Beispiel konnte sich P auf das Abkommen B-C berufen und deshalb durfte C nur eine Quellensteuer in Höhe von 10 % erheben. Nun kann sich P auf dieses Abkommen nicht mehr berufen, es gilt nur das Abkommen A-C und somit ein Quellensteuersatz von 15 % für den Staat C.

2. Kritische völkerrechtliche Betrachtung der „neuen Kommentierung“

Die neue Kommentierung durch die OECD muss genau betrachtet werden. Vor allem aber stellt das OECD-MA natürlich nur ein Muster für zwischen Vertragsstaaten abgeschlossene Abkommen dar. In der Praxis entscheidend sind die jeweiligen tatsächlich vereinbarten Doppelbesteuerungsabkommen und welchen Inhalt diese haben. Um herauszufinden, wie sich die Änderung der Kommentierung zum OECD-MA in der Praxis auswirkt, muss die Wirkung des Musterkommentars für einzelne Abkommen analysiert werden. Die Verträge können zudem vor oder nach der Änderung im Jahr 2008 vereinbart worden sein, was gleichsam von Bedeutung sein kann.

Deutschland hat mit etwa 98 anderen Staaten Doppelbesteuerungsabkommen im Bereich der Steuern vom Einkommen und vom Vermögen abgeschlossen. Von diesen Abkommen enthalten 91 Abkommen inhaltliche Regelungen, die Art. 4 I OECD-MA entsprechen oder zumindest einen Hinweis auf die Ansässigkeit aufgrund von Merkmalen, die die nationale Steuerpflicht auslösen. Bestimmungen nach dem Vorbild des Art. 4 I 2 OECD-MA enthalten hiervon 57 Abkommen. Von diesen sind 26 nach dem Beschluss der Änderungen im Musterkommentar am 17. Juli 2008[810] unterzeichnet worden. Für diejenigen Abkommen, die keine dem Art. 4 I 2 OECD-MA entsprechende Vorschrift enthalten, dürfte die neue Kommentierung von vornherein keine Bedeutung haben, da sich diese explizit auf Art. 4 I 2 OECD-MA bezieht.

Es bleiben somit zunächst 57 Verträge, bei denen die „neue Auslegung" angewandt werden kann. Nun gibt es hier aber auch wieder Ausnahmen. Bei dem Abkommen zur Vermeidung der Doppelbesteuerung Deutschlands mit Costa Rica[811] beispielsweise wird im Protokoll zum Abkommen (Art. 4 I 2 entspricht hier dem Art. 4 I 2 OECD-MA) die Nichtanwendung des Art. 4 I 2 explizit angeordnet, „[s]olange das Steuersystem der Republik Costa Rica auf dem Territorialprinzip beruht". Das Abkommen ist ohnehin noch nicht in Kraft getreten[812], bei Inkrafttreten wird aber Art. 4 I 2 (OECD-MA) zunächst nicht angewandt werden. Ob diese Auslegung bei einem konkreten Abkommen anzuwenden ist, hängt natürlich in erster Linie vom jeweiligen Abkommen und weiteren bilateralen Vereinbarungen ab.

Aber trotzdem kann festgestellt werden, wie im Regelfall Art. 4 I 2 eines Abkommens auszulegen ist, wenn er vom Wortlaut dem Art. 4 I 2 OECD-MA entspricht. Das Muster Deutschlands, welches den aktuellen konkreten Vertragsverhandlungen jeweils als Vorlage dient, enthält nämlich eine Bestimmung nach Art des Art. 4 I 2 OECD-MA.[813] Zu klären ist, inwiefern die Aussagen des Musterkommentars denn generell rechtliche Bedeutung für die Auslegung einzelner Abkommen, die auf dem OECD-MA beruhen, haben.

---

810 Vgl. „The 2008 Update to the OECD Model Tax Convention 18 July 2008", siehe: http://www.oecd.org/ctp/41032078.pdf, Abrufdatum: 24.06.2015; die Änderungen wurden vom Rat der OECD am 17. Juli 2008 verabschiedet.

811 DBA Deutschland – Costa Rica 2014, noch nicht in Kraft getreten, zu finden unter: http://www.bundesfinanzministerium.de/Content/DE/Standardartikel/Themen/Steuern/Internationales_Steuerrecht/Staatenbezogene_Informationen/Laender_A_Z/Costa_Rica/2014-11-26-Costa-Rica-Abkommen-DBA.html, Abrufdatum: 24.06.2015.

812 Stand: Juni 2015.

813 Vertragsgrundlage Deutschlands für die Verhandlungen mit anderen Staaten, zu finden unter: http://www.bundesfinanzministerium.de/Content/DE/Standardartikel/Themen/Steuern/Internationales_Steuerrecht/Allgemeine_Informationen/2013-08-22-Verhandlungsgrundlage-DBA-deutsch.html, Abrufdatum: 24.06.2015.

3. Grundsätze der Auslegung von völkerrechtlichen Verträgen

Sämtliche bilaterale Abkommen zur Vermeidung der Doppelbesteuerung stellen völkerrechtliche Verträge zwischen zwei Staaten dar. Kennzeichnend hierfür ist, dass zwei Staaten sich darin gegenseitig verpflichten. Für die Vertragsauslegung sind die Art. 31 bis 33 der Wiener Vertragsrechtskonvention (WVK)[814] von entscheidender Bedeutung.[815] Die besagte Konvention wurde am 23.05.1969 auf der Wiener Konferenz für das Recht der Verträge beschlossen und „gibt das internationale Vertragsrecht wieder".[816] Entstanden ist sie dadurch, dass die Generalversammlung der Vereinten Nationen 1947 eine Völkerrechtskommission schuf, welche die Entwicklung und Kodifizierung des Völkerrechts vorantreiben sollte.[817] In Kraft getreten ist die Konvention 1980, am 30. Tag nach der Ratifikation des 35. Staates, wobei sie mittlerweile von 113 Staaten und dem Heiligen Stuhl ratifiziert und weiteren 15 Staaten lediglich unterzeichnet wurde.[818]

Nach Art. 1, 3 WVK gilt die Konvention nur für Verträge zwischen Staaten. Unzweifelhaft handelt es sich bei den Abkommen zur Vermeidung der Doppelbesteuerung um Verträge zwischen Staaten im Sinne des Art. 2 I a WVK und die Art. 31 bis 33 WVK sind anwendbar.[819] Gemäß Art. 4 WVK gelten die Regelungen der WVK grundsätzlich erst dann für einen Staat, nachdem die Konvention für diesen in Kraft getreten ist. Das würde hier zunächst bedeuten, dass für Deutschland die WVK erst für Abkommen gilt, die nach dem 20.08.1987 abgeschlossen wurden.[820]

Aber die WVK gibt in einigen Vorschriften auch anerkanntes Völkergewohnheitsrecht wieder und in diesem Fall ist die betreffende Regelung der WVK auch auf Abkommen anwendbar, die geschlossen wurden, bevor die WVK für diesen Staat in Kraft getreten ist.[821] Solche Vorschriften gelten als Völkergewohnheitsrecht für alle Staaten, also auch für Verträge zwischen Staaten, die nicht der Konvention beigetreten sind.[822] Ob eine Regelung der WVK Gewohnheitsrecht darstellt, wird meist erst durch Gerichte festgestellt. Teilweise wird in der Literatur auch

---

814 Wiener Übereinkommen über das Recht der Verträge v. 23.05.1969, in BGBl. II 1985, 927.

815 *Baker*, Double Taxation Conventions and International Tax Law, 2. Auflage 1994, S. 21 ff.

816 Siehe zur Entstehung: http://legal.un.org/avl/ha/vclt/vclt.html, Abrufdatum: 24.06.2015.

817 *Aust*, Modern Treaty Law and Practice, 3. Auflage 2013, S. 5.

818 Status der Wiener Konvention über das Recht der Verträge: https://treaties.un.org/Pages/ViewDetailsIII.aspx?&src=TREATY&mtdsg_no=XXIII~1&chapter=23&Temp=mtdsg3&lang=en, Abrufdatum: 24.06.2015.

819 *Engelen*, Interpretation of Tax Treaties under International Law, 2004, S. 426 f.

820 Vgl. Art. 84 II WVK, Hinterlegung der Ratifikationsurkunde am 21.07.1987, siehe: https://treaties.un.org/pages/ViewDetailsIII.aspx?src=TREATY&mtdsg_no=XXIII-1&chapter=23&Temp=mtdsg3&lang=en, Abrufdatum: 24.06.2015.

821 *Aust*, Modern Treaty Law and Practice, 3. Auflage 2013, S. 10.

822 *Aust*, Modern Treaty Law and Practice, 3. Auflage 2013, S. 10.

die Ansicht vertreten, sämtliche Regelungen der Konvention seien anerkanntes Völkergewohnheitsrecht.[823]

Für diese Arbeit sind hier in erster Linie die Artikel über die Auslegung von völkerrechtlichen Verträgen, also Art. 31 bis 33 WVK relevant. In dem Fall Kasikili/Sedudu Island (Botswana v. Namibia)[824] hat der Internationale Gerichtshof (IGH) 1999 auf einen Vertrag zwischen Deutschland und dem Vereinigten Königreich Art. 31 WVK angewandt, obwohl der internationale Vertrag bereits im Jahr 1890 geschlossen wurde. Der IGH hat in dem Urteil die Auslegungsregeln des Art. 31 WVK konkret als Völkergewohnheitsrecht bezeichnet und für diesen Fall angewandt, obwohl weder Botswana noch Namibia der Konvention beigetreten sind.[825] Bereits vorher hat der IGH in der Entscheidung Oil Platforms (Islamic Republic of Iran v. United States of America) neben Art. 31 WVK, der als geltendes Gewohnheitsrecht konkret bezeichnet wird, auch im nächsten Satz auf Art. 32 WVK als Auslegungsregel zurückgegriffen.[826] Der dem Streit zu Grunde liegende Vertrag datierte aus dem Jahr 1955. Bei dem Fall LaGrand (Germany v. United States of America) hat der IGH 2001 explizit die Auslegungsregel des Art. 33 WVK als wiedergegebenes Völkergewohnheitsrecht bezeichnet und diese angewandt.[827] Streitpunkt war ein völkerrechtlicher Vertrag aus dem Jahr 1963.

Zusammengefasst ergibt sich also aus der bisherigen Rechtsprechung des IGH, dass die gesamten Regelungen der WVK über die Auslegung von Verträgen, also Art. 31 bis 33 WVK, anerkanntes und bestehendes Völkergewohnheitsrecht wiedergeben.[828] Dies bedeutet, dass die Auslegungsregeln der WVK auch für Verträge von Staaten gelten, die nicht der Konvention beigetreten sind, und ebenso für solche Verträge, die vor dem In Kraft treten der WVK im jeweiligen Land geschlossen wurden.[829] Sämtliche Abkommen zur Vermeidung der Doppelbesteuerung zwischen Staaten sind somit nach den Art. 31, 32, 33 WVK auszulegen.

---

823 Vgl. Ausführungen bei *Aust*, Modern Treaty Law and Practice, 3. Auflage 2013, S. 10 f.

824 IGH Urteil v. 13.12.1999 – Kasikili/Sedudu Island (Botswana/Namibia), ICJ Reports 1999, 1045.

825 IGH Urteil v. 13.12.1999 – Kasikili/Sedudu Island (Botswana/Namibia), ICJ Reports 1999, 1045 (1059).

826 IGH Urteil v. 12.12.1996 – Oil Platforms (Islamic Republic of Iran v. United States of America), ICJ Reports 1996, 803 (812).

827 IGH Urteil v. 27.06.2001 – LaGrand (Germany v. United States of America), ICJ Reports 2001, 466 (502).

828 *Engelen*, Interpretation of Tax Treaties under International Law, 2004, S. 57 mit Verweis auf *Torres Bernárdez*, in: Hafner, Liber Amicorum Professor Ignaz Seidl-Hohenveldern – in honour of his 80th birthday, 1998, S. 721 (737); ebenso *Wattel/Marres*, ET 2003, 222 (225); auch *Ward/Avery Jones/u. a.*, The Interpretation of Income Tax Treaties with Particular Reference to the Commentaries on the OECD Model, 2005, S. 15.

829 *Engelen*, Interpretation of Tax Treaties under International Law, 2004, S. 57.

a) Art. 31 WVK

Art. 31 WVK normiert die allgemeine Auslegungsregel. Gemäß Art. 31 I WVK ist ein Vertrag „nach Treu und Glauben in Übereinstimmung mit der gewöhnlichen, seinen Bestimmungen in ihrem Zusammenhang zukommenden Bedeutung und im Lichte seines Zieles und Zweckes auszulegen". Es müssen somit bei der Auslegung eines Vertrages drei Faktoren berücksichtigt werden: Der Wortlaut, der Zusammenhang und der Sinn und Zweck des Vertrages.[830] Unter dem Ausdruck Zusammenhang ist neben der Systematik der Vorschriften des einzelnen Vertrages auch die Betrachtung der im Rahmen der Entstehung des Vertrages getroffenen weiteren Vereinbarungen und abgefassten Urkunden zu verstehen.[831]

Ein Vertrag ist nach Treu und Glauben auszulegen, was sich schon direkt aus dem Grundsatz „pacta sunt servanda" (Art. 26 WVK) ergibt.[832] Dabei muss nach Art. 31 I WVK die „gewöhnliche Bedeutung" der Vertragsbegriffe zu Grunde gelegt werden. Im Regelfall ist nämlich davon auszugehen, dass die Vertragsparteien bei der Verwendung eines Begriffes dessen gewöhnliche Bedeutung damit verbinden.[833] Was als gewöhnliche Bedeutung anzusehen ist, kann sich auch aus der Art des Vertrages ergeben, denn es kommt darauf an, wie eine Person, die in dem Bereich angemessen informiert ist, den Begriff versteht und nicht, wie ein Laie hierüber denkt.[834] Die Auslegung darf nicht losgelöst vom konkreten Vertrag erfolgen, sondern muss den Zusammenhang und den Sinn und Zweck des jeweiligen Vertrages beachten.[835]

Art. 31 II WVK nennt weitere Aspekte, die zum Zusammenhang eines Vertrages im Sinne des Art. 31 I WVK zählen, wie beispielsweise gleichzeitig mit dem Vertrag vereinbarte weitere Übereinkünfte, Urkunden anlässlich des Vertragsabschlusses etc. Bei der Interpretation eines Vertrages müssen demzufolge der Vertrag als Ganzes mit Präambel und den Annexen sowie nach Art. 31 II WVK ebenso sämtliche weitere Vereinbarungen, Versicherungen oder Erklärungen anlässlich des Vertragsschlusses betrachtet werden.[836] Gemäß Art. 31 III WVK ist außer dem Zusammenhang in gleicher Weise auch noch späteren Übereinkünften, späteren Übungen und anwendbaren einschlägigen Völkerrechtssätzen Beachtung zu schenken. Die Parteien können nämlich insbesondere später den Vertrag fortbilden, was nicht zwingend durch einen weiteren Vertrag, sondern auch auf andere Art und Weise, wie etwa durch die bloße Annahme eines Entschlusses bei einem Treffen

---

830 *Aust,* Modern Treaty Law and Practice, 3. Auflage 2013, S. 208.
831 Vgl. Art. 31 II WVK.
832 *Dörr,* in: Dörr/Schmalenbach, Vienna Convention on the Law of Treaties, Kommentar, 2012, Art. 31 Rn. 39.
833 *Aust,* Modern Treaty Law and Practice, 3. Auflage 2013, S. 209.
834 *Dörr,* in: Dörr/Schmalenbach, Vienna Convention on the Law of Treaties, Kommentar, 2012, Art. 31 Rn. 41.
835 *Aust,* Modern Treaty Law and Practice, 3. Auflage 2013, S. 209.
836 *Aust,* Modern Treaty Law and Practice, 3. Auflage 2013, S. 210 ff.

der Vertragsstaaten, erfolgen kann.[837] Eine Änderung des Vertrages ist hingegen nur durch einen Änderungsvertrag möglich.

Art. 31 IV WVK normiert die Ausnahme, dass einem Begriff nicht die gewöhnliche, sondern eine besondere Bedeutung zukommt für den Fall, dass die Vertragsparteien eben diese besondere Bedeutung beabsichtigt haben. Es wird hier speziell und isoliert auf die Intention der Parteien abgestellt. Elementar an dieser Regelung ist, dass die Partei, welche sich auf die besondere Bedeutung eines Begriffes beruft, auch die Beweislast für den Willen der Vertragsparteien trägt.[838]

b) Art. 32 WVK

Art. 32 WVK nennt noch ergänzende Auslegungsmittel. Darunter fallen die vorbereitenden Arbeiten oder die Umstände des Vertragsabschlusses. Unter die vorbereitenden Arbeiten („travaux préparatoires") fallen Schriftstücke, wie etwa aufeinander folgende Vertragsentwürfe, erklärende Aussagen von Sachverständigen etc.[839] Diese ergänzenden Auslegungsmittel können zur Bestätigung der sich aus Art. 31 WVK ergebenden Auslegung herangezogen werden. Zur Bestimmung der Bedeutung eines Begriffes dürfen sie aber dem Wortlaut nach nur verwendet werden, wenn entweder die Bedeutung nach Art. 31 WVK immer noch unklar ist oder zu einem offensichtlich sinnwidrigen oder unvernünftigen Ergebnis führt. In der Praxis kommt es jedoch üblicherweise zu der Situation, dass das Gericht den Vertrag und auch gleich die vorbereitenden Arbeiten gemeinsam analysiert, womit die gewöhnliche Bedeutung eines Begriffes schon durch die vorbereitenden Arbeiten mitbeeinflusst wird.[840] Die Frage, ob nach der Auslegung gemäß Art. 31 WVK die Bedeutung unklar oder mehrdeutig bleibt, ist zudem eine Sache des Betrachters und deshalb „sehr flexibel".[841] Ob das Gericht eine Interpretation zu Recht als unklar oder mehrdeutig ansieht, kann auch nur schwer überprüft werden.

Der Wortlaut des Art. 32 WVK „insbesondere" deutet schon an, dass es neben den vorbereitenden Arbeiten oder den Umständen des Vertrages noch weitere ergänzende Auslegungsmittel gibt. Teilweise werden unter diesen weiteren „Auslegungsmitteln" nur materielle oder substantielle Gegenstände verstanden, wie etwa Dokumente, die nicht direkt aus den Vertragsverhandlungen stammen, aber in Zusammenhang mit der Vorbereitung des Vertrages stehen.[842] Andere wiederum

---

837 Vgl. *Aust*, Modern Treaty Law and Practice, 3. Auflage 2013, S. 212 ff.

838 *Dörr*, in: Dörr/Schmalenbach, Vienna Convention on the Law of Treaties, Kommentar, 2012, Art. 31 Rn. 106.

839 *Aust*, Modern Treaty Law and Practice, 3. Auflage 2013, S. 218.

840 *Aust*, Modern Treaty Law and Practice, 3. Auflage 2013, S. 218.

841 *Dörr*, in: Dörr/Schmalenbach, Vienna Convention on the Law of Treaties, Kommentar, 2012, Art. 31 Rn. 34 f.

842 *Dörr*, in: Dörr/Schmalenbach, Vienna Convention on the Law of Treaties, Kommentar, 2012, Art. 31 Rn. 24 f. mit Verweis auf *Gardiner*, Treaty Interpretation, 2008, S. 311 f.

wollen darunter auch weitere Auslegungsmethoden und Grundsätze, wie etwa „lex specialis derogat legi generali“ oder „argumentum e contrario“ fassen.[843] Diese weiteren Auslegungsmethoden und Auslegungstechniken können im Einzelfall bei Ergründung der gewöhnlichen Bedeutung nach Art. 31 I WVK eine Rolle spielen, wobei die Verortung in Art. 31 oder Art. 32 WVK in der Praxis keinen zu großen Unterschied macht.[844]

c) Art. 33 WVK

In Art. 33 WVK wird für den Fall vorgesorgt, dass ein Vertrag in verschiedenen authentischen Sprachen existiert. Ein authentischer Text entsteht gemäß Art. 10 WVK dadurch, dass ein besonderes Verfahren am Ende den Text endgültig (in dieser Sprache) festlegt. Meist enthalten Verträge am Schluss eine Aussage, welche Sprachen authentisch sind.[845] Nach Art. 33 I WVK ist der Text in jeder authentischen Sprache in gleicher Weise ausschlaggebend, wenn nicht im Vertrag eine Sprachfassung als vorrangig bestimmt ist. Eine andere als eine authentische Sprachfassung kann nach Art. 33 II WVK nur Berücksichtigung finden, wenn der Vertrag oder die Parteien es so vorsehen.

Was die Bedeutung der Begriffe angeht, so haben diese in jeder Sprachfassung dieselbe (Art. 33 III WVK). Bei Verträgen in verschiedenen Sprachfassungen handelt es sich zwar um verschiedene Dokumente, aber im rechtlichen Sinne existiert nur ein völkerrechtlicher Vertrag, der lediglich eine Vereinbarung von gewissen Bestimmungen enthält.[846] Art. 33 IV WVK erlaubt für den Fall, dass sich aus den unterschiedlichen Sprachfassungen ein Bedeutungsunterschied ergibt und die Auslegung nach Art. 31, 32 WVK ebenso zu keiner Lösung führt, eine Bedeutung zu wählen ist, die unter Beachtung von Ziel und Zweck des Vertrages die Wortlaute möglichst gut aufeinander abstimmt. Bei einem Bedeutungsunterschied ist zunächst nach einer Lösung unter Anwendung der Art. 31 und 32 WVK zu forschen.[847] Wenn das zu keiner Klärung führt, kann beim nächsten Schritt losgelöst davon die Bedeutung „relativ frei“ anhand eines teleologischen Ansatzes ermittelt werden.[848]

---

843 Vgl. die Auflistung bei *Aust*, Modern Treaty Law and Practice, 3. Auflage 2013, S. 220 f.

844 *Gardiner*, Treaty Interpretation, 2008, S. 311 f.

845 Vgl. schon Art. 85 WVK.

846 *Engelen*, Interpretation of Tax Treaties under International Law, 2004, S. 381.

847 *Dörr*, in: Dörr/Schmalenbach, Vienna Convention on the Law of Treaties, Kommentar, 2012, Art. 31 Rn. 35.

848 *Dörr*, in: Dörr/Schmalenbach, Vienna Convention on the Law of Treaties, Kommentar, 2012, Art. 31 Rn. 35.

d) Weitere völkerrechtliche Regeln der Vertragsauslegung

Die Auslegungsregeln für Verträge in der WVK sind nicht abschließend, es können daneben etwa nach dem Völkergewohnheitsrecht auch weitere Auslegungsprinzipien existieren.[849] Als weitere Auslegungsregel wird teilweise das Prinzip „in dubio mitius" gesehen, wonach immer die Auslegung zu wählen ist, die die Souveränität der Staaten möglichst weitgehend erhält.[850] Der IGH hat dieses Prinzip aber nie angewandt und sogar explizit als Völkergewohnheitsrecht abgelehnt.[851] Für die Auslegung der Doppelbesteuerungsabkommen ist dieses Prinzip also nicht anzuwenden.

Allgemein können bei der Auslegung gleichfalls die üblichen Methoden, nämlich die grammatikalische, historische, systematische und teleologische, eine Rolle spielen.[852] Daneben existiert noch die Auslegungsregel „ut res magis valeat quam pereat". Demnach ist die Auslegung vorzugswürdig, mit der das Gestaltungsziel oder der Regelungszweck möglichst weitgehend erreicht werden kann.[853] Diese Regel wird vom IGH angewandt, ist aber in Wirklichkeit nur ein Bestandteil der allgemeinen Auslegungsvorschrift des Art. 31 WVK (Ziel und Zweck).[854] Ebenso verhält es sich mit der Regel, dass Ausnahmen restriktiv ausgelegt werden müssen oder dass eine Partei die zur Erfüllung des Vertrages notwendigen Rechte aus dem Vertrag herleiten kann („implied powers").[855] Hierauf braucht demzufolge nicht gesondert eingegangen zu werden.

4. Besonderheiten bei der Auslegung der DBA

Die große Eigenheit der Doppelbesteuerungsabkommen im Vergleich zu den üblichen völkerrechtlichen Verträgen besteht in Folgendem: Die Abkommen zur Vermeidung der Doppelbesteuerung beruhen zum überwiegenden Teil auf dem OECD-Musterabkommen. Daneben gibt es noch andere Musterabkommen, wie etwa im Speziellen das US-Musterabkommen, welches eine abgeänderte Version des OECD-Musterabkommens darstellt. Natürlich wird jedes Abkommen individuell zwischen den jeweiligen Staaten ausgehandelt, meist kommt es aber nur zu wenigen Änderungen an dem Musterabkommenstext. Hintergrund ist, dass die rechtliche

---

849 *Dörr*, in: Dörr/Schmalenbach, Vienna Convention on the Law of Treaties, Kommentar, 2012, Art. 31 Rn. 33.

850 *Dörr*, in: Dörr/Schmalenbach, Vienna Convention on the Law of Treaties, Kommentar, 2012, Art. 31 Rn. 34.

851 IGH Urteil v. 13.07.2009 – Dispute regarding Navigational and Related Rights (Costa Rica v. Nicaragua), ICJ Reports 2009, 213 (237).

852 *Lang*, Introduction to the Law of Double Taxation Conventions, 1. Auflage 2010, S. 37.

853 *Ipsen*, Völkerrecht, 6. Auflage 2014, S. 412.

854 *Dörr*, in: Dörr/Schmalenbach, Vienna Convention on the Law of Treaties, Kommentar, 2012, Art. 31 Rn. 35; vgl. ebenso *Ipsen*, Völkerrecht, 6. Auflage 2014, S. 413.

855 *Dörr*, in: Dörr/Schmalenbach, Vienna Convention on the Law of Treaties, Kommentar, 2012, Art. 31 Rn. 36; vgl. *Ipsen*, Völkerrecht, 6. Auflage 2014, S. 413.

Handhabung durch vereinheitlichte Abkommen enorm erleichtert wird. Zudem hat die OECD nach dem Entwurf des OECD-MA im Jahr 1963 eine Empfehlung herausgegeben, in denen die Regierungen der Mitgliedstaaten dazu aufgefordert wurden, bei Neuabschluss oder Erneuerung von Doppelbesteuerungsabkommen eben dieses Muster zu verwenden.[856]

Abkommen zur Vermeidung der Doppelbesteuerung werden fast immer zwischen zwei Staaten geschlossen. Die Regelungen des Abkommens sollen im Zweifel so ausgelegt werden, dass sie von beiden Staaten gleich verstanden werden und deshalb auch in beiden Staaten so Akzeptanz finden.[857] Ansonsten kommt es zu Schwierigkeiten und das Ziel des Vertrages, die Vermeidung der Doppelbesteuerung, kann vielleicht nicht realisiert werden. Besteuerungssachverhalte erstrecken sich oft nicht nur über zwei Staaten, sondern über mehrere. Dann müssen verschiedene Doppelbesteuerungsabkommen, sofern solche existieren, zusammenwirken. Auch hier ist es deshalb vorteilhaft, wenn die Bestimmungen des Musterabkommens grundsätzlich in allen Staaten einheitlich verstanden werden.

Im OECD-MA sind jedoch teilweise unterschiedliche Regelungen zur Auswahl vorgesehen, um den verwendenden Staaten Handlungsspielraum und Flexibilität zu geben, wie etwa bei der Wahl zwischen Freistellungs- und Anrechnungsmethode oder der Höhe der Quellensteuersätze.[858] In diesem Fall dürfen die Abkommen aufgrund des abweichenden Wortlauts insoweit nicht gleich ausgelegt werden.

Staaten, die ein Abkommen abschließen, weichen aber gelegentlich auch bewusst vom Wortlaut des OECD-MA ab, obwohl im Einzelfall ein Abweichen auch im Musterkommentar nicht vorgesehen ist. Das Abkommen zwischen Deutschland und Malaysia (2010)[859] enthält zum Beispiel eine dem Art. 4 I 2 OECD-MA vergleichbare Regelung nicht. Ferner ist etwa im Abkommen Deutschlands mit den Vereinigten Staaten (1989)[860] in Art. 4 III vorgesehen, dass der Vertragsstaat bei Doppelansässigkeit einer nicht natürlichen Person durch Konsultationen bestimmt wird und bei Erfolglosigkeit dessen diese Person für die Vergünstigungen nach dem Abkommen als in beiden Staaten nichtansässig behandelt wird. Das stellt eine andere Vorgehensweise zur Festlegung der Ansässigkeit im Sinne des Abkommens dar.

Hierzu ist nochmals zu erwähnen, dass das OECD-MA nur in englischer und französischer Sprache im Original existiert. In Bezug auf die deutsche Sprachfassung wird deshalb auf die vom Bundesministerium der Finanzen veröffentlichte

---

856 Vgl. OECD-Musterabkommen 2014, Einleitung Nr. 6.

857 *Prokisch*, SWI 1994, 52 (52).

858 OECD-Musterabkommen 2014, Einleitung Nr. 27.

859 Abkommen zwischen der Bundesrepublik Deutschland und Malaysia zur Vermeidung der Doppelbesteuerung und zur Verhinderung der Steuerverkürzung auf dem Gebiet der Steuern vom Einkommen, in BGBl. II 2010, 1310.

860 Abkommen zwischen der Bundesrepublik Deutschland und den Vereinigten Staaten von Amerika zur Vermeidung der Doppelbesteuerung und zur Verhinderung der Steuerverkürzung auf dem Gebiet der Steuern vom Einkommen und vom Vermögen und einiger anderer Steuern, in BGBl. II 1991, 354.

Übersetzung des OECD-MA 2003[861] zurückgegriffen. Bei Abweichungen, die nur eine unterschiedliche Übersetzung des Originals wie zum Beispiel eine andere Wortwahl oder Formulierung darstellen, kann keine Abweichung vom OECD-MA angenommen werden.

Bewusste Abweichungen vom Wortlaut des OECD-MA durch die Vertragsstaaten zeigen, dass diese offensichtlich nicht die gleichen Wirkungen wie das OECD-MA beabsichtigten und wünschen.[862] Ansonsten hätten sie ja den Wortlaut des OECD-MA übernommen.[863] Diese Modifikationen müssen bei der Auslegung des jeweiligen Abkommens nach den Art. 31 bis 33 WVK Berücksichtigung finden. Eine weitere Schwierigkeit ergibt sich aus den ständigen Überarbeitungen des OECD-MA seit seiner Entstehung. Das erste OECD-Musterabkommen wurde im Jahr 1963 geschaffen, 1977 kam eine neue Fassung.[864] 1991 einigte man sich auf regelmäßige Aktualisierungen des Musters, die sodann in den Jahren 1992, 1994, 1995, 1997, 2000, 2003, 2005, 2008, 2010 und zuletzt 2014 stattfanden.[865]

Soll ein DBA, wie etwa das Abkommen Deutschlands mit Belgien (1967)[866], welches auf dem OECD-MA aus dem Jahr 1963 beruht, ausgelegt werden, so sind darin bestimmte Vorschriften, wie etwa Art. 25 V OECD-MA nicht enthalten, da diese erst später (hier mit der Aktualisierung im Jahr 2008)[867] eingeführt wurden. Diese komplett „neuen“ Regelungen gelten bei den „alten“ Abkommen natürlich nicht, sie können dort nicht einfach „hinzuinterpretiert“ oder in den Wortlaut „hineingelesen“ werden.

Charakteristisch für die Musterabkommen ist der Verweis auf nationales Steuerrecht nach Art. 3 II OECD-MA. Demnach haben Begriffe, die im Abkommen nicht speziell definiert werden, die Bedeutung, die sie auch nach nationalem Steuerrecht in dem jeweiligen Anwendungszeitraum im Anwenderstaat haben. Es kommt auf die Bedeutung nach nationalem Steuerrecht für die Steuern, für die das Abkommen gilt, an[868], und nicht auf anderweitiges nationales Recht. Gemäß Art. 3 II OECD-MA werden die Anwenderstaaten explizit dazu ermächtigt, Begriffe nach nationalem Steuerrecht auszulegen. Das geht aber nur, wenn der Zusammenhang des Abkommens nichts anderes erfordert. Interessanterweise wird schon auf den jeweiligen

---

861 Veröffentlicht BStBl. I 2004, 286 ff.

862 *Wattel/Marres*, ET 2003, 222 (233).

863 *Wattel/Marres*, ET 2003, 222 (233).

864 OECD-Musterabkommen 2014, Einleitung Nr. 6 f.

865 Siehe http://www.oecd.org/ctp/treaties/oecdmtcavailableproducts.htm, Abrufdatum: 24.06.2015.

866 Abkommen zwischen der Bundesrepublik Deutschland und dem Königreich Belgien zur Vermeidung der Doppelbesteuerungen und zur Regelung verschiedener anderer Fragen auf dem Gebiete der Steuern vom Einkommen und vom Vermögen einschließlich der Gewerbesteuer und der Grundsteuern, in BGBl. II 1969, 17 ff.

867 Siehe Model Tax Convention on Income and on Capital – Full Version (updated on 22 July 2010), OECD 2012, S. M-61 (Art. 25 History).

868 *Dürrschmidt*, in: Vogel/Lehner, DBA, 6. Auflage 2015, Art. 3 OECD-MA Rn. 110 ff.

Anwendungszeitraum hingewiesen. Bedeutend ist demzufolge das nationale Recht zur Zeit der Anwendung des Vertrages und nicht das zur Zeit der Schaffung des Vertrages.[869] Der Wortlaut ist jetzt eindeutig, der Hinweis auf den jeweiligen Anwendungszeitraum wurde jedoch erst durch die Aktualisierung im Jahr 1995 eingeführt.[870]

Das ergab sich ebenso bisher schon aus einer sinnvollen Interpretation der Vorschrift. Um eine praktikable und effektive Anwendung des Abkommens zu erreichen, muss auf die Interpretation der Begriffe nach aktuellem nationalen Steuerrecht abgestellt werden.[871] Es soll nämlich die Doppelbesteuerung im Anwendungszeitraum vermieden werden und dazu muss betrachtet werden, ob es denn zu dieser Zeit zur jeweiligen nationalen Besteuerung kommt. Zum relevanten Zeitpunkt wendet der Anwenderstaat grundsätzlich immer das aktuelle nationale Steuerrecht mit den entsprechenden Begriffen an. Außerdem kann davon ausgegangen werden, dass der Gesetzgeber bei Beschlussfassung über das jeweilige Abkommen nach Art. 59 II 1 GG die Zustimmung zu Art. 3 II (OECD-MA) und damit zu dem Verweis auf nationales Recht mit den jeweiligen späteren etwaigen Änderungen gegeben hat.[872]

a) Bedeutung des OECD-Musterkommentars für die Auslegung

Wie oben erwähnt, beruht der Großteil der Abkommen auf dem OECD-MA. Zum Musterabkommen wurde von Beginn an ein dazu passender Musterkommentar veröffentlicht. Dieser soll helfen, die Vorschriften des OECD-MA zu erklären und auszulegen.[873] Geleitet wird die OECD vom Rat, der aus jeweils einem Vertreter der einzelnen Mitgliedstaaten und einem Vertreter der Europäischen Kommission besteht und in regelmäßigen Sitzungen tagt.[874] Entscheidungen werden im gemeinsamen Einvernehmen (Konsensus) gefällt.[875] Die inhaltliche Arbeit wird in einzelnen Gremien erledigt, wovon das für die Steuern zuständige Gremium seit 1971 „Committee on Fiscal Affairs“ (CFA) heißt.[876] Dieses besteht aus mehreren Arbeitsgruppen, Untergruppen und Expertengruppen, welche die inhaltliche Arbeit in den verschiedenen Bereichen erledigen.[877] Daneben gibt es noch das Sekretariat.

Im CFA und den Gruppen sitzen nicht nur Vertreter der Mitgliedstaaten (Experten in ihrem Gebiet), sondern teilweise ebenso Vertreter aus anderen Ländern wie

---

869 *Wattel/Marres*, ET 2003, 222 (223).
870 Siehe Model Tax Convention on Income and on Capital – Full Version (updated on 22 July 2010), OECD 2012, S. M-12 (Art. 3 History).
871 *Wattel/Marres*, ET 2003, 222 (223).
872 *Wattel/Marres*, ET 2003, 222 (223).
873 OECD-Musterabkommen 2014, Einleitung Nr. 28.
874 http://www.oecd.org/about/whodoeswhat/, Abrufdatum: 24.06.2015.
875 http://www.oecd.org/about/whodoeswhat/, Abrufdatum: 24.06.2015.
876 *Ward/Avery Jones/u. a.*, The Interpretation of Income Tax Treaties with Particular Reference to the Commentaries on the OECD Model, 2005, S. 9 ff.
877 http://www.oecd.org/about/whodoeswhat/, Abrufdatum: 24.06.2015.

zum Beispiel im Moment Argentinien.[878] Diese Vertreter aus Drittstaaten haben unterschiedliche Rechte, je nachdem ob sie Eingeladener („invitee"), Teilnemer („participant") oder Mitarbeiter („Associate") in einem Gremium sind.[879] Eingeladene und Teilnehmer sollen bei den entsprechenden einladenden Gremien aktiv mitarbeiten, wobei sie etwa bei geheimen Beratungen jedoch nicht teilnehmen dürfen.[880] Die Vertreter in der Position des Mitarbeiters müssen sich zu dem jeweiligen Gremium und deren Zielen bekennen und haben sodann im jeweiligen Gremium grundsätzlich dieselben Rechte und Pflichten wie OECD-Mitglieder.[881]

Änderungen am Abkommen und am Musterkommentar werden regelmäßig in den Arbeitsgruppen oder diesen untergeordneten Gruppen entwickelt und müssen dort mit speziell festgelegter „Einstimmigkeit" beschlossen werden.[882] Danach werden die vorgeschlagenen Änderungen an das CFA weitergeleitet, wo hierüber diskutiert und in gleicher Weise abgestimmt wird, wobei hier regelmäßig mit Zustimmung zu rechnen ist.[883] Was die Einstimmigkeit der Beschlüsse betrifft, so darf hier nicht vergessen werden, dass Staaten sowohl beim Musterabkommen als auch beim Musterkommentar die Möglichkeit haben, in Bezug auf einzelne Inhalte Vorbehalte zu erklären.[884] Damit können Staaten einseitig festlegen, dass bei ihren Abkommen diese Regelung oder diese Aussage des Kommentars nicht gilt.

Vor 1997 wurden die Änderungen sodann durch eine Resolution und eine Empfehlung des Rates verabschiedet, seitdem werden sie durch den Rat nur mehr genehmigt und diese Genehmigung ist im Allgemeinen lediglich ein selbstverständlicher Geschäftsablauf.[885] Über Veränderungen und Weiterentwicklungen am OECD-Musterkommentar wird demzufolge faktisch von Gruppen des CFA und dem CFA selbst, also zum großen Teil von Regierungsvertretern der Mitgliedstaaten, Beschluss gefasst.

Es stellt sich nun die Frage, welche Bedeutung diesem Musterkommentar bei der Auslegung eines konkreten zwischen zwei Staaten vereinbarten Abkommens

878 Siehe http://webnet.oecd.org/OECDGROUPS/Bodies/ListByIndexView.aspx?book=true#_ftn0, Abrufdatum: 24.06.2015.

879 Beschluss des Rates der OECD vom 9. Oktober 2012: Resolution of the Council on Partnerships in OECD Bodies.

880 Nr. 2 lit. a, b, Annex 3, 4 Resolution of the Council on Partnerships in OECD Bodies (vom 9. Oktober 2012).

881 Nr. 2 lit. c, Annex 5 Resolution of the Council on Partnerships in OECD Bodies (vom 9. Oktober 2012).

882 *Ward/Avery Jones/u. a.*, The Interpretation of Income Tax Treaties with Particular Reference to the Commentaries on the OECD Model, 2005, S. 10 f.

883 *Ward/Avery Jones/u. a.*, The Interpretation of Income Tax Treaties with Particular Reference to the Commentaries on the OECD Model, 2005, S. 11.

884 Bei dem Musterabkommen „Reservations", beim Musterkommentar „Observations", die jeweils am Ende des OECD-MA explizit genannt werden.

885 *Ward/Avery Jones/u. a.*, The Interpretation of Income Tax Treaties with Particular Reference to the Commentaries on the OECD Model, 2005, S. 11.

zur Vermeidung der Doppelbesteuerung zukommt. Wenn ein Abkommen ganz oder in Teilen nicht dem OECD-MA entspricht, so wird teilweise von manchen Finanzbehörden vertreten, dass der Musterkommentar für die Auslegung dennoch maßgeblich ist.[886] Es kann aber richtigerweise bei Nichtverwendung des OECD-MA nicht davon ausgegangen werden, dass die Staaten dann die jeweilige Regelung wie im Musterkommentar erläutert verstehen wollen.[887] Ansonsten hätten sie die Formulierung des OECD-MA verwendet. Interessanter ist selbstverständlich die Beantwortung der gleichen Frage, wenn ein konkretes Abkommen auf dem OECD-MA basiert.

aa) Rechtliche Verbindlichkeit des Musterkommentars

Ein erster Gedanke ist, dass der Musterkommentar in diesem Fall für das konkret vereinbarte Abkommen rechtlich verbindlich sein könnte. Die OECD selbst schreibt in der Einleitung des OECD-MA, dass von den Staaten entsandte Experten des CFA den Musterkommentar entwickeln und beschließen und er deshalb von besonderer Bedeutung sei.[888] Der Musterkommentar sei aber nicht dazu bestimmt, als Anhang eines konkreten Abkommens mitvereinbart zu werden.[889] Dabei wird nochmals explizit darauf hingewiesen, dass das OECD-MA und folglich auch der Musterkommentar keine rechtlich bindenden internationalen Werke seien, im Unterschied zu konkret vereinbarten Abkommen.[890] Allerdings könne der Musterkommentar eine große Hilfe bei der Auslegung und Anwendung der Abkommen und der Beilegung von Streitigkeiten sein.[891] An einer anderen Stelle schreibt die OECD explizit, dass eine bestimmte Sichtweise bei der Auslegung eines konkreten Abkommens zum Zusammenhang im Sinne des Art. 31 WVK gehöre.[892]

Die OECD geht somit davon aus, dass der Musterkommentar bei einem konkret vereinbarten Abkommen nicht eine rechtlich bindende Regelung dazu darstellt und

886 *Lang*, Introduction to the Law of Double Taxation Conventions, 1. Auflage 2010, S. 44 mit Hinweis auf Argumentation des BMF bei BFH Urteil v. 13.08.1997 – I R 65/95, BStBl. II 1998, 21 (24).

887 *Lang*, Introduction to the Law of Double Taxation Conventions, 1. Auflage 2010, S. 44.

888 OECD-Musterabkommen 2014, Einleitung Nr. 29.

889 OECD-Musterabkommen 2014, Einleitung Nr. 29.

890 OECD-Musterabkommen 2014, Einleitung Nr. 29 S. 2: „Although the Commentaries are not designed to be annexed in any manner to the conventions signed by member countries, which unlike the Model are legally binding international instruments, they can nevertheless be of great assistance in the application and interpretation of the conventions and, in particular, in the settlement of any disputes.".

891 OECD-Musterabkommen 2014, Einleitung Nr. 29.

892 OECD-Musterabkommen 2014, Art. 24 Tz. 79: „(...) form part of the context in which paragraph 5 must be read (as required by article 31 of the Vienna Convention on the Law of Treaties)."

lediglich bei der Auslegung eine Rolle spiele. Nach Art. 5 (a) des Übereinkommens zur Schaffung der OECD[893] kann diese Entscheidungen treffen, die für alle Mitglieder verbindlich sind. Gemäß Art. 5 (b) kann die OECD den Mitgliedstaaten auch Empfehlungen geben. Eben dies ist in Bezug auf das Musterabkommen geschehen. Die OECD hat den Regierungen der Mitgliedstaaten empfohlen, das Musterabkommen mit seinen Formulierungen bei Abschluss von Abkommen zur Vermeidung der Doppelbesteuerung zu verwenden, und zwar unter Berücksichtigung der Auslegung durch den Musterkommentar.[894] Zudem sollten die Finanzverwaltungen dem von Zeit zu Zeit geänderten Musterkommentar bei der Anwendung und Auslegung von Vorschriften entsprechender Doppelbesteuerungsabkommen folgen.[895] Diese Ausführungen machen deutlich, dass es sich bei dem Musterkommentar nicht um rechtlich bindende Regelungen handelt, denn sonst hätte der Rat der OECD eine Entscheidung nach Art. 5 (a) der Konvention über die OECD erlassen und nicht bloß Empfehlungen.[896]

Die Erläuterungen des Musterkommentars könnten sich unter Umständen zu Völkergewohnheitsrecht entwickelt haben. Um Völkergewohnheitsrecht anzunehmen, müssen zwei Voraussetzungen erfüllt sein.[897] Nach Art. 38 I lit. b IGH-Statut[898] ist als Erstes eine wiederholte, gefestigte oder regelmäßige Übung einer beachtlichen Anzahl von Staaten erforderlich (Staatenpraxis).[899] Des Weiteren müssen diese Staaten dann auch subjektiv davon überzeugt sein, dass sie aufgrund dieser Übung völkerrechtlich zu dem Verhalten verpflichtet sind (opinio juris).[900] Richtig ist, dass das OECD-MA und auch der Musterkommentar von den Mitgliedern der OECD und auch von weiteren Staaten „verwendet" wird. Beide werden aber, wie oben dargestellt, beständig geändert, womit im Einzelfall dann geklärt werden müsste, welche Version denn nun von einer beachtlichen Anzahl von Staaten wiederholt verwendet wird.[901] Zudem enthält der Musterkommentar aber auch über 69

---

893 Übereinkommen v. 14.12. 1960 über die Organisation für wirtschaftliche Zusammenarbeit und Entwicklung (OECD), in BGBl. II 1961, 1150.

894 Recommendation of the OECD Council concerning the Model Tax Convention on Income and on Capital (Adopted by the Council on 23 October 1997), veröffentlicht in: Model Tax Convention on Income and on Capital 2010 (Full Version), Appendix II, I.2.

895 Recommendation of the OECD Council concerning the Model Tax Convention on Income and on Capital (Adopted by the Council on 23 October 1997), veröffentlicht in: Model Tax Convention on Income and on Capital 2010 (Full Version), Appendix II, I.3.

896 *Engelen*, Some Observations on the Legal Status of the Commentaries on the OECD Model, BIFD 2006, 105 (106).

897 *Aust*, Modern Treaty Law and Practice, 3. Auflage 2013, S. 9.

898 Statut des Internationalen Gerichtshofs in Den Haag, abgedruckt in BGBl. II 1973, 505 ff.

899 *Graf Vitzthum*, in: Graf Vitzthum/Proelß, Völkerrecht, 6. Auflage, 2013, S. 51 ff.

900 *Graf Vitzthum*, in: Graf Vitzthum/Proelß, Völkerrecht, 6. Auflage, 2013, S. 51 ff.

901 *Ward*, BIFD 2006, 97 (100).

Interpretationsvorbehalte („Observations"), in denen Staaten deutlich machen, dass sie mit einer speziellen Auslegung eben nicht einverstanden sind.[902] Das objektive Element des Völkergewohnheitsrechts, die regelmäßige Staatenpraxis, ist schon nicht gegeben. Außerdem wollen die Staaten auch nicht, dass der Musterkommentar für sie oder ihre Gerichte völkerrechtlich bindend ist, womit die „opinio juris" gleichfalls fehlt.[903] Folglich ist aus dem Musterkommentar nicht Völkergewohnheitsrecht entstanden.[904]

Das Musterabkommen und der Musterkommentar sind nicht selbst juristisch bindend.[905] Rechtlich verpflichtend ist lediglich das jeweilige Abkommen, welches zwischen Staaten konkret vereinbart wird, und dessen Wortlaut. Inwiefern nun der Musterkommentar aber bei der Auslegung eines konkreten Abkommens, welches auf dem OECD-MA beruht, eine Rolle spielt, ist strittig. Die OECD selbst klärt die Frage im veröffentlichten OECD-MA mit Musterkommentar nicht. Es wird nur davon gesprochen, dass die Finanzbehörden bei der Anwendung von Abkommen den Musterkommentar routinemäßig heranziehen und die Finanzbeamten ihm großes Gewicht beimessen.[906] Auch Steuerpflichtige würden sich bei Geschäftsplanungen und Investitionen vor allem am Musterkommentar orientieren.[907] Die Gerichte würden den Musterkommentar bei ihren Entscheidungen ebenso immer häufiger zur Auslegung heranziehen.[908]

Über die rechtliche Einordnung des Musterkommentars und zu der Frage, ob dieser zum Beispiel über Art. 31 oder 32 WVK in die Auslegung des jeweiligen konkreten Abkommens zur Vermeidung der Doppelbesteuerung hineinwirkt, findet sich im OECD-MA grundsätzlich nichts. Faktisch hat der Musterkommentar eine

---

902 *Ward*, BIFD 2006, 97 (100).

903 *Ward*, BIFD 2006, 97 (100); Anders bei Abkommen, die durch ein Protokoll oder Memorandum explizit die Auslegung des Abkommens nach dem Musterkommentar anordnen, wie zum Beispiel die Anordnung der Verwendung der Kommentierung zu Art. 26 in Bezug auf das Abkommen zwischen Österreich und der Schweizerischen Eidgenossenschaft v. 30.01.1974: Protokoll v. 07.12.2010, veröffentlicht in Österreichisches BGBl. III Nr. 27/2011, Inhalt siehe: https://www.ris.bka.gv.at/Dokumente/BgblAuth/BGBLA_2011_III_27/COO_2026_100_2_655997.pdf, Abrufdatum: 24.06.2015.

904 *Ward*, BIFD 2006, 97 (100); vgl. auch *Engelen*, Some Observations on the Legal Status of the Commentaries on the OECD Model, BIFD 2006, 105 (106); ebenso *Ward/Avery Jones/u. a.*, The Interpretation of Income Tax Treaties with Particular Reference to the Commentaries on the OECD Model, 2005, S. 40 ff.

905 *Engelen*, Some Observations on the Legal Status of the Commentaries on the OECD Model, BIFD 2006, 105 (105 f.); vgl. auch *Ward/Avery Jones/u. a.*, The Interpretation of Income Tax Treaties with Particular Reference to the Commentaries on the OECD Model, 2005, S. 18; auch *Ward*, BIFD 2006, 97 (99); auch *van Raad*, ET 1996, 3 (4).

906 OECD-Musterabkommen 2014, Einleitung Nr. 29.1.

907 OECD-Musterabkommen 2014, Einleitung Nr. 29.2.

908 OECD-Musterabkommen 2014, Einleitung Nr. 29.3.

sehr große Bedeutung.[909] Aus rechtlicher Sicht ist die Wirkung jedoch strittig und es werden verschiedene Positionen dazu vertreten.

bb) Bindung an den Musterkommentar kraft rechtlicher Prinzipien

Nach Art. 31 I WVK müssen Verträge jedenfalls nach Treu und Glauben ausgelegt werden. *Engelen* führt aus, dass die völkerrechtlich anerkannten Prinzipien „acquiescence" und „estoppel" direkt auf Grundsätze wie Ehrlichkeit, Gerechtigkeit und Vernünftigkeit zurückzuführen seien, weshalb sie unter „Treu und Glauben" im Sinne des Art. 31 I WVK fallen würden.[910] Vom qualifizierten Stillschweigen („acquiescence") wird dann gesprochen, wenn die Untätigkeit oder Passivität eines Staates zur Zustimmung führt.[911] Das ist nur der Fall, wenn ein Staat zum Beispiel bestimmte Ansprüche anmeldet und der andere Staat nicht widerspricht, obwohl nach allgemeiner Staatenpraxis bei Nichtzustimmung mit einem Protest des anderen Staates hätte gerechnet werden müssen.[912] Nach dem Prinzip „estoppel" („venire contra factum proprium") wird schützenswertes Vertrauen bewahrt.[913] Das heißt, eine Partei ist insoweit durch ihr eigenes Verhalten oder durch Äußerungen gebunden, als die andere Partei aufgrund dessen nach Treu und Glauben bestimmte Erwartungen bilden durfte.[914] Nach dem IGH besteht der Unterschied dieser zwei Prinzipien in verschiedener rechtlicher Argumentation.[915] Die Begründung für „estoppel" liegt im Gedanken der Präklusion eines Völkerrechtssubjekts durch eigenes Verhalten, „acquiescence" entspricht aber einem stillschweigenden Abkommen, offenbart durch einseitiges Verhalten einer Partei, das die andere Partei als Zustimmung deuten darf.[916]

Sodann wird durch *Engelen* in Bezug auf die rechtliche Bindungswirkung der Kommentare zwischen drei Arten von Abkommen, die dem OECD-MA folgen, unterschieden:[917] Abkommen zwischen OECD-Mitgliedstaaten (1), Abkommen zwischen einem OECD-Mitgliedstaat und einem Nichtmitgliedstaat (2) und zuletzt die Abkommen nur zwischen Nichtmitgliedstaaten (3).[918]

---

909 *Heinrich/Moritz*, ET 2000, 142 (148).

910 *Engelen*, Interpretation of Tax Treaties under International Law, 2004, S. 462; vgl. Engelen, Some Observations on the Legal Status of the Commentaries on the OECD Model, BIFD 2006, 105 (106); vgl. *Müller*, Vertrauensschutz im Völkerrecht, 1971, S. 4 – 132.

911 *Ipsen*, Völkerrecht, 6. Auflage 2014, S. 495 f.

912 *Ipsen*, Völkerrecht, 6. Auflage 2014, S. 495 f.

913 *Ipsen*, Völkerrecht, 6. Auflage 2014, S. 493.

914 *Ipsen*, Völkerrecht, 6. Auflage 2014, S. 493.

915 IGH Urteil v. 20.01.1982 – Delimitation of the Maritime Boundary in the Gulf of Maine Area (Canada/United States of America), ICJ Reports 1984, 246 (305).

916 IGH Urteil v. 20.01.1982 – Delimitation of the Maritime Boundary in the Gulf of Maine Area (Canada/United States of America), ICJ Reports 1984, 246 (305).

917 *Engelen*, Interpretation of Tax Treaties under International Law, 2004, S. 463.

918 *Engelen*, Interpretation of Tax Treaties under International Law, 2004, S. 463.

(1) Abkommen zwischen OECD-Mitgliedstaaten

Bei Abkommen zwischen den OECD-Mitgliedern bestehe zwischen diesen eine stillschweigende Übereinkunft („tacit agreement“) bezüglich der Inhalte des Musterkommentars.[919] Der Musterkommentar sei somit als stille Übereinkunft gemäß Art. 31 II lit. a WVK[920] Teil des Zusammenhangs im Sinne des Art. 31 I WVK und erlange auf diese Weise bei der Auslegung eines Abkommens Bedeutung.[921] Begründet wird diese Folgerung zunächst mit einer Darstellung des Falles „Temple of Preah Vihear“[922] vor dem IGH. Es ging in diesem Fall um einen Streit zwischen Kambodscha und Thailand, wem die territoriale Souveränität über die Region „Temple of Preah Vihear“ zusteht.

Am 13.02.1904 wurde zur Regelung der Grenze ein Vertrag geschlossen, allerdings zwischen Französisch-Indochina, zu dem das Gebiet Kambodschas damals gehörte, und Siam, welches von den Grenzen her dem heutigen Thailand zum Großteil entspricht. Der Vertrag regelte die genaue Grenze aber nicht selbst, sondern überließ diese Aufgabe einer späteren Kommission bestehend aus Beamten beider Staaten. Aus den Akten dieser Kommission, die ihre Arbeit abschloss, ergaben sich aber keine Informationen über die genaue Grenze. Nachweisbar war lediglich, dass danach (1907) auf Anfrage der Siamesischen Regierung 11 Karten durch französische Beamte mit eingetragenen Grenzen, auch für die strittige Region, erstellt wurden. Diese wurden 1908 veröffentlicht und an die Siamesische Regierung übermittelt. Der IGH führte in dem Urteil aus, dass die zuständige Kommission diese Karten nicht genehmigt haben könne, da sie von französischen Experten erstellt wurden und im Zeitpunkt der Veröffentlichung die Kommission ihre Arbeit schon eingestellt hatte.[923] Die Karten hätten zwar ihre eigene ihnen innewohnende fachspezifische

---

919 *Engelen*, Interpretation of Tax Treaties under International Law, 2004, S. 466; Engelen, Some Observations on the Legal Status of the Commentaries on the OECD Model, BIFD 2006, 105 (109).

920 Wortlaut des Art. 31 WVK (Allgemeine Auslegungsregel):
(1) Ein Vertrag ist nach Treu und Glauben in Übereinstimmung mit der gewöhnlichen, seinen Bestimmungen in ihrem Zusammenhang zukommenden Bedeutung und im Lichte seines Zieles und Zweckes auszulegen.
(2) Für die Auslegung eines Vertrags bedeutet der Zusammenhang außer dem Vertragswortlaut samt Präambel und Anlagen
a) jede sich auf den Vertrag beziehende Übereinkunft, die zwischen allen Vertragsparteien anlässlich des Vertragsabschlusses getroffen wurde;
(...)

921 *Engelen*, Interpretation of Tax Treaties under International Law, 2004, S. 466; Engelen, BIFD 2006, 105 (109).

922 IGH Urteil v. 15.06.1962 – Case concerning the Temple of Preah Vihaer (Cambodia/Thailand), ICJ Reports 1962, 6.

923 IGH Urteil v. 15.06.1962 – Case concerning the Temple of Preah Vihaer (Cambodia/Thailand), ICJ Reports 1962, 6 (21).

Autorität („its own inherent technical authority"), sie seien aber im Zeitpunkt der Anfertigung wegen fehlender Genehmigung nicht rechtlich verbindlich gewesen.[924]

Engelen zieht hier einen Vergleich zum Musterkommentar. Dieser sei ebenso aufgrund der bloßen Empfehlungen des OECD-Rates und jeweils fehlender formeller Billigung durch die OECD-Mitgliedstaaten bei Abschluss eines bilateralen Abkommens nicht als rechtlich bindend anzusehen.[925] Zudem habe der Musterkommentar ebenso wie die oben genannten Karten seine eigene ihm innewohnende fachspezifische Autorität, da er von Experten der einzelnen Mitgliedstaaten im CFA entwickelt und beschlossen werde.[926]

Im obigen Fall entschied der IGH dann, dass trotzdem eine rechtliche Bindung für Thailand entstand.[927] 1908 waren die Karten an etliche Regierungen verschickt worden, auch an die Regierung von Siam, und sämtliche Mitglieder der Kommission.[928] Thailand hatte zwar diese Karten nie offiziell bestätigt, aber in dieser Situation sei offensichtlich gewesen, dass Thailand bei fehlendem Einverständnis mit der in den Karten festgelegte Grenze innerhalb angemessener Zeit Protest hätte einlegen müssen.[929] Das habe Thailand innerhalb der nächsten Jahre nicht getan und sei deshalb durch dieses Verhalten gemäß dem Prinzip „acquiescence" völkerrechtlich an den Inhalt der Karten gebunden.[930]

Engelen weist im Folgenden noch auf die Aussage des IGH hin, Thailand sei aufgrund der jahrelangen Passivität jetzt in Bezug auf die Erklärung, man würde diese Grenze nun doch nicht akzeptieren, präkludiert.[931] Der IGH habe zwar „estoppel" nicht geprüft, aber Richter Fitzmaurice in seiner abweichenden Meinung, weshalb hier davon auszugehen sei, dass Thailand hilfsweise nach dem Grundsatz „estoppel" an die Karten gebunden sei.[932]

Die rechtliche Argumentation des IGH, das Schweigen Thailands habe zur Anerkennung der in den Karten dargelegten Grenze geführt, könne im Wege der Analogie auf den OECD-Musterkommentar übertragen werden.[933] Auszugehen sei davon, dass die betreffenden OECD-Staaten dem Muster folgten, zur Auslegung einer

924 IGH Urteil v. 15.06.1962 – Case concerning the Temple of Preah Vihaer (Cambodia/Thailand), ICJ Reports 1962, 6 (21).
925 *Engelen*, BIFD 2006, 105 (108).
926 *Engelen*, BIFD 2006, 105 (108).
927 IGH Urteil v. 15.06.1962 – Case concerning the Temple of Preah Vihaer (Cambodia/Thailand), ICJ Reports 1962, 6 (23).
928 IGH Urteil v. 15.06.1962 – Case concerning the Temple of Preah Vihaer (Cambodia/Thailand), ICJ Reports 1962, 6 (23).
929 IGH Urteil v. 15.06.1962 – Case concerning the Temple of Preah Vihaer (Cambodia/Thailand), ICJ Reports 1962, 6 (23).
930 IGH Urteil v. 15.06.1962 – Case concerning the Temple of Preah Vihaer (Cambodia/Thailand), ICJ Reports 1962, 6 (23).
931 *Engelen*, BIFD 2006, 105 (108); Hinweis auf ICJ Reports 1962, 6 (32).
932 *Engelen*, BIFD 2006, 105 (108).
933 *Engelen*, BIFD 2006, 105 (109).

Vorschrift im Musterkommentar keinen Interpretationsvorbehalt erklärt hätten und in den konkreten Verhandlungen bei möglichem Widerspruch einer Partei etwas Abweichendes konkret vereinbart worden wäre.[934] Falls in dieser Konstellation keine der Parteien während der konkreten Verhandlungen Widerspruch angemeldet habe, müsse davon ausgegangen werden, dass die Parteien quasi zugestimmt hätten („acquiescence") und deshalb an die im Musterkommentar dargelegte Interpretation gebunden seien.[935]

Ausgegangen wird zunächst von einer völkerrechtlichen Bindung durch „acquiescence". *Engelen* führt diesen Gedanken aber noch weiter. Seiner Meinung nach laufe „acquiescence" der Parteien auf eine stillschweigende Übereinkunft hinaus oder sei ein Beweis für eine derartige Übereinkunft, dem OECD-MA entsprechende Abkommensvorschriften gemäß dem Musterkommentar auszulegen.[936] Die stillschweigende Zustimmung der Staaten bewirke, dass der Musterkommentar „in das jeweilige konkrete Abkommen eintrete", also auf Basis des Art. 31 II lit. a WVK als Kontext in die Auslegung hineinwirke.[937] Art. 31 II lit. a WVK umfasse nämlich auch stillschweigende Übereinkünfte zwischen den Parteien anlässlich des Vertragsabschlusses.[938]

Selbst wenn man eine stillschweigende Übereinkunft ablehnen würde, so seien die Staaten durch das Prinzip „estoppel" gebunden, wenn sie es im Rahmen der Vertragsverhandlungen versäumt hätten, ihren Widerspruch zum Inhalt des Musterkommentars zum Ausdruck zu bringen.[939] Der fehlende Widerspruch zeige die Billigung des Musterkommentars zur Auslegung der Abkommensvorschriften und wenn die andere Partei im Vertrauen auf diese Billigung den Musterkommentar anwende, könne die erstere Partei sich nicht auf die fehlende Billigung berufen („estoppel").[940]

Nach dieser Ansicht ist bei fehlenden abweichenden Vereinbarungen oder Bekundungen von Nichteinverständnis bei Abschluss eines DBA jeweils von einer bindenden Geltung der Vorschriften des Musterkommentars auszugehen.[941] Versäumen Mitgliedstaaten eine dem Musterkommentar entgegenstehende Ansicht bei Abschluss kundzutun, sind sie danach an die Auslegung des Musterkommentars gebunden.

---

934 *Engelen*, BIFD 2006, 105 (109); vgl. *Engelen*, Interpretation of Tax Treaties under International Law, 2004, S. 465.

935 *Engelen*, BIFD 2006, 105 (109).

936 *Engelen*, Interpretation of Tax Treaties under International Law, 2004, S. 466; *Engelen*, BIFD 2006, 105 (109).

937 *Engelen*, BIFD 2006, 105 (109).

938 *Engelen*, BIFD 2006, 105 (109); vgl. *Müller*, Vertrauensschutz im Völkerrecht, 1971, S. 131 f.

939 *Engelen*, BIFD 2006, 105 (109).

940 *Engelen*, BIFD 2006, 105 (109).

941 *Engelen*, BIFD 2006, 105 (109).

(2) Abkommen zwischen einem OECD-Mitgliedstaat und einem Nichtmitgliedstaat

Bei Verträgen von OECD-Mitgliedstaaten mit Nichtmitgliedern müsse differenziert werden zwischen solchen Staaten, die ihre Position zum OECD-MA veröffentlicht haben („assoziierte Staaten"), und denen, die es nicht getan haben („Drittstaaten").[942] Die „assoziierten Staaten" würden ungefähr den gleichen Einfluss auf den Musterkommentar haben wie Mitgliedstaaten, wenn auch kein Stimmrecht, und deshalb würde bei ihnen unter denselben Voraussetzungen gleichfalls eine Bindung durch die Prinzipien „acquiescence" und „estoppel" entstehen.[943] Bei den Drittstaaten müsste nachgewiesen werden, dass sich der Drittstaat des Inhalts des Musterkommentars bei Abschluss des Vertrages bewusst gewesen sei, ansonsten komme nur eine Beachtung als ergänzendes Auslegungsmittel nach Art. 32 WVK in Betracht.[944]

(3) Abkommen zwischen Nichtmitgliedstaaten

Bei Verträgen zwischen Drittstaaten würden zwar dieselben Grundsätze wie bei Verträgen zwischen Mitgliedstaaten gelten, aber es sei hier eher unwahrscheinlich, dass die Voraussetzungen von „acquiescence" oder „estoppel" erfüllt würden.[945]

(4) Stellungnahme

Zunächst ist zur Annahme von „acquiescence" Folgendes zu sagen: Die Grundannahme von *Engelen* ist, dass ein Staat, der mit einer Kommentierung nach dem Musterkommentar nicht einverstanden ist, automatisch einen Interpretationsvorbehalt erklärt („observation"). Aber die Praxis zeigt, dass nicht für jeden Fall der Uneinigkeit ein Interpretationsvorbehalt zum Musterkommentar opportun ist oder zwingend erwartet wird.[946] Die Mitgliedstaaten erklären nicht immer einen Vorbehalt zu einer Deutung nach dem Musterkommentar, auch wenn sie mit einer gewissen Interpretation nicht einverstanden sind.[947]

Das zeigt sich zum Beispiel anhand von Art. 1 Tz. 7 des OECD-Musterkommentars 1977.[948] Der Wortlaut dieser Bestimmung blieb bis zur Aktualisierung 2003 grundsätzlich unverändert und keiner der Mitgliedstaaten hatte hierzu einen

942 *Engelen*, Interpretation of Tax Treaties under International Law, 2004, S. 469.
943 *Engelen*, Interpretation of Tax Treaties under International Law, 2004, S. 469 f.
944 *Engelen*, Interpretation of Tax Treaties under International Law, 2004, S. 471 f.
945 *Engelen*, Interpretation of Tax Treaties under International Law, 2004, S. 472.
946 *Ward/Avery Jones/u. a.*, The Interpretation of Income Tax Treaties with Particular Reference to the Commentaries on the OECD Model, 2005, S. 51.
947 *Ward/Avery Jones/u. a.*, The Interpretation of Income Tax Treaties with Particular Reference to the Commentaries on the OECD Model, 2005, S. 48 ff.
948 Beispiel aus *Ward/Avery Jones/u. a.*, The Interpretation of Income Tax Treaties with Particular Reference to the Commentaries on the OECD Model, 2005, S. 48 ff.

Interpretationsvorbehalt erklärt.[949] Einer von der OECD veröffentlichten Studie aus dem Jahr 1987 kann nun entnommen werden, dass der überwiegende Großteil der Staaten („wide majority") nach Art. 1 Tz. 7 damit einverstanden war, dass allgemeine Missbrauchsklauseln nicht im Abkommenstext speziell genannt werden müssen, um anwendbar zu sein.[950] Aber es gab auch Staaten, die dagegen waren.[951] Gleichwohl haben die Staaten mit abweichender Meinung bei der Aktualisierung 1992, bei der die Kommentierung zu Art. 1 OECD-MA deutlich erweitert wurde und der damalige Art. 1 Tz. 24[952] eben die Anwendbarkeit allgemeiner Missbrauchsregeln trotz fehlender Nennung im jeweiligen Abkommenstext bejahte, keinen Interpretationsvorbehalt veranlasst.[953]

Als weiteres Beispiel kann der frühere Art. 14 Tz. 3 OECD-MA genannt werden.[954] In einer Studie wurde hierzu festgestellt, dass die meisten Staaten sich an diese Kommentierung halten würden, aber nicht alle.[955] Dennoch hatten die Staaten, die sich nicht an die Kommentierung hielten, keinen Interpretationsvorbehalt veranlasst.[956] Auch in der Einleitung des Musterkommentars[957] wird davon gesprochen, dass Interpretationsvorbehalte manchmal auf Ersuchen eines Staates eingefügt werden, wenn dieser der im Musterkommentar geschilderten Auslegung nicht zustimmen kann. Das Wort „manchmal" deutet darauf hin, dass es nicht zwingend erfolgen muss. Diesen Ausführungen zufolge kann aus dem Umstand, dass ein Staat keinen Interpretationsvorbehalt erklärt hat, nicht automatisch geschlossen werden,

---

949 *Ward/Avery Jones/u. a.*, The Interpretation of Income Tax Treaties with Particular Reference to the Commentaries on the OECD Model, 2005, S. 49.

950 International Tax Avoidance and Evasion, Four Related Studies, 1987, Teilbereich: Double Taxation Conventions and the Use of Base Companies, Tz. 40, S. 70.

951 *Ward/Avery Jones/u. a.*, The Interpretation of Income Tax Treaties with Particular Reference to the Commentaries on the OECD Model, 2005, S. 48 ff.

952 Damaliger Wortlaut Art. 1 Tz. 24 OECD-Musterkommentar: „(...) However, it is the view of the wide majority that such rules, and the underlying principles, do not have to be confirmed in the text of the convention to be applicable."

953 *Ward/Avery Jones/u. a.*, The Interpretation of Income Tax Treaties with Particular Reference to the Commentaries on the OECD Model, 2005, S. 50 f.

954 *Ward/Avery Jones/u. a.*, The Interpretation of Income Tax Treaties with Particular Reference to the Commentaries on the OECD Model, 2005, S. 50 f.

955 Issues Related to Article 14 of the OECD Model Convention, 2000, Tz. 59, abgedruckt in OECD Model Tax Convention on Income and on Capital 2010 (Full Version), 2012, Volume II, R (16).

956 *Ward/Avery Jones/u. a.*, The Interpretation of Income Tax Treaties with Particular Reference to the Commentaries on the OECD Model, 2005, S. 50 f. mit detaillierten Hinweisen auf Staaten, bei denen die zuständigen Finanzbehörden eine andere Position einnahmen trotz fehlender "observation" in Fn. 114.

957 OECD-Musterabkommen 2014, Einleitung Nr. 30: „Observations on the Commentaries have sometimes been inserted at the request of member countries that are unable to concur in the interpretation given in the Commentary on the Article concerned. (...)"

er sei mit der Interpretation des Musterkommentars einverstanden.[958] Das Fehlen des Interpretationsvorbehalts eines Staates zu einer Deutung des Musterkommentars kann somit nicht zu einer Billigung durch Passivität und damit im Wege von „acquiescence" zu bindendem Völkerrecht werden.[959]

Ein weiteres Indiz dafür ist, dass bei bestimmten bilateralen Abkommen teilweise in den Protokollen explizit die Auslegung nach einer bestimmten Regel im Musterkommentar angeordnet wird. Im Protokoll zum deutsch-irischen DBA wird in Ziffer 7 explizit auf die Auslegung nach Art. 23A/23B Tz. 32.5 und 32.6 des OECD-Musterkommentars 2008 verwiesen.[960] Im Umkehrschluss ergibt sich daraus, dass die Staaten wohl bei den restlichen Regeln des Musterkommentars nicht automatisch durch Nichtveranlassung eines Interpretationsvorbehalts immer zustimmen, sonst wäre die einzelne Verweisung auf den Musterkommentar überflüssig.

Die Situation beim Musterkommentar ist auch deutlich von der Konstellation „Temple of Preah Vihear" und den dort strittigen Karten zu unterscheiden. Die siamesische Regierung hatte hier explizit die französische aufgefordert, die Karten zu erstellen und zu übersenden, was diese tat. Hierauf reagierte Siam mit jahrzehntelanger Passivität, was zu einer Bindung nach „acquiescence" führte. Der Musterkommentar wird nicht von einem Staat auf Anforderung durch den anderen Staat erstellt, sondern von der OECD, und er wird im Regelfall nicht speziell von einem Staat dem Anderen zugestellt. Falls eine solche formelle Zustellung auftreten sollte, könnte die Situation unter Umständen anders gesehen werden.

Aus der sonstigen Rechtsprechung des IGH ergibt sich, dass „acquiescence" nur mit Zurückhaltung angenommen werden darf, die Passivität muss sich auf einen gewissen angemessenen Zeitraum erstrecken.[961] Im Falle des Musterkommentars müsste also immer erst ein bestimmter Zeitraum nach Abschluss eines Abkommens vergehen, bevor es zu einer rechtlichen Bindung käme. Schon dies scheint zweifelhaft und durchaus schwierig für die Rechtsanwendung. Vor allem muss nach allgemeiner Staatenpraxis bei Nichtzustimmung mit einem Protest des anderen Staates gerechnet werden können.[962] Wie oben aufgezeigt, ist es aber nicht zwingend, dass ein Staat bei fehlender Erklärung eines Vorbehalts der Auslegung durch den Musterkommentar zustimmt. Es entspricht also nicht der allgemeinen Staatenpraxis, dass man bei fehlendem Einverständnis immer einen Interpretationsvorbehalt im Musterkommentar eintragen lässt. Das Nichtstun beider Parteien darf also hier nicht ohne Weiteres als stille Zustimmung beider verstanden werden.

---

958 *Ward/Avery Jones/u. a.*, The Interpretation of Income Tax Treaties with Particular Reference to the Commentaries on the OECD Model, 2005, S. 51.

959 *Ward/Avery Jones/u. a.*, The Interpretation of Income Tax Treaties with Particular Reference to the Commentaries on the OECD Model, 2005, S. 51.

960 Abkommen zwischen Deutschland und Irland v. 30.03.2011, relevante Aussage im Protokolls v. 30.03.2011, beides abgedruckt in BGBl. II 2011, 1042.

961 *Sinclair*, Estoppel and acquiescence, in: Fifty years of the International Court of Justice, Essays in honour of Sir Robert Jennings, 1996, S. 104 (112, 120).

962 *Ipsen*, Völkerrecht, 6. Auflage 2014, S. 495 f.

Auch der weitere Schluss von „acquiescence" auf eine stillschweigende Übereinkunft kann dann natürlich nicht gelten. Keine der Parteien ist verpflichtet, bei jeder Vereinbarung eines Vertrages entsprechend dem OECD-MA immer explizit noch eine Widerspruch zum OECD-Musterkommentar zu erklären, um eine stillschweigende Übereinkunft zu verhindern.

Was die Bindung durch das Prinzip „estoppel" betrifft, so gilt das eben Gesagte. Erforderlich ist, dass eine Partei durch ihr Verhalten Erwartungen bei der anderen Partei hervorruft, auf die die andere Partei dann nach Treu und Glauben vertrauen darf.[963] Eine Partei muss durch ihr Verhalten präkludiert sein. Die Mitgliedstaaten veranlassen nicht immer Interpretationsvorbehalte zum Musterkommentar, wenn sie mit einer speziellen Auslegung durch diesen nicht einverstanden sind.[964] Deshalb kann bei fehlendem Interpretationsvorbehalt und der fehlenden Erklärung eines Widerspruchs durch einen Staat bei den Vertragsverhandlungen nicht nach Treu und Glauben erwartet werden, dass der andere Staat deshalb von der Geltung der Regelungen des Musterkommentars ausgeht.[965] Wenn keine der Parteien von der rechtlichen Bindung an den Musterkommentars ausgeht, so greift das Prinzip nicht.

Deshalb führen andere Grundsätze wie Gutgläubigkeit oder der Schutz berechtigten Vertrauens („protection of legitimate expectations") gleichfalls nicht zur Bindung an den Musterkommentar.[966]

cc) Subsumtion unter Art. 31 II WVK

Noch weiter gehen Stimmen aus der Literatur ausgehend von einer Entscheidung des Hoge Raad, des höchsten Gerichts der Niederlande.[967] Sie sprechen von keiner stillschweigenden Übereinkunft, sondern sehen den Musterkommentar selbst als

963 *Ipsen*, Völkerrecht, 6. Auflage 2014, S. 493.

964 *Ward/Avery Jones/u. a.*, The Interpretation of Income Tax Treaties with Particular Reference to the Commentaries on the OECD Model, 2005, S. 52.

965 *Ward/Avery Jones/u. a.*, The Interpretation of Income Tax Treaties with Particular Reference to the Commentaries on the OECD Model, 2005, S. 52.

966 *Ward/Avery Jones/u. a.*, The Interpretation of Income Tax Treaties with Particular Reference to the Commentaries on the OECD Model, 2005, S. 52 f.

967 *Wattel/Marres*, The Legal Status of the OECD Commentary and Static or Ambulatory Interpretation of Tax Treaties, ET 2003, 222.

eine tatsächlich bestehende Vereinbarung im Sinne des Art. 31 II lit. a WVK[968] oder als eine Urkunde im Sinne des Art. 31 II lit. b WVK an.[969]

(1) Begründung

Der Hoge Raad hat in einem Fall zum Abkommen zwischen Irland und den Niederlanden ausgedrückt, dass der Musterkommentar nicht nur eine gewisse Hilfe bei der Auslegung des bilateralen Abkommens sei, sondern von großer Wichtigkeit für diese Auslegung.[970] Daraus wird geschlossen, dass der Hoge Raad anscheinend davon ausgeht, der OECD-Musterkommentar als solcher sei unter zwei Bedingungen eine Übereinkunft im Sinne des Art. 31 II lit. a WVK.[971] Die relevante Vorschrift im konkreten Abkommen müsse praktisch der Vorschrift im OECD-MA entsprechen. Zudem müssten die Vertragsstaaten auch beabsichtigt haben, das OECD-MA so gut wie möglich zu übernehmen, worauf unter folgenden Umständen geschlossen werden dürfe:[972] Entweder würden beide Parteien in ihren Erklärungen vor den nationalen Parlamenten hierauf Bezug nehmen oder viele andere Vorschriften im konkreten Abkommen folgten ebenso dem Wortlaut des OECD-MA.[973]

Es wird vertreten, dass der Hoge Raad bei Vorliegen dieser beiden Voraussetzungen den Musterkommentar als Teil des Zusammenhangs im Sinne des Art. 31 II WVK verstehe.[974] Ob dies so der Entscheidung des Hoge Raad entnommen werden kann, der nur äußerte, der Musterkommentar sei im betreffenden Fall von „großer Bedeutung", erscheint nicht zwingend. Jedenfalls sind nach Argumentation dieser Literaturmeinug das OECD-MA und der Musterkommentar von derselben Institution erarbeitet worden und werden auch in einem Dokument veröffentlicht, weshalb demnach davon auszugehen ist, der Musterkommentar gibt auch die Intentionen des OECD-MA wieder.[975] Wenn Staaten sich mehr oder weniger wortgetreu an das OECD-MA halten, so ist das nach dieser Ansicht ein starkes Indiz dafür, dass sie der Auslegung durch den Musterkommentar folgen wollen.[976] Der Musterkommentar

---

968 Zu Veranschaulichung: Wortlaut des Art. 31 II WVK:
(2) Für die Auslegung eines Vertrags bedeutet der Zusammenhang außer dem Vertragswortlaut samt Präambel und Anlagen
a) jede sich auf den Vertrag beziehende Übereinkunft, die zwischen allen Vertragsparteien anlässlich des Vertragsabschlusses getroffen wurde;
b) jede Urkunde, die von einer oder mehreren Vertragsparteien anlässlich des Vertragsabschlusses abgefasst und von den anderen Vertragsparteien als eine sich auf den Vertrag beziehende Urkunde angenommen wurde.

969 Vgl. *Wattel/Marres*, ET 2003, 222 (227, 234).

970 Hoge Raad Urteil v. 02.09.1992 – Nr. 27.252, veröffentlicht in BNB 1992/379.

971 *Wattel/Marres*, ET 2003, 222 (227).

972 *Wattel/Marres*, ET 2003, 222 (227).

973 *Wattel/Marres*, ET 2003, 222 (227).

974 *Wattel/Marres*, ET 2003, 222 (227).

975 *Wattel/Marres*, ET 2003, 222 (227).

976 *Wattel/Marres*, ET 2003, 222 (227).

ist von den Mitgliedstaaten der OECD im Rat gemeinsam beschlossen worden. Deshalb ist in dem Musterkommentar entweder eine Übereinkunft im Sinne des Art. 31 II lit. a OECD-MA zu sehen oder eine Urkunde, die von einer oder mehreren Vertragsparteien anlässlich des Vertragsabschlusses abgefasst wurde, Art. 31 II lit. b OECD-MA.[977]

Gemäß dieser Literaturansicht ist die Situation unklar, wenn zwei Nichtmitgliedstaaten der OECD, die sich nicht in Bezug auf das Abkommen positioniert haben, oder Staaten, die einen Vorbehalt zu einer Vorschrift im Abkommen oder einen Interpretationsvorbehalt zum Kommentar veranlasst haben, ein Abkommen abschließen.[978] In diesem Fall ist der Musterkommentar weniger bedeutend.[979] Diese Literaturmeinung geht folglich von der Anwendung des Musterkommentars über Art. 31 II lit. a oder lit. b OECD-MA aus, wenn das konkrete bilaterale Abkommen nicht vom OECD-MA abweicht und dem Parlament klar gemacht wurde, dass hiermit den Ansichten der OECD gefolgt wird.[980] Leider findet hier keine Festlegung auf eine der beiden Alternativen statt.

Auch andere in der Literatur sehen in den Vorschriften des Musterkommentars ein „Material", das im Rahmen des Zusammenhangs nach Art. 31 II WVK bei der Auslegung in ein konkretes Abkommen hineinwirkt.[981] Die Geltung wird hier aber insoweit eingeschränkt, dass der Musterkommentar nur zur Auslegung herangezogen werden soll, wenn das Abkommen mehrdeutig oder unklar ist.[982]

(2) Stellungnahme zur Subsumtion unter Art. 32 II lit. a WVK

Art. 31 II WVK nennt zwei Arten von Materialien, die zusätzlich zum Zusammenhang im Sinne des Art. 31 I WVK gehören. Diese Materialien oder Dokumente sind nicht integraler Bestandteil eines Vertrages, sondern wirken von außen auf ihn ein.[983] Das heißt, die Protokolle, die im Regelfall anlässlich des Abschlusses eines DBA gleichzeitig vereinbart werden und grundsätzlich explizit zum Bestandteil des eigentlichen Vertrages erklärt werden, fallen nicht darunter.[984] Zusätzlich müssen

---

977 *Wattel/Marres*, ET 2003, 222 (227)

978 *Wattel/Marres*, ET 2003, 222 (227).

979 *Wattel/Marres*, ET 2003, 222 (227).

980 *Wattel/Marres*, ET 2003, 222 (227).

981 *Young*, Tax Management International Journal 1999, 805 (811 f.).

982 *Young*, Tax Management International Journal 1999, 805 (812).

983 *Dörr*, in: Dörr/Schmalenbach, Vienna Convention on the Law of Treaties, Kommentar, 2012, Art. 31 Rn. 62.

984 Beispielhaft Protokoll zum Abkommen zwischen Deutschland und Argentinien v. 13.07.1978, in BGBl. II 1979, 604: „Anlässlich der Unterzeichnung des Abkommens (...) die nachstehenden Bestimmungen vereinbart, die Bestandteil des Abkommens sind."

davon die Dokumente, die nur zu den vorbereitenden Arbeiten gehören (Art. 32 WVK), abgegrenzt werden.[985]

Aus Art. 31 II WVK ergeben sich vier Bedingungen, die externes Auslegungsmaterial in seinem Sinne kumulativ erfüllen muss.[986] In Bezug auf das Dokument muss ein „allgemeiner Konsens" bestehen, dieser muss auch zwischen „allen Vertragsparteien" vorhanden sein und das betreffende Dokument muss sich auf den Inhalt des Vertrages beziehen, zum Beispiel etwas klarstellen oder die Anwendbarkeit einengen.[987] Als vierte Bedingung ist ein fachlicher oder veranlassender Zusammenhang und eine gewisse zeitliche Nähe zum Abschluss des Vertrages vonnöten, was sich aus der Abgrenzung zu Art. 31 III WVK ergibt, der eben spätere Übereinkünfte erfasst.[988]

Der Musterkommentar ist nicht integraler Bestandteil eines konkreten Abkommens, wenn er nicht durch konkrete Verweisung hierzu gemacht wird, was selten der Fall ist.[989] Beim Abkommen zwischen Österreich und den USA (1996)[990] wurde zum Beispiel im dazugehörenden Verständigungsprotokoll, das integraler Bestandteil des Abkommens ist, durch eine spezielle Klausel die grundsätzliche Bindung an die Auslegung nach dem Musterkommentar vereinbart.[991] Ansonsten ist er nicht integraler Bestandteil. Aber er bezieht sich auf den Inhalt der dem OECD-MA entsprechenden Regelungen des konkreten Abkommens, da er der Auslegung und Anwendung der einzelnen Vorschriften dient. Ein fachlicher Zusammenhang besteht. Der französische Wortlaut der WVK („à l'occasion de la conclusion du traité"), der nach Art. 85 WVK ebenso authentisch ist, verdeutlicht im Gegensatz zum englischen Wortlaut („in connection with the conclusion of the treaty"), dass

985 *Dörr*, in: Dörr/Schmalenbach, Vienna Convention on the Law of Treaties, Kommentar, 2012, Art. 31 Rn. 64.

986 *Dörr*, in: Dörr/Schmalenbach, Vienna Convention on the Law of Treaties, Kommentar, 2012, Art. 31 Rn. 66.

987 *Dörr*, in: Dörr/Schmalenbach, Vienna Convention on the Law of Treaties, Kommentar, 2012, Art. 31 Rn. 66.

988 *Dörr*, in: Dörr/Schmalenbach, Vienna Convention on the Law of Treaties, Kommentar, 2012, Art. 31 Rn. 66.

989 Ausnahme zum Beispiel beim Abkommen zwischen Österreich und der Schweizerischen Eidgenossenschaft v. 30.01.1974: Protokoll v. 07.12.2010, veröffentlicht in Österreichisches BGBl. III Nr. 27/2011, Inhalt siehe: https://www.ris.bka.gv.at/Dokumente/BgblAuth/BGBLA_2011_III_27/COO_2026_100_2_655997.pdf, Abrufdatum: 24.06.2015.

990 Abkommen zwischen Österreich und den Vereinigten Staaten von Amerika v. 31.05.1996, Österreichisches BGBl. III 6/1998, 7.

991 Verständigungsvereinbarung angehängt an das Abkommen v. 31.05.1996, BGBl. III 6/1998, 42, enthält am Ende folgenden Wortlaut: " Der Kommentar – der von Zeit zu Zeit überarbeitet werden kann – stellt eine Auslegungshilfe im Sinne des Wiener Übereinkommens über das Recht der Verträge vom 23. Mai 1969 dar."

solch eine Übereinkunft auch bei dem Anlass oder der Gelegenheit des Abschlusses eines konkreten Abkommens entstehen muss.[992]

Der Musterkommentar zur Auslegung des OECD-MA wurde schon vorher entworfen, und zwar von Steuerexperten der OECD im CFA, gebilligt durch Entscheidung des OECD-Rates. Es gab weder eine konkrete Veranlassung des Kommentars durch die jeweiligen Vertragsstaaten, noch entstand er bei Gelegenheit der Verhandlungen der Staaten über ein Abkommen. Umgekehrt haben die Staaten sich an dem bestehenden Muster orientiert.

Die Subsumtion unter Art. 31 II lit. a WRV scheitert zusätzlich an der fehlenden Einigkeit zwischen den Staaten des Abkommens in Bezug auf die Geltung des Musterkommentars. Wie sich schon aus der Einleitung des OECD-MA ergibt, sieht die OECD den Kommentar als nicht rechtlich bindend an.[993] Es ist davon auszugehen, dass die Mitgliedstaaten, die den Musterkommentar mitsamt den einleitenden Bemerkungen lesen, ebenso von keiner rechtlichen Bindung ausgehen. Das CFA und der Rat der OECD schaffen den Musterkommentar und dieser ist das Ergebnis von multinationalen Verhandlungen, bei denen sich Staaten hin und wieder durch „Gruppenzwang" zu gewissen Zugeständnissen verpflichtet fühlen.[994] Konkrete bilaterale Abkommen werden jedoch frei von solchem Zwang durch die jeweiligen beiden Vertragsstaaten verhandelt und vereinbart.[995] Die Vertreter eines Staates, die im CFA oder im Rat der OECD sitzen, sind im Zweifel auch andere als diejenigen, welche Abkommen aushandeln.[996] Daraus ergibt sich, dass die Staaten nicht bei einem konkreten Abkommen durch den Musterkommentar gebunden werden wollen.[997] Zu solch einer Bindung würde es indes durch Art. 31 II WVK kommen.[998] Es fehlt der Konsens zwischen den Staaten. Die Entscheidung des Komitees einer internationalen Organisation (CFA, Rat) ist überdies kein Vertrag zwischen Mitgliedstaaten, kann damit auch nicht wirklich verglichen werden und ist schon deshalb nicht als eine „Übereinkunft" im Sinne des Art. 31 II lit. a WVK zu sehen.[999]

---

992 *Ward/Avery Jones/u. a.*, The Interpretation of Income Tax Treaties with Particular Reference to the Commentaries on the OECD Model, 2005, S. 23 mit Hinweis auf *Baker*, 2. Auflage, 1994, S. 29 Fn. 58.

993 Siehe OECD-Musterabkommen 2014, Einleitung Nr. 29, 29.1.

994 *Ward/Avery Jones/u. a.*, The Interpretation of Income Tax Treaties with Particular Reference to the Commentaries on the OECD Model, 2005, S. 24.

995 *Ward/Avery Jones/u. a.*, The Interpretation of Income Tax Treaties with Particular Reference to the Commentaries on the OECD Model, 2005, S. 24.

996 Vgl. *Ward/Avery Jones/u. a.*, The Interpretation of Income Tax Treaties with Particular Reference to the Commentaries on the OECD Model, 2005, S. 26.

997 *Ward/Avery Jones/u. a.*, The Interpretation of Income Tax Treaties with Particular Reference to the Commentaries on the OECD Model, 2005, S. 23.

998 *Ward/Avery Jones/u. a.*, The Interpretation of Income Tax Treaties with Particular Reference to the Commentaries on the OECD Model, 2005, S. 23.

999 *Vogel*, BIFD 2000, 612 (613).

Als unter Art. 31 II lit. a WVK fallend wird teilweise der „Kommentar“ zur Konvention der OECD gegen die Bestechung ausländischer Amtsträger im internationalen Geschäftsverkehr[1000] gesehen.[1001] Die Konferenz zur Verhandlung über die Konvention hatte 1997 nicht nur die Konvention, sondern auch gleichzeitig einen Kommentar zur Konvention[1002] beschlossen. Diese Einordnung überzeugt. Dieser Kommentar zur Konvention kann aber nicht mit dem Musterkommentar zum OECD-MA verglichen werden. Die Konstellationen sind deutlich verschieden. Über den OECD-Musterkommentar hat keine Konferenz der Mitgliedstaaten Beschluss gefasst, sondern nur der Rat der OECD und dieser hat gegenüber den Staaten lediglich eine Empfehlung gegeben. Bei dem Kommentar zur Konvention gegen Bestechung kann in der Tat von einer Übereinkunft der betreffenden Staaten gesprochen werden (Beschluss der Mitgliedstaaten). Einigkeit ist gegeben. Zudem gilt dieser Kommentar für die konkrete Konvention der OECD, hat also einen konkreten Bezug zu diesem Vertrag und wurde davon veranlasst. Bei dieser Konvention handelt es sich nicht um ein Muster, das die Mitgliedstaaten anwenden und es geht nicht um die Auslegung anderer „darauf beruhender“ Abkommen zwischen OECD-Mitgliedstaaten.

(3) Stellungnahme zur Subsumtion unter Art. 31 II lit. b WVK

Art. 31 II lit. b WVK ist anders konstruiert. Erforderlich ist eine Urkunde, die im Zusammenhang mit der Entstehung eines Vertrages von einer Partei abgefasst und von der anderen Partei angenommen wird. Unter Art. 31 II lit. b WVK fallen Ratifikationsurkunden, die Vorbehalte erklären oder Bekanntmachungen, die im Zusammenhang mit dem Vertragsschluss der anderen Partei zugesandt werden.[1003] Der Musterkommentar wird vom Rat der OECD beschlossen, nicht von einem Staat abgefasst und dem anderen zugestellt.[1004] Der Musterkommentar wird auch nicht im Zusammenhang mit einem konkreten Abkommen erstellt.[1005] Da, wie schon die Einleitung zum Musterkommentar verdeutlicht, keine rechtliche Bindung der

---

1000 OECD Convention on Combating Bribery of Foreign Public Officials in International Business Transactions, 2011, abrufbar unter: http://www.oecd.org/corruption/oecdantibriberyconvention.htm, Abrufdatum: 24.06.2015.

1001 *Dörr*, in: Dörr/Schmalenbach, Vienna Convention on the Law of Treaties, Kommentar, 2012, Art. 31 Rn. 67.

1002 Commentaries on the Convention on Combating Bribery of Foreign Public Officials in International Business Transactions, abgedruckt bei OECD Convention (and Related Documents) 2011, S. 14 – 19.

1003 *Engelen*, Interpretation of Tax Treaties under International Law, 2004, S. 459 f.

1004 Würde ein Staat dem Anderen formell eine Ausfertigung des Musterkommentars zusenden, könnte im Einzelfall Art. 31 II lit. b WVK doch unter Umständen einschlägig sein.

1005 *Ault*, The Role of the OECD Commentaries in the Interpretation of Tax Treaties, Intertax 1994, 144 (145).

Mitgliedstaaten an den Musterkommentar gewollt ist, greift Art. 31 II lit. b WVK ohnehin nicht.[1006]

Im Ergebnis kann der Inhalt des Musterkommentars nicht über Art. 31 II lit. a/b WVK bei der Auslegung konkreter bilateraler Abkommen Beachtung finden.

dd) Subsumtion unter Art. 31 I WVK

(1) Begründung

Teilweise wird die gewöhnliche Bedeutung nach Art. 31 I WVK[1007] als Ausgangspunkt der Auslegung eines Abkommens angesehen.[1008] Um die gewöhnliche Bedeutung festzustellen, ist demnach das Verständnis beider Vertragsparteien entscheidend, es gilt der Grundsatz der Entscheidungsharmonie.[1009] Die gewöhnliche Bedeutung muss im Zusammenhang des Gegenstands und Zwecks des Abkommens gesehen werden, weshalb die gewöhnliche Bedeutung sachgebietsabhängig auch eine besondere sein kann.[1010] Art. 31 IV WVK ist demnach für diesen Sonderfall geschaffen und kehrt hierfür die Beweislast um.[1011] Aber schon bei der Schaffung des Art. 31 IV WVK war nach dieser Sichtweise klar gewesen, dass unter bestimmten Umständen die sachgebietsabhängige, „besondere Bedeutung“ eben aufgrund des Zusammenhangs schon die „gewöhnliche Bedeutung“ im Sinne von Art. 31 I WVK sein kann.[1012]

Im Sonderbereich der Doppelbesteuerungsabkommen sind aufgrund der Existenz des Musterabkommens und der vielfältigen weltweiten Rechtsprechungstätigkeit solche bestimmten Umstände gegeben.[1013] Die Meinung argumentiert, dass den vertragsschließenden Parteien das OECD-MA und der Musterkommentar geläufig sind, ihnen muss also bewusst sein muss, dass sie Ausdrücke und Begriffe verwenden, die ihre Wortbedeutung durch die Musterkommentare und internationale

---

1006 *Engelen*, Interpretation of Tax Treaties under International Law, 2004, S. 459 f.; auch *Vogel*, in: Vogel, Klaus Vogel on Double Taxation Conventions, 3. Auflage 1997, S. 44; vgl. ebenso *Ault*, The Role of the OECD Commentaries in the Interpretation of Tax Treaties, Intertax 1994, 144 (145).

1007 Wortlaut des Art. 31 WVK (Allgemeine Auslegungsregel):
(1) Ein Vertrag ist nach Treu und Glauben in Übereinstimmung mit der gewöhnlichen, seinen Bestimmungen in ihrem Zusammenhang zukommenden Bedeutung und im Lichte seines Zieles und Zweckes auszulegen.
(...)
(4) Eine besondere Bedeutung ist einem Ausdruck beizulegen, wenn feststeht, dass die Vertragsparteien dies beabsichtigt haben.

1008 *Prokisch*, SWI 1994, 52 (57).

1009 *Prokisch*, SWI 1994, 52 (57 f.).

1010 *Prokisch*, SWI 1994, 52 (57 f.) mit Hinweis auf: Draft Articles on the Law of Treaties with commentaries 1966, Art. 27/28 Ziffer 12.

1011 *Prokisch*, SWI 1994, 52 (58).

1012 *Prokisch*, SWI 1994, 52 (58) mit Hinweis auf: Draft Articles on the Law of Treaties with commentaries 1966, Art. 27/28 Ziffer 17.

1013 *Prokisch*, SWI 1994, 52 (58).

Rechtsprechungstätigkeit erhalten haben.[1014] Es besteht folglich eine „internationale Steuersprache", welche die gewöhnliche Bedeutung der Ausdrücke des Abkommens im Sinne des Art. 31 I WVK wiedergibt.[1015] Abweichende Auslegungen von Abkommmensvorschriften (entsprechend dem OECD-MA), können die Staaten nur bei adäquater Darlegung nach Art. 31 IV WVK geltend machen.[1016]

(2) Stellungnahme

Die Grundidee dieser Meinung, dass sich mittlerweile eine einheitliche „internationale Steuersprache" gebildet hat, erscheint nicht völlig abwegig. Nicht vergessen werden darf jedoch, dass Staaten teilweise auch Vorbehalte zum OECD-MA oder Interpretationsvorbehalte zum Musterkommentar angemeldet haben. Diese Staaten sind infolgedessen mit bestimmten Auslegungen nicht einverstanden. Zusätzlich wurde oben schon erläutert, dass auch bei fehlendem Interpretationsvorbehalt eines Staates nicht zwingend davon ausgegangen werden darf, dieser Staat sei mit eben dieser Auslegung einverstanden. Somit ist die Auslegung im Musterkommentar nicht immer automatisch die von den Parteien Gewollte. Der Musterkommentar gibt nicht die „internationale Steuersprache" der betreffenden Länder wieder.

Die Staaten, die einen Interpretationsvorbehalt für sich veranlasst haben, können nach obiger Ansicht damit unter Umständen über Art. 31 IV WVK die vom Musterkommentar abweichende „besondere Bedeutung" darlegen. Staaten, die keinen Interpretationsvorbehalt veranlasst haben, fällt solch ein Nachweis noch schwerer. Die Staaten würden im Zweifel durch die Verwendung der Klausel an die Aussagen im Musterkommentar gebunden. Es würde im Ergebnis die Beweislast so verteilt, dass jeder Staat, der eine vom Musterkommentar abweichende Meinung bei einem Abkommen geltend machen will, dies immer erst hinreichend im Rahmen des Art. 31 IV WVK beweisen müsste.

Das ist nicht immer leicht, da die betreffende Partei nicht nur nachweisen muss, dass sie den Ausdruck auf bestimmte andere Weise gebraucht (Interpretationsvorbehalt), sondern sie muss aufzeigen können, dass eben der Gebrauch mit dieser Bedeutung die gemeinsame Sicht der Parteien darstellt.[1017] Wenn sich aus dem Abkommen, Protokollen und weiteren Materialien nichts ergibt, und nur eine Partei einen Interpretationsvorbehalt zum Musterkommentar angemeldet hat, so wird diese Partei trotz Interpretationsvorbehalt an dem Beweis im Zweifel scheitern. Dieses Resultat ist von den Staaten sicher nicht gewollt.

Einzelne Aussagen und Worterklärungen im Musterkommentar mögen vielleicht mittlerweile auch durch die Rechtsprechung in dem Sinne allgemein anerkannt sein und deshalb insoweit eine „internationale Steuersprache" verkörpern, jedoch

1014 *Prokisch*, SWI 1994, 52 (58 f.).
1015 *Prokisch*, SWI 1994, 52 (58 f.).
1016 *Prokisch*, SWI 1994, 52 (59).
1017 *Dörr*, in: Dörr/Schmalenbach, Vienna Convention on the Law of Treaties, Kommentar, 2012, Art. 31 Rn. 106.

bei weitem nicht der gesamte Musterkommentar. Die große Schwierigkeit besteht auch darin, dass sowohl das OECD-MA als auch der Musterkommentar ständig aktualisiert werden.[1018] Das geschieht seit 1992 relativ oft, alle zwei bis fünf Jahre. Dadurch sinkt die Verlässlichkeit für die Aussagen des Kommentars, da er beständig geändert wird und man nicht genau wissen kann, exakt welche Version denn die Verhandelnden bei Abschluss eines Abkommens kannten.[1019] Die im CFA tätigen Vertreter der Staaten sind im Zweifel auch nicht die Personen, die Abkommen mit anderen Staaten aushandeln.[1020] Es ist nicht ganz klar, wann diese Vertreter von neuen Änderungen Kenntnis erlangen.[1021] Bei dieser „unsicheren Lage" kann nicht davon ausgegangen werden, dass der (aktuelle) Musterkommentar immer die „gewöhnliche Bedeutung" im Recht der Doppelbesteuerungsabkommen wiedergibt. Die „internationale Steuersprache" wird zudem nicht allein vom CFA von heute auf morgen geschaffen. Der Musterkommentar fällt nicht unter Art. 31 I WVK.

ee) Subsumtion unter Art. 31 IV WVK

Eine andere Auffassung nimmt die Erläuterungen des Musterkommentars als „besondere Bedeutung" der jeweiligen Vorschriften im Sinne von Art. 31 IV WVK wahr.[1022]

(1) Begründung

Jedes Abkommen ist nach dieser Sichtweise zwar für sich gesehen einzigartig, im Grunde besteht aber der Großteil jedes Abkommens immer aus Regelungen des OECD-MA.[1023] Es ist daher nur logisch anzunehmen, dass die Vertragsstaaten jeweils die Absicht hatten, bei Einfügung solcher Regelungen auch deren passende Auslegung nach dem Musterkommentar zu übernehmen.[1024] Eben diese Betrachtungsweise entspricht demnach der Wirklichkeit bei der Aushandlung und Anwendung der Abkommen in der Praxis.[1025] Die Staaten haben die Möglichkeit dazu, bei einem Abkommen vom Wortlaut des OECD-MA abzuweichen.[1026] Wenn sie dies nicht tun, so muss den Parteien unterstellt werden, sie wollen die vom Musterkommentar vorgesehene Kommentierung.[1027] Über Art. 31 IV WVK kann nach dieser Meinung somit im Einzelfall durch den Musterkommentar die besondere Bedeutung

1018 *Vogel*, BIFD 2000, 612 (615).
1019 *Vogel*, BIFD 2000, 612 (616).
1020 *Vogel*, BIFD 2000, 612 (616).
1021 *Vogel*, BIFD 2000, 612 (616).
1022 *Ault*, Intertax 1994, 144 (146 f.).
1023 *Ault*, Intertax 1994, 144 (146).
1024 *Ault*, Intertax 1994, 144 (146).
1025 *Ault*, Intertax 1994, 144 (146).
1026 *Ault*, Intertax 1994, 144 (147).
1027 *Ault*, Intertax 1994, 144 (147).

einer Aussage eines Abkommens nachgewiesen werden, wobei hier immer die konkrete Situation nicht außer Acht gelassen werden darf.[1028]

(2) Stellungnahme

Art. 31 IV WVK wurde geschaffen, um festzulegen, was in dem besonderen Fall geschieht, dass die Parteien einem Begriff oder einer Aussage im Vertrag eine „besondere Bedeutung", abweichend von der „gewöhnlichen Bedeutung" nach Art. 31 I WVK, beimessen.[1029] Das Ziel der Regelung ist vor allem zu verdeutlichen, dass die Partei, welche sich auf die abweichende Auffassung beruft, die Beweislast dafür trägt, dass diese abweichende Sichtweise dem gemeinsamen Verständnis beider Parteien entspricht.[1030] Art. 31 IV WVK ist also größtenteils eine Beweislastregel. Was die Art des Beweises betrifft, so gibt es hier keine Einschränkungen, womit auch Dokumente aus den vorbereitenden Arbeiten zum Vertrag („travaux préparatoires") oder die aktuelle Übung der Parteien herangezogen werden können.[1031]

Nach dieser Ansichtsollt der Musterkommentar im Rahmen des Art. 31 IV WVK seinen Einfluss ausüben.[1032] Es muss aber natürlich im Einzelfall dem Musterkommentar nicht zwingend gefolgt werden, ganz einfach wenn der Beweis nicht gelingt, dass beide Parteien das gleiche Verständnis wie der Musterkommentar haben.[1033] Diese Literaturmeinung geht also wohl selbst davon aus, dass der Beweis des Öfteren scheitern kann. Darin liegt auch eine der Schwierigkeiten dieser Sichtweise.

Es stellt sich nämlich die Frage, ob die bloße Existenz des Musterkommentars mit einer abweichenden „besonderen Bedeutung" für diesen Beweis im Regelfall ausreicht oder nicht. Wenn dem so ist, dann ist der Beweis hier eine Farce, da er ohnehin im Regelfall durch den Inhalt des Musterkommentars selbst erbracht werden kann. Nur im Einzelfall, zum Beispiel bei einem Interpretationsvorbehalt der anderen Partei zum Musterkommentar, könnte der Beweis wohl nicht erbracht werden. Wie oben geschildert, bedeutet aber das Fehlen eines derartigen Vorbehalts nicht zwingend die Zustimmung eines Staates.

Reicht das bloße Vorhandensein des Musterkommentars für den Nachweis nicht aus, muss eine Partei den Beweis für das Verständnis beider Parteien angemessen

---

1028 *Ault*, Intertax 1994, 144 (147).

1029 *Dörr*, in: Dörr/Schmalenbach, Vienna Convention on the Law of Treaties, Kommentar, 2012, Art. 31 Rn. 106 mit Hinweis auf: Draft Articles on the Law of Treaties with commentaries 1966, Art. 27/28 Ziffer 17.

1030 *Dörr*, in: Dörr/Schmalenbach, Vienna Convention on the Law of Treaties, Kommentar, 2012, Art. 31 Rn. 106 mit Hinweis auf: Draft Articles on the Law of Treaties with commentaries 1966, Art. 27/28 Ziffer 17.

1031 *Dörr*, in: Dörr/Schmalenbach, Vienna Convention on the Law of Treaties, Kommentar, 2012, Art. 31 Rn. 107.

1032 *Ault*, Intertax 1994, 144 (147).

1033 *Ault*, Intertax 1994, 144 (147).

führen,[1034] was ihr mitunter schwer fallen kann. Wenn der Musterkommentar nur ein Gesichtspunkt bei der Betrachtung ist und noch zusätzliche Aspekte für den Nachweis des gleichen gemeinsamen Verständnisses erforderlich sind, so ist das Ergebnis im Einzelfall offen. Der Beweis wird hier wohl sehr oft scheitern, da das Fehlen eines Interpretationsvorbehalts zum Musterkommentar eben nicht zwingend die Zustimmung eines Staates zu dieser Auslegung bedeutet. Schon aus den Unterlagen zur Schaffung des Art. 31 IV WVK geht hervor, dass dieser für den etwas besonderen Fall („the somewhat exceptional case“[1035]) des Abweichens von der gewöhnlichen Wortbedeutung eingefügt wurde. Es wird deutlich, dass das eher ein Sonderfall sein sollte. Bei den Doppelbesteuerungsabkommen ist es aber der Regelfall, dass diese auf dem OECD-MA beruhen und folglich der Musterkommentar eine „besondere Bedeutung“ bestimmen kann.

Als Kritik an der Lösung über Art. 31 IV WVK wird teilweise noch angebracht, diese lasse kaum Raum für andere vorbereitende Dokumente oder andere Dokumente der OECD.[1036] Im Ergebnis überzeugt diese Argumentation nicht. Angenommen, es ist nur der Musterkommentar zum Nachweis ausreichend, dann stimmt die Annahme. Aber im Rahmen des Nachweises einer speziellen Bedeutung ist obige Meinung wohl so zu verstehen, dass unter anderem die „travaux préparatoires“ zum konkreten Vertrag ebenso heranzuziehen[1037] seien. Andere vorbereitende Dokumente oder andere Dokumente der OECD können folglich an dieser Stelle in den Nachweis und damit die Interpretation eines konkreten Abkommens miteinfließen. Diesem Kritikpunkt ist somit nicht zuzustimmen. Aus alldem ergibt sich aber dennoch, dass Art. 31 IV WVK mit seiner Konstruktion als Beweislastregel für die Situation der Doppelbesteuerungsabkommen und dem OECD-Musterkommentar nicht passt. Es kann aus dem Umstand der Verwendung des OECD-MA allein nicht darauf geschlossen werden, dass die Personen zwingend mit der Auslegung durch den Musterkommentar einverstanden sind. Deshalb kann nicht über Art. 31 IV WVK nur durch den Musterkommentar der Beweis geführt werden, dass die Parteien dieses besondere Verständnis hatten. Außerdem passt die Systematik nicht, dass ein Staat immer beweispflichtig ist. Der sich auf den Musterkommentar berufende Staat würde dann im Regelfall am Nachweis scheitern, was aber bei bestimmten mittlerweile allgemein anerkannten grundlegenden Aussagen des Musterkommentars nicht angemessen wäre.

1034 *Dörr*, in: Dörr/Schmalenbach, Vienna Convention on the Law of Treaties, Kommentar, 2012, Art. 31 Rn. 106.

1035 Draft Articles on the Law of Treaties with commentaries 1966, Art. 27/28 Ziffer 17.

1036 *Alkema*, in: Douma/Engelen, The Legal Status of the OECD Commentaries, 2008, S. 163 (168).

1037 Vgl. *Dörr*, in: Dörr/Schmalenbach, Vienna Convention on the Law of Treaties, Kommentar, 2012, Art. 31 Rn. 107.

ff) Beachtung über Art. 32 WVK

Nach einer in der Literatur weit verbreiteten Meinung ist der Musterkommentar allermindestens als ein ergänzendes Auslegungsmittel nach Art. 32 WVK[1038] zu sehen.[1039] Dieses kann dazu verwendet werden, die gewöhnliche Bedeutung zu bestätigen oder im Falle von mehrdeutiger Auslegung oder offensichtlich sinnwidrigen Ergebnissen eine Lösung zu finden.[1040]

(1) Begründung

Es wird für unwahrscheinlich gehalten, dass Vertragsstaaten den Musterkommentar bloß als ergänzendes Auslegungsmittel sehen wollen.[1041] Denn dies würde nämlich bedeuten, dass die Staaten annehmen, sie würden zunächst unabhängig vom Musterkommentar die Bedeutung eines Begriffes ergründen und den Musterkommentar dann nur zur Bestätigung oder zur Regelung von Widersprüchlichkeiten verwenden.[1042] Deswegen wird verbreitet davon ausgegangen, dass der Musterkommentar zumindest unter Art. 32 WVK fällt.[1043]

Teilweise sprechen sich Stimmen in der Literatur ebenso generell für eine Beachtung des Musterkommentars lediglich über Art. 32 WVK aus.[1044] Wenn die Bedeutung sich aus dem Vertrag selber eindeutig ergibt, dann besteht auch kein Grund ergänzende Auslegungsmittel heranzuziehen.[1045] Es ist demnach offensichtlich, dass der Großteil der Abkommen zum überwiegenden Teil auf Vorschriften des OECD-MA beruht, und infolgedessen nur logisch, dass auf den zum OECD-MA passenden Musterkommentar bei der Auslegung von Regelungen der konkreten Abkommen zurückgegriffen wird.[1046] Sogar für den Fall einer Abkommensvorschrift,

---

1038 Wortlaut von Art. 32 WVK:
Ergänzende Auslegungsmittel, insbesondere die vorbereitenden Arbeiten und die Umstände des Vertragsabschlusses, können herangezogen werden, um die sich unter Anwendung des Artikels 31 ergebende Bedeutung zu bestätigen oder die Bedeutung zu bestimmen, wenn die Auslegung nach Artikel 31
a) die Bedeutung mehrdeutig oder dunkel lässt oder
b) zu einem offensichtlich sinnwidrigen oder unvernünftigen Ergebnis führt.

1039 *Avery Jones*, BIFD 2002, 102 (102); ebenso *Avery Jones*, in: Douma/Engelen, The Legal Status of the OECD Commentaries, 2008, S. 157 (162); auch *Vogel*, BIFD 2000, 612 (616).

1040 *Avery Jones*, BIFD 2002, 102 (102).

1041 *Avery Jones*, BIFD 2002, 102 (102 f.).

1042 *Avery Jones*, BIFD 2002, 102 (102 f.).

1043 *Avery Jones*, BIFD 2002, 102 (102); ebenso *Avery Jones*, in: Douma/Engelen, The Legal Status of the OECD Commentaries, 2008, S. 157 (162); auch *Vogel*, BIFD 2000, 612 (616); wohl auch *Waters*, in: Lang/Jirousek, Praxis des internationalen Steuerrechts, 2005, S. 679.

1044 *Hill*, BIFD 2003, 320 (324).

1045 *Hill*, BIFD 2003, 320 (324).

1046 *Hill*, BIFD 2003, 320 (324).

die vom OECD-MA abweicht, wird man bei der Auslegung den Musterkommentar zumindest betrachten.[1047] Wenn aber ein Staat einen Interpretationsvorbehalt zum Musterkommentar angemeldet hat oder sich zu einer bestimmten Auslegung geäußert hat, so muss dies natürlich bei der Heranziehung des Musterkommentars als Auslegungsmittel entsprechend beachtet werden.[1048]

(2) Stellungahme

Wie oben erläutert, fallen unter Art. 32 WVK nicht nur die Dokumente der vorbereitenden Arbeiten zum Vertragsschluss, sondern auch noch die Umstände des Vertragsschlusses und daneben weitere ergänzende Auslegungsmittel.[1049] Als Erstes ist zu klären, ob der Musterkommentar unter die Dokumente zur Vorbereitung des Vertragsschlusses („travaux préparatoires“) fällt. Es gibt leider keine allgemein anerkannte Definition, was unter „travaux préparatoires“ en détail zu verstehen ist.[1050] Jedenfalls fallen darunter alle Dokumente, die für den Vertrag von Relevanz sind und von den Vertragsstaaten ab der Vorbereitung des Vertrages bis zum Abschluss entstehen.[1051] Als Beispiele hierfür können Vertragsentwürfe, Kommentare, gegenseitige Erklärungen, Notizen von den Vertragsverhandlungen, etc. genannt werden.[1052]

Es können nur solche Materialien als Auslegungsmittel dienen, die objektiv bewertet werden können, also keine individuellen nicht niedergeschriebenen Gedanken oder Pläne.[1053] Diese Dokumente müssen zudem von einer Partei in den Verhandlungsprozess eingebracht werden, die andere Partei muss ebenso Kenntnis hiervon erhalten, damit überhaupt ein gemeinsames Verständnis der Parteien belegt werden kann.[1054] Als drittes Kriterium ist erforderlich, dass diese Dokumente sich

---

1047 *Hill*, BIFD 2003, 320 (324).

1048 *Hill*, BIFD 2003, 320 (324).

1049 *Dörr*, in: Dörr/Schmalenbach, Vienna Convention on the Law of Treaties, Kommentar, 2012, Art. 32 Rn. 9 ff., 24 ff.

1050 *Dörr*, in: Dörr/Schmalenbach, Vienna Convention on the Law of Treaties, Kommentar, 2012, Art. 32 Rn. 10.

1051 *Dörr*, in: Dörr/Schmalenbach, Vienna Convention on the Law of Treaties, Kommentar, 2012, Art. 32 Rn. 12.

1052 *Dörr*, in: Dörr/Schmalenbach, Vienna Convention on the Law of Treaties, Kommentar, 2012, Art. 32 Rn. 12.

1053 *Dörr*, in: Dörr/Schmalenbach, Vienna Convention on the Law of Treaties, Kommentar, 2012, Art. 32 Rn. 11.

1054 *Dörr*, in: Dörr/Schmalenbach, Vienna Convention on the Law of Treaties, Kommentar, 2012, Art. 32 Rn. 13.

direkt auf den betreffenden Vertrag beziehen.[1055] Sie müssen somit Teil der konkreten Vertragsverhandlungen sein.[1056]

Der Musterkommentar ist unstrittig ein Dokument, das als Schriftstück existiert und zudem auch online auf der Homepage der OECD jederzeit eingesehen werden kann. Der Musterkommentar wird im Regelfall nicht besonders von einer Partei in den Vertrag eingebracht. Wenn Parteien sich aber an dem OECD-MA orientieren und Formulierungen übernehmen, so dient das Musterabkommen der Vorbereitung des Vertrages als Muster. Den Parteien muss hier bei den Vertragsverhandlungen auch bewusst sein, dass dazu ein (Muster-) Kommentar existiert. Dieser enthält nicht nur Erläuterungen zum OECD-MA, sondern auch Vorschläge für alternative Formulierungen.[1057] Beide Parteien haben während der Vertragsverhandlungen (zumindest online) Zugang zum Musterkommentar und können davon Kenntnis nehmen. Demzufolge ist auch die zweite Voraussetzung erfüllt.

Problematisch könnte sein, ob sich der Musterkommentar direkt auf das konkrete Abkommen bezieht. Natürlich wurde das Musterabkommen und der dazu gehörende Kommentar nicht in direkter Vorbereitung für ein spezielles Doppelbesteuerungsabkommen von den jeweiligen Vertragsstaaten erarbeitet. Stattdessen hat die OECD den Kommentar geschaffen. Teilweise wird nun verlangt, dass die entsprechenden Dokumente eben auch von den Vertragsstaaten und nicht zum Beispiel von einer Expertenkommission angefertigt werden.[1058] Richtigerweise muss aber, sofern eine konkrete Verbindung zwischen dem von einem Expertengremium erarbeiteten Dokument und dem späteren Vertragstext besteht, sinnvollerweise auch das von einem Gremium erarbeitete Dokument herangezogen werden dürfen.[1059] Unter Umständen kann natürlich dieses etwas weniger einflussreich sein als ein von den Vertragsparteien erarbeiteter Entwurf.[1060]

Das OECD-MA mit Kommentar wurde vom CFA und vom Rat der OECD für die Schaffung vieler Abkommen entwickelt und soll eben diesen als Vorlage dienen. Wenn sich ein Abkommen an dieser Vorlage orientiert, so ist davon auszugehen, dass hierbei von den Parteien auch der Musterkommentar bei den Verhandlungen betrachtet wird, wenn auch nicht zwingend jede Regelung davon im Detail. Der

---

1055 *Dörr*, in: Dörr/Schmalenbach, Vienna Convention on the Law of Treaties, Kommentar, 2012, Art. 32 Rn. 18.

1056 *Dörr*, in: Dörr/Schmalenbach, Vienna Convention on the Law of Treaties, Kommentar, 2012, Art. 32 Rn. 18.

1057 Als Beispiel Alternative zu Art. 4 III OECD-MA: OECD-Musterkommentar 2014, Art. 4 Tz. 24.1.

1058 Vgl. *Le Bouthillier*, in: Corten/Klein, Vienna Convention on the Law of Treaties, Kommentar, Band 1, 2011, Art. 32 Ziffer 25 mit Verweis auf *De Visscher*, Problèmes d'interprétation judiciaire en droit international public, 1963, S. 115.

1059 *Le Bouthillier*, in: Corten/Klein, Vienna Convention on the Law of Treaties, Kommentar, Band 1, 2011, Art. 32 Ziffer 25.

1060 *Le Bouthillier*, in: Corten/Klein, Vienna Convention on the Law of Treaties, Kommentar, Band 1, 2011, Art. 32 Ziffer 25.

Musterkommentar hat folglich einen deutlichen Bezug auch zum konkret vereinbarten bilateralen Abkommen.

Gesetzt den Fall, dass nach der Gegenansicht die Zugehörigkeit zu den „travaux préparatoires" verneint wird, kann der Musterkommentar als anderes „weiteres" ergänzendes Auslegungsmittel nach Art. 32 WVK erachtet werden.[1061] Diese weiteren „Auslegungsmittel" sind jedenfalls materielle oder substantielle Gegenstände, wie etwa Dokumente, die nicht direkt aus den Vertragsverhandlungen stammen, aber in ausreichender Relation zur Vorbereitung des Vertrages stehen.[1062] Wenn ein Vertrag zum großen Teil auf dem OECD-MA beruht, so steht dieses und der ihm zugehörige Kommentar in genügender Interaktion zu dem konkreten Abkommen. Als Konsequenz ist der Musterkommentar somit entweder als vorbereitende Arbeit zum Abkommen oder als anderes ergänzendes Auslegungsmittel zu sehen.

An der Subsumtion unter Art. 32 WVK wird größtenteils kritisiert, dass damit der Musterkommentar zu unbedeutend sei.[1063] Es werde seiner erheblichen Relevanz in der Praxis des internationalen Steuerrechts nicht gerecht, wenn er lediglich als ergänzendes Auslegungsmittel angesehen werde.[1064] Dabei wird aber davon ausgegangen, dass ergänzende Auslegungsmittel eben nur anzuwenden sind, wenn eine Bedeutung bestätigt wird oder wenn eine Bedeutung bisher noch mehrdeutig ist oder zu offensichtlich sinnwidrigen oder unvernünftigen Ergebnissen führt.[1065] Art. 32 WVK lege eine Prüfung bestimmter Voraussetzungen fest (Art. 32 lit. a und lit. b WVK) und nur bei positivem Ausgang dürfe ein Rückgriff auf ergänzende Auslegungsmittel erfolgen.[1066]

Der Wortlaut des Art. 32 WVK zeigt, dass die ergänzenden Auslegungsmittel eben nur nachrangig zu Art. 31 WVK herangezogen werden dürfen. Schon das Wort „ergänzend" ist hierfür ein Indiz.[1067] Grund für die Anordnung der Nachrangigkeit war unter anderem, dass die Dokumente zu den vorbereitenden Arbeiten oft irreführend

---

1061 *Dörr*, in: Dörr/Schmalenbach, Vienna Convention on the Law of Treaties, Kommentar, 2012, Art. 32 Rn. 9, 24 ff.

1062 *Dörr*, in: Dörr/Schmalenbach, Vienna Convention on the Law of Treaties, Kommentar, 2012, Art. 31 Rn. 24 f.

1063 Vgl. schon *Avery Jones*, BIFD 2002, 102 (102 f.); vgl. auch *Gómez-Ballina*, in: Lang, Fundamental Issues and Practical Problems in Tax Treaty Interpretation, 2008, S. 106 f.

1064 *Gómez-Ballina*, in: Lang, Fundamental Issues and Practical Problems in Tax Treaty Interpretation, 2008, S. 106 f.

1065 *Avery Jones*, BIFD 2002, 102 (102 f.); *Gómez-Ballina*, in: Lang, Fundamental Issues and Practical Problems in Tax Treaty Interpretation, 2008, S. 106 f.

1066 *Dutta*, in: Lang, Fundamental Issues and Practical Problems in Tax Treaty Interpretation, 2008, S. 31.

1067 Vgl. Draft Articles on the Law of Treaties with commentaries 1966, Art. 27/28 Ziffer 19.

oder nicht vollständig sind.[1068] Doch Art. 32 WVK ist so zu verstehen, dass er es nicht verbietet, die „travaux préparatoires“ immer in Augenschein zu nehmen, folglich auch bei Nichterfüllen der Voraussetzungen des Art. 32 lit. a/b WVK.[1069] Entscheidend ist, dass die Auslegung eines Begriffes nicht allein auf den „travaux préparatoires“ gründen darf, weil ansonsten das tatsächlich vereinbarte Abkommen Gefahr liefe, durch den Inhalt von vorbereitenden Vertragsentwürfen und vorgebrachten Argumenten bei den Vertragsverhandlungen ersetzt zu werden.[1070]

Die „travaux préparatoires“ dürfen immer herangezogen werden, um die nach Art. 31 WVK gefundene Bedeutung zu bestätigen.[1071] Bei Erfüllen der Voraussetzungen nach Art. 32 lit. a/b WVK (Bedeutung nach der Auslegung im Rahmen des Art. 31 WVK weiterhin mehrdeutig oder dunkel, offensichtlich sinnwidriges oder unvernünftiges Ergebnis), dürfen die ergänzenden Auslegungsmittel auch herangezogen werden, um die Bedeutung erst zu ermitteln.[1072] Auf den ersten Blick mag es so wirken, als bestünde ein gravierendes Gefälle zwischen der Möglichkeit der bloßen Bestätigung einer Bedeutung und der nur unter gewissen Voraussetzungen zulässigen Ermittlung.[1073] Doch der Wortlaut täuscht.

Denn wenn die „travaux préparatoires“ betrachtet werden, um das nach Art. 31 WVK gefundene Ergebnis zu bestätigen, kann es dazu kommen, dass dieses Ergebnis eben nicht bestätigt, sondern widerlegt wird.[1074] Wenn sich aus den „travaux préparatoires“ offensichtlich ergibt, dass die nach Art. 31 WVK gefundene Bedeutung nicht mit den wahren Absichten der Vertragsparteien bei Vertragsschluss übereinstimmt, so muss die zunächst gefundene Bedeutung nochmals deutlich hinterfragt und wohl die gewöhnliche Bedeutung nach Art. 31 I WVK berichtigt werden.[1075]

Schon der Berichterstatter der Kommission zur Schaffung der WVK zeigt die Meinung der Kommission, dass der Vertragstext absoluten Vorrang habe, aber man regelmäßig und ganz üblich auf die „travaux préparatoires“ zurückgreife, und dies ohne hierbei zu fein auf die Frage achten zu müssen, ob der Vertragstext selbst denn eindeutig sei oder nicht.[1076] Wann der Vertragstext mehrdeutig ist, ist also eine

---

1068 Vgl. Draft Articles on the Law of Treaties with commentaries 1966, Art. 27/28 Ziffer 10.

1069 *Dörr*, in: Dörr/Schmalenbach, Vienna Convention on the Law of Treaties, Kommentar, 2012, Art. 32 Rn. 27; vgl. auch *Gardiner*, Treaty Interpretation, 2008, S. 307 ff.

1070 *Gardiner*, Treaty Interpretation, 2008, S. 307.

1071 *Gardiner*, Treaty Interpretation, 2008, S. 308.

1072 *Gardiner*, Treaty Interpretation, 2008, S. 308.

1073 *Gardiner*, Treaty Interpretation, 2008, S. 308.

1074 *Gardiner*, Treaty Interpretation, 2008, S. 308.

1075 *Gardiner*, Treaty Interpretation, 2008, S. 308 f.; auch *Aust*, Modern Treaty Law and Practice, 3. Auflage 2013, S. 218.

1076 *Sir Humphrey Waldock*, Sixth Report on the Law of Treaties, in: Yearbook of the International Law Commission, Volume II, 1966, S. 99 Ziffer 20, Wortlaut: "reconciling the principle of the primacy of the text, frequently laid down by the Court

subjektive Frage des Betrachters und eröffnet diesem einen gewissen Spielraum.[1077] Der Anwender kann relativ leicht von einer Mehrdeutigkeit oder einer Unklarheit im Vertragstext ausgehen und so die ergänzenden Auslegungsmittel heranziehen. Die einzige Bedingung, die der Betreffende einhalten muss, ist eine Erklärung dafür anzugeben, warum hier nach der allgemeinen Auslegungsregel noch Unklarheiten oder Widersprüche bestehen.[1078]

Im Wesentlichen hebt folglich der dehnbare Begriff der Mehrdeutigkeit die vermeintlich ausschließlich ergänzende Funktion dieser in Art. 32 WVK genannten zusätzlichen Auslegungsmittel wieder auf.[1079] Auch in der Praxis der Vertragsauslegung ist es üblich, dass sich die Parteien vor Gericht auf die „travaux préparatoires" berufen, diese dem Gericht infolgedessen vorliegen und es diese zwangsläufig mit den anderen Auslegungsmitteln berücksichtigt.[1080] Die „travaux préparatoires" sind bei der Vertragsauslegung somit keineswegs unbedeutend. Den Musterkommentar auf diese Weise in die Auslegung der konkreten Abkommen einfließen zu lassen wird durchaus seiner Relevanz und Bedeutung in der Praxis gerecht.

gg) *Differenzierte Ansichten*

Daneben werden in der Literatur noch Meinungen vertreten, die nach verschiedenen Kriterien differenzieren um festzustellen, ob es jeweils zu einer rechtlichen Bindung an die Kommentierung des Musterkommentars kommt.

(1) Abgrenzung nach Version des Musterkommentars

Folgender differenzierter Ansatz wurde entwickelt:[1081] Er basiert zunächst auf den Überlegungen von *Ault*, demzufolge Staaten sich bei der Verwendung des Wortlauts des OECD-MA stillschweigend auf die im Musterkommentar dargelegte Auslegung oder das Verständnis der Regelungen beziehen würden.[1082] Nach *Ault* könnten die betreffenden Aussagen im Musterkommentar somit als „besondere Bedeutung" nach Art. 31 IV WVK zur Geltung kommen (siehe **E.II.4.a)(ee)**).[1083] *Ault* hat nach

---

and adopted by the Commission, with the frequent and quite normal recourse to travaux préparatoires without any too nice regard for the question whether the text itself is clear".

1077 *Dörr*, in: Dörr/Schmalenbach, Vienna Convention on the Law of Treaties, Kommentar, 2012, Art. 32 Rn. 34; vgl. auch *Gardiner*, Treaty Interpretation, 2008, S. 309.

1078 *Dörr*, in: Dörr/Schmalenbach, Vienna Convention on the Law of Treaties, Kommentar, 2012, Art. 32 Rn. 34.

1079 *Dörr*, in: Dörr/Schmalenbach, Vienna Convention on the Law of Treaties, Kommentar, 2012, Art. 32 Rn. 34.

1080 *Aust*, Modern Treaty Law and Practice, 3. Auflage 2013, S. 218.

1081 *Vogel*, The Influence of the OECD Commentaries on Treaty Interpretation, BIFD 2000, 612.

1082 *Ault*, Intertax 1994, 144 (145 ff.).

1083 *Ault*, Intertax 1994, 144 (147).

der differenzierten Sichtweise im Prinzip früher recht gehabt, da die ersten beiden Musterkommentare von 1963 und 1977 relativ lange Bestand hatten.[1084] Aber mit den ständigen Aktualisierungen alle paar Jahre hat sich die Situation geändert.[1085]

Ebenso wird auf die oben[1086] geschilderte Ansicht Bezug genommen, wonach Definitionen von Ausdrücken im Musterkommentar, wenn sie einer internationalen Steuersprache entsprechen, die „gewöhnliche Wortbedeutung" nach Art. 31 I WVK beizumessen ist.[1087]

Im Detail wurde hieraus folgende Sichtweise entwickelt:

(i) Wenn ein Ausdruck oder eine zusammenhängende Aussage schon in dem OECD-Musterabkommen von 1963 verwendet und vom damaligen Musterkommentar erläutert wird, dann ist die dazu gehörende Erläuterung des Kommentars im Laufe der Zeit zur internationalen Steuersprache geworden.[1088] Deshalb muss davon ausgegangen werden, dass sich die betreffende Erläuterung im Musterkommentar zur gewöhnlichen Bedeutung der Aussage oder des Ausdrucks im Sinne des Art. 31 I WVK entwickelt hat.[1089]

(ii) Sofern eine Aussage oder ein Ausdruck im OECD-MA erstmals 1977 verwendet oder im Kommentar von 1977 erstmals erläutert worden ist, so ist davon auszugehen, dass diese Erläuterung im Musterkommentar mittlerweile ebenso zur gewöhnlichen Bedeutung im Sinne des Art. 31 I WVK geworden ist.[1090] Bei Abkommen, die in den ersten fünf Jahren nach 1977 vereinbart wurden, ist dies aber wegen der kurzen Zeit eher zweifelhaft und muss im Einzelfall von den Umständen des Abkommens abhängig gemacht werden.[1091]

(iii) Komplex ist die Angelegenheit, falls die Erläuterung im Musterkommentar nicht die gewöhnliche Bedeutung im Sinne des Art. 31 I WVK wiedergibt, also insbesondere bei nach 1977 eingeführten Änderungen am OECD-MA oder an den Erläuterungen im Musterkommentar.[1092] Dann muss die Überlegung angestellt werden, ob die zugehörige Erläuterung als „besondere Bedeutung" nach Art. 31 IV WVK beim konkreten Abkommen vereinbart wurde.[1093] Das kommt aber nur in Betracht, wenn zwischen der Änderung des Kommentars und der Vereinbarung des konkreten Abkommens genügend Zeit verstrichen ist, so dass die betreffende Änderung im Musterkommentar mittlerweile auch

---

1084 *Vogel*, The Influence of the OECD Commentaries on Treaty Interpretation, BIFD 2000, 612 (615).

1085 *Vogel*, BIFD 2000, 612 (615).

1086 Vgl. oben bei **E.II.4.a)dd)**.

1087 *Prokisch*, SWI 1994, 52 (,59).

1088 *Vogel*, BIFD 2000, 612 (616).

1089 *Vogel*, BIFD 2000, 612 (616).

1090 *Vogel*, BIFD 2000, 612 (616).

1091 *Vogel*, BIFD 2000, 612 (616).

1092 *Vogel*, BIFD 2000, 612 (616).

1093 *Vogel*, BIFD 2000, 612 (616).

in das Bewusstsein derjenigen Steuerexperten eingedrungen ist, die nicht im CFA sitzen.[1094] Als „genügende Zeit“ soll von ungefähr 10 Jahren ausgegangen werden, wobei Art. 31 IV WVK überhaupt nur bei Abkommen zwischen OECD-Mitgliedstaaten in Betracht kommt.[1095]

(iv) Bei zu kurzfristigen Änderungen kann die betreffende Erläuterung im Musterkommentar noch als ergänzendes Auslegungsmittel im Rahmen des Art. 32 WVK Berücksichtigung finden.[1096]

(2) Stellungnahme

Zwar wird bei dieser Meinung gut nach den jeweiligen Gegebenheiten differenziert, dennoch ist sie abzulehnen. Das Problem mit den späteren Änderungen ist bei dieser Ansicht „gelöst“, da immer nur der Musterkommentar die „gewöhnliche Bedeutung“ wiedergibt, der entsprechend lange veröffentlicht ist und sich im Bewusstsein der Vertragsverhandelnden verfestigt hat. Es darf hier zudem nicht vergessen werden, dass zwischen dem Unterzeichnen eines Abkommens und den Verhandlungen auch noch gewisse Zeit verstreicht, womit die vorgeschlagenen 10 Jahre keinesfalls zu kurz bemessen wären.

Aber wie oben[1097] ausgeführt, mögen vielleicht einzelne Begriffe in der Auslegung des Musterkommentars von 1963 oder 1977 mittlerweile allgemein anerkannt sein und zu einer so genannten „internationalen Steuersprache“ gehören, aber nicht der gesamte Inhalt. Der Musterkommentar als gesamtes Dokument gibt nicht generell die „gewöhnliche Bedeutung“ wieder. Viele Staaten veranlassen die Eintragung von Vorbehalten in Bezug auf Erläuterungen im Kommentar. Dadurch offenbart sich, dass teilweise nicht alle Staaten den Erläuterungen im Musterkommentar folgen und diese als ihre „internationale Steuersprache“ ansehen. Auch schon zum Musterabkommen von 1963 gab es Vorbehalte und Interpretationsvorbehalte.[1098] Die Staaten wollen auch durch den Musterkommentar nicht gebunden werden, was die Einleitung des OECD-MA selbst zeigt.[1099] Der Musterkommentar in seiner Gesamtheit würde bei allgemeiner Wiedergabe der „gewöhnlichen Bedeutung“ zu faktisch bindendem Auslegungsrecht für konkrete Abkommen „aufsteigen“.

Weder der Musterkommentar von 1963 noch derjenige von 1977 oder spätere geben die „gewöhnliche Bedeutung“ im Sinne des Art. 31 I WVK für Aussagen bei einem konkreten bilateralen Abkommen basierend auf dem OECD-MA abschließend wieder. Eine Beachtung des Musterkommentars über Art. 31 IV WVK ist

1094 *Vogel*, BIFD 2000, 612 (616).
1095 *Vogel*, BIFD 2000, 612 (616).
1096 *Vogel*, BIFD 2000, 612 (616).
1097 Vgl. oben bei **E.II.4.a)dd)**.
1098 Siehe hierzu OECD-Musterabkommmen 2014, Einleitung Nr. 30.
1099 *Ward/Avery Jones/u. a.*, The Interpretation of Income Tax Treaties with Particular Reference to the Commentaries on the OECD Model, 2005, S. 21; vgl. OECD-Musterabkommen 2014, Einleitung Nr. 29.

aufgrund der Konstruktion des Art. 31 IV WVK als Beweislastregel und aus den weiteren oben genannten Gründen abzulehnen.[1100] Dass zu kurzfristige Änderungen am Musterkommentar zumindest über Art. 32 WVK Beachtung finden sollen, erscheint für sich gesehen nicht abwegig.

(3) Abgrenzung nach Art der Aussagen im Musterkommentar

In der Literatur wird auch eine noch differenziertere Sichtweise vertreten.[1101] Die Zuordnung des Musterkommentars zum Geltungsbereich der Art. 31, 32 WVK ist demnach wegen der fehlenden Einheitlichkeit und der beständigen Änderungen des Inhalts immer fehlerhaft.[1102] Stattdessen muss auf die jeweilige konkrete Aussage des Musterkommentars abgestellt werden und abhängig von dieser die Subsumtionsfrage geklärt werden.[1103] Es ist eine Differenzierung zwischen erläuternden Aussagen („illustrative") oder interpretativen Aussagen („interpretative") des Musterkommentars vorzunehmen.[1104]

Nach diesr Meinung können Aussagen, die Regelungen des OECD-MA erläutern, unter Art. 31 WVK oder Art. 32 WVK gefasst werden.[1105] Die konkrete Einordnung der Subsumtion hängt demnach von folgenden Kriterien ab: Entscheidend ist, ob der jetzige Wortlaut des Kommentars auch dem Wortlaut zum Zeitpunkt der Abkommensverhandlungen entspricht (i), ob beide Staaten OECD Mitglieder sind (ii), ob der Wortlaut des OECD-MA im Abkommen übernommen worden ist (iii) und ob von einer der Abkommensparteien ein Vorbehalt zum OECD-MA oder zum Musterkommentar (zum Zeitpunkt der Vertragsverhandlungen) öffentlich eingetragen gewesen ist (iv).[1106] Der jeweilige Anwender des Abkommens muss im Einzelfall die jeweilige Zuordnung zu Art. 31 oder 32 WVK vornehmen, denn generelle Subsumtionen unter eine der Vorschriften sind ein Trugschluss.[1107] Zudem werden die obigen Gesichtspunkte (i–iv) nur beispielhaft genannt, denn unverzichtbar ist

1100 Vgl. oben bei **E. II.4.a) ee)**.

1101 *Gómez-Ballina*, in: Lang, Fundamental Issues and Practical Problems in Tax Treaty Interpretation, 2008, S. 91 ff.

1102 *Gómez-Ballina*, in: Lang, Fundamental Issues and Practical Problems in Tax Treaty Interpretation, 2008, S. 107.

1103 *Gómez-Ballina*, in: Lang, Fundamental Issues and Practical Problems in Tax Treaty Interpretation, 2008, S. 107 f.

1104 *Gómez-Ballina*, in: Lang, Fundamental Issues and Practical Problems in Tax Treaty Interpretation, 2008, S. 108.

1105 *Gómez-Ballina*, in: Lang, Fundamental Issues and Practical Problems in Tax Treaty Interpretation, 2008, S. 108.

1106 *Gómez-Ballina*, in: Lang, Fundamental Issues and Practical Problems in Tax Treaty Interpretation, 2008, S. 108.

1107 *Gómez-Ballina*, in: Lang, Fundamental Issues and Practical Problems in Tax Treaty Interpretation, 2008, S. 108.

sowohl die Betrachtung der Aussage im Musterkommentar als auch des konkreten bilateralen Abkommens.[1108]

Aussagen des Musterkommentars, die typischerweise lediglich interpretativ sind, wie etwa Standpunkte der OECD, die im Musterkommentar mitgeteilt werden und die teilweise dem Wortlaut des OECD-MA fremd sind, können nach dieser Ansicht grundsätzlich nicht im Rahmen der Art. 31 und 32 WVK Beachtung finden.[1109] Diese interpretativen Aussagen stellen nichts weiter als eine Lehrmeinung dar und sind nicht tauglich, bei Auslegung eines konkreten Abkommens erkennbar einbezogen zu werden.[1110]

(4) Stellungnahme

In der Praxis ist diese Meinung nicht sehr gewinnbringend, weil eine zusätzliche Differenzierung notwendig ist, und zwar die zwischen erläuternden und interpretativen Aussagen des Musterkommentars. Für die entscheidende Abgrenzung liefert die Ansicht leider keine allzu konkreten Hinweise. Wünschenswert wäre gewesen, zumindest eine oder besser zwei Passagen des Musterkommentars zu nennen, die lediglich interpretativ sein sollen. Zudem entwertet die Meinung teilweise die Differenzierung wieder, wenn es in einer Fußnote heißt, dass manche interpretativen Aussagen dann doch unter Art. 32 WVK fallen würden.[1111] Dann erscheinen diese Kriterien als wenig sinnvoll zur Differenzierung.

Die Einordnung „erläuternd – interpretativ“ bleibt eher nebulös. Schon hier gäbe es in der Praxis wohl große Probleme. Wenn die OECD (oder besser das CFA) im Musterkommentar einen Standpunkt zu einem speziellen Fall schildert (interpretativ), so kann dies durchaus auch einen Hinweis auf die Behandlung anderer Fälle geben und unter Umständen soll dies auch erklärend für die Auslegung wirken. Deswegen ist die Abgrenzung nicht sinnvoll. Wie oben ausgeführt scheitert eine Berücksichtigung der Aussagen des Musterkommentars als gewöhnliche Bedeutung im Sinne des Art. 31 WVK.[1112] Die für die Auslegung genannten Kriterien sind durchaus relevant.

Als Resümee lässt sich sagen, dass diese Meinung die Auslegung nochmals unnötig verkomplizieren würde, indem man vorab die Abgrenzung „erläuternd – interpretativ“ vorzunehmen hätte. Zudem macht die Einordnung wenig Sinn. Der Musterkommentar enthält teilweise Aussagen, die natürlich nicht erläuternd für

---

1108 *Gómez-Ballina*, in: Lang, Fundamental Issues and Practical Problems in Tax Treaty Interpretation, 2008, S. 108.

1109 *Gómez-Ballina*, in: Lang, Fundamental Issues and Practical Problems in Tax Treaty Interpretation, 2008, S. 109.

1110 *Gómez-Ballina*, in: Lang, Fundamental Issues and Practical Problems in Tax Treaty Interpretation, 2008, S. 109.

1111 *Gómez-Ballina*, in: Lang, Fundamental Issues and Practical Problems in Tax Treaty Interpretation, 2008, S. 109.

1112 Vgl. oben bei **E.II.4.a)dd)**.

Vorschriften des OECD-MA sind, wie beispielsweise alternative Formulierungsvorschläge für Regelungen eines Abkommens.[1113] Doch das muss nicht vorher abgegrenzt werden. Es ist offensichtlich, dass diese Aussage bei Verwendung der ursprünglichen Vorschrift des OECD-MA im konkreten Abkommen geringste Bedeutung hat. Bei einer Betrachtung des Musterkommentars als ergänzendes Auslegungsmittel nach Art. 32 WVK kann all dies problemlos später bedacht werden. Die unter (i)–(iv) genannten Aspekte können gleichfalls erst später bei der Einschätzung, wie bedeutend das ergänzende Auslegungsmittel im konkreten Fall für die Auslegung ist, Berücksichtigung finden.

(5) Berücksichtigung des Musterkommentars im Rahmen teleologischer Auslegung

In der Literatur findet sich ebenso die Meinung, dass der Musterkommentar schon im Rahmen von Art. 31 I WVK bei der Suche nach dem Ziel und Zweck eines Abkommens oder deren Regelungen berücksichtigt werden soll.[1114] Begründet wird dies auch mit einem Verweis auf die Meinung des kanadischen höchsten Gerichts im Fall „Crown Forest Limited v. Canada“, welches den Musterkommentar als rechtlichen Zusammenhang („legal context“) des Abkommens ansah und für die Auslegung heranzog.[1115] Art. 31 IV WVK ist demnach anzuwenden, wenn das Abkommen selbst Begriffsdefinitionen enthält oder sich im Musterkommentar detaillierte Erklärungen zu Begriffen im Abkommen befinden oder es um die Auslegung von Begriffen geht, die das OECD-MA nicht definiert.[1116] Der Musterkommentar kann zuletzt auch als ergänzendes Auslegungsmittel nach Art. 32 WVK herangezogen werden.[1117]

(6) Stellungnahme

Eine Berücksichtigung des Musterkommentars nach Art. 31 I WVK für die Suche nach dem Sinn und Zweck der Regelung eines Abkommens ist abzulehnen. Die Staaten können eben auch Interpretationsvorbehalte anmelden und das gibt ihnen die Möglichkeit, zum Ausdruck zu bringen, eine bestimmte Auslegung oder ein bestimmtes Ziel einer Regelung nicht zu akzeptieren. Wenn ein Staat solche Vorbehalte mitteilt, sollen diese nicht deshalb ins Leere laufen, indem bei Verwendung der Formulierungen des OECD-MA das Andere zwingend gilt. Mit der Konzeption des Musterkommentars, der Interpretationsvorbehalte explizit vorsieht[1118], ist das nicht vereinbar. Zudem kann der Musterkommentar über Art. 32 WVK ausreichend Beachtung finden. Über Art. 31 IV WVK kann der Kommentar nicht ordnungsgemäß

1113 Beispiel in OECD-Musterkommentar Art. 4 Tz. 24.1.
1114 *Waters*, in: Lang/Jirousek, Praxis des internationalen Steuerrechts, 2005, S. 678.
1115 Wird bei bei **E.II.4.a) ii)** näher erläutert.
1116 *Waters*, in: Lang/Jirousek, Praxis des internationalen Steuerrechts, 2005, S. 678.
1117 *Waters*, in: Lang/Jirousek, Praxis des internationalen Steuerrechts, 2005, S. 679.
1118 OECD-Musterabkommmen 2014, Einleitung Nr. 30.

berücksichtigt werden.[1119] Auch bei speziellen Begriffsdefinitionen im Musterkommentar können diese im Rahmen des Art. 32 WVK in die Auslegung im Einzelfall gewinnbringend einfließen.

hh) Bedeutendes Auslegungsmittel außerhalb der WVK

(1) Begründung

Abweichend von bisherigen Ausführungen wird auch davon ausgegangen, dass es ein Fehler ist, den Musterkommentar in die allgemeinen Regeln der WVK zur Vertragsauslegung hineinzumanövrieren („shoehorn into").[1120] Schon der Kommentar zur WVK zeigt demnach, dass die sie erarbeitende Kommission mit der Erarbeitung von Art. 31, 32 WVK nicht versucht hat, alle bestehenden Auslegungsgrundsätze und Methoden zu kodifizieren.[1121] Es gibt daneben noch den Grundsatz der Logik und des gesunden Menschenverstandes („logic and good sense").[1122] Art. 31 IV WVK spielt bei der Auslegung eine sehr eingeschränkte Rolle.[1123]

Der zur Zeit der Vertragsverhandlungen existente Musterkommentar bildet nach dieser Sichtweise einen Teil des rechtlichen Zusammenhangs („legal context") im Sinne des Art. 31 I WVK und hat eine große Überzeugungskraft („high persuasive value").[1124] Für die Bedeutung von Begriffen ist der Musterkommentar im Rahmen des Art. 31 I WVK ausschlaggebend.[1125]

Was aber Inhalte des Musterkommentars betrifft, die nicht bloß Begriffe auslegen, so passen diese nicht unter Art. 31, 32 WVK, was auch nicht notwendig ist.[1126] Sie finden gemäß dem neben Art. 31, 32 WVK bestehenden Grundsatz der Logik und des gesunden Menschenverstandes bei auf dem OECD-MA beruhenden Abkommen Berücksichtigung.[1127] Denn vernünftigerweise wird niemand Materialien ignorieren, die bei der Interpretation eines Abkommens als eine Art Handbuch dienen können.[1128]

Aus den Art. 31, 32 WVK und aus dem Gebot der Logik und des gesunden Menschenverstandes ergibt sich nach dieser Meinung Folgendes: Wenn Staaten (Mitglieder der OECD) eine Formulierung des OECD-MA übernehmen, dann ist zu vermuten, dass sie im Zweifel auch die Auslegung gemäß dem Musterkommentar

---

1119 Siehe **E.II.4.a) ee)**.
1120 *Ward*, BIFD 2006, 97 (98).
1121 *Ward*, BIFD 2006, 97 (98) mit Verweis auf Draft Articles on the Law of Treaties with commentaries 1966, Art. 27/28 Ziffer 4, 5.
1122 *Ward*, BIFD 2006, 97 (98).
1123 *Ward*, BIFD 2006, 97 (98).
1124 *Ward*, BIFD 2006, 97 (99).
1125 *Ward*, BIFD 2006, 97 (99).
1126 *Ward*, BIFD 2006, 97 (99).
1127 *Ward*, BIFD 2006, 97 (99).
1128 *Ward*, BIFD 2006, 97 (98).

wollen.[1129] Das Verwenden einer Formulierung des OECD-MA bei gleichzeitigem Fehlen von Interpretationsvorbehalten ist ein verlässlicher Hinweis darauf, dass die Vertragsparteien die Auslegung entsprechend dem Musterkommentar wollen.[1130]

(2) Stellungnahme

Richtig ist, dass die Art. 31, 32 WVK nicht abschließend alle Regeln zur Vertragsauslegung kodifizieren.[1131] Es besteht aber keine Notwendigkeit, den Musterkommentar außerhalb der Vorschriften der WVK in die Auslegung einzubeziehen. Wie oben[1132] dargelegt, kann der Musterkommentar als Teil der „travaux préparatoires" im Wege eines ergänzenden Auslegungsmittels nach Art. 32 WVK seinen Einfluss ausüben.

Was die Berücksichtigung der Auslegung von Begriffen über Art. 31 I WVK betrifft, so bezieht er sich auf die Entscheidung des kanadischen Supreme Court, die sogleich erläutert wird.[1133] Art. 31 I WVK ist für die Berücksichtigung des Musterkommentars bei Auslegung konkreter Abkommen nicht geeignet.

ii) Rechtsprechung

(1) Kanadischer Supreme Court

Dem Urteil des kanadischen Supreme Court „Crown Forest Industries"[1134] kann zunächst entnommen werden, dass der Musterkommentar von erheblicher Bedeutung für die Auslegung von Abkommensvorschriften ist. Aus dieser Aussage lässt sich keine konkrete rechtliche Aussage über die Wirkung entnehmen. Zudem gehört er zu den von außen wirkenden Mitteln, die den rechtlichen Zusammenhang („legal context") für die Auslegung bilden. Das Gericht nennt leider die Art. 31 und 32 WVK später gleichzeitig und hat somit zwar zum Ausdruck gebracht dass, aber nicht wie der Musterkommentar im Rahmen der WVK Beachtung findet.[1135] Jedenfalls soll der Musterkommentar für die Bestimmung des Zieles und Zweckes einer Regelung

---

1129 *Ward*, BIFD 2006, 97 (99).

1130 *Ward*, BIFD 2006, 97 (99).

1131 *Gardiner*, Treaty Interpretation, 2008, S. 51 ff.; auch *Sorel/Boré Eveno*, in: Corten/Klein, Vienna Convention on the Law of Treaties, Kommentar, Band 1, 2011, Art. 31 Ziffer 51 f.

1132 bei **E.II.4.a) ff)**

1133 bei **E.II.4.a) ii)**.

1134 Canadian Supreme Court Urteil v. 22.06.1995 – Case-No. 23940 „Crown Forest Industries Ltd. v. Canada", [1995] 2 S.C.R. 802, Rn. 44: "Clearly, the purpose of the Convention has significant relevance to how its provisions are to be interpreted. I agree with (...) that, in ascertaining these goals and intentions, a court may refer to extrinsic materials which form part of the legal context (these include accepted model conventions and official commentaries thereon) without the need first to find an ambiguity before turning to such materials"

1135 *Vincent*, Canadian Tax journal (Revue Fiscale Canadienne) 1996, 38 (49).

relevant sein, siehe Art. 31 I letzter HS WVK. Andererseits soll es sich laut dem Gericht um von außen wirkende Mittel handeln („extrinsic"). Diese fallen als nicht integrale Bestandteile des Abkommens unter Art. 31 II, III WVK.[1136] Eine Subsumtion unter Art. 31 II WVK ist, wie oben[1137] dargelegt, abzulehnen. Zudem wird vom Gericht ausgedrückt, dass man nicht zuerst eine Mehrdeutigkeit feststellen muss, um auf diese Auslegungsmittel zurückgreifen zu dürfen, was unzweifelhaft auf das Ablehnen von Art. 32 WVK hindeutet. Aber es stellt sich die Frage, warum dann doch beide genannt werden.[1138]

Ein weiter zu diskutierender Punkt ist der Begriff „legal context". Dabei handelt es sich um einen speziellen Rechtsgrundsatz aus dem nationalen kanadischen Recht, wonach die kanadischen Gerichte sich bei der Auslegung von kanadischen völkerrechtlichen Verträgen auf dem Vertrag fremde Materialien („extrinsic") stützen dürfen (unabhängig von der WVK).[1139] Wenn die Entscheidung auf diese Weise verstanden wird, dann ist sie für die Einordnung unter Art. 31 oder 32 WVK unbedeutend. Das wird teilweise abgelehnt.[1140] Stattdessen hat sich das Gericht nach dieser Ansicht auf den Zusammenhang im Rahmen des Art. 31 WVK bezogen.[1141] Wie eben angesprochen, hat das Gericht aber artikuliert, es handele sich um von außen einwirkende Materialien („extrinsic"), also solche, die nicht integraler Bestandteil des Abkommens sind. Mit dem Abkommen direkt zusammenhängende Teile sind dem Art. 31 I WVK zuzurechnen. Also bleibt nur Art. 31 II WVK und dieser passt ebenso nicht.

(2) Bundesfinanzhof

In Deutschland ist die Rechtsprechung des BFH näher zu untersuchen. Dieser bezieht den Musterkommentar bei der Auslegung der Abkommen mit ein, wie sich aus vielen Entscheidungen ergibt.[1142] In einem Urteil aus dem Jahr 1990 legt der BFH zunächst das Abkommen anhand von Art. 33 WVK aus (verschiedene authentische Sprachversionen des Abkommens) und sodann wird das gefundene Ergebnis durch

---

1136 *Dörr*, in: Dörr/Schmalenbach, Vienna Convention on the Law of Treaties, Kommentar, 2012, Art. 31 Rn. 63 ff.

1137 bei **E.II.4.a) ff).**

1138 Canadian Supreme Court Urteil v. 22.06.1995 – Case-No. 23940 „Crown Forest Industries Ltd. v. Canada", [1995] 2 S.C.R. 802, Rn. 54: "I now turn to another set of extrinsic materials, other international taxation conventions and general models thereof, in order to help illustrate and illuminate the intentions of the parties to the Canada-United States Income Tax Convention (1980). Articles 31 and 32 of the Vienna Convention on the Law of Treaties (Can. T.S. 1980 No. 37) indicate that reference may be made to these types of extrinsic materials when interpreting international documents such as taxation conventions (...)"

1139 *Vincent*, Canadian Tax journal (Revue Fiscale Canadienne) 1996, 38 (51).

1140 *Vincent*, Canadian Tax journal (Revue Fiscale Canadienne) 1996, 38 (51).

1141 *Vincent*, Canadian Tax journal (Revue Fiscale Canadienne) 1996, 38 (53 f.).

1142 *Schnitger*, IStR 2002, 407 (410).

den Musterkommentar 1963 bestätigt.[1143] Dadurch zeigt der BFH, dass er für die Auslegung den bei Vertragsabschluss gültigen Musterkommentar anwendet.[1144] Art. 31 oder 32 WVK werden nicht explizit erwähnt, der Musterkommentar scheint aber hier nach Art. 32 WVK zur Bestätigung eines Auslegungsergebnisses herangezogen worden zu sein.

In Entscheidungen aus den Jahren 1997[1145] und 2001[1146] zog der BFH ebenso den Musterkommentar für die Auslegung heran, ohne Hinweis auf die WVK. In einem aktuellen Urteil ist der BFH ebenfalls auf den Musterkommentar detailliert eingegangen.[1147] Es ging in diesem Fall darum, ob in Art. 24 VI des DBA Deutschland-USA[1148] ein Regelungsvorbehalt durch Auslegung hineininterpretiert werden kann. Die OECD sah nämlich im Musterkommentar zu Art. 24 V OECD-MA, der dem Regelungsgehalt obiger Vorschrift entspricht, Folgendes vor:[1149] Die Regelungen von Art. 9 I und Art. 11 VI OECD-MA bilden den Zusammenhang im Sinne des Art. 31 WVK für die Auslegung des Art. 24 V OECD-MA. Deshalb können Berichtigungen, die mit diesen Vorschriften vereinbar sind, nicht als Verletzung des Art. 24 V OECD-MA gesehen werden.

Der BFH ist dem im Musterkommentar vorgesehenen Regelungsvorbehalt im Ergebnis nicht gefolgt, da Art. 24 IV im Gegensatz zu Art. 24 III DBA Deutschland-USA eben keinen entsprechenden Regelungsvorbehalt im Wortlaut enthält.[1150] Es würde einer sachgerechten Auslegung der Vorschrift widersprechen, wenn bei beiden Vorschriften, von denen eine den Vorbehalt im Wortlaut (Art. 24 III DBA Deutschland-USA „=“ Art. 24 IV OECD-MA) enthält, die andere nicht (Art. 24 IV DBA Deutschland-USA „=“ Art. 24 V OECD-MA), eine identische Auslegung angewandt würde.[1151] Es müsse hier den abkommensbeteiligten Vertragsstaaten unterstellt werden, dass sie bei Abschluss des Vertrages eben diesen offensichtlichen Unterschied gesehen hätten.[1152] Auch den Verfassern des OECD-MA müsse dieser Unterschied schon bei Schaffung des Art. 24 OECD-MA bewusst gewesen sein.[1153]

1143 BFH Urteil v. 11.04.1990 – I R 75/88, BFHE 160, 513 (516).
1144 *Schnitger*, IStR 2002, 407 (410).
1145 BFH Urteil v. 08.04.1997 – I R 51/96, BStBl. II 1997, 679 (680).
1146 BFH Urteil v. 18.07.2001 – I R 26/01, BStBl. II 2002, 410 (411).
1147 BFH Urteil v. 16.01.2014 – I R 30/12, BFHE 244, 354.
1148 Abkommen v. 29.08.1989 zwischen der Bundesrepublik Deutschland und den Vereinigten Staaten von Amerika, in BGBl. II 1991, 354.
1149 OECD-Musterkommentar 2014, Art. 24 Tz. 79: “(...) Indeed, since the provisions of paragraph 1 of article 9 and or paragraph 6 of article 11 form part of the context in which paragraph 5 must be read (as required by article 31 of the Vienna Convention on the Law of Treaties), adjustments which are compatible with these provisions could not be considered to violate the provisions of paragraph 5.”
1150 BFH Urteil v. 16.01.2014 – I R 30/12, BFHE 244, 354 (361).
1151 BFH Urteil v. 16.01.2014 – I R 30/12, BFHE 244, 354 (361).
1152 BFH Urteil v. 16.01.2014 – I R 30/12, BFHE 244, 354 (361).
1153 BFH Urteil v. 16.01.2014 – I R 30/12, BFHE 244, 354 (361).

Der BFH beschäftigte sich hier eingehend mit dem Musterkommentar, zog ihn zur Auslegung heran, hat aber dessen Position mit Begründung abgelehnt. Auf die Behauptung des Musterkommentars, seine Sichtweise würde den Zusammenhang des Vertrages im Sinne des Art. 31 WVK darstellen, ging der BFH erst gar nicht ein. Schon bei einem Urteil im Jahr 2010 hatte sich der BFH in Bezug auf Art. 25 III des DBA Deutschland-Schweiz[1154] geäußert.[1155] Art. 25 III dieses Abkommens entspricht nämlich vom Regelungsgehalt ebenso dem Art. 24 V OECD-MA. Auch hier wurde die Anwendung eines Regelungsvorbehalts, wie sie der Musterkommentar anordnet, abgelehnt.[1156]

Daraus ergibt sich, dass der BFH den Musterkommentar als Auslegungshilfe heranzieht, sich aber dadurch keineswegs rechtlich gebunden fühlt.

(3) Conseil d'Etat in Frankreich

In Frankreich ist der Conseil d'Etat das zuständige höchste Gericht für das Verwaltungsrecht und damit auch für das Steuerrecht. Die Berücksichtigung des Musterkommentars durch ihn mag inkonsequent wirken.[1157] In manchen Fällen macht er nämlich regen Gebrauch vom Musterkommentar, verwendet ihn zur Auslegung der Abkommen, in anderen wiederum nicht.[1158] In der Entscheidung „Société Schneider Electric" hat er zum Beispiel entschieden, dass das OECD-MA nicht mit den Regelungen des konkreten Abkommens zwischen Frankreich und der Schweiz übereinstimmt.[1159] Deshalb wurde dann Art. 1 Tz. 29 des Musterkommentars bei der Auslegung zu Recht nicht erwähnt.[1160] Wenn er dem Musterkommentar nicht folgt, hat dies also einen guten Grund.

(4) Hoge Raad in den Niederlanden

In den Niederlanden hat der Hoge Raad entschieden, dass der Musterkommentar für die Auslegung von Abkommen, die auf dem OECD-MA beruhen, von großer Bedeutung sei („van grote betekenis").[1161] Daraus ergibt sich, dass der Musterkommentar

---

1154 Abkommen v. 11.08.1971 zwischen der Bundesrepublik Deutschland und der Schweizerischen Eidgenossenschaft, in BGBl. II 1972, 1021.

1155 BFH Urteil v. 08.09.2010 – I R 6/09, BStBl. II 2013, 186 (189 f.).

1156 BFH Urteil v. 08.09.2010 – I R 6/09, BStBl. II 2013, 186 (189 f.).

1157 *Gómez-Ballina*, in: Lang, Fundamental Issues and Practical Problems in Tax Treaty Interpretation, 2008, S. 113 f.

1158 *Gómez-Ballina*, in: Lang, Fundamental Issues and Practical Problems in Tax Treaty Interpretation, 2008, S. 113 f.

1159 Conseil d'Etat Urteil v. 28.06.2002 – N° 232276, zu finden unter: http://www.legifrance.gouv.fr/affichJuriAdmin.do?oldAction=rechJuriAdmin&idTexte=CETATEXT000008092462&fastReqId=587389319&fastPos=1, Abrufdatum: 24.06.2015.

1160 *Gómez-Ballina*, in: Lang, Fundamental Issues and Practical Problems in Tax Treaty Interpretation, 2008, S. 113 f.

1161 Hoge Raad Urteil v. 02.09.1992 – Nr. 27.252, veröffentlicht in BNB 1992/379.

grundsätzlich bei der Auslegung heranzuziehen ist. Wie er aber im Rahmen der WVK in die Auslegung der konkreten Abkommen hineinwirkt, bleibt im Dunkeln.

(5) Verwaltungsgerichtshof in Österreich

In Österreich hat der dort auch für Steuerrecht zuständige Verwaltungsgerichtshof 1996 zum Status der Musterabkommen Folgendes erwogen:[1162] „Bei der Interpretation von Doppelbesteuerungsabkommen ist zu beachten, da[ss] Vertragsparteien, insoweit sie den Text des OECD-Musterabkommens in ein Doppelbesteuerungsabkommen übernehmen, der einzelnen Vorschrift des bilateralen Vertrages den Inhalt der korrespondierenden Vorschrift des OECD-Musterabkommens beimessen; dadurch erlangt der bei Abschlu[ss] eines Doppelbesteuerungsabkommens bestehende Kommentar des OECD-Steuerausschusses zum übernommenen Musterabkommen für die Auslegung des Abkommens besondere Bedeutung (...)." Der Österreichische Verwaltungsgerichtshof verweist im Folgenden auf Lang[1163] und geht wie er von einer Beachtung des Musterkommentars im Rahmen der besonderen Bedeutung nach Art. 31 IV WVK aus.

(6) USA

Viele Gerichte in den USA verwenden den Musterkommentar als Auslegungshilfe für Regelungen in konkreten Abkommen.[1164] In einigen Entscheidungen haben Gerichte gezeigt, dass sie der Auslegung durch den Musterkommentar folgen wollen, indem sie den Musterkommentar zur Bekräftigung der bereits vorher durch Auslegung gefundenen „gewöhnlichen Bedeutung" gebrauchten.[1165]

jj) Ergebnis

Aus der Betrachtung der Rechtsprechung ergibt sich, dass der Musterkommentar durchaus bei der Auslegung der konkreten Abkommen verwendet wird. Eine konkrete rechtliche Einordnung zu Art. 31 oder Art. 32 WVK wird leider meist nicht vorgenommen oder begründet.

In der Literatur ist eben diese Einordnung höchst umstritten. Grundsätzlich kann der Musterkommentar bei der Auslegung eines Doppelbesteuerungsabkomens eine Rolle spielen. Nach richtiger Ansicht ist der Musterkommentar als ergänzendes Auslegungsmittel im Sinne des Art. 32 WVK zu betrachten. Das stimmt auch mit der Rechtsprechung des BFH überein. Als „travaux préparatoires" kann der

1162 Österreichischer VwGH Urteil v. 31.07.1996 – 92/13/0172, veröffentlicht im RIS: https://www.ris.bka.gv.at/Dokumente/Vwgh/JWT_1992130172_19960731X00/JWT_1992130172_19960731X00.pdf, Abrufdatum: 24.06.2015.

1163 *Lang*, in: Gassner/Lang/Lechner, Aktuelle Entwicklungen im Internationalen Steuerrecht, 1994, S. 22, 30 f.

1164 *Young*, Tax Management International Journal 1999, 805 (809).

1165 *Young*, Tax Management International Journal 1999, 805 (809).

Musterkommentar auch praktisch immer bei der Auslegung verwendet werden, entgegen dem Wortlaut des Art. 32 WVK. Ob der Sichtweise im Musterkommentar gefolgt werden kann, hängt im Einzelfall sehr stark vom jeweiligen Wortlaut des konkreten Abkommens und den entsprechenden sonstigen Umständen ab. Diese haben Vorrang.

Der bei der Betrachtung der Rechtsprechung geschilderte Fall des BFH zeigt das anschaulich. Richtigerweise hat sich der BFH am Wortlaut des konkreten Abkommens orientiert und ist aufgrund der unterschiedlichen Formulierung von Art. 24 III und IV des Abkommens Deutschland-USA zu dem Schluss gekommen, es gelte bei Art. 24 IV kein entsprechender Regelungsvorbehalt wie bei Art. 24 III. Auch wenn der Musterkommentar hier Abweichendes vorsieht, hat der Wortlaut des konkreten Abkommens nach Art. 31 WVK Vorrang. Der Musterkommentar ist als ergänzendes Auslegungsmittel zu betrachten, seiner Sichtweise muss nicht gefolgt werden.

Die OECD (oder das CFA) hat in Art. 24 Tz. 79 des Musterkommentars explizit „angeordnet", dass Art. 9 I und Art. 11 VI den Zusammenhang im Sinne des Art. 31 WVK für die Auslegung von Art. 5 OECD-MA bilden. Das OECD-MA selbst ist aber keine „zwingende inhaltliche Verständigungsvorgabe für die Vertragsstaaten"[1166], es ist selbst kein völkerrechtlicher Vertrag. Deswegen bezieht sich die Aussage natürlich auf die Auslegung von Art. 24 V in konkreten bilateraler Abkommen nach der WVK. Die OECD kann aber nicht pauschal für jegliche auf dem OECD-MA beruhende Abkommen mit dem Inhalt des Art. 24 V festlegen, was als Zusammenhang für die Auslegung dieser konkreten Abkommensvorschrift nach Art. 31 WVK zu sehen ist. Die Zuordnung im Rahmen der WVK hängt von den rechtlichen Gegebenheiten ab und nicht von der bloßen Meinung der OECD, die im Musterkommentar wiedergegeben wird.

Zusammengefasst ist folgendermaßen vorzugehen: Zunächst ist im Rahmen des Art. 31 I WVK die Bedeutung eines Begriffes oder einer Regelung auszulegen, wobei die gewöhnliche Bedeutung unter Beachtung von Ziel und Zweck der Vorschrift zugrunde zu legen ist. Nach Art. 31 II oder Art. 31 III WVK können noch weitere Aspekte beim Zusammenhang relevant sein. Gelangt man zu einem Ergebnis oder auch nicht, es wird jeweils als nächstes der Musterkommentar als ergänzendes Auslegungsmittel herangezogen. Wie bedeutend der Musterkommentar im Einzelfall ist, hängt sodann davon ab, ob die Staaten Mitglieder der OECD sind oder dem OECD-MA offiziell zugestimmt haben, ob sie einen Vorbehalt zur betreffenden Regelung des OECD-MA oder einen Vorbehalt zur Interpretation nach dem Musterkommentar angemeldet haben und als allererstes, ob sie den Wortlaut des OECD-MA unverändert übernommen haben.

Der Musterkommentar ist dann eines der Auslegungsmittel, nicht das einzig Bedeutsame. Das heißt, es muss die Position des Musterkommentars nicht ausschlaggebend sein. Wenn sich aber aus dem gesamten Abkommen und den Umständen und sonstigen Protokollen etc. keinerlei Hinweise ergeben und auch ansonsten

1166 BFH Urteil v. 08.09.2010 – I R 6/09, BStBl. II 2013, 186 (190).

keine bedeutenden Gesichtspunkte gegen die Sichtweise des Musterkommentars sprechen, wird man diesem im Zweifel folgen.

Konkret für die „neue Auslegung" des Art. 4 I 2 OECD-MA heißt das, dass zunächst das konkret vereinbarte Abkommen zu betrachten ist. Wenn dieses Abkommen Art. 4 I 2 OECD-MA nicht enthält, wie zum Beispiel das Abkommen zwischen Deutschland und Malaysia (2010)[1167], so spielt die Auslegung des Art. 4 I 2 OECD-MA durch den Musterkommentar[1168] als ergänzendes Auslegungsmittel im Ergebnis auch keine Rolle. Wenn das konkrete Abkommen eine vom Wortlaut des Art. 4 I 2 OECD-MA abweichende Formulierung enthält, wie etwa beim Abkommen zwischen Deutschland und Mauritius (2011)[1169], hängt es von weiteren Gegebenheiten ab. Hier wird nach Art. 4 I lit. a die Ansässigkeit in Mauritius festgelegt, wobei hier keine dem Art. 4 I 2 OECD-MA vergleichbare Regelung enthalten ist. Die Ansässigkeit in Deutschland nach Art. 4 I lit. b des Abkommens enthält nun folgende dem Art. 4 I 2 OECD-MA prinzipiell entsprechende Formulierung: „Der Ausdruck umfasst jedoch nicht Personen, die in der Bundesrepublik Deutschland nur mit Einkünften aus deutschen Quellen steuerpflichtig sind." Die Passage „oder mit in diesem Staat gelegenem Vermögen (steuerpflichtig sind)" wurde weggelassen. Dies könnte natürlich auf eine andere Auslegung als nach dem Musterkommentar hindeuten. Zudem ist hier die Regelung für Deutschland und Mauritius separat. Im Zweifel wird man in diesem Fall davon ausgehen, dass entgegen Art. 4 Tz. 8.2 S. 2[1170] die durch ein anderes Doppelbesteuerungsabkommen auf inländische Quellen oder inländisches Vermögen beschränkte Steuerpflicht einer Person nicht zum Entfallen der Ansässigkeit nach Art. 4 I des Abkommens führt.

Sofern das Abkommen eine dem Art. 4 I 2 entsprechende Regelung enthält, wie etwa das deutsch-spanische Abkommen (2011)[1171] und sich auch sonst durch das Abkommen oder die Umstände des Vertragsschlusses nichts Abweichendes ergibt, so wird man wohl grundsätzlich der Auslegung des Musterkommentars folgen.

Ein zweiter Gesichtspunkt darf jedoch keinesfalls außer Acht gelassen werden. Der Musterkommentar wird beständig aktualisiert. Es ist aufzuschlüsseln, welche Version des Musterkommentars nun jeweils bei der Auslegung verwendet werden darf. Nach der statischen Auslegung ist nur die Version für ein Abkommen beachtlich, die auch den Vertragsparteien bei den jeweiligen Vertragsverhandlungen vorlag. Gemäß der dynamischen Auslegung sind auch spätere Neuerungen erfasst, es wird also immer die aktuellste Version des Musterkommentars verwendet.

1167 Abkommen v. 23.02.2010 zwischen der Bundesrepublik Deutschland und Malaysia, in BGBl. II 2010, 1310.

1168 OECD-Musterkommentar 2014, hier entscheidend: Art. 4 Tz. 8.2.

1169 Abkommen v. 07.10.2011 zwischen der Bundesrepublik Deutschland und der Republik Mauritius, in BGBl. II 2012, 1050.

1170 OECD-Musterkommentar, Art. 4 Tz. 8.2 S. 2.

1171 Abkommen v. 03.02.2011 zwischen der Bundesrepublik Deutschland und dem Königreich Spanien, in BGBl. II 2012, 18.

b) Dynamische oder statische Auslegung

Die OECD äußert sich in der Einleitung zum Musterkommentar selbst zu dem Verhältnis älterer Abkommen zu den erst später erfolgten Änderungen des Musterkommentars.[1172] In Bezug auf die vor 1977 vereinbarten Abkommen ist die OECD der Ansicht, sie sollten im Lichte des neuen Musterkommentars (1977) und der neuen präziseren Formulierung des OECD-MA 1977 ausgelegt werden.[1173] Die Staaten könnten zum Beispiel durch Austausch diplomatischer Erklärungen ihre Akzeptanz der „neuen Auslegung“ (nach dem Musterkommentar von 1977) bekräftigen.[1174] Was nun spätere Veränderungen am Musterabkommen und die darauf bezogenen Inhalte im Musterkommentar betrifft, so seien diese offensichtlich nicht für frühere Abkommen von Bedeutung, sofern eben die Regelung damals im materiellen Sinne verschieden gewesen sei.[1175]

Veränderungen des oder Ergänzungen zum Musterkommentar ohne Veränderung des Wortlauts des Musterabkommens seien hingegen regelmäßig auch auf Abkommen anwendbar, die vor der jeweiligen Einfügung vereinbart wurden.[1176] Der Grund hierfür sei, dass solche Änderungen ja den Konsens der OECD-Mitgliedstaaten in Bezug auf die korrekte Interpretation bestehender Vorschriften und deren Anwendung wiedergeben würden.[1177]

Ausdrücklich wendet sich die OECD gegen eine Argumentation „e contrario“ betreffend Änderungen an den Regelungen des OECD-Musterabkommens.[1178] Es handele sich bei vielen Modifikationen lediglich um Klarstellungen, nicht um gehaltvolle Umwandlungen der Vorschriften.[1179] Deshalb könne aus der Änderung eines Artikels des Musterabkommens nicht auf die hierzu andersartige vorherige Bedeutung geschlossen werden.[1180]

In der Regel[1181] sollen also Veränderungen am Musterkommentar auch für Abkommen angewandt werden, die vorher vereinbart wurden.[1182] Die OECD spricht sich klar und deutlich für die dynamische Auslegung als Grundsatz aus. Das ist aber lediglich die im Musterkommentar wiedergegebene Meinung der OECD. Hierzu hat *Ellis* sich sehr amüsiert geäußert.[1183] Er fühlte sich durch das CFA (und damit die

---

1172 OECD-Musterabkommen 2014, Einleitung Nr. 33 ff.
1173 OECD-Musterabkommen 2014, Einleitung Nr. 33.
1174 OECD-Musterabkommen 2014, Einleitung Nr. 33.
1175 OECD-Musterabkommen 2014, Einleitung Nr. 35.
1176 OECD-Musterabkommen 2014, Einleitung Nr. 35.
1177 OECD-Musterabkommen 2014, Einleitung Nr. 35.
1178 OECD-Musterabkommen 2014, Einleitung Nr. 36.
1179 OECD-Musterabkommen 2014, Einleitung Nr. 36.
1180 OECD-Musterabkommen 2014, Einleitung Nr. 36.
1181 Im englischen Original: „normally“; im französischen Original: „normalement“.
1182 OECD-Musterabkommen 2014, Einleitung Nr. 35.
1183 *Ellis*, BIFD 2000, 617 f. (618), auch zitiert von *Lang/Brugger*, The role of the OECD Commentary in tax treaty interpretation, Australian Tax Forum, 2008, 95 (102).

OECD), das im Musterkommentar dessen Geltung für frühere Abkommen anordnet, an Baron Münchhausen erinnert.[1184] Dieser habe ja in einer Geschichte erzählt, er habe sich an dem eigenen Haarschopf aus dem Sumpf gezogen.[1185] In der Tat ist es höchst erstaunlich, wenn das CFA, ein Expertengremium aus Vertretern der Mitgliedstaaten der OECD, persönlich festlege, wie bedeutend die von ihm eigens erarbeiteten Inhalte des Musterkommentars seien.[1186] Die Einschätzung der OECD in Bezug auf die Wirkung des Musterkommentars, insbesondere für ältere Abkommen, ist demzufolge in der Tat nicht sonderlich bedeutungsvoll.[1187] In Wirklichkeit kommt es auf die Vorgehensweise der Gerichte und vor allem die rechtlichen Gegebenheiten an.[1188]

Was die Frage der dynamischen oder statischen Auslegung betrifft, so enthält die WVK keine expliziten Regelungen. Aber Art. 31 III lit. a/b WVK zeigt, dass bei der Auslegung eines Vertrages zum Teil auch spätere Vorgänge eine Rolle spielen.[1189] Die internationale Rechtsprechung wendet im Grundsatz bei der Auslegung von Verträgen eine statische Auslegung an.[1190] Der IGH hat in einer jüngeren Entscheidung klar formuliert, dass ein Vertrag in Lichte dessen ausgelegt werden müsse, was zum Zeitpunkt des Vertragsschlusses die gemeinsame Sicht der Vertragsparteien gewesen sei.[1191] Es müsse deshalb die Bedeutung ermittelt werden, die einem Begriff von beiden Parteien zur Zeit der Vertragsverhandlungen beigemessen worden sei, um deren gemeinsame Absicht herauszufinden.[1192]

Als Ausnahme dazu ist die dynamische Auslegung bei solchen Vertragsbegriffen anzuwenden, die allgemeiner Natur sind, bei denen die Vertragsparteien schon bei Vertragsschluss von späteren Änderungen ausgehen mussten und folglich mit einer Interpretation im Sinne der jeweils aktuellen Position zu rechnen war.[1193] Zunächst muss eruiert werden, ob von den Parteien gewollt ist, dass ein Begriff dynamisch

---

1184 *Ellis*, BIFD 2000, 617 f. (618).

1185 *Ellis*, BIFD 2000, 617 f. (618).

1186 *Ellis*, BIFD 2000, 617 f. (618).

1187 *Ellis*, BIFD 2000, 617 f. (618).

1188 *Ellis*, BIFD 2000, 617 f. (618).

1189 *Ipsen*, Völkerrecht, 6. Auflage 2014, S. 414 f.

1190 *Dörr*, in: Dörr/Schmalenbach, Vienna Convention on the Law of Treaties, Kommentar, 2012, Art. 31 Rn. 24; mit Verweis auf IGH Urteil v. 27.08.1952 – Case concerning rights of nationals of the United States of America in Morocco, ICJ Reports 1952, 176 (189); IGH Urteil v. 13.07.2009 – Dispute regarding Navigational and Related Rights (Costa Rica v. Nicaragua), ICJ Reports 2009, 213 (239).

1191 IGH Urteil v. 13.07.2009 – Dispute regarding Navigational and Related Rights (Costa Rica v. Nicaragua), ICJ Reports 2009, 213 (242).

1192 IGH Urteil v. 13.07.2009 – Dispute regarding Navigational and Related Rights (Costa Rica v. Nicaragua), ICJ Reports 2009, 213 (242).

1193 *Dörr*, in: Dörr/Schmalenbach, Vienna Convention on the Law of Treaties, Kommentar, 2012, Art. 31 Rn. 25; vgl. auch IGH Urteil v. 13.07.2009 – Dispute regarding Navigational and Related Rights (Costa Rica v. Nicaragua), ICJ Reports 2009, 213 (243).

ausgelegt wird, was sich zum Beispiel aus der evolutionären Natur eines Begriffes ergeben kann.[1194] Anschließend ist der Begriff anhand der aktuellen Bedeutung, welche etwa die Entwicklung der Sprache oder des internationalen Rechts berücksichtigt, auszulegen.[1195]

Diese Vorgehensweise darf nicht mit der Verwendung von dynamischen Auslegungsmitteln nach Art. 31 III lit. a/b WVK verwechselt werden.[1196] Es handelt sich dabei um zusätzliche Auslegungsmittel, welche sogar auch zum Nachweis der Bedeutung eines Begriffes zum Zeitpunkt des Vertragsschlusses dienen können (statische Auslegung).[1197] Als Resultat ist dem zu entnehmen, dass im Grundsatz ein Vertrag nach der Sichtweise zu beurteilen ist, die zur Zeit der Vertragsvereinbarung bei den Parteien vorherrschte.

aa) Aspekte für dynamische Auslegung

Mit dynamischer Auslegung im Sinne dieser Arbeit ist in erster Linie der Fall gemeint, dass Neuerungen am Musterkommentar bei der Auslegung früherer Abkommen Beachtung finden. Für diese Auslegung spricht, dass der Verweis auf das nationale Recht in Art. 3 II OECD-MA schon dem Wortlaut nach klar und deutlich dynamisch zu verstehen ist. Entscheidend ist immer die Rechtslage nach nationalem Recht zum Zeitpunkt der Auslegung des Vertrages.[1198] Dies könnte als Hinweis für eine grundsätzliche dynamische Interpretation des Abkommens angesehen werden.

Konkret können Änderungen am Musterkommentar für früher vereinbarte Abkommen natürlich nicht zum Zusammenhang des Vertrages im Sinne des Art. 31 I, II WVK gehören.[1199] Denn zum Zeitpunkt der Vertragsverhandlungen waren diese Änderungen oder Ergänzungen am Musterkommentar schlichtweg nicht existent.[1200]

1194 *Dörr*, in: Dörr/Schmalenbach, Vienna Convention on the Law of Treaties, Kommentar, 2012, Art. 31 Rn. 26.

1195 *Dörr*, in: Dörr/Schmalenbach, Vienna Convention on the Law of Treaties, Kommentar, 2012, Art. 31 Rn. 26.

1196 *Dörr*, in: Dörr/Schmalenbach, Vienna Convention on the Law of Treaties, Kommentar, 2012, Art. 31 Rn. 28.

1197 *Dörr*, in: Dörr/Schmalenbach, Vienna Convention on the Law of Treaties, Kommentar, 2012, Art. 31 Rn. 28 mit Hinweis auf IGH Urteil v. 09.04.1949 – Corfu Channel Case (Merits), ICJ Reports 1949, 4 (25), bei dem die spätere Übung gemäß Art. 31 III lit. b WVK herangezogen wurde.

1198 *Wattel/Marres*, ET 2003, 222 (223).

1199 *Wattel/Marres*, ET 2003, 222 (227).

1200 *Wattel/Marres*, ET 2003, 222 (227).

Aber Art. 31 III WVK[1201] sieht weitere Aspekte vor, die bei der Auslegung eine Rolle spielen, wenngleich diese nicht den Zusammenhang des Vertrages bilden.[1202]

(1) Art. 31 III lit. a WVK

Teilweise wird vertreten, der Musterkommentar sei als eine Übereinkunft zwischen den Staaten über die Auslegung des Vertrages oder die Anwendung seiner Bestimmungen im Sinne des Art. 31 III lit. a WVK zu sehen.[1203]

Das ist abzulehnen. Der Musterkommentar ist kein integraler Bestandteil eines konkreten Abkommens und ist das Ergebnis multinationaler Verhandlungen, bei denen sich Staaten durch „Gruppenzwang" zu Zugeständnissen verpflichtet fühlen können, zur Findung eines Kompromisses.[1204] Dem gegenüber sind spätere Übereinkünfte zwischen zwei Vertragsparteien frei von solchen Zwängen.[1205] Wie oben erläutert, kann der Musterkommentar nicht als Übereinkommen im Sinne des Art. 31 II lit. a WVK qualifiziert werden. Änderungen hieran fallen schließlich auch nicht unter Art. 31 III lit. b WVK.

Das OECD-MA sieht in Art. 25 III die Möglichkeit vor, dass die zuständigen Behörden der Staaten im Rahmen einer Verständigungsvereinbarung Probleme bei der Auslegung verbindlich regeln können, der Musterkommentar selbst ist aber keine derartige Vereinbarung.[1206] Er ist keine Verständigung, die von Vertragsstaaten im Rahmen des Art. 25 III OECD-MA für die Festlegung der Auslegung bei einem konkreten Abkommen vereinbart wird.[1207] Stattdessen dient der Musterkommentar der Auslegung des OECD-MA.[1208] Zudem sind die Parteien eines konkreten Abkommens

---

1201 Wortlaut des Art. 31 III WVK:
(3) Außer dem Zusammenhang sind in gleicher Weise zu berücksichtigen
a) jede spätere Übereinkunft zwischen den Vertragsparteien über die Auslegung des Vertrags oder die Anwendung seiner Bestimmungen;
b) jede spätere Übung bei der Anwendung des Vertrags, aus der die Übereinstimmung der Vertragsparteien über seine Auslegung hervorgeht;
c) jeder in den Beziehungen zwischen den Vertragsparteien anwendbare einschlägige Völkerrechtssatz.

1202 *Wattel/Marres*, ET 2003, 222 (227).

1203 *Waters*, in: Lang/Jirousek, Praxis des internationalen Steuerrechts, 2005, S. 680 f.

1204 *Ward/Avery Jones/u. a.*, The Interpretation of Income Tax Treaties with Particular Reference to the Commentaries on the OECD Model, 2005, S. 24.

1205 *Ward/Avery Jones/u. a.*, The Interpretation of Income Tax Treaties with Particular Reference to the Commentaries on the OECD Model, 2005, S. 24.

1206 Vgl. *Ward/Avery Jones/u. a.*, The Interpretation of Income Tax Treaties with Particular Reference to the Commentaries on the OECD Model, 2005, S. 24.

1207 Vgl. *Ward/Avery Jones/u. a.*, The Interpretation of Income Tax Treaties with Particular Reference to the Commentaries on the OECD Model, 2005, S. 24; vgl. auch *Avery Jones*, The Effect of Changes in the OECD Commentaries after a Treaty is Concluded, BIFD 2002, 102 (103).

1208 Vgl. *Wattel/Marres*, ET 2003, 222 (227).

unter Umständen ja auch keine Mitglieder der OECD und haben bei der Schaffung der Änderungen nicht mitgewirkt oder sie haben einen Vorbehalt erklärt.[1209] Vor allem ist von den Mitgliedern der OECD, wie oben erläutert, nicht gewollt, dass der Musterkommentar selbst völkerrechtlich bindende Verpflichtungen schafft.[1210]

(2) Art. 31 III lit. b WVK

Als nächstes kann überlegt werden, ob die späteren Änderungen am Musterkommentar im Rahmen des Art. 31 III lit. b WVK als spätere Übung bei der Anwendung des Vertrages aufgefasst werden. Aus dieser Übung muss die Übereinstimmung der Vertragsparteien über eine gewisse Auslegung erkennbar sein. Die spätere Übung der Parteien ist sehr bedeutend für die ordnungsgemäße Auslegung eines Vertrages, da die Vertragsstaaten die Herren der Verträge sind.[1211] Aber es ist unter Umständen schwierig, eine Grenze zu ziehen zwischen noch zulässiger Auslegung und der Ergänzung eines Vertrages.[1212] Die in Art. 31 III WVK genannten Punkte werden auch eher zur Bestätigung einer Auslegung verwendet.[1213]

Nach einer Meinung können die Änderungen des Musterkommentars im Rahmen der Auslegung nach Art. 31 III lit. b WVK Beachtung finden.[1214] Die OECD stellt selbst im Musterkommentar[1215] fest, dass die Finanzverwaltungen der Mitgliedstaaten regelmäßig den Musterkommentar zu Rate ziehen.[1216] Wenn die Finanzverwaltungen beider Vertragsstaaten eine durch Aktualisierung eingeführte Änderung am Musterkommentar beständig praktizieren, so kann der Musterkommentar die spätere Übung der Parteien im Sinne von Art. 31 III lit. b WVK wiedergeben.[1217]

Aber die Bedeutung des Art. 31 III lit. b WVK ist nach dieser Ansicht begrenzt.[1218] Zum einen muss in Bezug auf die entsprechende Änderung im Musterkommentar ein ausreichender Grad an beständiger einheitlicher Praxis in beiden Staaten vorhanden sein.[1219] Zum anderen wird Art. 31 III lit. b WVK bei der Auslegung nur zusammen mit den anderen Aspekten beachtet.[1220] Und es darf nicht vergessen werden, dass eine Finanzverwaltung schon aus verfassungsrechtlichen Gründen wohl keine

---

1209 Vgl. *Wattel/Marres*, ET 2003, 222 (227); vgl. auch *Lang?*, SWI 1995, 412 (414).
1210 Vgl. *Lang/Brugger*, 2008, 95 (104 f.).
1211 Vgl. *Dörr*, in: Dörr/Schmalenbach, Vienna Convention on the Law of Treaties, Kommentar, 2012, Art. 31 Rn. 76.
1212 Vgl. *Dörr*, in: Dörr/Schmalenbach, Vienna Convention on the Law of Treaties, Kommentar, 2012, Art. 31 Rn. 76.
1213 *Sorel/Boré Eveno*, in: Corten/Klein, Vienna Convention on the Law of Treaties, Kommentar, Band 1, 2011, Art. 31 Ziffer 42.
1214 *Lang/Brugger*, 2008, 95 (103); vgl. auch *Reimer*, in ET 1999, 458 (468).
1215 OECD-Musterabkommen 2014, Einleitung Nr. 29.1.
1216 *Lang/Brugger*, 2008, 95 (103).
1217 *Lang/Brugger*, 2008, 95 (103).
1218 *Lang/Brugger*, 2008, 95 (103).
1219 *Lang/Brugger*, 2008, 95 (103).
1220 *Lang/Brugger*, 2008, 95 (103 f.).

Auslegung wählen wird, die im Vergleich zur Vorherigen willkürlich anders ist.[1221] Demzufolge ist der Musterkommentar im Rahmen des Art. 31 III lit. b WVK nur bedeutend, um bei Existenz einer späteren Übung beider Parteien eine ansonsten mehrdeutige oder widersprüchliche Auslegung klarzustellen.[1222]

Von dieser Sichtweise wird korrekterweise erkannt, dass der Musterkommentar selbst nicht als spätere Übung gesehen werden, sondern er allenfalls das spätere Vorgehen der Parteien wiedergeben kann, weil sich diese zum Beispiel daran orientieren.[1223] Hierin steckt aber auch die Schwierigkeit dieser Sichtweise für die Praxis. Damit das Verhalten eines Staates als spätere Übung angesehen werden kann, muss es mehrere Handlungen der Staaten geben, aus der dann auf die Beständigkeit geschlossen werden kann.[1224] Eine spätere Übung im Sinne des Art. 31 III lit. b WVK kann sich also nur aus der Anwendung eines konkreten Abkommens unter Rückgriff auf die im Musterkommentar eingeführte Änderung ergeben und es müssen erst einige Jahre vergehen, bis diese Praxis beider Staaten nachgewiesen werden kann.[1225] Falls sich eine derartige Praxis in Bezug auf eine bestimmte Interpretation bei zwei Vertragsstaaten zu einem Abkommen herausbildet, kann dies in Zukunft Beachtung finden.[1226] Das kann aber dann auch unabhängig vom Musterkommentar geschehen. Jedenfalls kann eine Änderung des Musterkommentars nicht sofort im Rahmen des Art. 31 III lit. b WVK beachtet werden.

(3) Art. 31 III lit. c WVK

Die Änderungen am Musterkommentar fallen unter Art. 31 III lit. c WVK, wenn es sich dabei um zwischen den Vertragsstaaten anwendbare einschlägige Völkerrechtssätze handelt. Der Musterkommentar stellt kein Gewohnheitsrecht oder sonstiges bindendes Völkerrecht dar. Demzufolge verkörpern seine Aktualisierungen dies gleichfalls nicht.[1227] Eine Subsumtion unter Art. 31 III lit. c WVK kommt deshalb nicht in Betracht.

(4) Art. 32 WVK

Teile der Literatur gehen interessanterweise davon aus, dass der Musterkommentar bei der Auslegung unter Art. 31 II lit. a/b WVK zu subsumieren ist, aber zukünftige

1221 *Lang/Brugger*, 2008, 95 (104) mit Verweis auf *Lang*, in: Gassner/Lang/Lechner, Aktuelle Entwicklungen im Internationalen Steuerrecht, 1994, S. 11 (26 ff.).

1222 *Lang/Brugger*, 2008, 95 (104).

1223 *Wattel/Marres*, ET 2003, 222 (228).

1224 *Dörr*, in: Dörr/Schmalenbach, Vienna Convention on the Law of Treaties, Kommentar, 2012, Art. 31 Rn. 79 f.

1225 *Wattel/Marres*, ET 2003, 222 (228)

1226 Vgl. auch *Ward/Avery Jones/u. a.*, The Interpretation of Income Tax Treaties with Particular Reference to the Commentaries on the OECD Model, 2005, S. 110 f.

1227 Vgl. hierzu auch *Wattel/Marres*, ET 2003, 222 (228).

Änderungen nicht unter Art. 31 III lit. a/b WVK zu fassen sind.[1228] Stattdessen sollen die Änderungen und Ergänzungen des Musterkommentars im Rahmen der regelmäßigen Aktualisierungen ergänzende Auslegungsmittel im Sinne des Art. 32 WVK bilden.[1229] Die in Art. 32 genannten Mittel, die vorbereitenden Arbeiten und die Umstände des Vertragsschlusses sind nach dieser Sichtweise nur Beispiele für ergänzende Auslegungsmittel.[1230] Es gibt keinen Grund dafür, dass ergänzende Auslegungsmittel schon zum Zeitpunkt des Vertragsschlusses existiert haben müssen.[1231] Folglich ist der spätere Musterkommentar mit den Änderungen als ergänzendes Auslegungsmittel heranzuziehen.[1232]

Als Argument gegen eine Einbeziehung nach Art. 32 WVK wird vorgebracht, dass nach Vertragsschluss vorgenommene Veränderungen am Musterkommentar weder Teil der „travaux préparatoires" sein können noch mit den Umständen des Vertragsschlusses etwas zu tun haben können.[1233] Es ist wohl offenkundig, dass spätere Änderungen am Musterkommentar nicht Teil der vorbereitenden Arbeiten eines Abkommens sein können. Auch können sie die Umstände des Vertragsschlusses nicht beeinflussen, da sie zum relevanten Zeitpunkt ja schlicht noch nicht existierten.[1234]

Wie oben[1235] erläutert, zeigt aber schon die Formulierung des Art. 32 WVK, dass die beiden dort genannten Mittel nur beispielhaften Charakter haben. Gleichwohl müssen Dokumente bestimmte Eigenschaften aufweisen, um als ergänzendes Auslegungsmittel gesehen werden zu können.[1236] Der zum Zeitpunkt des Vertrages bereits veröffentlichte Musterkommentar erfüllt die Voraussetzungen für „travaux préparatoires", spätere Änderungen am Musterkommentar offensichtlich nicht.

Welche Merkmale ein solches „weiteres" ergänzendes Auslegungsmittel aufweisen muss, ist bisher noch nicht abschließend geklärt.[1237] Zum Teil wird verlangt, ein Dokument müsse ausreichend eng mit der Vorbereitung des relevanten Vertrages

---

1228 *Wattel/Marres*, ET 2003, 222 (227 f.).

1229 *Wattel/Marres*, ET 2003, 222 (228).

1230 *Wattel/Marres*, ET 2003, 222 (228).

1231 *Wattel/Marres*, ET 2003, 222 (228).

1232 *Wattel/Marres*, ET 2003, 222 (228).

1233 *Avery Jones*, BIFD 2002, 102 (103).

1234 Wobei dies bei den Musterkommentaren nur im Grundsatz gilt, da die Änderungen schon etwas vorher den Vertretern im CFA bekannt sind, bevor sie verbindlich eingeführt werden. Dennoch kann nicht davon ausgegangen werden, dass diese Vertreter ihr Wissen an sämtliche Personen eines Landes weitergeben, die Abkommen verhandeln.

1235 Siehe **E.II.4.b)**.

1236 Siehe **E.II.4.a)ee)**.

1237 *Dörr*, in: Dörr/Schmalenbach, Vienna Convention on the Law of Treaties, Kommentar, 2012, Art. 31 Rn. 24; *Aust*, Modern Treaty Law and Practice, 3. Auflage 2013, S. 220 ff.; *Le Bouthillier*, in: Corten/Klein, Vienna Convention on the Law of Treaties, Kommentar, Band 1, 2011, Art. 32 Ziffer 42 ff.

verbunden sein.[1238] Das muss wohl bei späteren Änderungen am Musterkommentar verneint werden, da sie auf die Vertragsverhandlungen nicht einwirken konnten. Allerdings wird auch die spätere Übung, die nicht unter Art. 31 III lit. b WVK fällt, also beispielsweise die Übung nur einer Vertragspartei oder von Organisationen hierunter subsumiert.[1239] Zudem gehören andere Verträge desselben Regelungsbereichs, welche die gleichen oder ähnlichen Regelungen enthalten und vor oder nach dem relevanten Abkommen abgeschlossen wurden, auch unter Art. 32 WVK.[1240] Der IGH hat teilweise kurz vor oder kurz nach Abschluss des Abkommens vereinbarte Verträge bei der Auslegung herangezogen, wobei aber hier Art. 32 WVK vom IGH nicht explizit genannt wurde.[1241] Jedenfalls nennt Art. 32 WVK keine konkreten Kriterien für die „weiteren" ergänzenden Auslegungsmittel. Folglich hat der betreffende Anwender des Vertrages bei der Interpretation einen weiten Spielraum, welche Dokumente er insofern noch in die Betrachtung einbeziehen will.[1242]

Aus alldem ergibt sich, dass auch spätere Entwicklungen im Rahmen des Art. 32 WVK berücksichtigt werden können und die entsprechenden Auslegungsmittel nicht schon zum Zeitpunkt der Vertragsverhandlungen existent gewesen sein müssen.[1243] Entscheidend ist, dass sie zur ordentlichen Auslegung des Vertrages beitragen können. Die späteren Änderungen am Musterkommentar können folglich als weitere ergänzende Auslegungsmittel nach Art. 32 WVK angesehen werden. Sie können auch zum besseren Verständnis der damaligen Intention der Parteien führen, wenn Aussagen im Musterkommentar zum Beispiel nur missverständlich formuliert waren oder dergleichen.

(5) Anderweitige Berücksichtigung

Laut einer weiteren Meinung in der Literatur können spätere Änderungen am Musterkommentar wohl weder unter Art. 31 noch unter Art. 32 WVK gefasst werden.[1244] Trotzdem sollen auch die späteren Änderungen am Musterkommentar von einem Gericht bedacht werden.[1245] Die eigentliche Frage, die es demnach zu klären gilt,

---

1238 *Dörr*, in: Dörr/Schmalenbach, Vienna Convention on the Law of Treaties, Kommentar, 2012, Art. 31 Rn. 25.

1239 *Dörr*, in: Dörr/Schmalenbach, Vienna Convention on the Law of Treaties, Kommentar, 2012, Art. 31 Rn. 25; vgl. ebenso *Le Bouthillier*, in: Corten/Klein, Vienna Convention on the Law of Treaties, Kommentar, Band 1, 2011, Art. 32 Ziffer 43 f.

1240 *Aust*, Modern Treaty Law and Practice, 3. Auflage 2013, S. 220.

1241 IGH Urteil v. 12.12.1996 – Oil Platforms (Islamic Republic of Iran v. United States of America), Preliminary Objection, ICJ Reports 1996, 803 (814 f., 819).

1242 *Le Bouthillier*, in: Corten/Klein, Vienna Convention on the Law of Treaties, Kommentar, Band 1, 2011, Art. 32 Ziffer 47.

1243 Siehe hierzu auch *Waters*, in: Lang/Jirousek, Praxis des internationalen Steuerrechts, 2005, S. 681.

1244 *Avery Jones*, The Effect of Changes in the OECD Commentaries after a Treaty is Concluded, BIFD 2002, 102 (103).

1245 *Avery Jones*, BIFD 2002, 102 (103).

ist, wie viel Bedeutung den Änderungen im Einzelfall beigemessen werden soll.[1246] Denn es ist untragbar, wenn ein Gericht die Änderungen nicht berücksichtigt und damit der Musterkommentar zur Zeit des Vertragsschlusses für den Vertrag „quasi eingefroren“ wird und sich mit neuen Sachverhalten z.B. aufgrund neuer Technologien und sonstigen geänderten Gegebenheiten überhaupt nicht befasst.[1247]

Diese Veränderungen, die teilweise durch neue Technologien verursacht werden (z.B. war vor 50 Jahren ein Handel mit Software nicht geregelt worden) könnten nach dieser Ansicht natürlich auch durch gewöhnliche Auslegung des Abkommens ohne Rückgriff auf die späteren Kommentare berücksichtigt werden, aber bei der Verwendung des geänderten Musterkommentars sei die Chance einer identischen Interpretation in beiden Staaten deutlich höher.[1248] Zudem dürfte es bei Nichtverwendung der späteren Änderungen dazu kommen, dass identische Wortlaute in Abkommen, die zu unterschiedlichen Zeiten abgeschlossen werden, nicht die gleiche Bedeutung hätten.[1249] Bei Vereinbarung einer Änderung des konkreten Abkommens durch ein Protokoll könnten sich ebenso Probleme ergeben, da jeweils unklar sei, ob die Parteien die mittlerweile erfolgten späteren Änderungen des Musterkommentars akzeptieren würden oder nicht.[1250]

Entscheidend sind immer die konkreten bilateralen Abkommen. Deshalb spielt es keine Rolle, wenn eine Passage eines Abkommens dem eines neueren Abkommens entspricht und beide aufgrund der in der Zwischenzeit erfolgten Änderungen des Musterkommentars nun unterschiedlich auszulegen sind. Es sind ja zwei separate Abkommen. Bei Einfügung von Änderungen im Rahmen eines Protokolls würde die neue Kommentierungsänderung für das alte Abkommen nicht gelten, womit es auch keine Probleme geben dürfte. Falls die Parteien anderes wünschen, können sie die neue Aussage des Musterkommentars im Protokoll verbindlich vereinbaren. Nicht von der Hand zu weisen ist aber das Argument, dass es in Bezug auf neue Technologien und sonstige neue Entwicklungen mit dem Musterkommentar eher zu einer einheitlichen Auslegung in beiden Staaten kommt.

bb) Aspekte für statische Auslegung

Gegen die generelle dynamische Auslegung und für eine statische Auslegung sprechen unabhängig von der Einordnung nach Art. 31 oder 32 WVK schwerwiegende Gründe. Selbst die Literaturmeinung, die im Grunde eine dynamische Auslegung befürwortet, lehnt sie dann ab, sofern es sich bei den Änderungen nicht um Präzisierungen, Klarstellungen oder Aktualisierungen handelt, sondern um gewichtige, substantielle Änderungen.[1251] Falls eine neue Fassung des Musterkommentars bei

1246 *Avery Jones*, BIFD 2002, 102 (103).
1247 *Avery Jones*, BIFD 2002, 102 (103).
1248 *Avery Jones*, BIFD 2002, 102 (103).
1249 *Avery Jones*, BIFD 2002, 102 (103).
1250 *Avery Jones*, BIFD 2002, 102 (103).
1251 *Wattel/Marres*, ET 2003, 222 (229).

einer Aussage der alten Version widerspricht oder gar im Gegensatz zum damaligen Text des OECD-MA steht, so soll nach dieser Meinung der neuen Fassung bei der Auslegung des alten Abkommens keinesfalls große Beachtung geschenkt werden.[1252] Wenn sowohl der Musterkommentar als auch die Regelung im OECD-MA später geändert werden, so ist anzunehmen, dass die Änderung nur für Abkommen mit dem geänderten Wortlaut gilt.[1253]

Auch andere Teile der Literatur sehen spätere Klarstellungen als zulässig an, aber eben keine Veränderungen in Bezug auf die Auslegung des OECD-MA.[1254] Es wird auf die Vorgehensweise bei Art. 3 II OECD-MA hingewiesen, wonach explizit auf das jeweils aktuelle nationale Recht Bezug genommen wird.[1255] Hier hat der Musterkommentar selbst angeordnet, die späteren nationalen Änderungen dürften ein Abkommen nicht teilweise „aushebeln".[1256] Ebenso dürfen spätere Änderungen am Musterkommentar die vorher abgeschlossenen Abkommen nicht regelrecht verändern.[1257] So etwas würde nämlich eine Abänderung des Abkommens darstellen.[1258] Als Beispiel kann hier der Fall der Auslegung von Art. 17 II OECD-MA für ein Abkommen aus dem Jahr 1979 genannt werden.[1259] Der Musterkommentar hat 1977 festgelegt, diese Regelung gelte nur für Strukturen zur Steuerumgehung[1260], wenngleich die im Jahr 1992 eingeführte Änderung diese Beschränkung sodann aufhob und ihn für weitere Situationen für anwendbar erklärte.[1261] Der Wortlaut des Art. 17 II wurde aber 1992 nur minimal geändert.[1262]

Dieses Beispiel zeigt das zentrale Problem der dynamischen Auslegung. Es ergeben sich daraus für die Staaten verfassungsrechtliche Probleme.[1263] Die Rückwirkung der neuen Änderungen im Musterkommentar auf bereits bestehende Abkommen kann im Einzelfall zu einem Nachteil des Steuerpflichtigen führen.[1264] Am Wortlaut des konkreten Abkommens hat sich so gut wie nichts geändert. Die OECD und das CFA würden hier im Wege der Änderung des Musterkommentars bestehende

1252 *Wattel/Marres*, ET 2003, 222 (229).
1253 *Wattel/Marres*, ET 2003, 222 (229); vgl. auch OECD-Musterabkommen 2014, Einleitung Nr. 35 in Bezug auf gewichtige Änderungen der Abkommensregelungen.
1254 *Ault*, Intertax 1994, 144 (148).
1255 *Ault*, Intertax 1994, 144 (148).
1256 Vgl. Art. 3 Tz. 13 OECD-Musterkommentar 2014.
1257 *Ault*, Intertax 1994, 144 (148).
1258 *Ault*, Intertax 1994, 144 (148).
1259 *Ault*, Intertax 1994, 144 (147).
1260 Vgl. Art. 17 Tz. 4 OECD-Musterkommentar 1977
1261 Vgl. Art. 17 Tz. 11 a), b) OECD-Musterkommentar 1992; Tz. 11 c) entspricht im Wesentlichen der alten Kommentierung der Tz. 4; im Musterkommentar 2014 mittlerweile wieder etwas verändert.
1262 Model Tax Convention on Income and on Capital – Full Version (updated on 22 July 2010), OECD 2012, S. M-43. (History).
1263 *Wassermeyer*, IStR 2007, 413 (414).
1264 *Wassermeyer*, IStR 2007, 413 (414).

konkrete Abkommen „abändern“ und eine „internationale Gesetzgebungsbefugnis“ („international law-making capacity“) wahrnehmen, die der OECD aber in keiner Weise zusteht.[1265]

Manche Staaten folgen der monistischen Theorie, was bedeutet, dass das Völkerrecht und die jeweilige staatliche Rechtsordnung demnach eine Gesamtrechtsordnung bilden und beide in gleicher Weise innerstaatlich gelten.[1266] Nach der dualistischen Theorie handelt es sich beim Völkerrecht und innerstaatlichem Recht um zwei separat voneinander geltende Rechtsordnungen.[1267] Nach der Theorie des Dualismus ist somit ein nationaler Akt notwendig, der Völkerrecht in nationales umwandelt, damit es innerstaatlich Geltung erlangt.[1268] Das Grundgesetz legt sich nicht auf eine Theorie fest, da es nach Art. 25 GG die „allgemeinen Regeln des Völkerrechts“ als Bestandteil des Bundesrechts ansieht, andererseits aber in Art. 59 II GG explizit die Umsetzung von völkerrechtlichen Verträgen in nationales Recht durch ein Vertragsgesetz verlangt.[1269] Das Bundesverfassungsgericht hat demgegenüber entschieden, dass dem Grundgesetz die Theorie des Dualismus zugrundeliegt.[1270] Das braucht hier nicht näher erläutert zu werden.

Entscheidend ist, dass ein Vertrag bei Vorliegen der Tatbestandsmerkmale des Art. 59 II 1 GG als Vertragsgesetz beschlossen werden muss, damit er als innerstaatliches Recht gilt. Zu einer Änderung des Abkommens bedarf es somit eines Änderungsvertrages, also auch einer Handlung des deutschen Gesetzgebers und nicht der OECD.[1271] Die oben genannte generelle dynamische Auslegung würde es dem CFA, also einem Unterorgan der OECD, durch Abänderung des Musterkommentars ermöglichen, ein Abkommen so zu ändern, dass es vom Vertragsgesetz nicht mehr gedeckt ist. Hierfür fehlt der OECD die Kompetenz.

Nach Art. 20 II GG geht alle Staatsgewalt vom Volk aus und wird vom Volk in Wahlen und Abstimmungen und durch besondere Organe der Gesetzgebung, der vollziehenden Gewalt und der Rechtsprechung ausgeübt. Zwischen dem Volk und dem jeweils Staatsgewalt ausübenden Organ muss ein demokratischer Legitimationszusammenhang vorhanden sein.[1272] Wenn der OECD faktisch das Recht zu einer vom Vertragsgesetz nicht mehr gedeckten Vertragsänderung zugebilligt wird, so verstößt dies gegen das Demokratieprinzip.

Nach einer Ansicht würde eine bisher nicht erfolgte, aber denkbare Delegation der Änderungsbefugnis an die OECD aufgrund der bloßen Präsenz von Regierungsvertretern in der OECD (und dem CFA) und keinen Vertretern der Legislative,

---

1265 *Ward/Avery Jones/u. a.*, The Interpretation of Income Tax Treaties with Particular Reference to the Commentaries on the OECD Model, 2005, S. 111.

1266 *Nettesheim*, in: Maunz/Dürig, GG, Art. 59 Rn. 168.

1267 *Nettesheim*, in: Maunz/Dürig, GG, Art. 59 Rn. 167.

1268 *Nettesheim*, in: Maunz/Dürig, GG73. EL 2014, Art. 59 Rn. 167.

1269 *Nettesheim*, in: Maunz/Dürig, GG, Art. 59 Rn. 169.

1270 BVerfG Beschluss v. 14. Oktober 2004 – 2 BvR 1481/04, BVerfGE 111, 307 (317).

1271 *Wassermeyer*, IStR 2007, 413 (414).

1272 *Grzeszick*, in: Maunz/Dürig, GG, Art. 20 Rn. 117.

ebenso gegen den Grundsatz der Gewaltenteilung verstoßen.[1273] Diese Argumentation passt grundsätzlich ebenso zu anderen Staaten mit einem strengen oder gemäßigten dualistischen System.

Eine Änderung eines bestehenden Vertragsgesetzes, welches auch direkt Wirkungen gegenüber den Bürgern hat, muss folglich durch die gesetzgebenden Organe erfolgen, nicht allein im Wege des Musterabkommens. Insoweit ist eine dynamische Auslegung der Abkommen gegenüber den Bürgern schlicht mit dem GG nicht vereinbar.[1274]

cc) Differenzierte Ansichten

(1) Begründung

Deshalb wird größtenteils vorgeschlagen, zwischen den Änderungen zu differenzieren. *Vogel* hat hierzu eine Vorgehensweise entwickelt, die oben bereits abgelehnt wurde.[1275] Andere Teile der Literatur sind der Ansicht, spätere Änderungen des Musterkommentars grundsätzlich in die Auslegung früherer Abkommen einzubeziehen, allerdings nicht, wenn die Änderung eine wesentliche Veränderung der Auslegung des Abkommens bewirkt.[1276] Wiederum andere wollen die Änderungen berücksichtigen, sofern sie den bestehenden Kommentar nur durch Beispiele oder neue Argumente erweitern, aber an der bisherigen Aussage nichts ändern.[1277] Der neue Kommentar hat demnach, wie das OECD-MA selbst, das Gewicht gleich einer Meinung von ausgewiesenen Steuerexperten.[1278]

Sobald jedoch die Änderung am Musterkommentar eine bisher darin bestehende Lücke füllt, wird hierdurch indirekt gleichfalls eine Lücke im OECD-MA gefüllt.[1279] Infolgedessen ist eine derartige Änderung des Musterkommentars der Versuch, eine Lücke des OECD-MA zu schließen, ohne dieses selbst abzuändern.[1280] Damit eine Änderung des OECD-MA bei den einzelnen Abkommen „durchschlägt", müssen aber die jeweiligen konkreten (alten) bilateralen Abkommen geändert werden, was nur die entsprechenden Vertragsparteien realisieren können.[1281] Vor allem die nationalen Gerichte sollten deshalb sehr vorsichtig sein, solch eine Änderung bei der Auslegung eines früheren Abkommens einzubeziehen.[1282]

1273 *Lang*, SWI 1995, 412 (415).
1274 *Wassermeyer*, IStR 2007, 413 (414).
1275 Siehe **E.II.4.a)gg)**.
1276 *Wattel/Marres*, ET 2003, 222 (229); vgl. ebenso *Ault*, Intertax 1994, 144 (147 f.).
1277 *Ward*, BIFD 2006, 97 (101).
1278 *Ward*, BIFD 2006, 97 (101).
1279 *Ward*, BIFD 2006, 97 (101).
1280 *Ward*, BIFD 2006, 97 (101).
1281 *Ward*, BIFD 2006, 97 (101).
1282 *Ward*, BIFD 2006, 97 (102).

Teilweise wird in der Literatur auch noch differenzierter vorgegangen und die Änderungen werden in vier Kategorien klassifiziert, die unterschiedlich berücksichtigt werden sollen:[1283]

(i) Änderungen, die eine vorhandene Lücke im Musterkommentar schließen würden, sind über Art. 31 I oder III lit. a/b WVK oder Art. 32 WVK bei der Interpretation früherer Abkommen in Betracht zu ziehen.[1284] Denn nach Art. 31 I WVK muss ein Vertrag nach Treu und Glauben und im Lichte seines Zieles und Zweckes der Vermeidung der Doppelbesteuerung ausgelegt werden.[1285] Und dieses Ziel kann nur unter Berücksichtigung der Aktualisierungen erreicht werden.[1286]

(ii) Änderungen, die den Musterkommentar erweitern, zum Beispiel durch Fortführung bereits darin existierender Gedanken, sind aus dem gleichen Grund nach Art. 31 I oder III WVK oder Art. 32 WVK einzubeziehen.[1287]

(iii) Aktualisierungen des Musterkommentars, welche lediglich die bereits bestehende Übung der Vertragsparteien wiedergeben, müssen nach Art. 31 III lit. b WVK berücksichtigt werden.[1288]

(iv) Zuletzt werden solche Änderungen behandelt, die dem bisher existierenden Musterkommentar widersprechen.[1289] Es wird auf den als Beispiel erläuterten Art. 17 II OECD-MA eingegangen und festgestellt, dass dieser vor 1992 durch den Musterkommentar fälschlicherweise auf Fälle der Steuerumgehung beschränkt worden ist.[1290] Durch die Berichtigung des Musterkommentars im Jahr 1992 wird Art. 17 II OECD-MA hiervon richtig ausgelegt und solch eine Änderung ist gemäß der Art. 31 I, oder III WVK oder Art. 32 WVK zu beachten.[1291]

(2) Stellungnahme

Zunächst ist festzustellen, dass bei dieser Sichtweise meist keine konkrete Zuordnung vorgenommen wird, unter welche der Vorschriften der WVK spätere Musterkommentare fallen. Was Art. 31 III lit. a/b betrifft, so ist das oben[1292] schon abgelehnt worden. Eine Subsumtion späterer Änderungen nach Vertragsschluss kann auch nicht nach Art. 31 I beachtet werden, denn das Ziel der Vermeidung einer Doppelbesteuerung kann auch bei Verwendung der alten Kommentierung und entsprechender Auslegung durch nationale Gerichte erreicht werden, wenn auch nicht gleich

1283 *Waters*, in: Lang/Jirousek, Praxis des internationalen Steuerrechts, 2005, S. 680 ff.
1284 *Waters*, in: Lang/Jirousek, Praxis des internationalen Steuerrechts, 2005, S. 680 ff.
1285 *Waters*, in: Lang/Jirousek, Praxis des internationalen Steuerrechts, 2005, S. 682.
1286 *Waters*, in: Lang/Jirousek, Praxis des internationalen Steuerrechts, 2005, S. 682.
1287 *Waters*, in: Lang/Jirousek, Praxis des internationalen Steuerrechts, 2005, S. 682 f.
1288 *Waters*, in: Lang/Jirousek, Praxis des internationalen Steuerrechts, 2005, S. 683 f.
1289 *Waters*, in: Lang/Jirousek, Praxis des internationalen Steuerrechts, 2005, S. 684 f.
1290 *Waters*, in: Lang/Jirousek, Praxis des internationalen Steuerrechts, 2005, S. 684 f.
1291 *Waters*, in: Lang/Jirousek, Praxis des internationalen Steuerrechts, 2005, S. 685.
1292 Vgl. **E.II.4.b)aa)**.

effektiv.[1293] Die Änderungen können aber richtigerweise über Art. 32 WVK in die Vertragsauslegung einbezogen werden.

Was Aktualisierungen betrifft, die eine bestehende Lücke füllen (i), so darf diesen bei der Auslegung kein großes Gewicht beigemessen werden. Denn in der Tat wird dadurch ein „neuer" Gedanke eingeführt, der bei Abschluss des konkreten Abkommens noch nicht in der Weise vorhanden war. Bei den Erweiterungen durch Beispiele und weitere Gedanken (ii) erscheint die Grenzziehung zur „Lückenfüllung" schwer. Wenn der Musterkommentar nur eine bestehende Übung der Parteien wiedergibt (iii), so wirkt er trotzdem nicht nach Art. 31 III lit. b WVK, sondern die Übung der Parteien selbst dient dann der Auslegung. Was nun die Einführung einer der alten Kommentierung widersprechenden Aussage betrifft (iv), so bringt *Waters* hier kein schlagkräftiges Argument. Er schildert lediglich ein Beispiel, wonach die Änderung hier eine Veränderung zur richtigen Auslegung wäre.[1294]

Nichtdestotrotz hatten die Parteien im Zweifel bei Abschluss des konkreten Abkommens den damaligen Wortlaut des Musterkommentars vor Augen und haben sich an diesem orientiert. Auch das Parlament hatte wohl Zugang zum damaligen Musterkommentar. Es ist davon auszugehen, dass zumindest die im entsprechenden Ausschuss des Bundestages tätigen Personen das OECD-MA und den dazu gehörenden Musterkommentar kennen. Das Parlament wird die im Musterkommentar wiedergegebene Auslegung nicht ausdrücklich billigen. Jedenfalls geht das Parlament aber im Zweifel von der Auslegung des Vertragsgesetzes aus, die auch die Bundesregierung bei Aushandlung des Vertrages zu Grunde legt und dies ist grundsätzlich die jeweils zu Zeiten des Vertragsschlusses aktuelle Auslegung im OECD-Musterkommentar.

Später würde die Auslegung ins Gegenteil verkehrt und dies nur aufgrund der Aussage im Musterkommentar. Es würde quasi an den Vertragsstaaten und deren verantwortlichen Organen vorbei eine Veränderung der bestehenden bilateralen Abkommen erreicht. Das ist, wie oben erläutert, nicht zulässig.

Interessant ist noch der Gedanke dieser zuletzt genannten Ansicht, die für den Fall, dass Änderungen nicht als bloße Klarstellungen zu beachten sind, in ihnen zumindest Absichtserklärungen der Vertragsstaaten sieht.[1295] Diese würden nur die Exekutive binden und legitime Erwartungen der Steuerpflichtigen hervorrufen, weshalb sich diese vor Gericht darauf berufen könnten.[1296] Allerdings dürften solche Änderungen nicht zum Nachteil des Steuerpflichtigen von einem Gericht verwendet werden, sofern sich der Steuerpflichtige auf die statische Auslegung berufe.[1297] Der Musterkommentar wird von der OECD erarbeitet und veröffentlicht.

1293 *Avery Jones*, BIFD 2002, 102 (103).
1294 *Waters*, in: Lang/Jirousek, Praxis des internationalen Steuerrechts, 2005, S. 684 f.
1295 *Wattel/Marres*, ET 2003, 222 (232 ff.).
1296 *Wattel/Marres*, ET 2003, 222 (232 f.)
1297 *Wattel/Marres*, ET 2003, 222 (234)

Wenn ein Staat den Musterkommentar mit den Aktualisierungen nicht selbst ausdrücklich veröffentlicht, so kann hierin keine relevante staatliche Absichtserklärung gesehen werden.

dd) Rechtsprechung

(1) Kanadischer Supreme Court

Was die Rechtsprechung betrifft, so hat sich der kanadische Supreme Court bei der Entscheidung „Crown Forest Industries“[1298] nicht dazu geäußert, ob auch spätere Änderungen des Musterkommentars für die Auslegung relevant sind. Er hat aber den Kommentar von 1977 verwendet, obwohl zum Zeitpunkt der Entscheidung schon eine aktuellere Version existierte.[1299] Zu der Bedeutung späterer Änderungen hat das Gericht leider nicht explizit Stellung bezogen. Der Tax Court of Canada zog dann im Fall „Sumner v. The Queen"(2000)[1300] den Musterkommentar mit Änderungen aus den Jahren 1992 für die Auslegung des Abkommens aus dem Jahr 1980 zur Begründung heran.[1301] Dieses Gericht sprach sich somit für die dynamische Auslegung aus.

(2) Bundesfinanzhof

Anders sieht es in Deutschland bei der Rechtsprechung des BFH aus. Teilweise wurde aufgrund verschiedener Entscheidungen des BFH[1302] zunächst die These vertreten, der BFH vertrete eher eine dynamische Auslegung der Abkommen.[1303] In einem Fall aus dem Jahr 2001 hat der BFH bei streitgegenständlichen Abkommen aus den Jahren 1954 und 1959 als Grund für die Rechtsprechungsänderung die Entwicklung der Auslegung von Art. 17 des OECD-MA (1977) genannt.[1304] Die aus dieser Entwicklung hervorgehende neue Bedeutung sei anschließend mit der 1992 eingefügten Vorschrift des Musterkommentars bestätigt worden.[1305]

1298 Canadian Supreme Court Urteil v. 22.06.1995 – Case-No. 23940 „Crown Forest Industries Ltd. v. Canada“, [1995] 2 S.C.R. 802, Rn. 44.

1299 *Ward/Avery Jones/u. a.*, The Interpretation of Income Tax Treaties with Particular Reference to the Commentaries on the OECD Model, 2005, S. 95.

1300 Tax Court of Canada Urteil v. 07.12.2000 - 98-1222-IT-G; 98-1410-IT-G „Sumner v. The Queen“ Rn. 37, 39.

1301 Tax Court of Canada Urteil v. 07.12.2000 - 98-1222-IT-G; 98-1410-IT-G „Sumner v. The Queen“ Rn. 37, 39.

1302 BFH Urteil v. 11.04.1990 – I R 75/88, BFHE 160, 513 (515 f.); BFH Urteil v. 08.04.1997 – I R 51/96, BStBl. II 1997, 679 (680); BFH Urteil v. 18.07.2001 – I R 26/01, BStBl. II 2002, 410 (411).

1303 *Schnitger*, IStR 2002, 407 (410).

1304 BFH Urteil v. 18.07.2001 – I R 26/01, BStBl. II 2002, 410 (411).

1305 BFH Urteil v. 18.07.2001 – I R 26/01, BStBl. II 2002, 410 (411); OECD Musterkommentar Art. 17 Tz. 3 S. 5; siehe Model Tax Convention on Income and on Capital – Full Version (updated on 22 July 2010), OECD 2012, S. C(17)-8 (History).

Der BFH hat sich in Bezug auf die Frage der Einbeziehung späterer Änderungen im Musterkommentar bei der Auslegung früherer Abkommen mittlerweile aber klar anders positioniert.[1306] So hat er in einer Entscheidung aus dem Jahr 2007 zu einem streitgegenständlichen Abkommen aus 1959 die Auslegung nach dem aktuellen Musterkommentar abgelehnt.[1307] Es sei zwar zu vermuten, dass Vertragsstaaten bei Verwendung des Wortlauts des OECD-MA dieses auch entsprechend dem Musterkommentar verstanden hätten, aber hier sei das Abkommen ja 1959, also vor dem ersten Musterkommentar aus dem Jahr 1963 vereinbart worden.[1308]

In einer Entscheidung aus dem Jahr 2014 hat der BFH definitiv entschieden, dass einer späteren Entwicklung der jeweils einschlägigen Verlautbarungen der OECD im Musterkommentar keine streitentscheidende Bedeutung für die Auslegung von bereits vorher ausgehandelten Abkommen beigemessen werden dürfe.[1309] Es gelte „insofern ein sog. statischer, kein sog. dynamischer Auslegungsmodus"[1310]. Dabei nahm er Bezug auf frühere Entscheidungen[1311]. Grund hierfür sei, dass eine Einbeziehung späterer Änderungen weder nach Art. 31 III lit. a WVK, noch gemäß Art. 31 III lit. b WVK möglich sei.[1312] Der Musterkommentar gebe keine zwischenstaatlichen Verwaltungsübungen der beteiligten Staaten wieder, sondern reflektiere nur das gemeinsam erarbeitete Meinungsbild der beteiligten Staatenvertreter im CFA.[1313] Aus Sicht des BFH sind demzufolge Änderungen im Musterkommentar für die Auslegung von zuvor vereinbarten Abkommen nicht als ausschlaggebend zu erachten.[1314]

(3) Conseil d'Etat in Frankreich

In Frankreich hat der Conseil d'État in der Entscheidung „SA Andritz"[1315] deutlich gemacht, dass Ausführungen des Musterkommentars, die nach dem Abschluss des französisch-österreichischen Abkommens (1959)[1316] entstanden, nicht für die

1306 BFH Urteil v. 16.01.2014 – I R 30/12, BFHE 244, 354.

1307 BFH Urteil v. 23.09.2008 – I R 57/07, BFH/NV 2009, 390 (391).

1308 BFH Urteil v. 23.09.2008 – I R 57/07, BFH/NV 2009, 390 (391).

1309 BFH Urteil v. 16.01.2014 – I R 30/12, BFHE 244, 354.

1310 BFH Urteil v. 16.01.2014 – I R 30/12, BFHE 244, 354.

1311 BFH Urteil v. 09.02.2011 – I R 54, 55/10, BStBl. II 2012, 106 (109); BFH Urteil v. 25.05.2011 – I R 95/10, BFHE 234, 63 (69); BFH Urteil v. 23.09.2008 – I R 57/07, BFH/NV 2009, 390 (391); BFH Beschluss v. 19.05.2010 – I B 191/09, BStBl. II 2011, 156 (161).

1312 BFH Urteil v. 16.01.2014 – I R 30/12, BFHE 244, 354.

1313 BFH Urteil v. 16.01.2014 – I R 30/12, BFHE 244, 354.

1314 Vgl. hierzu *Gosch*, IS. 2013, 87 (92).

1315 Conseil d'Etat v. 30.12.2003 – N° 233894, zu finden unter: http://www.legifrance.gouv.fr/affichJuriAdmin.do?oldAction=rechJuriAdmin&idTexte=CETATEXT000008187891&fastReqId=945268165&fastPos=1, Abrufdatum: 24.06.2015.

1316 Abkommen v. 08.10.1959 zwischen der Republik Österreich und der Französischen Republik zur Vermeidung der Doppelbesteuerung, Österreichisches BGBl. Nr. 246/1961, S. 1267 ff.

Auslegung herangezogen werden sollten.[1317] Der „Commissaire de Gouvernement“[1318] hat in diesem Fall die Ansicht vertreten, die Anwendung des Musterkommentars möge grundsätzlich von den Parteien gewollt sein und deren Intentionen bei Vertragsschluss wiedergeben, aber bei späteren Änderungen dürften diese nur ausnahmsweise berücksichtigt werden.[1319] Folglich dürfen nach Ansicht des Conseil d'État spätere Änderungen grundsätzlich nicht beachtet werden.[1320]

(4) Hoge Raad in den Niederlanden

In den Niederlanden hat der „Hoge Raad“ 1998 auf spätere Änderungen am Musterkommentar Bezug genommen, hat das aber nicht näher erklärt.[1321] Es ist davon auszugehen, dass eine dynamische Auslegung vertreten wird.

(5) Verwaltungsgerichtshof in Österreich

In Österreich hat der Verwaltungsgerichtshof 1996 in einem Urteil die Wirkung des Musterkommentars über Art. 31 IV WVK angenommen und dabei sogleich festgelegt, dass lediglich der „bei Abschluss des Abkommens bereits existente Musterkommentar“ zur Interpretation verwendet werden darf.[1322] Damit hat sich die österreichische Rechtsprechung auf die statische Auslegung abgestimmt.[1323]

(6) USA

In den Vereinigten Staaten ging es in dem Fall „Taisei v. Commissioner“[1324] vor dem United States Tax Court um das Abkommen zwischen Japan und den USA aus

---

1317 Conseil d'Etat v. 30.12.2003 – N° 233894, Rn. “Considérant, d'une part, qu'il n'y a pas lieu, (...), de se référer, pour interpréter les stipulations des articles 6 § 5 et 17-A-IV précités, aux commentaires (...) sur l'article 9 § 1 de la convention-modèle (...), dès lors que ces commentaires sont postérieurs à l'adoption des stipulations en cause”.

1318 Diese Person der französischen Justiz erarbeitet eine objektive Meinung zum Fall und schlägt dem Gericht eine Entscheidung in der Sache vor, die für das Gericht nicht bindend ist.

1319 Vgl. auch *Ward/Avery Jones/u. a.*, The Interpretation of Income Tax Treaties with Particular Reference to the Commentaries on the OECD Model, 2005, S. 102 f.

1320 *Ward/Avery Jones/u. a.*, The Interpretation of Income Tax Treaties with Particular Reference to the Commentaries on the OECD Model, 2005, S. 102 f.

1321 Hoge Raad Urteil v. 09.12.1998 – Nr. 32.709, veröffentlicht in BNB 199/267; vgl. *Ward/Avery Jones/u. a.*, The Interpretation of Income Tax Treaties with Particular Reference to the Commentaries on the OECD Model, 2005, S. 103.

1322 Österreichischer VwGH Urteil v. 31.07.1996 – 92/13/0172, veröffentlicht im RIS: https://www.ris.bka.gv.at/Dokumente/Vwgh/JWT_1992130172_19960731X00/JWT_1992130172_19960731X00.pdf, Abrufdatum: 24.06.2015.

1323 *Wattel/Marres*, ET 2003, 222 (231).

1324 United States Tax Court, Urteil v. 02.05.1995 – Nr. 14296-92, 14297-92, 14298-92, 14299-92 “The Taisei Fire and Marine Insurance Co., Ltd., et al. v. Commissioner of Internal Revenue”, in 104 T.C. 535.

dem Jahr 1971. Für die Auslegung wurde vom Gericht der Musterkommentar von 1977 herangezogen.[1325] Allerdings wurde dies als Ausnahme angesehen und auch ausführlich damit begründet, aus extensiver Analyse der Kommentatoren habe sich ergeben, dass der spätere Musterkommentar von 1977 die wirkliche Intention desjenigen von 1963 wiedergebe und deshalb das OECD-MA aus 1963 auf diese Weise auszulegen sei.[1326] Es wurde im Urteil die spätere Änderung am Musterkommentar berücksichtigt, aber eben nur, weil sich dies auch aus sonstigen Erwägungen und Meinungen der Literatur ergab. Weitere Ausführungen des Urteils zeigen, dass grundsätzlich eine statische Auslegung anzuwenden ist.[1327]

ee) Ergebnis

Die Rechtsprechung in den einzelnen Ländern ist nicht ganz einheitlich, tendiert aber deutlich zu einer statischen Auslegung. Die Frage, inwiefern die späteren Musterkommentare nach der WVK in die Auslegung einfließen können, wird meist nicht beantwortet. Aus der Tatsache, dass Gerichte, wenn sie spätere Änderungen berücksichtigen, dies oft nur zur Bekräftigung des bereits anderweitig gefundenen Ergebnisses verwenden, ergibt sich aber wohl ein Hinweis auf eine Beachtung als ergänzendes Auslegungsmittel nach Art. 32 WVK.

Der Vorteil der dynamischen Auslegung aus Sicht der OECD wäre, dass diese Änderungen sofort gelten würden und eine Änderung des OECD-MA ja erst mit Abschluss neuer bilateraler Abkommen oder Abänderungen der Abkommen durch die Staaten, also sehr langsam, vonstattengeht.[1328] Die OECD macht schon jetzt den Eindruck, als wolle sie durch das Mittel des Musterkommentars in Wirklichkeit Änderungen am Musterabkommen einführen, die auf diese Weise sofort für alle alten Abkommen wirksam sein sollten.[1329]

1325 United States Tax Court, Urteil v. 02.05.1995 – Nr. 14296-92, 14297-92, 14298-92, 14299-92 "The Taisei Fire and Marine Insurance Co., Ltd., et al. v. Commissioner of Internal Revenue", in 104 T.C. 535.

1326 United States Tax Court, Urteil v. 02.05.1995 – Nr. 14296-92, 14297-92, 14298-92, 14299-92 "The Taisei Fire and Marine Insurance Co., Ltd., et al. v. Commissioner of Internal Revenue", in 104 T.C. 535.

1327 United States Tax Court, Urteil v. 02.05.1995 – Nr. 14296-92, 14297-92, 14298-92, 14299-92 "The Taisei Fire and Marine Insurance Co., Ltd., et al. v. Commissioner of Internal Revenue", in 104 T.C. 535: "Generally, we would have reservations about interpreting a convention, ratified in 1971, on the basis of a commentary, adopted in 1977, that contradicts the literal language of the commentary in effect at the time of ratification. However (...)".

1328 *Ward/Avery Jones/u. a.*, The Interpretation of Income Tax Treaties with Particular Reference to the Commentaries on the OECD Model, 2005, S. 4.

1329 *Wassermeyer*, IStR 2007, 413 (414); auch *Ward/Avery Jones/u. a.*, The Interpretation of Income Tax Treaties with Particular Reference to the Commentaries on the OECD Model, 2005, S. 3 ff.

Das ist aber verfassungsrechtlich höchst bedenklich, da auf diese Weise die OECD geltendes Recht abändern könnte, ohne demokratisch legitimiert zu sein. Im Rat der OECD oder dem CFA sitzen zwar Vertreter der einzelnen Regierungen, aber eine Kompetenzübertragung fand nicht statt. Zudem sind das Aufgaben der Legislative, Vertreter der Legislative sind aber im Rat der OECD oder dem CFA im Regelfall nicht anzutreffen. In Deutschland müssen völkerrechtliche Verträge zudem nach Art. 59 II GG vom Parlament als Vertragsgesetz beschlossen werden, was auch für die Abänderung von Abkommen gilt. Die OECD darf das nicht aushebeln.

Gleichwohl können natürlich bei einer eisern statischen Auslegung neue Entwicklungen schwer berücksichtigt werden. Das mag zwar unter Umständen ein Nachteil sein, der sich aber zwingend aus dem Verfassungsrecht ergibt. Es sind jedoch die späteren Änderungen am Abkommen als „weitere" ergänzende Auslegungsmittel nach Art. 32 WVK anzusehen, nicht als „travaux préparatoires". Das heißt: Ein Gericht darf diese späteren Änderungen natürlich bei der Auslegung betrachten. Keinesfalls ist es aber daran gebunden.

Wenn es sich um geringfügige Änderungen handelt oder „Klarstellungen" von dem, was ohnehin bereits im Kommentar enthalten war, so braucht man die Änderung nicht unbedingt, da der Gedanke ja schon im alten Kommentar zu finden war. Dennoch kann man den späteren Kommentar zur Bekräftigung nach Art. 32 WVK heranziehen. Bei dem Fall „Taisei v. Commissioner" zeigte sich, dass die Änderung am Musterkommentar die wirkliche damalige Intention bei Schaffung des betreffenden konkreten Abkommens wiederspiegelte, obwohl die Aussage erst später in den Kommentar eingeführt wurde. In solchen Fällen macht es Sinn, die Änderung des Musterkommentars für die Auslegung zu verwenden.

Sofern aber im Musterkommentar bestehende Lücken durch spätere Änderungen geschlossen werden, kommt eine Beachtung der neuen Aussage bei der Auslegung nicht in Betracht. Wenn eine Ergänzung des Musterkommentars im Ergebnis eine andere Bedeutung zu früher bewirkt, so darf das ebenso für die Auslegung des alten Abkommens nicht entscheidend sein. In diesen Fällen kann der Musterkommentar als Auslegungsmittel vom Gericht registriert und betrachtet werden, die „neue Auslegung" sollte dann aber aus verfassungsrechtlichen Gründen tunlichst abgelehnt werden. Spätere Änderungen des Musterkommentars erzeugen auch keine rechtlichen Verpflichtungen, weshalb Deutschland nicht gegen Völkerrecht verstößt, wenn ein Gericht dem Musterkommentar bei Auslegung eines konkreten Abkommens nicht folgt.

Jedoch ist es natürlich immer eine Einzelfallentscheidung. Falls sich aus den Umständen des Abkommens oder sonstigen Auslegungsmitteln ergeben würde, dass damals eine andere Sicht als im zu der Zeit aktuellen Musterkommentar von den Parteien intendiert war, so ist der alte Musterkommentar insoweit natürlich nicht anzuwenden. Wenn jetzt die spätere Änderung eben die damalige Sicht der Parteien, wenn auch konträr zum alten Musterkommentar, wiedergeben würde, so könnte man sie zur Bekräftigung nennen, aber ebenso auch weglassen.

Nun zum letzten Punkt. Geklärt werden muss noch, ab wann eine Änderung in Bezug auf ein Abkommen als später anzusehen ist oder was denn der jeweils aktuelle Musterkommentar für ein Abkommen ist. Der Musterkommentar muss, um auf einen Vertrag einzuwirken, zum Zeitpunkt der Verhandlungen über ein Abkommen auch bei beiden Vertragsparteien vorhanden sein. Ansonsten kann nicht davon ausgegangen werden, dass die Staaten ihn bei Schaffung der Vertragsbestimmungen vor Augen hatten. Dieser Gedanke ist schon bei *Vogel* zu finden, der bei Änderungen am Musterkommentar nach 1977 Folgendes vertritt:[1330] Die jeweiligen Aktualisierungen könnten nach Art. 31 IV WVK zur Auslegung herangezogen werden.[1331] Dazu müsse aber genügend Zeit vergangen sein, damit diese Änderung in das gemeinsame Bewusstsein der internationalen Steuerexperten durchgedrungen sei.[1332] Sie könnten wohl eher nicht die „gewöhnliche Bedeutung" eines Begriffes für ein Abkommen wiedergeben, wenn dieses in einem Zeitraum von etwa 10 Jahren nach Veröffentlichung der Änderung vereinbart worden sei, wobei seines Erachtens über die Zeitspanne von 10 Jahren diskutiert werden könne.[1333] Das heißt, um anzunehmen, dass diese Änderung am Musterkommentar von den Vertragsstaaten intendiert war, muss auf die verhandelnden Personen und deren Kenntnisstand abgestellt werden. Die jeweiligen Änderungen müssen den Vertretern im Zeitpunkt der Verhandlung über das Abkommen zugänglich sein und sie müssen diese überdenken können. Es muss davon ausgegangen werden können, dass sie hiervon Kenntnis haben. Ansonsten können die Änderungen ja auch nicht „travaux préparatoires" sein.

Es sind zwei Aspekte entscheidend: Zum einen vergeht gewisse Zeit, bis ein Abkommen ausgehandelt wird. Nach der Aushandlung dauert es nochmals etwas, bis das Abkommen von beiden Seiten auch unterzeichnet wird. In Deutschland nimmt auch der Beschluss durch den Bundestag als Vertragsgesetz unter Beteiligung des Bundesrates und die Ausfertigung und Verkündung nach Art. 82 I GG noch Zeit in Anspruch.[1334] Wann die Verhandlungsphase beginnt und endet, müsste meist erst wieder durch detaillierte Nachforschungen eruiert werden. Deshalb bietet es sich an, zunächst den Zeitpunkt der Unterzeichnung eines Abkommens pauschal zu wählen, da dieser sehr nahe am Verhandlungszeitraum liegt. Ein zeitlicher Puffer ist auch noch erforderlich. Zum anderen muss die Änderung des Musterkommentars ordentlich von der OECD veröffentlicht worden sein.

Ein Zeitraum von 10 Jahren ist heutzutage übertrieben, da die Änderungen nicht erst in Schriftform den verhandelnden Personen zugehen müssen, sondern über das Internet für jeden zugänglich sind. Es ist auch davon auszugehen, dass sich die verhandelnden Personen über das Internet in gewisser Regelmäßigkeit sowohl über das Muster als auch den dazugehörenden Kommentar informieren. Letztendlich

1330 *Vogel*, BIFD 2000, 612 (616).
1331 *Vogel*, BIFD 2000, 612 (616).
1332 *Vogel*, BIFD 2000, 612 (616).
1333 *Vogel*, BIFD 2000, 612 (616).
1334 Beispielhaft: Abkommen v. 23.04.2012 zwischen der Bunderepublik Deutschland und dem Großherzogtum Luxemburg, BStBl. II 2012, 1402: Unterzeichnung am 23.04.2012, Beschluss des Gesetzes durch den Bundestag erst am 05.12.2012.

vergeht zwischen Unterzeichnung und dem Ende der Verhandlungen Zeit, es kann auch nicht nur auf das Ende der Verhandlungen abgestellt werden und von einer täglichen Kenntnisnahme der Handlungen des CFA ist auch nicht auszugehen. Ein Zeitraum von einem Jahr erscheint heutzutage auch aufgrund der modernen Informationstechnologien angemessen.

Das heißt: Nur Änderungen, die mehr als ein Jahr vor der Unterzeichnung eines Abkommens veröffentlicht wurden, sind als „travaux préparatoires" anzusehen. Spätere Änderungen sind nur als weiteres ergänzendes Auslegungsmittel nach Art. 32 WVK zu behandeln und nur sehr eingeschränkt relevant. Die Grenze von einem Jahr soll aber nur als eine ungefähre Grenze zu verstehen sein. Im Einzelfall, wenn zum Beispiel sehr lange Zeit zwischen dem Ende der Verhandlungen und der Unterzeichnung liegt, ist die Zeitspanne von einem Jahr entsprechend anzupassen.

5. Folge für die Kommentierung zu Art. 4 I 2 OECD-MA

Diese Vorgehensweise ist nun auf die Änderung des Musterkommentars im Jahr 2008 in Bezug auf die Auslegung des Art. 4 I 2 OECD-MA in Anwendung zu bringen. Seit der Aktualisierung des Musterkommentars im Jahr 2008 ist die Bestimmung also folgendermaßen auszulegen:[1335] Die Person ist in A und in B (Deutschland) ansässig und hat Einkünfte aus dem Drittstaat C. Aufgrund des Art. 4 I, II des Abkommens A-B (Ansässigkeit im Sinne des Abkommens in A, „Tie-Breaker"-Regelung) wird sie in B nur mit inländischen Einkünften oder inländischem Vermögen besteuert. Wenn sich diese Person nun auf das Abkommen B-C berufen will, so ist sie, aufgrund der bloßen Besteuerung von inländischen Einkünften und inländischem Vermögen in B aufgrund des anderen Abkommens (A-B), nach Art. 4 I 2 des Abkommens B-C in B (Deutschland) als nicht mehr ansässig anzusehen.[1336] Auf das betreffende Abkommen kann sie sich in Deutschland nicht mehr berufen.

Die besagte Änderung des Musterkommentars wurde vom Rat der OECD am 17. Juli 2008 genehmigt und am 18. Juli auf der Homepage öffentlich zugänglich gemacht.[1337] Seitdem sind die Änderungen dort zugänglich. Auch das OECD-MA kann in vollständiger Form mit Einleitung, Musterkommentar, Änderungen etc. dort eingesehen werden.[1338] Folglich ist die Änderung für solche Abkommen als „später" anzusehen, die ungefähr nach dem 18. Juli 2009 unterzeichnet wurden.

Bei Abkommen ab dem Juli 2009 ist die Kommentierung nach Art. 32 WVK als vorbereitendes Dokument in die Auslegung einzubeziehen. Das Gericht muss nach wie vor Art. 4 I 2 des jeweiligen Abkommens nach der gewöhnlichen Deutung interpretieren. Sofern es keinerlei Hinweise zum Willen der Vertragsparteien diesbezüglich gibt und auch sonst keine Hinweise auf ein bestimmtes Verständnis der

---

1335 Siehe **E. II. 1.**

1336 Eindeutig hier Art. 4 Tz. 8.2 S. 2 OECD-Musterkommentar 2014.

1337 Siehe http://www.oecd.org/ctp/41032078.pdf, Abrufdatum: 24.06.2015.

1338 Siehe http://www.oecd.org/ctp/treaties/oecd-model-tax-convention-available-products.htm, Abrufdatum: 24.06.2015.

Parteien vorhanden sind, hat das Gericht nur geringe Möglichkeiten an Auslegungsmitteln. Es wird im Einzelfall den Musterkommentar heranziehen und demgemäß im Zweifel dieser Sichtweise folgen, wenn nicht anderweitige gewichtige Gründe dagegen sprechen. Es ist ja davon auszugehen, dass die verhandelnden Parteien bei Vertragsschluss den aktuellen Musterkommentar kannten. Ein Gericht ist natürlich nicht an den Musterkommentar gebunden, wird ihn aber zur Klärung der Absichten der Parteien gewöhnlich heranziehen.

Anders verhält es sich bei Abkommen, die vor dem Juli 2009 unterzeichnet wurden. Für diese ist die Änderung des Musterkommentars von 2008 eine „spätere". Deshalb kann sie nur als „weiteres" ergänzendes Auslegungsmittel nach Art. 32 WVK bei der Auslegung des Vertrages herangezogen werden. Wie eben dargestellt, ist die Bedeutung dieses Auslegungsmittels aber im Regelfall sehr gering. Manche mögen in der Änderung dieser neuen Auslegung des Art. 4 I 2 OECD-MA ausschließlich eine Klarstellung dessen sehen, was vorher schon im Musterkommentar stand. Wäre dies der Fall, könnte der neue Musterkommentar zur Bekräftigung der bereits gefestigten Sichtweise benützt werden.

Die Vorschrift des Art. 4 I 2 OECD-MA wurde allerdings vormalig anders gedeutet.[1339] Tz. 8.2 Satz 2, die explizit die Auslösung des Art. 4 I 2 OECD-MA durch eine tatsächlich beschränkte Steuerpflicht kraft Abkommens mit einem Drittstaat vorsieht, wurde neu eingeführt.[1340] In Tz. 8.3 wurde der frühere Tz. 8 Satz 10 dahingehend verändert, dass er nun nicht mehr anordnet, generell sei eine einengende Auslegung von Art. 4 I 2 OECD-MA geboten, sondern nun sollte die Vorschrift nach ihrem Ziel und Zweck ausgelegt werden, welcher darin bestehe, Personen die in einem Staat nicht unbeschränkt steuerpflichtig sind, auszuschließen.[1341] Der Anwendungsbereich des Art. 4 I 2 OECD-MA soll nun nicht mehr generell als eher gering angesehen werden, sondern nun auch diese Fälle erfassen. Darin ist eine bewusste Abkehr von der früheren Sichtweise zu erkennen.[1342]

Folglich stellt diese Änderung einen Widerspruch zur früheren Kommentierung im Musterkommentar dar. Sie kann nach Art. 32 WVK zur Auslegung herangezogen werden, aber nur sehr eingeschränkt. Wiederum muss von einem Gericht im Einzelfall das jeweilige konkrete bilaterale Abkommen betrachtet werden. Wenn sich aus den Umständen und sonstigen Gegebenheiten nichts ergibt, wird das Gericht die Interpretation gemäß dem alten Musterkommentar anwenden. Aufgrund der durch die Verfassung bedingten statischen Auslegung passt Art. 4 I 2 OECD-MA bei den „alten" Abkommen nicht für den Fall der Beschränkung der Steuerpflicht aufgrund eines Abkommens mit einem Drittstaat.

1339 Siehe **E. II. 1.**

1340 2010 Model Tax Convention on Income and on Capital – Full Version (updated on 22 July 2010), OECD 2012, S. C(4)-14, C(4)-15. (History).

1341 Siehe http://www.oecd.org/ctp/41032078.pdf, Abrufdatum: 24.06.2015.

1342 *Van Raad*, BIFD (=BIT) 2009, 187 (190).

Die Folgen der dynamischen Auslegung für den betreffenden Steuerpflichtigen wären auch enorm. An obigem Beispiel wird gezeigt, dass die Person sich dann nicht mehr auf Abkommen berufen kann, die Deutschland mit anderen Staaten geschlossen hat. Vor dieser Änderung im Jahr 2008 konnte sie sich aber hierauf berufen. Aus der Anwendbarkeit des Abkommens können sich natürlich Vorteile ergeben, die sodann durch die Änderung des Musterabkommens durch die OECD plötzlich genommen werden würden. Die Änderung des Abkommens wirkt sich daher prinzipiell nur auf nach dem Juli 2009 unterzeichnete Abkommen aus.

6. Kritik und Problemfälle der „neuen Kommentierung"

Die im Musterkommentar vorgesehene Interpretation des Art. 4 I 2 OECD-MA kann aber auch unabhängig davon, welche Bedeutung der Musterkommentar haben mag, zu Schwierigkeiten führen. In der Literatur gibt es deutliche Kritik an der „neuen" Vorgehensweise.[1343] Wenn sich aus diesen Stellungnahmen gewichtige Gründe ergeben, die Sichtweise im Einzelfall abzulehnen, so kann ein Gericht das ohne weiteres tun, da der Musterkommentar ja nicht rechtlich bindend ist.

a) Fehlerhafte Auslegung des Art. 4 I 2 OECD-MA

Zunächst kann Art. 4 I 2 OECD-MA, der die Besteuerung nur mit inländischen Quellen oder inländischem Vermögen verlangt, historisch ausgelegt werden.[1344] Die Vorschrift ist 1977 ausschließlich deshalb in das OECD-MA eingeführt worden, um die Situation bei Diplomaten und sonstigen konsularischen Angestellten zu lösen.[1345] Auf diesen Fall sollte seine konstitutive Bedeutung eigentlich reduziert sein. Klarstellende Bedeutung hat er nach wie vor für die Gewerbesteuer oder die Tatsache, dass der Staat, in dem kein Ansässigkeitsmerkmal erfüllt ist, nur die inländischen Quellen besteuert und natürlich nicht gleichzeitig der Ansässigkeitsstaat sein kann.[1346]

Nach der neuen Ansicht soll die Beschränkung der Besteuerung auf die inländischen Quellen durch ein anderes DBA gleichfalls die Voraussetzungen erfüllen. Es geht also nicht mehr darum, dass eine Person nach nationalem Recht beschränkt steuerpflichtig ist, sondern ob diese Person tatsächlich aufgrund eines Abkommens mit einem Drittstaat nur mit inländischen Quellen besteuert wird. Ein Abkommen mit einem Drittstaat würde deshalb den Art. 4 I 2 OECD-MA „auslösen". Teilweise wird vertreten, dass diese Sichtweise nicht unter den Wortlaut des Art. 4 I 2 OECD-MA subsumiert werden könnte, da ein Abkommen die Besteuerungsrechte

1343 *Frotscher*, in: Haase, AStG/DBA, 2. Auflage 2012, Kapitel II Art. 4 MA Rn. 84; ebenso *van Raad*, BIFD (=BIT) 2009, 187 (189); auch *Schnitger*, IStR 2013, 82 (88).

1344 *Van Raad*, BIFD (=BIT) 2009, 187 (190).

1345 *Van Raad*, BIFD (=BIT) 2009, 187 (190).

1346 *Frotscher*, in: Haase, AStG/DBA, 2. Auflage 2012, Kapitel II Art. 4 MA Rn. 80 ff.

eines Vertragsstaates nicht auf die Weise beschränke, dass wirklich nur die Quellen besteuert würden.[1347]

Das Argument ist nicht von der Hand zu weisen. Hilfreich ist hier nochmals der Vergleich mit der Situation von Diplomaten. Nach Art. 34 lit. b und lit. d WÜD[1348] werden diese im Empfangsstaat lediglich mit solchen Einkünften besteuert, deren Quelle sich dort befindet oder mit Einkünften aus dort gelegenem Vermögen.[1349] Bei dieser Situation legt das nationale Recht die Besteuerung nur mit inländischen Quellen fest, was zur beschränkten Steuerpflicht der Diplomaten führt. Anders ist die Situation, wenn ein DBA nach Art. 4 II OECD-MA den Ansässigkeitsstaat im Sinne des Abkommens, also für die Verteilungsnormen definiert.[1350] Denn hier geht es nur um die Verteilung der Einkünfte zwischen den Staaten. Am Ende wird selbst bei einer Ansässigkeit in beiden Staaten durch ein Abkommen immer nur einem Staat die Verpflichtung zur Freistellung oder Anrechnung bestimmter Einkünfte auferlegt.[1351] An der unbeschränkten Steuerpflicht nach nationalem Recht ändert sich nichts.[1352] Die Konstellation der Verpflichtung eines Staates zur Freistellung der nicht inländischen Einkünfte nach einem Abkommen entspricht nicht der Situation der beschränkten Steuerpflicht nach nationalem Recht.[1353]

Zudem ist die entsprechende doppelt ansässige Person auch tatsächlich nicht in einem Staat zwingend auf die Besteuerung der inländischen Quellen beschränkt. Die Verteilungsnormen des jeweiligen Abkommens sind hier entscheidend. Beispielhaft wird folgender Fall genannt. Die natürliche Person A ist sowohl in Deutschland als auch im Staat B ansässig, hat Einkünfte aus nichtselbstständiger Tätigkeit in B, zudem Quelleneinkünfte aus dem Drittstaat D. Zwischen allen drei Staaten existieren Abkommen, die dem OECD-MA 2014 entsprechen. Nach Art. 4 II des DBA Deutschland-B ist die Person im Land B ansässig im Sinne des Abkommens. Nun ist zu klären, ob A in Deutschland wirklich ausschließlich mit seinen inländischen Quellen besteuert wird.

Wenn ein Teil der Einkünfte aus nichtselbstständiger Tätigkeit im Land B nicht besteuert würde, in Deutschland aber steuerbar wäre, so würde Deutschland als Nichtansässigkeitsstaat durch das Abkommen die Besteuerung verwehrt, solange die Tätigkeit nicht in Deutschaland ausgeübt würde, siehe Art. 19 OECD-MA. Nun

---

1347 *Frotscher*, in: Haase, AStG/DBA, 2. Auflage 2012, Kapitel II Art. 4 MA Rn. 84.

1348 Wiener Übereinkommen vom 18.04.1961 über diplomatische Beziehungen, in BGBl. II 1964, 957; Art. 34 lit. d: „Der diplomatische Vertreter ist von (...) [S]teuern (...) befreit (...); ausgenommen hiervon sind (...) Steuern und sonstige Abgaben von privaten Einkünften, deren Quelle sich im Empfangsstaat befindet, sowie Vermögenssteuern von Kapitalanlagen in gewerblichen Unternehmen, die im Empfangsstaat gelegen sind".

1349 Vgl. hierzu die Ausführungen bei *van Raad*, BIFD (=BIT) 2009, 187 (189).

1350 *Schnitger*, IStR 2013, 82 (88).

1351 *Schnitger*, IStR 2013, 82 (88).

1352 *Schnitger*, IStR 2013, 82 (88).

1353 *Frotscher*, in: Haase, AStG/DBA, 2. Auflage 2012, Kapitel II Art. 4 MA Rn. 84.

gibt es aber die nationale Regelung des § 50d VIII EStG. Ungeachtet dessen, ob es sich hierbei um einen unzulässigen „treaty override" handelt,[1354] so bewirkt die Vorschrift, dass Deutschland besteuert, wenn A nicht nachweisen kann, dass B entweder auf die Besteuerung verzichtet hat oder ihn insoweit tatsächlich besteuert hat. Kann der Nachweis nicht erbracht werden, besteuert Deutschland nach § 50d VIII EStG.

Dieses Verhalten Deutschlands mag unter Umständen gegen Abkommensrecht verstoßen, es zeigt aber das Problem der obigen Ansicht. Trotz einer Zuordnung im Rahmen der Verteilungsvorschriften des Abkommens kann es nach wie vor Fälle geben, in denen es zu einer Besteuerung von Einkünften nicht inländischer Quellen durch nationales Recht im „Quellenstaat" im Sinne des Abkommens kommt. Deswegen darf diese Situation nicht der beschränkten Steuerpflicht nach rein nationalem Recht gleichgestellt werden.

Diese Auslegung des Art. 4 I 2 OECD-MA führt zudem zu einer übergreifenden Wirkung der bilateral vereinbarten Tie-Breaker-Regelung eines Abkommens auf andere bilaterale Abkommen.[1355] Für diese staatenübergreifende Wirkung eines Abkommens fehlt aber der hierfür notwendige Rechtsgrund.[1356] Es ist auch ungeklärt, welches Abkommen nun im Ergebnis jeweils Vorrang haben sollte, und andere Staaten haben diesem etwaigen Vorrang bei Abschluss des bilateralen Abkommens nicht zugestimmt.

Der Wortlaut des Art. 4 I 2 OECD-MA ist unklar, da das Wort „Quelle" nicht definiert wird.[1357] Deshalb widerspricht die neue Interpretation durch den Musterkommentar nicht direkt dem Wortlaut. Der Sinn und Zweck der Regelung spricht aber eindeutig gegen eine derartige Auslegung, ebenso die völkerrechtliche und die historische Betrachtung.[1358]

b) Nachteile dieser Interpretation

Die OECD hat diese Auslegung wohl eingeführt, um Personen davon abzuhalten, künstlich in einem zweiten Staat zusätzlich ein Ansässigkeitsmerkmal zu schaffen, um die Anwendbarkeit eines anderen günstigeren Abkommens gegenüber dem Quellenstaat auszulösen.[1359] Aufgrund des größtenteils anerkannten Wahlrechts kann die Person sich nämlich auf das jeweils vorteilhaftere Abkommen berufen.[1360]

1354 Anhängiges Verfahren vor dem BVerfG – 2 BvL 1/12; Vorlagebeschluss des BFH – I R 66/09.

1355 Vgl. *Gosch*, IWB 2015, 112 (113).

1356 *Gosch*, IWB 2015, 112 (113).

1357 *Van Raad*, BIFD (=BIT) 2009, 187 (189 f.).

1358 Vgl. im Ergebnis, wenngleich der „neue Musterkommentar" an dieser Stelle nicht erwähnt wird, *Wassermeyer*, in: Debatin/Wassermeyer, DBA, Art. 4 MA Rn. 45.

1359 *Van Raad*, BIFD (=BIT) 2009, 187 (189).

1360 *Heinsen*, in: Grotherr, Handbuch der internationalen Steuerplanung, 3. Auflage 2011, S. 1843 (1846).

Folge der neuen Vorgehensweise ist aber, dass Personen, die aus anderen „zulässigen“ Gründen in zwei Staaten leben oder juristische Personen, die zum Beispiel wegen einer Fusion in zwei Staaten eine Geschäftsleitung haben, ebenso das Berufen auf ein Abkommen verwehrt wird.[1361] Die Vorschrift zur Vermeidung des Missbrauchs trifft demzufolge auch viele Personen, die die Regelungen nicht „missbrauchen“ wollen.

Der wichtigste Kritikpunkt ist aber die mangelhafte Praxistauglichkeit der Vorschrift. Das neue Vorgehen ist vor allem deshalb äußerst kompliziert, weil die Zuordnung im Rahmen des Art. 4 II eines Abkommens die Bejahung oder Verneinung des Art. 4 I 2 eines anderen Abkommens mit sich bringt. Das bedeutet: Um die Ansässigkeit im Sinne eines Abkommens in X (DBA X-Y, Ansässigkeit nur in X) nach Art. 4 OECD-MA zu bestimmen, müssen immer auch die jeweiligen anderen Abkommen des Ansässigkeitsstaates mit weiteren Staaten (X-W1, X-W2, X-W3, X-W4 etc.) betrachtet werden (wegen Art. 4 I 2 OECD-MA).[1362] Natürlich sind nur die Abkommen mit solchen Staaten relevant, bei denen eine Ansässigkeit der Person möglich erscheint. Das kann im Einzelfall dennoch zu größten Problemen führen. In Art. 4 I 1 OECD-MA wird auf die unbeschränkte Steuerpflicht nach nationalem Recht abgestellt, das heißt es müsste zunächst herausgefunden werden, ob die Person im betreffenden Staat nach deren nationalem Recht (W1, W2, W3, W4, etc.) dort als ansässig gilt. Falls nicht, so ist die Betrachtung zu Ende.

Ist dem aber so, muss der Betrachter als nächstes die Ansässigkeit im Sinne des Abkommens (X-W1) nach Art. 4 II oder III bestimmen. Diese Tatsachenbetrachtung kann dem Verwender des Abkommens X-Y unter Umständen schwer fallen. Wird die Ansässigkeit in W1 als solche im Sinne des Abkommens beurteilt, so ist die Voraussetzung des Art. 4 I 2 des Abkommens X-Y eingetreten und die Person kann sich aufgrund fehlender Ansässigkeit gemäß Art. 1, 4 I nicht mehr auf das Abkommen X-Y berufen. Die Person kann sich dann vielleicht auf das Abkommen Y-W1 berufen, sofern ein solches Abkommen existiert. Wenn kein Abkommen besteht, muss die Person auf eine Anrechnung der in Y gezahlten Steuer auf die Steuer in W1 hoffen.

Ein Folgeproblem ist, ob denn der Verwender des Abkommens X-Y an die Zuordnung der Ansässigkeit im Rahmen einer Verständigung nach Art. 4 II d gebunden ist. Völlig undurchführbar ist diese Einordnung auch, wenn in bestimmten Abkommen generell die Klärung der Frage der Ansässigkeit bei Doppelansässigkeit einer Verständigungsvereinbarung überlassen wird. Dies ist zum Beispiel der Fall bei dem Abkommen zwischen Deutschland und Bulgarien (2010)[1363]. Auszugehen ist von einer doppelten Ansässigkeit in Deutschland und Bulgarien mit Einkünften aus dem Quellenstaat Y. Bei einer Doppelansässigkeit von nicht natürlichen Personen wird im gleichzeitig mit dem Vertrag vereinbarten Protokoll immer eine Lösung im

1361 *Van Raad*, BIFD (=BIT) 2009, 187 (189).

1362 *Frotscher*, in: Haase, AStG/DBA, 2. Auflage 2012, Kapitel II Art. 4 MA Rn. 84.

1363 Abkommen v. 25.01.2010 zwischen der Bundesrepublik Deutschland und Bulgarien, in BGBl. II 2010, 1286.

gegenseitigen Einvernehmen, durch eine Vereinbarung, vorgesehen.[1364] Es drängt sich die Frage auf, wie ein Verwender des Abkommens (Deutschland-Y) dieses gegenseitige Einvernehmen ersetzen sollte, wenn es etwa noch nicht stattgefunden hat. Zudem ist eine Ersetzung dieses Einvernehmens schlicht nicht möglich. Die Anwendung des Abkommens (Deutschland-Y) würde folglich von der Verständigung zwischen Deutschland und Bulgarien abhängen. Es ist schwer vorstellbar, dass der Staat Y an die Vereinbarung zwischen Deutschland und Bulgarien in Zukunft quasi „gebunden" ist. Ein multilaterales Abkommen zwischen den drei Staaten wurde nicht geschlossen.[1365] Die neue Vorgehensweise ist in solchen Fällen schlicht untragbar. Besser ist es, davon auszugehen, dass die Einordnung nach Art. 4 II oder III OECD-MA keine Wirkung für andere Staaten hat.[1366]

c) *Schwierigkeiten durch „frühere" Abkommen*

Wie eben aufgezeigt, müssen hier zwei Abkommen zusammenwirken. Das neue Vorgehen ist aber grundsätzlich nur bei Abkommen anzuwenden, die nach dem Juli 2009 abgeschlossen wurden. Zusätzlich enthalten auch einige sehr aktuelle Abkommen keine Regelung nach Art des Art. 4 I 2 OECD-MA. Interessant ist, ob bei beiden Abkommen die neue Kommentierung anwendbar sein muss.

Sofern ein Staat nach Art. 4 I 2 OECD-MA nicht mehr Ansässigkeitsstaat ist, so gelten die Vorteile durch das Abkommen für die Person nicht. Es bestehen insoweit keine völkerrechtlichen Pflichten zur Freistellung von Einkünften aus dem Abkommen X-Y. Der betreffende Staat verletzt somit keine Verpflichtungen bei Versagen der Anwendung des Abkommens. Falls nun das Abkommen zwischen den Ansässigkeitsstaaten (X-W1) keine Regelung nach Art des Art. 4 I 2 OECD-MA enthält, so spielt das keine Rolle. Es bedarf theoretisch nur einer Regelung nach Art. 4 II, III OECD-MA. Entscheidend für die Anwendung der neuen Vorgehensweise ist einzig das Vorhandensein einer dem Art. 4 I 2 OECD-MA entsprechenden Regelung im Abkommen mit dem Quellenstaat (X-Y).[1367] Das betreffende Abkommen müsste auch nach dem Juli 2009 vereinbart worden sein.

Besteht kein Abkommen zwischen den beiden Ansässigkeitsstaaten, so bleibt die Person in beiden Staaten ansässig und die Vorschrift des Art. 4 I 2 OECD-MA ist nicht einschlägig.[1368] Die Person kann sich sowohl auf das Abkommen W1-Y, als auch X-Y berufen.

1364 Protokoll v. 25.01.2010 zum Abkommen, in BGBl. II 2010, 1307, 1. Zu Artikel 4.
1365 *Schnitger*, IStR 2013, 82 (88).
1366 Vgl. wohl noch ohne Berücksichtigung der Änderung des OECD-Musterkommentars: *Schaumburg*, Internationales Steuerrecht, 3. Auflage 2011, Rn. 16.197.
1367 Anders wird dies wohl gesehen von *van Raad*, BIFD (=BIT) 2009, 187 (189).
1368 *Van Raad*, BIFD (=BIT) 2009, 187 (189).

d) Verfahren bei Dreifachansässigkeit

Komplex kann die Situation bei der neuen Auslegung auch werden, wenn eine Person in drei Staaten ansässig ist. Dies kommt bei natürlichen Personen sehr selten vor, bei nicht natürlichen Personen noch viel seltener. Es müsste eine Gesellschaft grundsätzlich den Sitz in einem Land und in zwei weiteren Ländern jeweils einen Ort der Geschäftsleitung haben.

Auszugehen ist zunächst von folgender Konstellation:[1369] Die Gesellschaft G hat ihren Sitz im Staat B, ihre Geschäftsleitung aber sowohl im Staat A als auch im Staat C. Der tatsächliche Ort der Geschäftsleitung im Sinne des Art. 4 III OECD-MA liegt im Staat A. Zwischen allen drei Staaten bestehen Abkommen, die dem OECD-MA entsprechen und nach Juli 2009 unterzeichnet wurden.

G ist sowohl in A als auch B als auch noch zustzlich in C ansässig. Früher wurde die Konstellation über eine konsequent bilaterale Betrachtung gelöst.[1370] Nun ist anders vorzugehen. Für das Abkommen A-B muss zunächst die Ansässigkeit im Sinne des Abkommens eruiert werden. Schon hier spielt Art. 4 I 2 des DBA A-B hinein. Konsequent gedacht muss hier schon sowohl bei A, als auch bei B analysiert werden, ob die Ansässigkeit durch Abkommen mit anderen Staaten abzulehnen ist. In Betracht kommt jeweils die zusätzliche Ansässigkeit in C. Aus dem Abkommen A-C ergibt sich, dass nach Art. 4 III OECD-MA die Ansässigkeit in A liegt, A kein Quellenstaat ist und somit Art. 4 I 2 OECD-MA nicht einschlägig ist. G ist in A ansässig. Was die Ansässigkeit in C betrifft, so ist ebenso vorzugehen. Hier ist das Ergebnis anders. Nach dem Abkommen C-B ist G in C ansässig. Art. 4 I 2 OECD-MA greift ein und G gilt als nicht in B ansässig. Die „Tie-Breaker“ Regelung nach dem Abkommen A-B wird gar nicht benötigt, sie wurde aber bei A-C und B-C verwendet. Im Ergebnis ist G nur in A ansässig und in B und C nicht ansässig, war für alle drei Abkommen in gleicher Weise gilt.

Nun erhält die Gesellschaft eine Dividende einer Tochtergesellschaft aus dem Staat D. Dieser will hierauf eine Quellensteuer erheben. Es bestehen die Abkommen D-A, D-B, D-C. Nun ist zu klären, auf welche Abkommen sich G berufen kann. Nach alter Ansicht konnte sie sich auf alle drei berufen und dasjenige mit dem geringsten Quellensteuersatz auswählen. Nun wird das Ergebnis ein anderes sein. Als erstes wird das Abkommen D-B betrachtet. Nach Art. 4 I 2 des Abkommens D-B muss geprüft werden, ob B nur Quellenstaat ist. Nach dem Vertrag B-C und nach dem Vertrag A-B ist dies jeweils der Fall, was zur Nichtanwendbarkeit des Abkommens D-B führt.

Dabei muss aber eigentlich schon vorher inzident ein Teil der im Vorfeld erarbeiteten Prüfung erfolgen. Denn auch bei der Feststellung, ob B nach B-C der Quellenstaat ist, muss B erst einmal nach Art. Art. 4 I 1 und 2 OECD-MA wirklich in B ansässig sein, C ebenso. Aus der obigen Betrachtung ergibt sich, dass G im

1369 Siehe im Vergleich dazu oben bei **E. I. 1. d)**.
1370 Siehe **E. I. 1. c)**.

Sinne aller drei Abkommen weder in B noch in C als ansässig anzusehen ist und folglich in B nur mit Quellen besteuert wird. Das ist kurios. Beim Abkommen A-B ist G in A ansässig und B als Quellenstaat zu sehen.

Beim Abkommen D-C muss sodann festgestellt werden, dass nach dem Vertrag B-C die Ansässigkeit weder in C noch B liegt, aber nach A-C in A. Das Abkommen D-A ist problemlos anwendbar und nur hierauf kann sich G berufen.

Das Ergebnis erscheint überzeugend. Der Weg dorthin ist in der Praxis aber kompliziert, da bei jedem möglichen Abkommen jeweils im Hintergrund zwei andere Abkommen und noch mehr überprüft werden müssen. Man könnte auf den Gedanken kommen, man sollte bei dem Rückgriff, ob eine Person in einem Land nur mit Quellen besteuert wird, Art. 4 I 2 OECD-MA besser nicht dort gleichfalls anwenden. Doch dem folgend wäre in Bezug auf das Abkommen D-C Staat C nach dem Vertrag A-C Quellenstaat, aber nach dem Vertrag B-C Ansässigkeitsstaat. Man wüsste nicht, wie sodann weiter vorzugehen wäre. Das heißt, die komplizierte inzidente Prüfung ist notwendig. In der Praxis kann das eigentlich keinem Verwender ernsthaft zugemutet werden. Bei der Dreifachansässigkeit sollte die Auslegung nach dem neuen Musterkommentar deshalb nicht verwendet werden. Zudem kann ein Abkommen, das vor 2009 unterzeichnet wurde oder Art. 4 I 2 OECD-MA nicht enthält, diese Lösung ganz ausschließen.

e) Verfahren bei Vierfachansässigkeit

Noch komplexer wird sich die Suche nach einem Ergebnis bei der Vierfachansässigkeit gestalten. Dieser Fall wird zwar eher theoretischer Natur, aber auch in der Praxis nicht völlig ausgeschlossen sein. Auszugehen ist davon, dass eine natürliche Person P in vier Ländern (A, B, C, D) ihren Wohnsitz innehat und infolgedessen dort jeweils ansässig ist. Rechtlich möglich ist die Konstellation. Die steuerpflichtige Person erhält Quelleneinkünfte aus dem Staat E. Objektiv ist der Ansässigkeitsstaat nach Art. 4 II bei den Abkommen A-B, A-C und A-D in A, bei den Abkommen B-C und B-D in B und nach C-D in C.

Unklar ist, ob P sich in Bezug auf die Einkünfte auf das Abkommen E-A, E-B, E-C, oder E-D berufen kann. Durch die neue Auslegung des Art. 4 I 2 OECD-MA ergibt sich die Ansässigkeit in A, wenngleich diese Analyse höchst ausführlich und komplex ist. P kann sich deshalb im Ergebnis nur auf das Abkommen E-A berufen.

Deutlich komplizierter und realistischer wird der Fall in folgender Abwandlung, wenn die Zuordnung der Ansässigkeit nach Art. 4 II OECD-MA teilweise unterschiedlich erfolgt. Das könnte zum Beispiel derart geschehen, dass die Zuordnung nach Art. 4 II OECD-MA bei dem Abkommen A-B und A-D auf A fällt, bei B-C und B-D auf B, bei C-D auf C, aber bei A-C auf C und nicht A. Das kann problemlos geschehen, da Staaten die Situation unterschiedlich auslegen können und in der Realität nicht alle Abkommen dem OECD-MA exakt entsprechen. Dann hat man einen Widerspruch insoweit, dass jeder Staat bei bestimmten Abkommen Ansässigkeitsstaat, aber auch mindestens bei einem Abkommen Nichtansässigkeitsstaat ist.

Das Problem existierte auch schon bei der früheren Vorgehensweise.[1371] Auch die neue Sichtweise kann das Problem nicht lösen. Betrachtet man das Abkommen E-A, so müssen die Abkommen A-B, A-C, A-D näher analysiert werden. Augenscheinlich ist A hier nach A-B und A-D Ansässigkeitsstaat, aber nach A-C nur Quellenstaat. Nun wäre Art. 4 I 2 auch bei A-B, A-C und A-D jeweils inzident anzuwenden, ein Ergebnis kann hier jedoch nicht gefunden werden. Es erübrigt sich die Analyse und es muss die Person ganz einfach wie bisher als in allen vier Staaten nicht ansässig behandelt werden.[1372] Die Abkommen E-A, E-B, E-C als auch E-D sind aber alle anwendbar.

f) Sichtweise des Bundesfinanzhofes

Der Bundesfinanzhof hatte 2014 einen Fall entschieden[1373], der seine Sichtweise in Bezug auf das Vorgehen bei einer „Mehrfachansässigkeit" zeigt. Dabei ging es um einen Arbeitnehmer, der als so genannter „Grenzgänger" in Deutschland arbeitete ohne Erfüllung eines Ansässigkeitsmerkmals, in Frankreich und in Österreich aber jeweils ansässig war, wobei der Mittelpunkt der Lebensinteressen unstrittig in Österreich lag.[1374] Es handelt sich somit bei diesem Fall um keine Konstellation der Mehrfachansässigkeit im Sinne dieser Arbeit, sondern der Doppelansässigkeit mit Einkünften aus einem weiteren Nichtansässigkeitsstaat.

Der betreffende Arbeitnehmer konnte sich bei dieser Situation auf drei Doppelbesteuerungsabkommen berufen, womit die Frage der Auswirkung der neuen Auslegung des Art. 4 I 2 OECD-MA von Relevanz ist. Die Doppelbesteuerungsabkommen zwischen Deutschland und Österreich[1375] und zwischen Frankreich und Österreich[1376] enthalten jeweils eine Art. 4 I 2 OECD-MA entsprechende Regelung. Das Doppelbesteuerungsabkommen zwischen Deutschland und Frankreich[1377] beinhaltet keine dem Art 4 I 2 OECD-MA korrespondierende Regelung.

Österreich ist unstrittig der Ansässigkeitsstaat nach der „Tie-Breaker"-Regelung des Abkommens Frankreich-Österreich. Würde man die in **E.II.1** dargestellte neue Vorgehensweise anwenden, wäre somit Frankreich auch im Sinne anderer

1371 Siehe **E. I. 1. d)**.

1372 Vgl. für drei Staaten bei *Lehner*, in: Vogel/Lehner, DBA, 6. Auflage 2015, Art. 4 OECD-MA Rn. 25.

1373 BFH Beschluss v. 04.11.2014 – I R 19/13, IStR 2015, 142.

1374 BFH Beschluss v. 04.11.2014 – I R 19/13, IStR 2015, 142 (142).

1375 Abkommen v. 24.08.2000 zwischen der Bundesrepublik Deutschland und der Republik Österreich zur Vermeidung der Doppelbesteuerung, in BGBl. II 2002, 734.

1376 Abkommen v. 26.03.1993 zwischen der Republik Österreich und der Französischen Republik zur Vermeidung der Doppelbesteuerung, in Österreichisches Bundesgesetzblatt 1994, 4901.

1377 Abkommen v. 21.07.1959 zwischen der Bundesrepublik Deutschland und der Französischen Republik zur Vermeidung der Doppelbesteuerung, in BGBl. II 1961, 397 (letzte Änderung: Zusatzabkommen vom 28.09.1989).

Abkommen, hier speziell des Abkommens mit Deutschland nicht mehr der Ansässigkeitsstaat. Das Abkommen Deutschland-Frankreich wäre infolgedessen nicht mehr anwendbar (Art. 1 I, Art. 2 I Nr. 4 lit. a des Abkommens Deutschland-Frankreich). Gemäß Art. 15 I des Abkommens Deutschland-Österreich dürfte folglich Deutschland besteuern.

Der Bundesfinanzhof hat dieser Vorgehensweise eine klare Absage erteilt.[1378] Die Bestimmung der Ansässigkeit im Sinne eines Abkommens bei einer doppelt ansässigen Person betrifft nach seiner Ansicht stets nur die betreffenden Vertragsstaaten des jeweiligen bilateralen Abkommens und hat keine „abkommensübergreifende" Wirkung.[1379] Eine solche Wirkung ergibt sich demnach weder aus den betreffenden Anwendungsbestimmungen zum Abkommen Deutschland-Frankreich, noch aus „allgemeinen Rechtsgrungsätzen"[1380]. Diese Tatsache liegt auf der Hand und bedarf nach Überzeugung des Bundesfinanzhofes keiner weiteren Erläuterung.[1381] Auf den OECD-Musterkommentar und speziell deren in **E.II1** erläuterte Auslegung geht der Bundesfinanzhof nicht ein. Das Ergebnis ist, dass die Einkünfte des betreffenden Arbeitnehmers gemäß Art. 15 V des Abkommens Deutschland-Frankreich durch Frankreich besteuert werden dürfen.

In der Literatur ist die Entscheidung begrüßt worden.[1382] Dem ist zuzustimmen. Gleichwohl hat sich in dieser Konstellation eigentlich die Problematik der neuen Auslegung des Art. 4 I 2 OECD-MA nicht gestellt. Zum einen enthält das Abkommen Deutschland-Frankreich keine dem Art. 4 I 2 OECD-MA entsprechende Regelung.[1383] Schon deshalb kommt die abkommensübergreifende Wirkung über die Auslegung einer dem Art. 4 I 2 OECD-MA entsprechenden Regelung nicht in Betracht. Zudem geht der Bundesfinanzhof von der statischen Auslegung der Doppelbesteuerungsabkommen aus und die hier relevanten Abkommen und Zusatzabkommen wurden vor der Einführung der neuen Kommentierung im Jahr 2008 unterzeichnet.[1384] Dennoch ist es eher unwahrscheinlich, dass der Bundesfinanzhof bei Anwendung von drei nach dem Jahr 2008 abgeschlossenen Doppelbesteuerungsabkommen, die jeweils eine dem Art. 4 I 2 OECD-MA entsprechende Regelung enthalten, anders vorgehen würde.

7. Ergebnis

Aus dieser gesamten Betrachtung ergibt sich, dass die „neue" Interpretation des Art. 4 I 2 OECD-MA sehr problematisch ist. Auch bei den Abkommen nach Juli 2009, bei denen diese Sichtweise bei der Auslegung als „travaux préparatoires"

1378 BFH Beschluss v. 04.11.2014 – I R 19/13, IStR 2015, 142 (142).
1379 BFH Beschluss v. 04.11.2014 – I R 19/13, IStR 2015, 142 (144).
1380 BFH Beschluss v. 04.11.2014 – I R 19/13, IStR 2015, 142 (144).
1381 BFH Beschluss v. 04.11.2014 – I R 19/13, IStR 2015, 142 (144).
1382 Siehe *Gosch*, IWB 2015, 112; ebenso *Wassermeyer*, IStR 2015, 144.
1383 Vgl. *Wassermeyer*, IStR 2015, 144 (144).
1384 *Gosch*, IWB 2015, 112 (114).

gemäß Art. 32 WVK herangezogen werden kann, sollte deshalb zunächst der Einzelfall genau betrachtet werden. Aufgrund der geschilderten gewichtigen Gründe, die dagegen sprechen, ist der „neuen" Vorgehensweise im Zweifel nicht zu folgen. Anders verhält es sich, wenn beispielsweise sonstige Auslegungsmittel darauf hindeuten, dass diese Interpretation wirklich unbedingt von den Parteien beabsichtigt gewesen ist. Bei den Fällen der Mehrfachansässigkeit ist davon Abstand zu nehmen.

F. Steuerliche Wirkungen der Mehrfachansässigkeit

Die Mehrfachansässigkeit tritt natürlich nur vereinzelt auf, ist aber nicht abwegig. In solch einem Fall besteht nicht nur die Gefahr der Doppelbesteuerung, sondern sogar der Mehrfachbesteuerung. Wenn drei Staaten von der unbeschränkten Steuerpflicht ausgehen und jeweils alles besteuern, wäre das für den Pflichtigen fatal. Andererseits könnte sich, wenn entsprechende Abkommen zwischen den Staaten bestehen, diese Mehrfachansässigkeit unter Umständen sogar positiv auf die Steuerlast auswirken.

I. Veränderungen der Steuerlast

Das soll nun untersucht werden. In der Realität kommt es natürlich immer auf den konkreten Einzelfall an, also auf die Tatsachen, das nationale Recht und vor allem den exakten Wortlaut der einschlägigen Abkommen zur Vermeidung der Doppelbesteuerung. Die hier kurz erarbeiteten zwei Fälle dienen nur der Veranschaulichung, sind rein exemplarisch.

1. Natürliche Personen

Angenommen der Steuerpflichtige P erfüllt eine nichtselbstständige Tätigkeit bei einem in Österreich ansässigen Unternehmen und verdient 100.000,- € brutto. Er lebt mit seiner Familie in einem Haus in Deutschland, ist aber aufgrund zahlreicher Termine im Jahr mehr als 183 Tage in Österreich, wo er in verschiedenen Hotels übernachtet. Den geringfügigen Rest seiner Arbeit erledigt er von Deutschland aus. In Frankreich leben die Eltern des P, die er ebenso mindestens jeden Monat einmal besucht. Allerdings übernachtet er hier auch in einem Hotel, da die Wohnung der Eltern sehr klein ist.

P hat unstrittig in Deutschland nach § 8 AO einen Wohnsitz, in Österreich hat er seinen gewöhnlichen Aufenthalt gemäß § 26 II 2 BAO. Folglich ist P doppelt ansässig. Das Abkommen zwischen Deutschland und Österreich[1385] ist vor dem Juli 2009 geschlossen worden, womit die „neue Auslegung" des Art. 4 I 2 OECD-MA nicht in Frage kommt. P verfügt nur in Deutschland über eine ständige Wohnstätte, womit Deutschland laut Art. 4 II lit. a der Ansässigkeitsstaat im Sinne des Abkommens ist. Gemäß Art. 15 I, II lit. a, 23 I lit. a des Abkommens besteuert nur Österreich die Einkünfte des P.

1385 Abkommen v. 24.08.2000 zwischen der Bundesrepublik Deutschland und der Republik Österreich zur Vermeidung der Doppelbesteuerung, in BGBl. II 2002, 734.

Nun überlegt P, ob er sich in Frankreich in der Nähe der elterlichen Wohnung ein kleines Appartement mietet. Interessant ist, ob sich dadurch an der Steuerlast etwas ändert. P befindet sich regelmäßig in Frankreich, richtet sich dort ein Zimmer ein und gründet infolgedessen in Frankreich einen weiteren Wohnsitz („foyer"). Dann ist P mehrfach ansässig und in drei Staaten unbeschränkt steuerpflichtig.

Die Abkommen sind separat zu betrachten, an der Situation zwischen Deutschland und Österreich ändert sich also nichts. Das Abkommen zwischen Österreich und Frankreich[1386] enthält zwar Art. 4 I 2 OECD-MA, ist aber ebenso vor 2009 vereinbart worden. Auszugehen ist davon, dass nach Art. 4 II lit. a Frankreich der Ansässigkeitsstaat ist. Art. 15 I, II lit. a, 23 I des Abkommens würde die Anrechnung der österreichischen Steuer auf die französische Steuer anordnen. Österreich darf nach wie vor besteuern, Frankreich würde aber auch besteuern und anrechnen. Doch Frankreich ist völkerrechtlich ebenso durch das Abkommen mit Deutschland[1387] gebunden, welches Art. 4 I 2 OECD-MA nicht enthält. Aufgrund der teilweisen wirtschaftlichen Tätigkeit in Deutschland und dem Wohnsitz der Familie ist wohl davon auszugehen, dass der Mittelpunkt der Lebensinteressen in Deutschland liegt, womit nach Art. 2 I Nr. 4 lit. b) aa) Deutschland als Ansässigkeitsstaat im Sinne des Abkommens anzusehen ist. Folglich wird das Besteuerungsrecht nach Art. 13 I, IV des Abkommens Deutschland zugeordnet. Frankreich darf deshalb nicht besteuern. Deutschland darf nicht besteuern, weil es durch das Abkommen mit Österreich freistellen muss. Im Ergebnis besteuert nach wie vor nur Österreich die Einkünfte aus nichtselbstständiger Tätigkeit des P.

Die Steuerlast bleibt hier gleich. Sobald aber beide Abkommen mit dem dritten Staat nicht die Freistellungsmethode, sondern die Anrechnungsmethode für die Einkunftsart verwenden, muss P auch in dem dritten Staat (hier: Frankreich) Steuern zahlen, wenngleich er das im anderen Staat Gezahlte anrechnen kann. Ob das zu einer Mehrbelastung führt, hängt vom Steuersatz des dritten Staates ab. Es kann sich derart auswirken. Auch die oben[1388] geschilderte Konstellation der Vierfachansässigkeit kann gewollt sein, da die Person dann in sämtlichen Staaten nur mit den inländischen Quellen besteuert wird. Falls Abkommen die Anrechnungsmethode anordnen, ist das wohl im Regelfall nicht gewollt.

2. Kapitalgesellschaften

Auf die Personengesellschaften wird aufgrund der Schwierigkeiten durch das im deutschen Steuerrecht geltende Transparenzprinzip und die teilweise abweichende Sicht anderer Staaten hier nicht eingegangen. Eine Kapitalgesellschaft kann ihren

---

1386 Abkommen v. 26.03.1993 zwischen der Republik Österreich und der Französischen Republik zur Vermeidung der Doppelbesteuerung, in Österreichisches BGBl. 613/1994, 4901.

1387 Abkommen v. 21.07.1959 zwischen der Bundesrepublik Deutschland und der Französischen Republik zur Vermeidung der Doppelbesteuerungen, in BGBl. II 1961, 397.

1388 Siehe **E.II.3.e).**

Sitz in einem Staat und die Geschäftsleitung jeweils in zwei anderen Staaten haben. Das ist natürlich ein eher ungewöhnlicher Fall.

Auszugehen ist zunächst von der Gesellschaft G mit Sitz in B und der Geschäftsleitung in A.[1389] G erhält eine Zinszahlung aus dem Drittstaat D. Zu klären ist, welcher Staat sie wie hoch besteuern darf. Es bestehen Abkommen zwischen allen Staaten, die grundsätzlich dem OECD-MA entsprechen. Nach dem Abkommen A-B ist A gemäß Art. 4 III OECD-MA der Ansässigkeitsstaat im Sinne des Abkommens, da der Ort der tatsächlichen Geschäftsleitung in A liegt. Folglich darf B die Dividende als sonstige Einkunft gemäß Art. 21 I OECD-MA nicht besteuern. Bei der Vorgehensweise nach dem neuen Musterkommentar gilt G wegen Art. 4 I 2 des Abkommens B-D in B als nicht ansässig. Dieses Abkommen ist somit nicht anzuwenden, sondern nur das Abkommen A-D.[1390] Das Besteuerungsgut wird zwischen A und D danach verteilt. D besteuert und B darf wegen dem Abkommen A-B nicht besteuern.

Bei alter Ansicht gilt das jeweils für G „günstigere" Abkommen, A-D oder B-D.[1391] Das heißt, B-D kann die teilweise oder sogar ganze Freistellung in D vorsehen, A-D aber die Besteuerung in D, womit D, um seine völkerrechtlichen Pflichten zu erfüllen, sodann die Zinszahlung nicht besteuert.[1392] Es würden die Zinseinkünfte weder in A noch in B noch in C besteuert werden. Sofern das Abkommen B-D jedoch eine „subject-to-tax"-Klausel in Bezug auf Zinseinkünfte enthält, sieht das Ergebnis anders aus.[1393] Der Quellenstaat gibt die Freistellung dann jeweils nur, sofern die von ihm freigestellten Einkünfte auch tatsächlich im anderen Staat besteuert werden.[1394] Eine entsprechende Klausel bewirkt, dass aufgrund der fehlenden tatsächlichen Besteuerung in B doch das Land D besteuert.

Falls aber das Abkommen A-B eine „subject-to-tax"-Klausel für sonstige Einkünfte enthält, kann es sogar zu einer Doppelbesteuerung kommen.[1395] Denn nach dem Abkommen A-B muss B freistellen, allerdings nur bei tatsächlicher Besteuerung durch A. Nach dem Abkommen B-D darf B besteuern und D muss freistellen. Nach A-D muss A wiederum freistellen und D darf besteuern. Bei alter Vorgehensweise würde in diesem Fall nur B die Einkünfte besteuern. Aber wenn D nun besteuert, weil ihm dies nach der neuen Vorgehensweise möglich ist, G kann sich ja nicht auf das Abkommen B-D berufen (wegen Art. 4 I 2 des DBA B-D), ist D nicht das einzige besteuernde Land. Zusätzlich belegt auch Staat B den G mit Steuern, weil Staat A ja nicht tatsächlich besteuert („subject-to-tax"-Klausel). Bei dieser Konstellation

---

1389 Fall bei der Doppelansässigkeit von *Wassermeyer/Kaeser*, in: Debatin/Wassermeyer, DBA, Art. 21 MA Rn. 54.

1390 Siehe **E.II.1.**

1391 Siehe **D.I.4.b)**.

1392 *Wassermeyer/Kaeser*, in: Debatin/Wassermeyer, DBA, Art. 21 MA Rn. 54.

1393 *Wassermeyer/Kaeser*, in: Debatin/Wassermeyer, DBA, Art. 21 MA Rn. 54.

1394 *Gassner/Lang*, Treaty Shopping, in: Gassner/Lang/Lechner, Aktuelle Entwicklungen im Internationalen Steuerrecht, 1994, S. 43 (50)

1395 *Wassermeyer/Kaeser*, in: Debatin/Wassermeyer, DBA, Art. 21 MA Rn. 54.

entsteht tatsächlich eine Doppelbesteuerung durch das Zusammenspiel der neuen Auslegung des Art. 4 I 2 OECD-MA und einer „subject-to-tax“-Klausel. Bei Anwendung der früheren Auslegung kommt das so nicht vor. Gleichwohl handelt es sich um einen doch eher konstruierten Fall.

Nun entsteht durch Fusion von G mit einer anderen Gesellschaft im Staat C eine untergeordnete Geschäftsleitung. Dies führt zur Ansässigkeit von G in C und somit zur dreifachen Ansässigkeit. Bei Zinseinkünften aus D kann sich G bei der alten Sichtweise das günstigere von den Abkommen D-A, D-B und D-C aussuchen. Wenn D-C einen noch günstigeren Quellensteuersatz vorsehen würde, ist es im Zweifel ein Vorteil. Es kann wiederum unabhängig von der weiteren Ansässigkeit in C zur völligen Freistellung der Einkünfte kommen. Nach Art. 4 I, III, 21 I des DBA A-B darf A besteuern. In C ist nur eine untergeordnete Geschäftsleitung, die tatsächliche Geschäftsleitung der fusionierten Firma befindet sich somit in A, weshalb A nach Art. 4 III im Sinne des Abkommens A-C ansässig ist. Besteuern darf die Zinseinkünfte nur A nach Art. 21 I DBA A-C.

Was nun die Situation zwischen B und C betrifft, so führt die separate Betrachtung der bilateralen Abkommen zum Recht des Staates C zur Besteuerung, der aber gegenüber A freistellen muss. Wenn nun das Abkommen B-D oder C-D eine Freistellung der Zinseinkünfte durch D vorsieht, kann es wiederum zur völligen Nichtbesteuerung der Zinseinkünfte kommen. Sodann gelten die obigen Ausführungen.

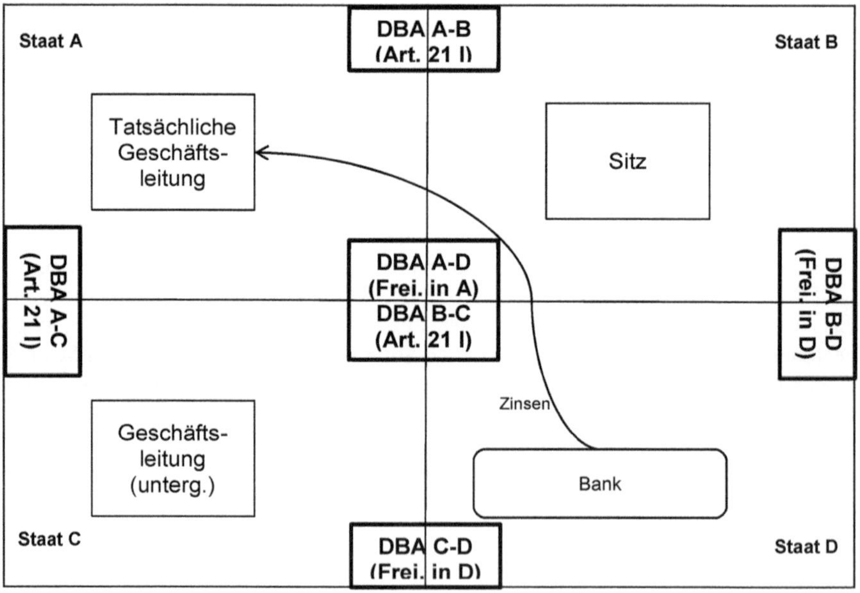

Bei der neuen Auslegung des Art. 4 I 2 OECD-MA gilt aber wiederum bezüglich der Zinseinkünfte eine Aufhebung der Ansässigkeit in B und C. Somit kann sich G auf das Abkommen D-A berufen, nicht auf D-B oder D-C. Das Resultat ist keine doppelte Nichtbesteuerung. Staat D hat das Recht der Besteuerung. Aber für den Fall einer „subject-to-tax"-Klausel in den Abkommen A-B und A-C bei Einkünften nach Art. 21 I des jeweiligen DBA besteht wiederum die Möglichkeit einer doppelten oder im äußersten Falle einer dreifachen Besteuerung der Zinseinkünfte. Im Vergleich zur obigen Doppelansässigkeit kann die Steuerlast demnach höher oder geringer werden.

II. „Treaty Shopping" durch Mehrfachansässigkeit

Es zeigt sich, dass es immer auf den Einzelfall ankommt. In bestimmten Konstellationen kann durch die Schaffung einer weiteren Ansässigkeit zur Doppelansässigkeit –also durch Mehrfachansässigkeit– die Steuerlast verringert werden. Sie kann sich aber auch erhöhen. Eine weitere Abkommensberechtigung kann quasi „eingekauft" werden. Ob dies wirklich ratsam ist, mag dahingestellt sein. Es darf nicht vergessen werden, dass die betreffende Person nach wie vor in allen Ansässigkeitsstaaten unbeschränkt steuerpflichtig ist. Daraus entstehen grundsätzlich auch steuerliche Erklärungspflichten etc. Zudem enthalten die Abkommen nun meist Vorschriften zur Verhinderung des Missbrauchs. Ebenso gibt es diese im nationalen Recht. Wenn Personen ohne Missbrauchsabsicht zu einer Mehrfachansässigkeit gelangen, besteht die Gefahr, dass sie aufgrund dieser Vorschriften „benachteiligt" werden. Als wirklicher „Nachteil" darf es aber hier auch nur gesehen werden, wenn die Anwendung der Klauseln eine doppelte oder mehrfache Besteuerung verursacht. Wenn sich die Steuerlast aus den höheren Steuersätzen in einem anderen Land ergibt, so ist dies einfach eine logische Folge und muss hingenommen werden.[1396]

Es gibt zahlreiche bilaterale und auch unilaterale Maßnahmen, um das „Treaty-Shopping" zu verhindern.[1397] Diese wirken nicht nur der „missbräuchlichen" Gestaltung einer Doppelansässigkeit entgegen, sondern auch der einer Mehrfachansässigkeit. Das ergibt sich schon aus den obigen Ausführungen. Die einzelnen Klauseln brauchen nicht nochmals erörtert zu werden.

1396 Vgl. auch *Wernsmann*, in: Schulze/Zuleeg/Kadelbach, 3. Auflage 2015, § 30 Rn. 94 zur Diskriminierungsfrage im Europarecht.

1397 Siehe **D.II**.

G. Zusammenfassung der Ergebnisse

Bezugspunkt für die unbeschränkte Steuerpflicht ist in Deutschland und in den meisten Ländern die Ansässigkeit einer Person im Inland. Ansässig wird man durch das Erfüllen eines Ansässigkeitsmerkmals. Bei natürlichen Personen kommt der Wohnsitz und der gewöhnliche Aufenthalt in Betracht. Doppelt ansässig wird man zum Beispiel durch den gewöhnlichen Aufenthalt in einem Land und den Wohnsitz in einem anderen Land oder zwei Wohnsitzen. Einen steuerlichen Wohnsitz kann man nämlich in mehreren Ländern vorweisen. Man benötigt hierfür im Grundsatz nur eine Räumlichkeit zum privaten Leben, über die man tatsächlich verfügen kann und die man mit gewisser Regelmäßigkeit aufsucht.

Bei nicht natürlichen Personen gibt es das Merkmal der handelsrechtlichen Eintragung des Sitzes einer Gesellschaft und den Ort der Geschäftsleitung. Dieser besteht am Ort der geschäftlichen Oberleitung. Der Sitz kann sich grundsätzlich immer nur an einem Ort befinden, die geschäftliche Oberleitung jedoch kann aufgrund der modernen Informationstechnologien und dezentraler Unternehmensführung auch an mehreren Orten sein. So kann auch die Erscheinung der Mehrfachansässigkeit auftreten.

Eine Doppelansässigkeit führt zu Problemen bei Anwendung eines Doppelbesteuerungsabkommens. Die darin festgeschriebenen Verteilungsnormen sehen nämlich eine Aufteilung des Besteuerungsgutes zwischen dem Ansässigkeitsstaat und dem Nichtansässigkeitsstaat (Quellenstaat) vor. Hier gäbe es aber keinen Quellenstaat. Deshalb wird bei natürlichen Personen nach Art. 4 II OECD-MA und bei nicht natürlichen Personen nach Art. 4 III OECD-MA die Ansässigkeit im Sinne des Abkommens einem Staat zugeordnet.

Als nächstes wurden die steuerlichen Wirkungen der doppelten Ansässigkeit anhand einiger Beispielsfälle ergründet. Die Steuerlast im Vergleich zur einfachen Ansässigkeit kann entweder unverändert, geringer oder höher sein. Es hängt von den konkreten bilateralen Abkommen, der Art der Einkünfte und auch den jeweiligen nationalen Regelungen ab. Dies gilt sowohl für natürliche Personen als auch für Kapitalgesellschaften. Bei der Konstellation mit Quelleneinkünften aus einem Drittstaat kann zum Beispiel tatsächlich aufgrund der Geltung eines weiteren Abkommens eine Verringerung der Steuerlast auftreten. Das bewusste Erfüllen eines Ansässigkeitsmerkmals in einem zweiten Staat, um den Abkommensschutz zu erhalten, wird unter den Begriff „Treaty Shopping" gefasst.

Die Staaten wollen natürlich verhindern, dass auf diese Weise die Steuerlast verringert wird, und ergreifen nationale (unilaterale) Maßnahmen. Zudem werden in den modernen Abkommen auch Klauseln eingefügt, welche die missbräuchliche Anwendung des Abkommens unterbinden sollen. Das überarbeitete Muster, das Deutschland seinen Abkommensverhandlungen zugrunde legt, enthält ebenso solche Klauseln.[1398] Nach wie vor bestehen Möglichkeiten, die Vorteile eines Abkommens „missbräuchlich" zu erlangen. Nachteil der ganzen Vorgehensweise ist, dass Personen, die aus triftigen Gründen eine Doppelansässigkeit haben, im Einzelfall auch unter die Regelungen fallen. Das lässt sich nur schwer verhindern.

Daneben gibt es die eher seltene Mehrfachansässigkeit. Leider gibt es fast keine multilateralen Abkommen. In diesen könnte der Fall der Mehrfachansässigkeit vorgesehen und konkret geregelt werden. Es existiert allerdings ein dichtes Netz an Doppelbesteuerungsabkommen zwischen den Staaten. Mittels dieser ist der Fall der Mehrfachansässigkeit möglichst so zu lösen, dass keine doppelte oder mehrfache Besteuerung auftritt. Das geschieht durch jeweils separate Betrachtung der bilateralen Abkommen und der daraus resultierenden völkerrechtlichen Verpflichtungen. Es funktioniert grundsätzlich bei Vorhandensein von jeweiligen Abkommen.

Die OECD hat 2008 den Musterkommentar geändert und hierbei eine der früheren Kommentierung widersprechende Auslegung des Art. 4 I 2 OECD-MA vorgesehen. Art. 4 I 2 OECD-MA schließt die nach Art. 4 I 1 OECD-MA festgestellte Ansässigkeit einer Person für den Fall wieder aus, dass die Person „in diesem Staat nur mit Einkünften aus Quellen in diesem Staat oder mit in diesem Staat gelegenem Vermögen steuerpflichtig ist". Ohne die Ansässigkeit in einem der betreffenden Staaten kann sich eine Person nicht auf ein Abkommen berufen, siehe Art. 1 OECD-MA. Vorher wurde diese Regelung so verstanden, dass sie sich auf das rein nationale Recht bezieht. Wenn das nationale Recht vorsieht, dass eine Person nur mit inländischen Quellen besteuert wird, wie etwa bei Diplomaten, dann ist die Ansässigkeit abzulehnen.

Nach der neuen Kommentierung führt auch die Besteuerung inländischer Quellen gemäß den Verteilungsregeln eines Abkommens zum Entfall der Ansässigkeit. Bei der doppelten Ansässigkeit wird ja durch ein Abkommen der „Quellenstaat" im Sinne des Abkommens festgelegt. In diesem „Quellenstaat" ist die Person dann für andere Abkommen gemäß deren Art. 4 I 2 nicht mehr ansässig.

Es stellte sich die Frage, was der Musterkommentar ist und ob diese Auslegung infolgedessen für deutsche Gerichte bindend ist. Eine Analyse, ob er unter die Auslegungsregeln des Art. 31 I, II, III, IV, oder Art. 32 WVK für ein konkretes Abkommen fällt, ergab eine Einordnung unter Art. 32 WVK. Der Musterkommentar gehört zu den „travaux préparatoires" eines konkreten bilateralen Abkommens, welches dem Muster der OECD folgt. Es ist bei den Vertragsverhandlungen davon auszugehen, dass den Parteien, die das OECD-MA als Vorlage benutzen, auch der Inhalt des dazu gehörenden Musterkommentars bewusst ist. Er ist ein ergänzendes Auslegungsmittel. Rechtlich bindend ist der Musterkommentar für ein nationales Gericht nicht.

1398 Vertragsgrundlage Deutschlands für die Verhandlungen mit anderen Staaten, zu finden unter: http://www.bundesfinanzministerium.de/Content/DE/Standardartikel/Themen/Steuern/Internationales_Steuerrecht/Allgemeine_Informationen/2013-08-22-Verhandlungsgrundlage-DBA-deutsch.html, Abrufdatum: 24.06.2015, Art. 28.

Allerdings gehören zu den „travaux préparatoires" nicht dessen Änderungen, die weniger als etwa ein Jahr vor Unterzeichnung eines Abkommens veröffentlicht wurden. Solche Aktualisierungen sind als weitere ergänzende Auslegungsmittel ebenso unter Art. 32 WVK zu subsumieren. Da diese Änderungen aber den Personen bei Vertragsschluss nicht bekannt waren, haben sie bei der Auslegung sehr geringe Bedeutung. Zudem dürfen sie aufgrund der Verfassung nicht zur faktischen Abänderung eines bestehenden Abkommens führen, weil dies den Vertragsstaaten vorbehalten ist.

Für die Auslegung von Art. 4 I 2 OECD-MA ergibt sich Folgendes: Bei Abkommen, die vor Juli 2009 unterzeichnet wurden, ist von der neuen Sichtweise Abstand zu nehmen, außer konkrete Umstände des Einzelfalles sprechen für sie. Bei Auslegung der späteren Abkommen kann sich ein Gericht an dieser Vorgehensweise orientieren, muss es aber nicht, da gewichtige Gründe dagegen sprechen. Abkommen, die keine dem Art. 4 I 2 OECD-MA entsprechende Vorschrift enthalten, können von vornherein nicht derart ausgelegt werden.

Gegen die neue Kommentierung spricht vor allem, dass für die Auslegung des Art. 4 I 2 eines Abkommens inzident Art. 4 I und II oder III eines anderen Abkommens geprüft werden muss. Sobald hier eine Verständigung nach Art. 4 II lit. d oder der alternativen Formulierung des Art. 4 III[1399] notwendig ist, ist unklar, wie weiter vorzugehen ist. Bei Vorliegen einer Verständigung kann sich der Verwender des Abkommens daran orientieren. Es stellt sich die Frage, ob eine Verpflichtung hierzu besteht. Wenn keine Einigung gegeben ist, kann diese nicht einfach ersetzt werden. Sie könnte höchstens angeregt werden. Bei Fällen der Mehrfachansässigkeit ist diese Prüfung dem Verwender nicht zumutbar.

Die OECD hat die neue Kommentierung eingeführt, um den Missbrauch von Abkommen zu verhindern. Die Vorschrift ist dafür aber nicht geschaffen worden und dazu auch nicht geeignet. Sie wurde vor allem für den Sonderfall der Diplomaten und sonstigen konsularischen Angestellten eingefügt. Es ist keine Vorschrift zur Bekämpfung des Missbrauchs. Das Zusammenspiel der neuen Auslegung mit „subject-to-tax"-Klauseln kann sogar zur doppelten oder mehrfachen Besteuerung führen. Es handelt sich wohl um einen Irrweg der OECD und die Kommentierung im Musterkommentar sollte besser wieder rückgängig gemacht werden. Viel sinnvoller ist die Bekämpfung des „Missbrauchs" der Abkommen durch entsprechende Klauseln in Abkommen. Diese müssen danach eben erst von den Staaten untereinander jeweils vereinbart werden. Solch ein Verfahren ist aus rechtsstaatlichen Gründen notwendig. Es muss dazu nicht jeweils ein neues Abkommen vereinbart werden, es reicht ebenso eine Abänderung durch ein Protokoll aus.

Was die Zukunft bringt, lässt sich schwer vorhersagen. Die OECD arbeitet weiter an der Bekämpfung des Missbrauchs der Abkommen, wie zum Beispiel an der

1399 Siehe Art. 4 Tz. 24.1. OECD-Musterkommentar 2014.

Verhinderung der Verlagerung des Gewinns in Niedrigsteuerländer.[1400] Sie sollte dabei aber zukünftig besser nicht Vorschriften durch die Änderung des Musterkommentars umfunktionieren. Teilweise wird vertreten, dass multilaterale Abkommen die Lösung seien.[1401] Dazu müssten sich aber viele Staaten an einen Tisch setzen und aufgrund der höchst unterschiedlichen steuerlichen Ziele und wirtschaftlichen Interessen würden Einigungen nur äußerst schwer erzielt werden können. Selbst innerhalb der EU existiert kein multilaterales Abkommen zur Vermeidung der Doppelbesteuerung.

Teilweise wird vertreten, die steuerliche Bezugnahme auf das Merkmal der Ansässigkeit sei überholt und es solle generell immer nur der Staat besteuern dürfen, in welchem die Einkünfte entstehen.[1402] Bei Durchsetzung dieses Konzepts würde die hier dargestellte Arbeit in gewisser Weise obsolet. Es ist aber keineswegs zu erwarten, dass in nächster Zeit derart drastische Änderungen am Besteuerungskonzept vorgenommen werden. Stattdessen wird die Ansässigkeit weiterhin die unbeschränkte Steuerpflicht hervorrufen und die dadurch ausgelösten Probleme werden durch moderne bilaterale Abkommen mit Klauseln zur Verhinderung des Missbrauchs gelöst werden.

1400 Vgl. Bericht der Arbeitsgruppe für BEPS (Base Erosion and Profit Shifting): http://www.oecd.org/tax/tax-global/part-1-of-report-to-g20-dwg-on-the-impact-of-beps-in-low-income-countries.pdf, Abrufdatum: 24.06.2015.

1401 *Mattson?*, in Intertax 2000, 301 (305 ff.).

1402 *Kemmeren*, Principle of Origin in Tax Conventions, 2001, S. 519 ff.

Literaturverzeichnis

Alkema, Evert A., The Commentaries on the OECD Model Tax Convention on Income and on Capital, in: Douma, Sjoerd/Engelen, Franciscus Antonius, The Legal Status of the OECD Commentaries, Amsterdam, 2008, S. 163 ff.

Ault Hugh J., The Role of the OECD Commentaries in the Interpretation of Tax Treaties, Intertax, 1994, S. 144 ff.

Aust, Anthony, Modern Treaty Law and Practice, 3. Auflage, London, 2013.

Avery Jones John F., The David R. Tillinghast lecture – Are Tax Treaties necessary?, Tax Law Review 1999, S. 1 ff.

Avery Jones, John F., The binding nature of the OECD Commentaries from the UK point of view, in: Douma, Sjoerd/Engelen, Franciscus Antonius, The Legal Status of the OECD Commentaries, Amsterdam, 2008, S. 157 ff.

Avery Jones, John F., The Effect of Changes in the OECD Commentaries after a Treaty is Concluded, Bulletin for International Fiscal Documentation, 2002, S. 102 ff.

Baker, Philip, Double Taxation Conventions and International Tax Law, 2. Auflage, London, 1994.

Baßler, Johannes, in: Flick, Hans/Wassermeyer, Franz/Baumhoff, Hubertus/Schönfeld, Jens, Außensteuergesetz, Loseblattsammlung, Köln, Stand: 74. EL Dezember 2014, § 2.

Beiser Reinhold, Doppelwohnsitz und Mittelpunkt der Lebensinteressen im zwischenstaatlichen Steuerrecht, Österreichische Steuerzeitung, 1989, S. 241 ff.

Betten, Rijekele, Denial of Certificate of Residence to Dual Resident Company, European Taxation, 1989, S. 371 ff.

Birk Dieter, in: Hübschmann, Walter/Hepp, Ernst/Spitaler, Armin, Abgabenordnung/Finanzgerichtsordnung, Loseblattsammlung, Köln, Stand: 232. EL Mai 2015, § 10 AO.

Birk, Dieter/Desens, Marc/Tappe, Henning, Steuerrecht, 17. Auflage, München, 2014.

Birkholz, Hans, Der Wohnsitz, seine Begründung, seine Aufgabe und deren Bedeutung im Rahmen des Steuerrechts, Deutsche Steuer-Zeitung 1979, 247 ff.

Brähler Gernot/Mayer, Markus, Abkommensberechtigung von Personengesellschaften – zugleich Besprechung des BMF-Schreibens vom 16.4.2010, Internationale Steuerrundschau 2010, S. 678 ff.

Brunsbach, Jens/Endres, Dieter/Lüdicke, Jürgen/Schnitger, Arne, Deutsche Abkommenspolitik (ifst-Schrift Nr. 480), Berlin, 2012.

Buciek, Klaus, in: Beermann, Albert/Gosch, Dietmar, Abgabenordnung/Finanzgerichtsordnung, Loseblattsammlung, Bonn, Stand: 115. EL April 2015, §§ 8–11 AO.

Burgstaller Eva/Haslinger, Katharina, Place of Effective Management as a Tie-Breaker-Rule, in Intertax 2004, S. 376 ff.

Damen, Stephan, Netherlands Supreme Court Rules on the Residence of Dual Resident Companies under Tax Treaties with Third Countries, Bulletin for International Fiscal Documentation, 2001, S. 290 ff.

De Visscher, Charles, Problèmes d'interprétation judiciaire en droit international public, Paris, 1963.

Debatin, Helmut, Die grenzüberschreitende Sitzverlegung von Kapitalgesellschaften, GmbHR 1991, 164 ff.

Doralt, Peter/Diregger, Christoph, in: Münchner Kommentar zum Aktiengesetz, 3. Auflage, München, 2008, § 5 Rn. 69 ff.

Dorfmueller, Pia/Fischer, Hardy, Die geplante Neufassung der Anti-Treaty-Shopping-Regelung des § 50d Abs. 3 EStG durch das BeitrRLUmsG, Internationales Steuerrecht, 2011, S. 857 ff.

Dörr, Oliver, in: Dörr, Oliver/Schmalenbach, Kirsten, Vienna Convention on the Law of Treaties, Kommentar, Heidelberg, Dordrecht, London, u. a., 2012.

Drüen, Klaus-Dieter, in: Tipke, Klaus/Kruse, Heinrich Wilhelm, Abgabenordnung/Finanzgerichtsordnung, Loseblattsammlung, Köln, Stand: 139. EL März 2015, §§ 8–11 AO.

Dürrschmidt, Daniel, in: Vogel, Klaus/Lehner, Moris, Doppelbesteuerungsabkommen, 6. Auflage, München, 2015, Art 3 OECD-MA.

Dutta, Sonika, The interpretation of treaty law under special consideration of the Vienna Convention on the Law of Treaties, in: Lang, Michael, Fundamental Issues and Practical Problems in Tax Treaty Interpretation, Wien, 2008, S. 17 ff.

Ebling, Klaus, in: Blümich, Walter, Einkommensteuergesetz, Körperschaftsteuergesetz, Gewerbesteuergesetz, Loseblattsammlung, München, 126. EL November 2014, § 1 EStG.

Elicker, Michael, in: Blümich, Walter, Einkommensteuergesetz, Körperschaftsteuergesetz, Gewerbesteuergesetz, Loseblattsammlung, München, Stand: 126. EL November 2014, § 2 AStG.

Ellis, Maarten J., The Influence of the OECD Commentaries on Treaty Interpretation – Response to Prof. Dr. Klaus Vogel, Bulletin for International Fiscal Documentation, 2000, S. 617 f.

Engelen, Franciscus Antonius, Some Observations on the Legal Status of the Commentaries on the OECD Model, Bulletin for International Fiscal Documentation, 2006, S. 105 ff.

Engelen, Franciscus, Antonius, Interpretation of Tax Treaties under International Law, Amsterdam, 2004.

Fastrich, Lorenz, in: Baumbach, Adolf/Hueck, Alfred, GmbHG, 20. Auflage, München, 2013, § 4a.

Flüchter, Karsten, in: Schönfeld, Jens/Ditz, Xaver, Doppelbesteuerungsabkommen, 1. Auflage, Köln, 2013, Art. 25.

Fölhs, Bernhard, Der gewöhnliche Aufenthalt als Tie-Breaker nach Art. 4 Abs. 2 OECD-MA, in: Lang, Michael/Schuch, Josef/Staringer, Claus, Die Ansässigkeit im Recht der Doppelbesteuerungsabkommen, Wien, 2008, S. 177 ff.

Frotscher Gerrit, Treaty Override durch § 50d Abs. 10 EStG, IStR 2009, 593 ff.

Frotscher, Gerrit, in: Haase, Florian, Außensteuergesetz/ Doppelbesteuerungsabkommen, 2. Auflage, Heidelberg, München, Landsberg, u.a., 2012, Art. 4 MA.

Frotscher, Gerrit, Internationales Steuerrecht, 4. Auflage, München, 2015.

Gaffron, Fabian G., in: Haase, Florian, AStG/DBA, 2. Auflage, Heidelberg, München, Landsberg (u.a.), 2012, Art. 3.

Gardiner, Richard K., Treaty Interpretation, New York, 2008.

Gassner Wolfgang/Lang, Michael, Treaty Shopping, in: Gassner, Wolfgang/Lang, Michael/Lechner, Eduard, Aktuelle Entwicklungen im Internationalen Steuerrecht, Wien, 1994, S. 43 ff.

Gersch, Eva-Maria, in: Klein, Franz, Abgabenordnung, 12. Auflage, München, 2014, §§ 8–11.

Gómez-Ballina, Rodrigo, The Relevance of the Commentaries to the OECD MC for the Interpretation of Bilateral Tax Treaties, in: Lang, Michael, Fundamental Issues and Practical Problems in Tax Treaty Interpretation, Wien, 2008, S. 91 ff.

Gosch, Dietmar, "Triangular case" – DBA-Dreieckskonflikt bei Mehrfachansässigkeit eines Grenzgängers, IWB 2015, 112 ff.

Gosch, Dietmar, Über die Auslegung von Doppelbesteuerungsabkommen, Internationale Steuer-Rundschau, 2013, S. 87 ff.

Göschl, Alexius/Kovar, Herbert/Wahrlich, Ronald, Dreiecksverhältnisse im Recht der Doppelbesteuerungsabkommen, in: Lang, Michael/Jirousek, Heinz, Praxis des internationalen Steuerrechts, Wien, 2005, S. 111 ff.

Graf Vitzthum, Wolfgang, in: Graf Vitzthum, Wolfgang/Proelß, Alexander, Völkerrecht, 6. Auflage, Berlin, Boston, 2013.

Großmann, Klaus, Doppelt ansässige Kapitalgesellschaften im internationalen Steuerrecht, München, 1995.

Grotherr, Siegfried, Zum Anwendungsbereich der unilateralen Rückfallklausel gemäß § 50d Abs. 9 EStG, Internationales Steuerrecht 2007, S. 265 ff.

Grzeszick, Bernd, in: Maunz, Theodor/Dürig, Günter, Grundgesetz, Kommentar, Loseblattsammlung, München, Stand: 73. EL 2014, Art. 20.

Haase, Florian, in: Haase, Florian, Außensteuergesetz/ Doppelbesteuerungsabkommen, 2. Auflage, München, 2012, Kapitel II Einleitung.

Haase, Florian, Steuerliche Wahlrechte bei DBA-Dreieckssachverhalten, Betriebs Berater 2010, S. 673 ff.

Haase, Florian/Kluger, Daniel, Nochmals: Steuerliche Wahlrechte bei DBA-Dreieckssachverhalten, Betriebs Berater, 2010, S. 1823 ff.

Hahn, Hartmut, Treaty-Override als Verfassungsverstoß?, Betriebs-Berater 2012, 1955 ff.

Haslinger, Katharina, Der Ort der tatsächlichen Geschäftsleitung als Tie-Breaker nach Art. 4 Abs. 3 OECD-MA und seine in Diskussion befindlichen Reformen, in: Lang, Michael/Schuch, Josef/Staringer, Claus, Die Ansässigkeit im Recht der Doppelbesteuerungsabkommen, Wien, 2008, S. 191 ff.

Heider Karsten, in: Münchner Kommentar zum Aktiengesetz, 3. Auflage, München, 2008, § 5 Rn. 1–68.

Heinrich, Johannes/Moritz, Helmut, Interpretation of Tax Treaties (Austria), European Taxation, 2000, S. 142 ff.

Heinsen, Oliver, in: Grotherr, Siegfried, Handbuch der internationalen Steuerplanung, 3. Auflage, Herne, 2011, S. 1843 ff.

Helde, Stefanie, Dreiecksverhältnisse im Internationalen Steuerrecht unter Beteiligung einer Betriebstätte, Köln, 2000.

Herzog, Oliver, Handbuch Einkommensteuer, 2012.

Hey, Johanna, Nationale Missbrauchsvorschriften im Spannungsfeld von DBA- und EU-Recht, in: Lüdicke, Jürgen, Wo steht das deutsche internationale Steuerrecht, Köln, 2009, S. 137 ff.

Hill, Graham, The Interpretation of Double Taxation Agreements – the Australian Experience, Bulletin for International Fiscal Documentation, 2003, S. 320 ff.

Hofmeister, Ferdinand, in: Blümich, Walter, Einkommensteuergesetz, Körperschaftsteuergesetz, Gewerbesteuergesetz, Loseblattsammlung, München, Stand: 126. EL November 2014, § 12 KStG.

Ipsen, Knut, Völkerrecht, 6. Auflage, München, 2014.

Ismer, Roland/Baur, Stefanie, Verfassungswidrigkeit von Treaty Overrides, IStR 2014, 421 ff.

Jacob, Friedhelm, Das revidierte DBA-USA – Eckpfeiler – Fortentwicklungen – Neuland (Teil I), Internationales Steuerrecht, 2011, S. 45 ff.

Jacobs Otto H./Endres, Dieter/Spengel, Christoph, in: Jacobs, Otto H., Internationale Unternehmensbesteuerung, 7. Auflage, München, 2011.

Jones, John Avery/Bobbett, Catherine, Triangular Treaty Problems: A summary of the discussion in seminar E at the IFA Congress in London, Bulletin for International Fiscal Documentation, 1999, S. 17 ff.

Kaminski, Bert/Strunk, Günther, Ansässigkeit und Vermeidung der Doppelbesteuerung, Internationales Steuerrecht, 2007, S. 189 ff.

Kemmeren, Eric Cornelia Catharina Maria, Principle of Origin in Tax Conventions, Dongen, 2001.

Kessler, Wolfgang/Eicke, Rolf, Neue Gestaltungshürden in der Anti-Treaty-Shopping-Regelung des § 50d Abs. 3 EStG, Deutsches Steuerrecht, 2007, S. 781 ff.

Kessler, Wolfgang/Müller, Michael, Ort der Geschäftsleitung einer Kapitalgesellschaft nach nationalem und DBA-Recht – Bestandsaufnahme und aktuelle Entwicklungen, Internationales Steuerrecht, 2003, S. 361 ff.

Koenig, Ulrich, in: Koenig, Ulrich, Abgabenordnung, 3. Auflage, München, 2014, §§ 9, 11, 41, 108.

Kofler, Georg, Treaty Shopping, Quota Hopping und Open Skies, in: Lang, Michael/ Jirousek, Heinz, Praxis des internationalen Steuerrechts, Wien, 2005, S. 213 ff.

Kollruss, Thomas, Hinzurechnungsbesteuerung bei doppelt ansässigen Kapitalgesellschaften, Internationales Steuerrecht, 2008, S. 316 ff.

Kroniger, Axel/Thies, Angelika, Anwendung des check-the-box-Systems auf die KGaA als Joint Venture-Vehicle, Internationales Steuerrecht, 2002, S. 397 ff.

Lambrecht, Claus, in: Gosch, Dietmar, Körperschaftsteuergesetz, 2. Auflage, München, 2009, §§ 1, 2, 11, 12.

Lang, Michael, Die Bedeutung des Musterabkommens und des Kommentars des OECD-Steuerausschusses für die Auslegung von Doppelbesteuerungsabkommen, in: Gassner, Wolfgang/Lang, Michael/Lechner, Eduard, Aktuelle Entwicklungen im Internationalen Steuerrecht, Wien, 1994, S. 11 ff.

Lang, Michael, Haben die Änderungen der OECD-Kommentare für die Auslegung älterer DBA Bedeutung?, Steuer und Wirtschaft International, 1995, S. 412 ff.

Lang, Michael, in: Die Ansässigkeit als das Kriterium für die Besteuerung im Quellenstaat nach den Verteilungsnormen des OECD-Musterabkommens, in: Lang, Michael/Schuch, Josef/Staringer Claus, Die Ansässigkeit im Recht der Doppelbesteuerungsabkommen, Wien, 1999, S. 225 ff.

Lang, Michael, Introduction to the Law of Double Taxation Conventions, 1. Auflage, Wien, 2010.

Lang, Michael, Personengesellschaften im DBA-Recht, in Steuer und Wirtschaft International, 2000, S. 60 ff.

Lang, Michael/Brugger, Florian, The role of the OECD Commentary in tax treaty interpretation, Australian Tax Forum, 2008, S. 95 ff.

Lange, Knut Werner, in: Henssler, Martin/Strohn Lutz, Gesellschaftsrecht, 2. Auflage, München, 2014, § 5 AktG.

Le Bouthillier, Yves, in: Corten, Olivier/Klein, Pierre, Vienna Convention on the Law of Treaties, Kommentar, Band 1, Oxford, New York, 2011, Art. 32.

Lechner, Eduard, Wohnsitz, ständige Wohnstätte und Mittelpunkt der Lebensinteressen, in: Gassner, Wolfgang/Lang, Michael, Besteuerung und Bilanzierung international tätiger Unternehmen, 1. Auflage, Wien, 1998, S. 251 ff.

Lederer, Lothar, Walter, Doppelter Wohnsitz natürlicher Personen im internationalen Steuerrecht, Recht der internationalen Wirtschaft, 1981, S. 463 ff.

Lehner, Moris, in: Vogel, Klaus/Lehner, Moris, Doppelbesteuerungsabkommen, 6. Auflage, München, 2015, Grundlagen des Abkommensrechts, A.III, Kommentierung zu Art. 4 OECD-MA.

Lehner, Moris/Waldhoff, Christian, in: Kirchhof, Paul/Söhn, Hartmut/Mellinghoff, Rudolf, Einkommensteuergesetz, Loseblattsammlung, Heidelberg, München, Landsberg, u.a., Stand: 258. EL Mai 2015, § 1.

Lüdicke, Jürgen, Doppelansässigkeit, Ansässigkeitswechsel und Progressionsvorbehalt, in: Kleineidam, Hans-Jochen, Unternehmenspolitik und interntionale Besteuerung – Festschrift für Lutz Fischer, Berlin, 1999, S. 731 ff.

Mamut, Marie-Ann, Die ständige Wohnstätte als nach Art. 4 Abs. 2 OECD-MA, in: Lang, Michael/Schuch, Josef/Staringer, Claus, Die Ansässigkeit im Recht der Doppelbesteuerungsabkommen, Wien, 2008.

Manke Klaus, Personengesellschaften und DBA, in: Vogel, Klaus, Grundfragen des internationalen Steuerrechts, Köln, 1985, S. 199 ff.

Mattson, Nils, Mulitlateral Tax Treaties – A Model for The Future?, Intertax, 2000, S. 301 ff.

Mäusli, Peter, Die Ansässigkeit von Gesellschaften im internationalen Steuerrecht, Bern, 1993.

Mössner, Jörg Manfred, Die Methoden der Vermeidung der Doppelbesteuerung, in: Vogel, Klaus, Grundfragen des Internationalen Steuerrechts, Köln, 1985, 135 ff.

Müller, Jörg Paul, Vertrauensschutz im Völkerrecht, Köln, 1971.

Müller, Marion/Wangler, Clemens, Qualifikationskonflikte bei der Beteiligung inländischer Investoren an ausländischen Personengesellschaften, Internationales Steuerrecht, 2003, S. 145 ff.

Musil, Andreas, in: Hübschmann, Walter/Hepp, Ernst/Spitaler, Armin, Abgabenordnung/Finanzgerichtsordnung, Loseblattssammlung, Köln, Stand: 232. EL Mai 2015, §§ 8, 9, 11 AO.

Nabiałek, Jaroslaw, Steuerliche Optimierung von grenzüberschreitender Wohnsitzverlegung deutscher Überschussermittler, Betriebsberater, 2003, 1194 ff.

Nettesheim, Martin, in: Maunz, Theodor/Dürig, Günter, Grundgesetz, Kommentar, Loseblattsammlung, München, Stand: 73. EL 2014, Art. 59.

OECD, Double Taxation Convention and the Use of Conduit Companies, in: International Tax Avoidance and Evasion – Four Related Studies, Paris, 1987.

OECD, Model Tax Convention on Income and on Capital – Condensed Version (updated on 15 July 2014), OECD, Paris, 2014.

OECD, Model Tax Convention on Income and on Capital – Full Version (updated on 22 July 2010), OECD, Paris, 2012.

OECD, OECD Convention on combating bribery of foreign public officials in international business transactions (and Related Documents), 2011.

OECD, The Application of the OECD Model Tax Convention to Partnerships, Paris, 1999.

Oechslin-Saupper, Eveline, Besteuerung ausländisch beherrschter Kapitalgesellschaften mit Ansässigkeit in der Schweiz, Bern, 1994.

Owen, Philip, Can effective management be distinguished from central management and control? British Tax Review 2003, 296 ff.

Pinkernell, Reimar, Internationale Steuergestaltung im Electronic Commerce (ifst-Schrift Nr. 494), Berlin, 2014.

Pluskat Sorika, Die Zulässigkeit des Mehrfachsitzes und die Lösung der damit verbundenen Probleme, in Zeitschrift für Wirtschafts- und Bankenrecht, 2004, S. 601 ff.

Pohl, Carsten, in: Schönfeld, Jens/Ditz, Xaver, DBA, 1. Auflage, Köln, 2013, Art. 4.

Prokisch, Rainer, Fragen der Auslegung von Doppelbesteuerungsabkommen, Steuer und Wirtschaft International, 1994, S. 52 ff.

Prokisch, Rainer, in: Vogel Klaus/Lehner, Moris, Doppelbesteuerungsabkommen, 6. Auflage, München, 2015, Art. 1OECD-MA.

Ratschow, Eckart, in: Klein, Abgabenordnung, 12. Auflage, München, 2014, § 42.

Rehberg, Martin, Der Zuzug und Wegzug von Kapitalgesellschaften in gesellschafts- und steuerrechtlicher Sicht, Frankfurt am Main, 2011.

Reimer, Ekkehart, Interpretation of Tax Treaties, European Taxation, 1999, S. 58 ff.

Rengers Jutta, in: Blümich, Walter, Einkommensteuergesetz, Körperschaftsteuergesetz, Gewerbesteuergesetz, Loseblattsammlung, München, Stand: 126. EL November 2014, §§ 1, 2 KStG.

Richter, Lutz/Hontheim, Stefanie, Double Irish with a Dutch Sandwich: Pikante Steuergestaltung der US Konzerne, in Der Betrieb, 2013, 1260 ff.

Riedl, Philipp, Die internationale Doppelbesteuerung im EU-Binnenmarkt, Frankfurt am Main, 2011.

Rödl, Christian/Grube, Ulrike, in: Wabnitz, Heinz-Bernhard/Janovsky, Thomas, Handbuch des Wirtschafts- und Steuerstrafrechts, 4. Auflage, München, 2014, 21. Kapitel.

Rudolf, Michael, Treaty Shopping und Gestaltungsmissbrauch, Köln, 2012.

Schaumburg, Harald, Internationales Steuerrecht, 3. Auflage, Köln, 2011.

Schmidt Thomas, Außensteuergesetz, 1. Auflage, Baden-Baden, 2012.

Schmidt, Chr./Blöchle, in: Strunk, Günther/Kaminski, Bert/Köhler, Stefan, AStG DBA, Loseblattsammlung, Bonn, Berlin, Stand: 21. EL 2010, Art. 23A/B MA.

Schmitt, Jochem, in: Münchner Kommentar zum Bürgerlichen Gesetzbuch, 6. Auflage, München, 2012, §§ 1, 7.

Schnitger, Arne, Fragestellungen zur steuerlichen Behandlung doppelt ansässiger Kapitalgesellschaften, Internationales Steuerrecht, 2013, S. 82 ff.

Schönfeld, Jens/Häck, Nils, in: Schönfeld, Jens/Ditz, Xaver, Doppelbesteuerungsabkommen, 1. Auflage, Köln, 2013, Kommentierung zur Systematik.

Schwarz, Bernhard, in: Schwarz, Bernhard, Kommentar zur Abgabenordnung, Freiburg, Loseblattsammlung, Freiburg, Stand: 164. EL 2015, § 10.

Sinclair, Sir Ian, Estoppel and acquiescence, in: Fifty years of the International Court of Justice, Essays in honour of Sir Robert Jennings, Lowe, Alan V., Cambridge, 1996, S. 104 ff.

Smit, Daniel, Treaty Residence of a Company in a Triangular Situation: Decision of the Supreme Court of 28 February 2001, European Taxation, 2002, S. 155 ff.

Sorel, Jean-Marc/Boré Eveno, Valerie, in: Corten, Olivier/Klein, Pierre, Vienna Convention on the Law of Treaties, Kommentar, Band 1, Paris, 2011, Art. 31.

Spitaler, Armin, Das Doppelbesteuerungsproblem bei den direkten Steuern, 2. Auflage, Köln, 1967 (Nachdruck der 1. Auflage von 1936).

Staringer, Claus, Besteuerung doppelt ansässiger Kapitalgesellschaften, Wien, 1999.

Staringer, Claus, Die Ansässigkeit aufgrund des Wohnsitzes, des ständigen Aufenthaltes, des Ortes der Geschäftsleitung oder eines anderen ähnlichen Merkmals nach Art. 4 I 1 OECD-MA, in: Lang, Michael/Schuch, Josef/Staringer, Claus, Die Ansässigkeit im Recht der Doppelbesteuerungsabkommen, Wien, 2008, S. 67 ff.

Stürzlinger, Birgit, Der Mittelpunkt der Lebensinteressen als Tie-Breaker nach Art. 4 Abs. 2 OECD-MA, in Lang, Michael/Schuch, Josef/Staringer, Claus, Die Ansässigkeit im Recht der Doppelbesteuerungsabkommen, Wien, 2008, S. 157 ff.

Tanzer Michael, Der Ansässigkeits-(Wohnsitz-)begriff im international-nachbarschaftlichen Vergleich (Österreich-Deutschland-Schweiz), in: Lang, Michael/Jirousek, Heinz, Praxis des internationalen Steuerrechts, Wien, 2005, S. 521 ff.

Thießen, Olaf, Dreiecksverhältnisse im internationalen Steuerrecht unter Beteiligung doppelt ansässiger Kapitalgesellschaften, Frankfurt am Main, 2010.

Tiedtke, Klaus/Langheim, Hagen, Die Voraussetzungen und Rechtsfolgen der beschränkten und der (fiktiven) unbeschränkten Steuerpflicht, Deutsche Steuer-Zeitung, 2003, S. 10 ff.

Tischbirek, Wolfgang/Specker, Gerhard, in: Vogel, Klaus/Lehner, Moris, Doppelbesteuerungsabkommen, 6. Auflage, München, 2015, Art. 10.

Torres Bernárdez, Santiago, Interpretation of Treaties by the International Court of Justice following the adoption of the 1969 Vienna Convention on the Law of Treaties, in: Hafner, Gerhard, Liber Amicorum Professor Ignaz Seidl-Hohenveldern – in honour of his 80th birthday, Den Haag, London, Boston, 1998, S. 721 ff.

Van Gennep, Christo J. A. M., Dual Resident Companies, European Taxation, 1991, S. 141 ff.

Van Raad, Kees, 2008 OECD Model: Operation and Effect of Article 4(1) in Dual Residence Issues under the Updated Commentary, Bulletin for International Taxation (Fortführung des Bulletin for International Fiscal Documentation), 2009, S. 187 ff.

Van Raad, Kees, Dual Residence and 1977 OECD Model Treaty Article 4 (1), Second Sentence, European Taxation, 1990, S. 27 ff.

van Raad, Kees, Dual Residence, European Taxation, 1988, S. 241 ff.

Van Raad, Kees, Interpretation and Application of Tax Treaties by Tax Courts, European Taxation, 1996, S. 3 ff.

van Raad, Kees, Steuergestaltung durch Doppelsitz von Kapitalgesellschaften in der internationalen Praxis, in: Hausmann, Rainer/van Raad, Kees/Raupach, Arndt/Veelken, Winfried, Steuergestaltung durch doppelt ansässige Gesellschaften, München, 1988.

van Raad, Kees, Triangular Cases, European Taxation, 1993, S. 298 ff.

Vincent, Francois, Crown Forest Industries: The OECD Model Tax Convention as an Interpretive Tool for Canada's Tax Conventions, Canadian Tax Journal (Revue Fiscale Canadienne), 1996, S. 38 ff.

Vogel Klaus, Klaus Vogel on Double Taxation Conventions, 3. Auflage, London, u.a., 1997.

Vogel, Klaus, The Influence of the OECD Commentaries on Treaty Interpretation, Bulletin for International Fiscal Documentation, 2000, S. 612 ff.

Wagner, Klaus J., in: Blümich, Walter, Einkommensteuergesetz Körperschaftsteuergesetz Gewerbesteuergesetz, Loseblattsammlung, München, Stand: 126. EL November 2014, §§ 50d, 50g EStG.

Waldock, Sir Humphrey, Sixth Report on the Law of Treaties, in: Yearbook of the International Law Commission, Volume II, New York, 1966.

Ward, David A./Avery Jones, John F./u. a., The Interpretation of Income Tax Treaties with Particular Reference to the Commentaries on the OECD Model, Amsterdam, 2005.

Ward, David, The Role of the Commentaries on the OECD Model in the Tax Treaty Interpretation Process, Bulletin for International Fiscal Documentation, 2006, S. 97 ff.

Wassermeyer, Franz, Abkommensberechtigung von Personengesellschaften – Eine Stellungnahme zu den Ausführungen von Brähler/Mayer, Internationales Steuerrecht 2010, S. 683 ff.

Wassermeyer, Franz, Anmerkung zu BFH Beschluss v. 04.11.2014 – I R 19/13, IStR 2015, 144.

Wassermeyer, Franz, Die Anwendung der Doppelbesteuerungsabkommen auf Personengesellschaften, Internationales Steuerrecht, 2007, S. 413 ff.

Wassermeyer, Franz, in: Debatin, Helmut/Wassermeyer, Franz, Doppelbesteuerungsabkommen, Loseblattsammlung, München, Stand: 129. EL Januar 2015, Vor Art. 1 MA, Art. 1 MA.

Wassermeyer, Franz/Kaeser, Christian, in: Debatin Helmut/Wassermeyer, Franz, Doppelbesteuerungsabkommen, Loseblattsammlung, München, Stand: 129. EL Januar 2015, Art. 4.

Wassermeyer, Franz/Richter, Stefan/Schnittker, Helder, Personengesellschaften im Internationalen Steuerrecht, 2. Auflage, Köln, 2012.

Waters, Mike, The relevance of the OECD Commentaries in the interpretation of Tax Treaties, in: Lang, Michael/Jirousek, Heinz, Praxis des internationalen Steuerrechts, Wien, 2005, S. 671 ff.

Wattel Peter J./Marres, Otto, The Legal Status of the OECD Commentary and Static or Ambulatory Interpretation of Tax Treaties, European Taxation, 2003, S. 222 ff.

Weggenmann, Hans/Kaiser, Florian, in: Haase, Florian, AStG/DBA, 2. Auflage, Heidelberg, München, Landsberg, u.a., 2012, Kapitel I, § 2 AStG.

Wehrße, Martin, Grenzüberschreitende Besteuerung von Personengesellschaften im internationalen Vergleich, Lohmar, 2011.

Wernsmann, Rainer, in: Schulze, Reiner/Zuleeg, Manfred/Kadelbach, Stefan, 3. Auflage, Baden-Baden, 2015, § 30.

Wernsmann, Rainer, Internationale Doppelbesteuerung als unionsrechtliches Problem – am Beispiel grenzüberschreitender Erbschaften und Schenkungen, in Erbrecht und Vermögensnachfolge, Festschrift für Manfred Bengel und Wolfgang Reimann, München, 2012, S. 371 ff.

Wied, Edgar, in: Blümich, Einkommensteuergesetz, Körperschaftsteuergesetz, Gewerbesteuergesetz, Loseblattsammlung, München, Stand: 126. EL November 2014, §§ 50, 50a EStG.

Wilke, Kay-Michael, in: Gosch, Dietmar/Kroppen, Heinz-Klaus/Grotherr, Siegfried, Doppelbesteuerungsabkommen, Loseblattsammlung, Herne, Stand: 25. EL Januar 2015 Art. 4 MA.

Young, Russell R., The Use of Extrinsic Aids in the Interpretation of Tax Treaties, Tax Management International Journal, 1999, S. 805 ff.

Anhang

I. Auszüge des OECD-Musterabkommens 2014 (in englischer Sprache)

Model Convention with Respect to Taxes on Income and on Capital

Chapter I

SCOPE OF THE CONVENTION

Article 1 Persons covered

This Convention shall apply to persons who are residents of one or both of the Contracting States.

[...]

Chapter II

DEFINITIONS

Article 3 General definitions

For the purposes of this Convention, unless the context otherwise requires:

a) the term "person" includes an individual, a company and any other body of persons;

b) the term "company" means any body corporate or any entity that is treated as a body corporate for tax purposes;

c) the term "enterprise" applies to the carrying on of any business;

d) the terms "enterprise of a Contracting State" and "enterprise of the other Contracting State" mean respectively an enterprise carried on by a resident of a Contracting State and an enterprise carried on by a resident of the other Contracting State;

e) the term "international traffic" means any transport by a ship or aircraft operated by an enterprise that has its place of effective management in a Contracting State, except when the ship or aircraft is operated solely between places in the other Contracting State;

f) the term "competent authority" means:

(i) (in State A): ....

(ii) (in State B): ....

g) the term "national", in relation to a Contracting State, means:

(i) any individual possessing the nationality or citizenship of that Contracting State; and

(ii) any legal person, partnership or association deriving its status as such from the laws in force in that Contracting State;

h) the term "business" includes the performance of professional services and of other activities of an independent character.

2. As regards the application of the Convention at any time by a Contracting State, any term not defined therein shall, unless the context otherwise requires, have the meaning that it has at that time under the law of that State for the purposes of the taxes to which the Convention applies, any meaning under the applicable tax laws of that State prevailing over a meaning given to the term under other laws of that State.

Article 4 Resident

1. For the purposes of this Convention, the term "resident of a Contracting State" means any person who, under the laws of that State, is liable to tax therein by reason of his domicile, residence, place of management or any other criterion of a similar nature, and also includes that State and any political subdivision or local authority thereof. This term, however, does not include any person who is liable to tax in that State in respect only of income from sources in that State or capital situated therein.

2. Where by reason of the provisions of paragraph 1 an individual is a resident of both Contracting States, then his status shall be determined as follows:

a) he shall be deemed to be a resident only of the State in which he has a permanent home available to him; if he has a permanent home available to him in both States, he shall be deemed to be a resident only of the State with which his personal and economic relations are closer (centre of vital interests);

b) if the State in which he has his centre of vital interests cannot be determined, or if he has not a permanent home available to him in either State, he shall be deemed to be a resident only of the State in which he has an habitual abode;

c) if he has an habitual abode in both States or in neither of them, he shall be deemed to be a resident only of the State of which he is a national;

d) if he is a national of both States or of neither of them, the competent authorities of the Contracting States shall settle the question by mutual agreement.

3. Where by reason of the provisions of paragraph 1 a person other than an individual is a resident of both Contracting States, then it shall be deemed to be a resident only of the State in which its place of effective management is situated.

[...]

Chapter III
TAXATION OF INCOME

[...]

Article 10 Dividends

1. Dividends paid by a company which is a resident of a Contracting State to a resident of the other Contracting State may be taxed in that other State.

2. However, dividends paid by a company which is a resident of a Contracting State may also be taxed in that State according to the laws of that State, but if the beneficial owner of the dividends is a resident of the other Contracting State, the tax so charged shall not exceed:

a) 5 per cent of the gross amount of the dividends if the beneficial owner is a company (other than a partnership) which holds directly at least 25 per cent of the capital of the company paying the dividends;

b) 15 per cent of the gross amount of the dividends in all other cases.

The competent authorities of the Contracting States shall by mutual agreement settle the mode of application of these limitations. This paragraph shall not affect the taxation of the company in respect of the profits out of which the dividends are paid.

3. The term "dividends" as used in this Article means income from shares, "jouissance" shares or "jouissance" rights, mining shares, founders' shares or other rights, not being debt-claims, participating in profits, as well as income from other corporate rights which is subjected to the same taxation treatment as income from shares by the laws of the State of which the company making the distribution is a resident.

4. The provisions of paragraphs 1 and 2 shall not apply if the beneficial owner of the dividends, being a resident of a Contracting State, carries on business in the other Contracting State of which the company paying the dividends is a resident through a permanent establishment situated therein and the holding in respect of which the dividends are paid is effectively connected with such permanent establishment. In such case the provisions of Article 7 shall apply.

5. Where a company which is a resident of a Contracting State derives profits or income from the other Contracting State, that other State may not impose any tax on the dividends paid by the company, except insofar as such dividends are paid to a resident of that other State or insofar as the holding in respect of which the dividends are paid is effectively connected with a permanent establishment situated in that other State, nor subject the company's undistributed profits to a tax on the company's undistributed profits, even if the dividends paid or the undistributed profits consist wholly or partly of profits or income arising in such other State.

Article 11 Interest

1. Interest arising in a Contracting State and paid to a resident of the other Contracting State may be taxed in that other State.

2. However, interest arising in a Contracting State may also be taxed in that State according to the laws of that State, but if the beneficial owner of the interest is a resident of the other Contracting State, the tax so charged shall not exceed 10 per cent of the gross amount of the interest. The competent authorities of the Contracting States shall by mutual agreement settle the mode of application of this limitation.

3. The term "interest" as used in this Article means income from debt-claims of every kind, whether or not secured by mortgage and whether or not carrying a right to participate in the debtor's profits, and in particular, income from government securities and income from bonds or debentures, including premiums and prizes attaching to such securities, bonds or debentures. Penalty charges for late payment shall not be regarded as interest for the purpose of this Article.

4. The provisions of paragraphs 1 and 2 shall not apply if the beneficial owner of the interest, being a resident of a Contracting State, carries on business in the other Contracting State in which the interest arises through a permanent establishment situated therein and the debt-claim in respect of which the interest is paid is effectively connected with such permanent establishment. In such case the provisions of Article 7 shall apply.

5. Interest shall be deemed to arise in a Contracting State when the payer is a resident of that State. Where, however, the person paying the interest, whether he is a resident of a Contracting State or not, has in a Contracting State a permanent establishment in connection with which the indebtedness on which the interest is paid was incurred, and such interest is borne by such permanent establishment, then such interest shall be deemed to arise in the State in which the permanent establishment is situated.

6. Where, by reason of a special relationship between the payer and the beneficial owner or between both of them and some other person, the amount of the interest, having regard to the debt-claim for which it is paid, exceeds the amount which would have been agreed upon by the payer and the beneficial owner in the absence of such relationship, the provisions of this Article shall apply only to the last-mentioned amount. In such case, the excess part of the payments shall remain taxable according to the laws of each Contracting State, due regard being had to the other provisions of this Convention.

Article 21 Other income

1. Items of income of a resident of a Contracting State, wherever arising, not dealt with in the foregoing Articles of this Convention shall be taxable only in that State.

2. The provisions of paragraph 1 shall not apply to income, other than income from immovable property as defined in paragraph 2 of Article 6, if the recipient of such income, being a resident of a Contracting State, carries on business in the other Contracting State through a permanent establishment situated therein and the right or property in respect of which the income is paid is effectively connected with such permanent establishment. In such case the provisions of Article 7 shall apply.

[...]

Chapter V

METHODS FOR ELIMINATION OF DOUBLE TAXATION

Article 23 A Exemption method

1. Where a resident of a Contracting State derives income or owns capital which, in accordance with the provisions of this Convention, may be taxed in the other Contracting State, the first-mentioned State shall, subject to the provisions of paragraphs 2 and 3, exempt such income or capital from tax.

2. Where a resident of a Contracting State derives items of income which, in accordance with the provisions of Articles 10 and 11, may be taxed in the other Contracting State, the first-mentioned State shall allow as a deduction from the tax on the income of that resident an amount equal to the tax paid in that other State. Such deduction shall not, however, exceed that part of the tax, as computed before the deduction is given, which is attributable to such items of income derived from that other State.

3. Where in accordance with any provision of the Convention income derived or capital owned by a resident of a Contracting State is exempt from tax in that State, such State may nevertheless, in calculating the amount of tax on the remaining income or capital of such resident, take into account the exempted income or capital.

4. The provisions of paragraph 1 shall not apply to income derived or capital owned by a resident of a Contracting State where the other Contracting State applies the provisions of this Convention to exempt such income or capital from tax or applies the provisions of paragraph 2 of Article 10 or 11 to such income.

Article 23 B Credit method

1. Where a resident of a Contracting State derives income or owns capital which, in accordance with the provisions of this Convention, may be taxed in the other Contracting State, the first-mentioned State shall allow:

a) as a deduction from the tax on the income of that resident, an amount equal to the income tax paid in that other State;

b) as a deduction from the tax on the capital of that resident, an amount equal to the capital tax paid in that other State.

Such deduction in either case shall not, however, exceed that part of the income tax or capital tax, as computed before the deduction is given, which is attributable, as the case may be, to the income or the capital which may be taxed in that other State.

2. Where in accordance with any provision of the Convention income derived or capital owned by a resident of a Contracting State is exempt from tax in that State, such State may nevertheless, in calculating the amount of tax on the remaining income or capital of such resident, take into account the exempted income or capital.

Chapter VI

SPECIAL PROVISIONS

[...]

Article 25 Mutual agreement procedure

1. Where a person considers that the actions of one or both of the Contracting States result or will result for him in taxation not in accordance with the provisions of this Convention, he may, irrespective of the remedies provided by the domestic law of those States, present his case to the competent authority of the Contracting State of which he is a resident or, if his case comes under paragraph 1 of Article 24, to that of the Contracting State of which he is a national. The case must be presented within three years from the first notification of the action resulting in taxation not in accordance with the provisions of the Convention.

2. The competent authority shall endeavour, if the objection appears to it to be justified and if it is not itself able to arrive at a satisfactory solution, to resolve the case by mutual agreement with the competent authority of the other Contracting State, with a view to the avoidance of taxation which is not in accordance with the Convention. Any agreement reached shall be implemented notwithstanding any time limits in the domestic law of the Contracting States.

3. The competent authorities of the Contracting States shall endeavour to resolve by mutual agreement any difficulties or doubts arising as to the interpretation or application of the Convention. They may also consult together for the elimination of double taxation in cases not provided for in the Convention.

4. The competent authorities of the Contracting States may communicate with each other directly, including through a joint commission consisting of themselves or their representatives, for the purpose of reaching an agreement in the sense of the preceding paragraphs.

5. Where,

a) under paragraph 1, a person has presented a case to the competent authority of a Contracting State on the basis that the actions of one or both of the Contracting States have resulted for that person in taxation not in accordance with the provisions of this Convention, and

b) the competent authorities are unable to reach an agreement to resolve that case pursuant to paragraph 2 within two years from the presentation of the case to the competent authority of the other Contracting State,

any unresolved issues arising from the case shall be submitted to arbitration if the person so requests. These unresolved issues shall not, however, be submitted to arbitration if a decision on these issues has already been rendered by a court or administrative tribunal of either State. Unless a person directly affected by the case does not accept the mutual agreement that implements the arbitration decision, that decision shall be binding on both Contracting States and shall be implemented notwithstanding any time limits in the domestic laws of these States. The competent authorities of the Contracting States shall by mutual agreement settle the mode of application of this paragraph

[...]

II. Auszüge des OECD-Musterkommentars 2014 (in englischer Sprache)

COMMENTARIES ON THE ARTICLES OF THE MODEL TAX CONVENTION

COMMENTARY ON ARTICLE 1 CONCERNING THE PERSONS COVERED BY THE CONVENTION

[...]

5. Where a partnership is treated as a company or taxed in the same way, it is a resident of the Contracting State that taxes the partnership on the grounds mentioned in paragraph 1 of Article 4 and, therefore, it is entitled to the benefits of the Convention. Where, however, a partnership is treated as fiscally transparent in a State, the partnership is not "liable to tax" in that State within the meaning of paragraph 1 of Article 4, and so cannot be a resident thereof for purposes of the Convention. In such a case, the application of the Convention to the partnership as such would be refused, unless a special rule covering partnerships were provided for in the Convention. Where the application of the Convention is so refused, the partners should be entitled, with respect to their share of the income of the partnership, to the benefits provided by the Conventions entered into by the States of which they are residents to the extent that the partnership's income is allocated to them for the purposes of taxation in their State of residence (see paragraph 8.8 of the Commentary on Article 4).

[...]

7. The principal purpose of double taxation conventions is to promote, by eliminating international double taxation, exchanges of goods and services, and the movement of capital and persons. It is also a purpose of tax conventions to prevent tax avoidance and evasion.

[...]

9.4 Under both approaches, therefore, it is agreed that States do not have to grant the benefits of a double taxation convention where arrangements that constitute an abuse of the provisions of the convention have been entered into.

[...]

10. For instance, some forms of tax avoidance have already been expressly dealt with in the Convention, e.g. by the introduction of the concept of "beneficial owner" (in

Articles 10, 11, and 12) and of special provisions such as paragraph 2 of Article 17 dealing with so-called artiste-companies. Such problems are also mentioned in the Commentaries on Article 10 (paragraphs 17 and 22), Article 11 (paragraph 12) and Article 12 (paragraph 7).

[...]

16. The subject-to-tax approach seems to have certain merits. It may be used in the case of States with a well-developed economic structure and a complex tax law. It will, however, be necessary to supplement this provision by inserting bona fide provisions in the treaty to provide for the necessary flexibility (see paragraph 19 below); moreover, such an approach does not offer adequate protection against advanced tax avoidance schemes such as "stepping-stone strategies".

[...]

18. A provision of this kind appears to be the only effective way of combatting "stepping-stone" devices. It is found in bilateral treaties entered into by Switzerland and the United States and its principle also seems to underly the Swiss provisions against the improper use of tax treaties by certain types of Swiss companies. States that consider including a clause of this kind in their convention should bear in mind that it may cover normal business transactions and would therefore have to be supplemented by a bona fide clause.

19. The solutions described above are of a general nature and they need to be accompanied by specific provisions to ensure that treaty benefits will be granted in bona fide cases. Such provisions could have the following wording:

a) General bona fide provision

"The foregoing provisions shall not apply where the company establishes that the principal purpose of the company, the conduct of its business and the acquisition or maintenance by it of the shareholding or other property from which the income in question is derived, are motivated by sound business reasons and do not have as primary purpose the obtaining of any benefits under this Convention."

b) Activity provision

"The foregoing provisions shall not apply where the company is engaged in substantive business operations in the Contracting State of which it is a resident and the relief from taxation claimed from the other Contracting State is with respect to income that is connected with such operations."

c) Amount of tax provision

"The foregoing provisions shall not apply where the reduction of tax claimed is not greater than the tax actually imposed by the Contracting State of which the company is a resident."

d) Stock exchange provision

"The foregoing provisions shall not apply to a company that is a resident of a Contracting State if the principal class of its shares is registered on an approved stock exchange in a Contracting State or if such company is wholly owned — directly or through one or more companies each of which is a resident of the first-mentioned State — by a company which is a resident of the firstmentioned State and the principal class of whose shares is so registered."

e) Alternative relief provision

In cases where an anti-abuse clause refers to non-residents of a Contracting State, it could be provided that the term "shall not be deemed to include residents of third States that have income tax conventions in force with the Contracting State from which relief from taxation is claimed and such conventions provide relief from taxation not less than the relief from taxation claimed under this Convention."

These provisions illustrate possible approaches. The specific wording of the provisions to be included in a particular treaty depends on the general approach taken in that treaty and should be determined on a bilateral basis. Also, where the competent authorities of the Contracting States have the power to apply discretionary provisions, it may be considered appropriate to include an additional rule that would give the competent authority of the source country the discretion to allow the benefits of the Convention to a resident of the other State even if the resident fails to pass any of the tests described above.

[...]

COMMENTARY ON ARTICLE 3 CONCERNING GENERAL DEFINITIONS

[...]

13. Consequently, the wording of paragraph 2 provides a satisfactory balance between, on the one hand, the need to ensure the permanency of commitments entered into by States when signing a convention (since a State should not be allowed to make a convention partially inoperative by amending afterwards in its domestic law the scope of terms not defined in the Convention) and, on the other hand, the need to be able to apply the Convention in a convenient and practical way over time (the need to refer to outdated concepts should be avoided).

[...]

COMMENTARY ON ARTICLE 4 CONCERNING THE DEFINITION OF RESIDENT

[...]

8. Paragraph 1 provides a definition of the expression "resident of a Contracting State" for the purposes of the Convention. The definition refers to the concept of residence adopted in the domestic laws (see Preliminary remarks). As criteria for the taxation as a resident the definition mentions: domicile, residence, place of management or any other criterion of a similar nature. As far as individuals are concerned, the definition aims at covering the various forms of personal attachment to a State which, in the domestic taxation laws, form the basis of a comprehensive taxation (full liability to tax). It also covers cases where a person is deemed, according to the taxation laws of a State, to be a resident of that State and on account thereof is fully liable to tax therein (e.g. diplomats or other persons in government service).

8.1 In accordance with the provisions of the second sentence of paragraph 1, however, a person is not to be considered a "resident of a Contracting State" in the sense of the Convention if, although not domiciled in that State, he is considered to be a resident according to the domestic laws but is subject only to a taxation limited to the income from sources in that State or to capital situated in that State. That situation exists in some States in relation to individuals, e.g. in the case of foreign diplomatic and consular staff serving in their territory.

8.2 According to its wording and spirit the second sentence also excludes from the definition of a resident of a Contracting State foreign held companies exempted from tax on their foreign income by privileges tailored to attract conduit companies. It also excludes companies and other persons who are not subject to comprehensive liability to tax in a Contracting State because these persons, whilst being residents of that State under that State's tax law, are considered to be residents of another State pursuant to a treaty between these two States. The exclusion of certain companies or other persons from the definition would not of course prevent Contracting States from exchanging information about their activities (see paragraph 2 of the Commentary on Article 26). Indeed States may feel it appropriate to develop spontaneous exchanges of information about persons who seek to obtain unintended treaty benefits.

8.3 The application of the second sentence, however, has inherent difficulties and limitations. It has to be interpreted in the light of its object and purpose, which is to exclude persons who are not subjected to comprehensive taxation (full liability to tax) in a State, because it might otherwise exclude from the scope of the Convention all residents of countries adopting a territorial principle in their taxation, a result which is clearly not intended.

8.4 It has been the general understanding of most member countries that the government of each State, as well as any political subdivision or local authority thereof, is a resident of that State for purposes of the Convention. Before 1995, the Model did not explicitly state this; in 1995, Article 4 was amended to conform the text of the Model to this understanding.

8.5 This raises the issue of the application of paragraph 1 to sovereign wealth funds, which are special purpose investment funds or arrangements created by a State or a political subdivision for macroeconomic purposes. These funds hold, manage or administer assets to achieve financial objectives, and employ a set of investment strategies which include investing in foreign financial assets. They are commonly established out of balance of payments surpluses, official foreign currency operations, the proceeds of privatisations, fiscal surpluses or receipts resulting from commodity exports.1 Whether a sovereign wealth fund qualifies as a "resident of a Contracting State" depends on the facts and circumstances of each case. For example, when a sovereign wealth fund is an integral part of the State, it will likely fall within the scope of the expression "[the] State and any political subdivision or local authority thereof" in Article 4. In other cases, paragraphs 8.6 and 8.7 below will be relevant. States may want to address the issue in the course of bilateral negotiations, particularly in relation to whether a sovereign wealth fund qualifies as a "person" and is "liable to tax" for purposes of the relevant tax treaty (see also paragraphs 6.35 to 6.39 of the Commentary on Article 1).

8.6 Paragraph 1 refers to persons who are "liable to tax" in a Contracting State under its laws by reason of various criteria. In many States, a person is considered liable to comprehensive taxation even if the Contracting State does not in fact impose tax. For example, pension funds, charities and other organisations may be exempted from tax, but they are exempt only if they meet all of the requirements for exemption specified in the tax laws. They are, thus, subject to the tax laws of a Contracting State. Furthermore, if they do not meet the standards specified, they are also required to pay tax. Most States would view such entities as residents for purposes of the Convention (see, for example, paragraph 1 of Article 10 and paragraph 5 of Article 11).

8.7 In some States, however, these entities are not considered liable to tax if they are exempt from tax under domestic tax laws. These States may not regard such entities as residents for purposes of a convention unless these entities are expressly covered by the convention. Contracting States taking this view are free to address the issue in their bilateral negotiations.

8.8 Where a State disregards a partnership for tax purposes and treats it as fiscally transparent, taxing the partners on their share of the partnership income, the partnership itself is not liable to tax and may not, therefore, be considered to be a resident of that State. In such a case, since the income of the partnership "flows through" to the partners under the domestic law of that State, the partners are the persons who are liable to tax on that income and are thus the appropriate persons to claim the benefits of the conventions concluded by the States of which they are residents. This latter result will be achieved even if, under the domestic law of the State of source, the income is attributed to a partnership which is treated as a separate taxable entity. For States which could not agree with this interpretation of the Article, it would be possible to provide for this result in a special provision which would avoid the resulting potential double taxation where the income of the partnership is differently allocated by the two States.

[...]

11. The Article gives preference to the Contracting State in which the individual has a permanent home available to him. This criterion will frequently be sufficient to solve the conflict, e.g. where the individual has a permanent home in one Contracting State and has only made a stay of some length in the other Contracting State.

12. Subparagraph a) means, therefore, that in the application of the Convention (that is, where there is a conflict between the laws of the two States) it is considered that the residence is that place where the individual owns or possesses a home; this home must be permanent, that is to say, the individual must have arranged and retained it for his permanent use as opposed to staying at a particular place under such conditions that it is evident that the stay is intended to be of short duration.

13. As regards the concept of home, it should be observed that any form of home may be taken into account (house or apartment belonging to or rented by the individual, rented furnished room). But the permanence of the home is essential; this means that the individual has arranged to have the dwelling available to him at all times continuously, and not occasionally for the purpose of a stay which, owing to the reasons for it, is necessarily of short duration (travel for pleasure, business travel, educational travel, attending a course at a school, etc.).

14. If the individual has a permanent home in both Contracting States, paragraph 2 gives preference to the State with which the personal and economic relations of the individual are closer, this being understood as the centre of vital interests. In the cases where the residence cannot be determined by reference to this rule, paragraph 2 provides as subsidiary criteria, first, habitual abode, and then nationality. If the individual is a national of both States or of neither of them, the question shall be solved by mutual agreement between the States concerned according to the procedure laid down in Article 25.

15. If the individual has a permanent home in both Contracting States, it is necessary to look at the facts in order to ascertain with which of the two States his personal and economic relations are closer. Thus, regard will be had to his family and social relations, his occupations, his political, cultural or other activities, his place of business, the place from which he administers his property, etc. The circumstances must be examined as a whole, but it is nevertheless obvious that considerations based on the personal acts of the individual must receive special attention. If a person who has a home in one State sets up a second in the other State while retaining the first, the fact that he retains the first in the environment where he has always lived, where he has worked, and where he has his family and possessions, can, together with other elements, go to demonstrate that he has retained his centre of vital interests in the first State.

16. Subparagraph b) establishes a secondary criterion for two quite distinct and different situations:

a) the case where the individual has a permanent home available to him in both Contracting States and it is not possible to determine in which one he has his centre of vital interests;

b) the case where the individual has a permanent home available to him in neither Contracting State.

Preference is given to the Contracting State where the individual has an habitual abode.

17. In the first situation, the case where the individual has a permanent home available to him in both States, the fact of having an habitual abode in one State rather than in the other appears therefore as the circumstance which, in case of doubt as to where the individual has his centre of vital interests, tips the balance towards the State where he stays more frequently. For this purpose regard must be had to stays made by the individual not only at the permanent home in the State in question but also at any other place in the same State.

18. The second situation is the case of an individual who has a permanent home available to him in neither Contracting State, as for example, a person going from one hotel to another. In this case also all stays made in a State must be considered without it being necessary to ascertain the reasons for them.

19. In stipulating that in the two situations which it contemplates preference is given to the Contracting State where the individual has an habitual abode, subparagraph b) does not specify over what length of time the comparison must be made. The comparison must cover a sufficient length of time for it to be possible to determine whether the residence in each of the two States is habitual and to determine also the intervals at which the stays take place.

20. Where, in the two situations referred to in subparagraph b) the individual has an habitual abode in both Contracting States or in neither, preference is given to the State of which he is a national. If, in these cases still, the individual is a national of both Contracting States or of neither of them, subparagraph d) assigns to the competent authorities the duty of resolving the difficulty by mutual agreement according to the procedure established in Article 25.

[...]

24. As a result of these considerations, the "place of effective management" has been adopted as the preference criterion for persons other than individuals. The place of effective management is the place where key management and commercial decisions that are necessary for the conduct of the entity's business as a whole are in substance made. All relevant facts and circumstances must be examined to determine the place of effective management. An entity may have more than one place of management, but it can have only one place of effective management at any one time.

24.1 Some countries, however, consider that cases of dual residence of persons who are not individuals are relatively rare and should be dealt with on a case-by-case basis. Some countries also consider that such a case-by-case approach is the best way to deal with the difficulties in determining the place of effective management of a legal person that may arise from the use of new communication technologies. These countries are free to leave the question of the residence of these persons to be settled by the competent authorities, which can be done by replacing the paragraph by the following provision:

3. Where by reason of the provisions of paragraph 1 a person other than an individual is a resident of both Contracting States, the competent authorities of the Contracting States shall endeavour to determine by mutual agreement the Contracting State of which such person shall be deemed to be a resident for the purposes of the Convention, having regard to its place of effective management, the place where it is incorporated or otherwise constituted and any other relevant factors. In the absence of such agreement, such person shall not be entitled to any relief or exemption from tax provided by this Convention except to the extent and in such manner as may be agreed upon by the competent authorities of the Contracting State.

Competent authorities having to apply such a provision to determine the residence of a legal person for purposes of the Convention would be expected to take account of various factors, such as where the meetings of its board of directors or equivalent body are usually held, where the chief executive officer and other senior executives usually carry on their activities, where the senior day-to-day management of the person is carried on, where the person's headquarters are located, which country's laws govern the legal status of the person, where its accounting records are kept, whether determining that the legal person is a resident of one of the Contracting States but not of the other for the purpose of the Convention would carry the risk of an improper use of the provisions of the Convention etc. Countries that consider that the competent authorities should not be given the discretion to solve such cases of dual residence without an indication of the factors to be used for that purpose may want to supplement the provision to refer to these or other factors that they consider relevant. Also, since the application of the provision would normally be requested by the person concerned through the mechanism provided for under paragraph 1 of Article 25, the request should be made within three years from the first notification to that person that its taxation is not in accordance with the Convention since it is considered to be a resident of both Contracting States. Since the facts on which a decision will be based may change over time, the competent authorities that reach a decision under that provision should clarify which period of time is covered by that decision.

COMMENTARY ON ARTICLE 17 CONCERNING THE TAXATION OF ENTERTAINERS AND SPORTSPERSONS

[...]

4. An individual may both direct a show and act in it, or may direct and produce a television programme or film and take a role in it. In such cases it is necessary to look at what the individual actually does in the State where the performance takes place. If his activities in that State are predominantly of a performing nature, the Article will apply to all the resulting income he derives in that State. If, however, the performing element is a negligible part of what he does in that State, the whole of the income will fall outside the Article. In other cases an apportionment should be necessary.

[...]

7. Income received by impresarios, etc. for arranging the appearance of an entertainer or sportsperson is outside the scope of the Article, but any income they receive on behalf of the entertainer or sportsperson is of course covered by it.

[...]

COMMENTARY ON ARTICLE 21CONCERNING THE TAXATION OF OTHER INCOME

[...]

1. This Article provides a general rule relating to income not dealt with in the foregoing Articles of the Convention. The income concerned is not only income of a class not expressly dealt with but also income from sources not expressly mentioned. The scope of the Article is not confined to income arising in a Contracting State; it extends also to income from third States. Where, for instance, a person who would be a resident of two Contracting States under the provisions of paragraph 1 of Article 4 is deemed to be a resident of only one of these States pursuant to the provisions of paragraph 2 or 3 of that Article, this Article will prevent the other State from taxing the person on income arising in third states even if the person is resident of this other State for domestic law purposes (see also paragraph 8.2 of the Commentary on Article 4 as regards the effect of paragraphs 2 and 3 of Article 4 for purposes of the conventions concluded between this other State and third states).

[...]

COMMENTARY ON ARTICLE 25 CONCERNING THE MUTUAL AGREEMENT PROCEDURE

[...]

8. In any case, the mutual agreement procedure is clearly a special procedure outside the domestic law. It follows that it can be set in motion solely in cases coming within paragraph 1, i.e. cases where tax has been charged, or is going to be charged, in disregard of the provisions of the Convention. So where a charge of tax has been made contrary both to the Convention and the domestic law, this case is amenable to the mutual agreement procedure to the extent only that the Convention is affected, unless a connecting link exists between the rules of the Convention and the rules of the domestic law which have been misapplied.

[...]

18. However, in the case already alluded to where a person who is a national of one State but a resident of the other complains of having been subjected in that other State to an action or taxation which is discriminatory under paragraph 1 of Article 24, it appears more appropriate for obvious reasons to allow him, by way of exception to the general rule set forth above, to present his objection to the competent authority of the Contracting State of which he is a national. Finally, it is to the same competent authority that an objection has to be presented by a person who, while not being a resident of a Contracting State, is a national of a Contracting State, and whose case comes under paragraph 1 of Article 24.

[...]

33. If, however, it appears to that competent authority that the taxation complained of is due wholly or in part to a measure taken in the other State, it will be incumbent on it, indeed it will be its duty — as clearly appears by the terms of paragraph 2 — to set in motion the mutual agreement procedure proper. It is important that the authority in question carry out this duty as quickly as possible, especially in cases where the profits of associated enterprises have been adjusted as a result of transfer pricing adjustments.

[...]

37. Paragraph 2 no doubt entails a duty to negotiate; but as far as reaching mutual agreement through the procedure is concerned, the competent authorities are under a duty merely to use their best endeavours and not to achieve a result. Paragraph 5, however, provides a mechanism that will allow an agreement to be reached even if there are issues on which the competent authorities have been unable to reach agreement through negotiations.

[...]

75. The presentation of the case to the competent authority of the other State, which is the beginning of the two year period referred to in the paragraph, may be made by the person who presented the case to the competent authority of the first State under paragraph 1 of Article 25 (e.g. by presenting the case to the competent authority of the other State at the same time or at a later time) or by the competent authority of the first State, who would contact the competent authority of the other State pursuant to paragraph 2 if it is not itself able to arrive at a satisfactory solution of the case. For the purpose of determining the start of the two year period, a case will only be considered to have been presented to the competent authority of the other State if sufficient information has been presented to that competent authority to allow it to decide whether the objection underlying the case appears to be justified. The mutual agreement providing for the mode of application of paragraph 5 (see the annex) should specify which type of information will normally be sufficient for that purpose.

[...]

Finanz- und Steuerrecht in Deutschland und Europa

Herausgegeben von Klaus-Dieter Drüen, Hanno Kube
und Rainer Wernsmann

Band 1 Gordon Dreher: Das Alterseinkünftegesetz. Systematische Darstellung und verfassungsrechtliche Zweifelsfragen. 2007.

Band 2 Nils Meyer-Sandberg: Die Duale Einkommensteuer als Modell ungleicher Besteuerung von Arbeit und Kapital. 2008.

Band 3 Alexander Pfab: Die Behandlung von Bildungsaufwendungen im deutschen Einkommensteuerrecht. 2008.

Band 4 Christian Johannes Müller: Einnahmeverzicht im Einkommensteuerrecht – insbesondere durch verbilligte Wohnungsüberlassung an nahe Angehörige. 2009.

Band 5 Melanie Falkner: Die Einkunftserzielungsabsicht als subjektives Besteuerungsmerkmal. Eine Analyse subjektiver Tatbestandsmerkmale im Steuerrecht. Zugleich ein Beitrag zur Liebhaberei im Steuerrecht. 2009.

Band 6 Steffen Ott: Die Vertreterbetriebsstätte nach OECD-MA. 2009.

Band 7 Christoph Wagner: Steuergleichheit unter Standortvorbehalt? Verfassungsrechtliche Grenzen einer ungleichen Einkommensbesteuerung von Kapital und Arbeit. 2010.

Band 8 Andreas Goetze: Die Ersetzung der sieben Einkunftsarten des EStG durch eine einzige. Zur Gleichheit aller Erwerbsgrundlagen in einem vereinfachten Steuerrecht. 2010.

Band 9 Hanno Kube: Der bundesstaatliche Finanzausgleich. Verfassungsrechtlicher Rahmen, aktuelle Ausgestaltung, Entwicklungsperspektiven. 2011.

Band 10 Katharina Brauer: Abgrenzung der Lebensmittellieferung von der Restaurationsdienstleistung im Umsatzsteuerrecht. 2011.

Band 11 Marc Schubert: Die Verfassungswidrigkeit der Erbschaft- und Schenkungsteuer und die verfassungsrechtlichen Anforderungen an eine Neuregelung. 2011.

Band 12 Martin Rehberg: Der Zuzug und Wegzug von Kapitalgesellschaften in gesellschafts- und steuerrechtlicher Hinsicht. 2011.

Band 13 Dirk Wünschig: Perspektiven eines europarechtskonformen Gemeinnützigkeits- und Zuwendungsrechts. Eine Untersuchung nach „Stauffer“ und „Persche“ bei gleichzeitiger Kritik an der Neufassung des Gemeinnützigkeitsrechts nach dem Jahressteuergesetz 2009. 2011.

Band 14 Sebastian Grimm: Die negative Konkurrentenklage im Steuerrecht. 2011.

Band 15 Arne von Freeden: Minder- und Mehrabführungen nach § 14 Abs. 4, § 27 Abs. 6 KStG. Ausgleichspostenlösung und Einlagelösung. 2011.

Band 16 Anne Keller: Rechtsschutz gegen Maßnahmen der steuerlichen Außenprüfung. 2011.

Band 17 Larissa Maier-Bledjian: Sondervermögen des Bundes. 2011.

Band 18 Philipp Riedl: Die internationale Doppelbesteuerung im EU-Binnenmarkt. 2012.

Band 19 Anna Schwarz: Die Pensionszusage an den Mitunternehmer der Personengesellschaft im Einkommensteuerrecht. 2012.

Band 20 Carsten Höink: Nichtsteuerbare Vermögensübertragungen im Umsatzsteuerrecht. Eine rechtssystematische Analyse der Entwicklung des Rechtsinstituts der Geschäftsveräußerung im Ganzen. 2013.

Band 21 Christian Kniese: Europarechtlicher Rahmen einer steuerlichen Förderung von Forschung und Entwicklung. 2013.

Band 22 Katarina Günther: Vertrauensschutz bei Angaben Dritter im Umsatzsteuerrecht. 2013.

Band 23 Andreas Königer: Ertragsteuerrechtliche Behandlung grenzüberschreitender Spaltungen von Rechtsträgern. Unter besonderer Beachtung der Vorgaben des Unionsrechts. 2014.

Band 24 Matthias Diete: Das obligatorische Schiedsverfahren in der deutschen DBA-Praxis. Erweiterung des zwischenstaatlichen Rechtsschutzes bei Doppelbesteuerungskonflikten. 2014.

Band 25 Friederike Grube: Der Einfluss des unionsrechtlichen Beihilfenverbots auf das deutsche Steuerrecht. Dargestellt an den Beispielen der sogenannten Sanierungsklausel und der Steuervergünstigungen für gemeinnützige Unternehmen. 2014.

Band 26 Tobias Loscher: Präventive Aufsicht der Europäischen Union über den Bundeshaushalt. 2014.

Band 27 Jochen Lutz Tillmanns: Divergenz und Konvergenz von Umsatzsteuer und Einkommensteuer. Zur problematischen Verwendung ertragsteuerlicher Konzepte und Begriffe im Umsatzsteuerrecht. 2015.

Band 28 Cornelia Zirkl: Die Neutralität der Umsatzsteuer als europäisches Besteuerungsprinzip. Inhalt, Herleitung und der Umgang mit Neutralitätsverletzungen. 2015.

Band 29 Matthias Ernst: Die Dienstleistungsbetriebsstätte im Abkommensrecht. Begriffsbestimmung, Abgrenzung und Analyse eines alternativen Betriebsstättentatbestands. 2015.

Band 30 Michael Brandl: Mehrfachansässigkeit im Ertragsteuerrecht. 2016.

www.peterlang.com

www.ingramcontent.com/pod-product-compliance
Ingram Content Group UK Ltd.
Pitfield, Milton Keynes, MK11 3LW, UK
UKHW041824290926
8980IPUK00002B/39

9 783631 673010